Cuba Avant-Garde

CONTEMPORARY CUBAN ART FROM THE FARBER COLLECTION

ARTE CONTEMPORÁNEO CUBANO DE LA COLECCIÓN FARBER

This book is published on the occasion of the exhibition
Cuba Avant-Garde: Contemporary Cuban Art from the Farber Collection,
presented at the Samuel P. Harn Museum of Art, University of Florida
May 29 – September 9, 2007

Sponsored in part by the State of Florida, Department of State, Division
of Cultural Affairs and the Florida Arts Council, and the National
Endowment for the Arts.

Library of Congress Cataloging-in-Publication Data

Mena Chicuri, Abelardo.
  Cuba avant-garde : contemporary Cuban art from the Farber collection /
Abelardo G. Mena Chicuri ; essays by Kerry Oliver-Smith, Magda
González-Mora Alfonso = arte contemporáneo cubano de la colección
Farber / (Abelardo G. Mena Chicuri) ; ensayos por Kerry Oliver-Smith,
Magda González-Mora Alfonso.
     p. cm.
Book on contemporary Cuban art.
Includes bibliographical references.
  ISBN 978-0-9762552-4-6 — ISBN 978-0-9762552-5-3
        1. Art, Cuban—20th century—Exhibitions.
2. Art, Cuban—21st century—Exhibitions.
3. Avant-garde (Aesthetics)—Cuba—Exhibitions.
4. Farber, Howard—Art collections—Exhibitions.
5. Farber, Patricia—Art collections—Exhibitions.
6. Art—Private collections—Florida—Gainesville—Exhibitions.
I. Oliver-Smith, Kerry. II. Alfonso, Magda González-Mora.
III. Samuel P. Harn Museum of Art. IV. Title.

N6603.2.M46 2007
709.7291'07475979—dc22

                                          2006102894

Publication design and composition: Shore Design, Brisbane, California

Production Manager: Christine Hale

cover: Armando Mariño, *La patera | The Raft*, 2002

back cover: Lázaro Saavedra González, *El Sagrado Corazón |
The Sacred Heart*, 1995

Images of all artworks in The Farber Collection appear with permission
of the artists.

Published by the Samuel P. Harn Museum of Art, University of Florida
SW 34th Street and Hull Road
Gainesville, Florida 32611-2700
http://www.harn.ufl.edu

Printed in Hong Kong

Cuba Avant-Garde

CONTEMPORARY CUBAN ART FROM THE FARBER COLLECTION

ARTE CONTEMPORÁNEO CUBANO DE LA COLECCIÓN FARBER

POR | BY

Abelardo G. Mena Chicuri

ENSAYOS POR | ESSAYS BY

Kerry Oliver-Smith

Magda González-Mora Alfonso

Translated by Félix Lizárraga

Edited by Susan Delson

Samuel P. Harn Museum of Art
UNIVERSITY OF FLORIDA, GAINESVILLE

Artistas | Artists

Boldface font indicates surname(s) by which the artist is most widely known.

Las negritas indican el apellido (o apellidos) por el cual se conoce mejor al artista.

Índice general | Contents

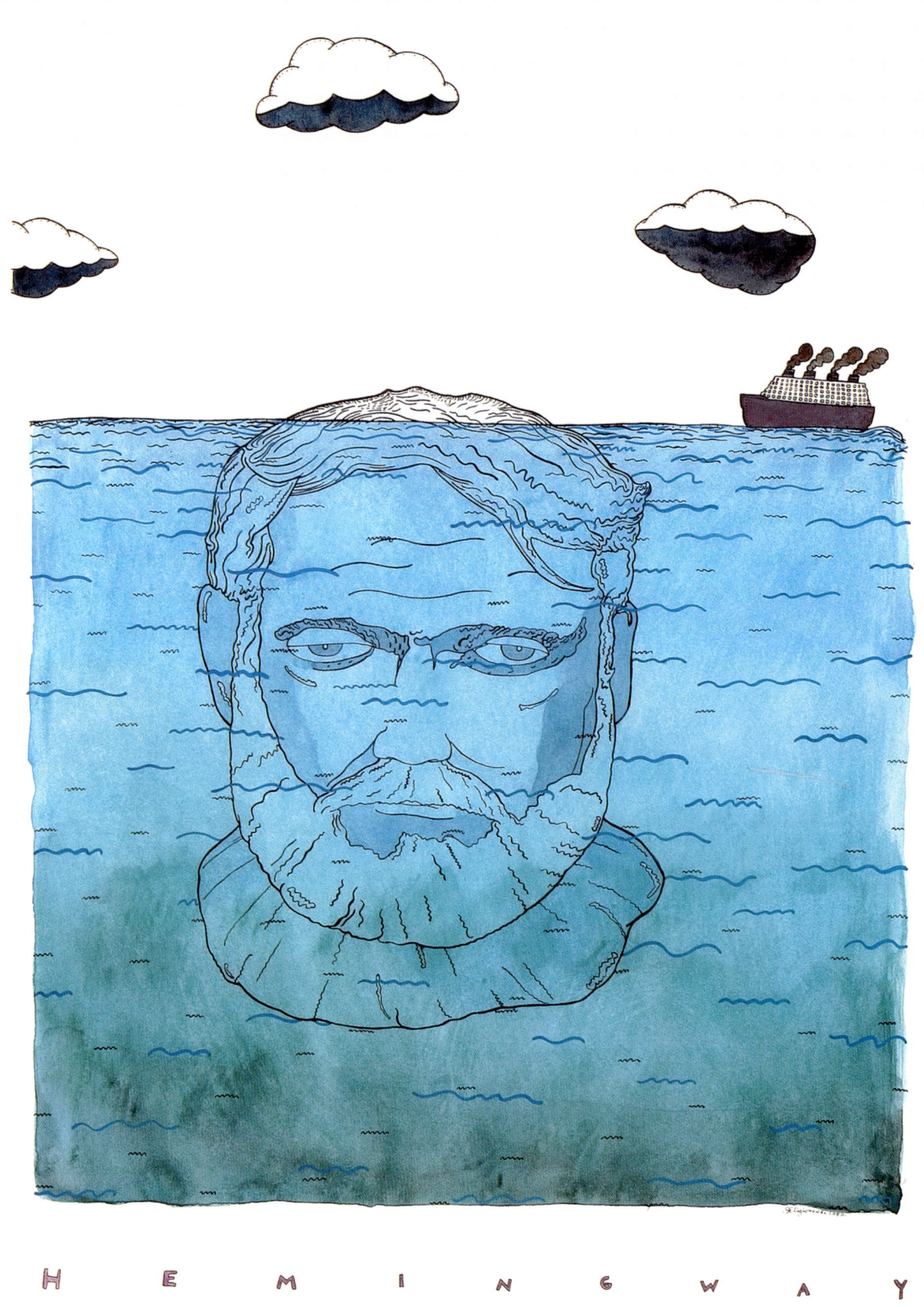

H E M I N G W A Y

Tonel (Antonio Eligio Fernández Rodríguez)
Hemingway, su técnica, 1989, acuarela y técnica mixta sobre papel
65 x 50 cm.

Tonel (Antonio Eligio Fernández Rodríguez)
Hemingway, His Technique, 1989, watercolor and mixed media on paper
25.59 x 19.69 in.

Prólogo de la directora | Director's Foreword

REBECCA MARTIN NAGY

Cuba Avant-Garde: Contemporary Cuban Art from The Farber Collection (Cuba Avant-Garde: arte contemporáneo de la Colección Farber), que se inaugura en el Museo Harn de Arte en Gainesville, Florida, a partir del 29 de mayo del 2007 hasta el 9 de septiembre del mismo año, pone en escena la extraordinaria e innovadora producción de los artistas cubanos durante el último cuarto de siglo. La Primera Bienal de La Habana, en 1984, estableció firmemente a Cuba como un centro de arte contemporáneo, tanto a nivel regional como mundial. En la presente exposición, las obras vibrantes, polifacéticas y complejas de cuarenta y dos artistas (algunos de los cuales residen en Cuba y otros no) son un testimonio de la contribución excepcional de Cuba a la arena internacional, así como de su prominente papel en la misma. La íntima relación que tienen la Florida y sus habitantes con Cuba y los cubanos otorga una importancia particular a esta exposición de obras de artistas cubanos contemporáneos. *Cuba Avant-Garde* apoya la misión de la Universidad de la Florida como institución investigativa y pedagógica, y complementa la labor del Centro de Estudios Latinoamericanos universitario, de prestigio internacional, con el cual el Harn tiene el honor de asociarse para ofrecer programas educativos estimulantes y enriquecedores.

Esta exposición, así como el libro que la acompaña, muestra obras de la colección ejemplar de Howard y Patricia Farber, cuya dedicación apasionada y contagiosa al arte y a los artistas de Cuba han hecho posible este proyecto. Su apoyo ha posibilitado que el gran público pueda tener acceso a una investigación profunda sobre el arte contemporáneo cubano. Doy las gracias de todo corazón a los esposos Farber. Asimismo, deseo agradecer a la curadora de arte contemporáneo del Museo Harn de Arte Contemporáneo, Kerry Oliver-Smith, por haber curado esta extraordinaria exposición para el Harn y para nuestro público, así como al curador jefe y curador de arte asiático, Charles Mason, quien ha ayudado a establecer el

Cuba Avant-Garde: Contemporary Cuban Art from The Farber Collection, which debuted at the Harn Museum of Art in Gainesville, Florida from May 29 through September 9, 2007, dramatizes the extraordinary production and innovation of Cuban artists over the past quarter-century. The First Havana Biennial of 1984 firmly established Cuba as a regional and world center for contemporary art. In this exhibition, vibrant, multifaceted, and challenging works by forty-two artists living in and outside of Cuba stand as testimony to Cuba's unique contribution to, and prominence in, the international arena. The intimate relationship that Florida and Floridians have with Cuba and her people imparts particular relevance to this exhibition of work by contemporary Cuban artists. *Cuba Avant-Garde* supports the mission of the University of Florida as a research and teaching institution and complements the work of the university's internationally recognized Center for Latin American Studies, with which the Harn is privileged to partner in offering stimulating and enriching educational programs.

The exhibition and accompanying book feature work from the exemplary collection of Howard and Patricia Farber, whose passionate and infectious dedication to the art and artists of Cuba made this project possible. Their support has ensured that cutting-edge research in contemporary Cuban art can be shared with a wide audience. I extend my heartfelt gratitude to the Farbers. Thanks go also to Harn Museum Curator of Contemporary Art Kerry Oliver-Smith for curating this extraordinary exhibition for the Harn and our audiences, and to Chief Curator and Curator of Asian Art Charles Mason, who helped establish the Harn Museum as the premiere venue for the Farbers' collection of contemporary Cuban art. I am grateful to the book's authors, who have contributed their time, research, professional expertise, and personal insights: Abelardo Mena G. Chicuri, Magda González-Mora Alfonso, and Kerry Oliver-Smith. I extend special appreciation to editor Susan Delson for her

Museo Harn como la institución en que se inaugura la colección de arte cubano contemporáneo de los esposos Farber. Quisiera expresar mi agradecimiento a los autores del libro, quienes donaron al mismo su tiempo, sus investigaciones, su experiencia profesional y sus ideas personales: Abelardo G. Mena Chicuri, Magda González-Mora Alfonso y Kerry Oliver-Smith. Quisiera agradecer especialmente a la editora Susan Delson su atención cuidadosa a cada detalle de la publicación, y a Christine Hale, directora de mercadeo y relaciones públicas del Museo Harn, quien coordinó numerosos detalles para la producción, distribución y promoción del libro. Quisiera dar gracias asimismo al personal del Museo Harn que ayudó a coordinar el sinnúmero de detalles que resultan esenciales al éxito de la exposición, el libro y la programación relacionada con los mismos.

Cuba Avant-Garde representa una gran diversidad de estilos y técnicas, entre las que se cuentan la pintura, la escultura y la fotografía. La exposición capta una amplia gama de vivencias y puntos de vista que reflejan la riqueza y complejidad de experiencia y expresión de unos artistas cuyo común denominador es su amor por Cuba. Tenemos la esperanza de que esta exposición ayude a estimular el interés, ahondar el conocimiento y facilitar el intercambio con nuestros vecinos del sur, quienes han compartido tan generosamente con nosotros su herencia cultural y artística.

careful attention to every detail of the publication, and to Harn Museum Director of Marketing and Public Relations Christine Hale, who coordinated a variety of details for the book's production, distribution, and promotion. I also thank those Harn Museum staff members who helped coordinate the myriad details essential to the success of the exhibition, book, and related programming.

Cuba Avant-Garde represents a variety of styles and media including painting, sculpture, and photography. The exhibition captures a wide range of experiences and points of view, reflecting the rich and complex experiences and expressions of artists who share a common love for Cuba. It is our hope that this exhibition will stimulate interest, deepen understanding, and facilitate exchange with our neighbor to the south, which has shared with us so much of its cultural and artistic heritage.

Historia de una colección | Collecting History

HOWARD FARBER

La primera vez que mi esposa Patricia y yo viajamos a Cuba, en el invierno del 2001, asumimos que nos motivaba la danza, la música y las artes plásticas. A ambos nos gustaba la música y la danza cubanas de toda la vida; Pat se ocupa de ballet en Nueva York, y estaba ansiosa por explorar la espléndida herencia del ballet cubano. No obstante, muy pronto las artes plásticas se impusieron, especialmente en mi caso. En el transcurso de nuestra estancia visitamos los estudios de muchos artistas y devoramos cuanto libro sobre arte pudimos encontrar. Me impresionó inmediatamente el paralelismo entre los artistas cubanos de los años ochenta y noventa y los artistas chinos del mismo período, cómo ambos trataban de expresar los inmensos cambios sociales, económicos y tecnológicos en sus respectivas culturas. Ya nosotros habíamos amasado una considerable colección de arte moderno norteamericano (1910–1935), y ahora coleccionábamos activamente arte contemporáneo chino. En ese viaje del 2001, comenzamos una nueva empresa: coleccionar arte cubano contemporáneo

Esta es una colección internacional. En ella se unen obras de artistas nacidos en Cuba que residen en muchos países: en Cuba, por supuesto, pero también en México, Canadá, Estados Unidos, Alemania, etcétera. El impulso que nos llevó a adquirir estas obras no tuvo motivación política alguna; se trata, más bien, de un esfuerzo por recobrar y preservar el arte de una época –un arte que, según mi opinión, corre grave peligro de perderse. Muchos artistas abandonaron Cuba a principios de los años noventa, pensando que su reconocimiento en La Habana podría transferirse fácilmente a otras partes, pero, aunque unos pocos alcanzaron fama internacional, otros tuvieron que luchar por reestablecer sus existencias creativas bajo circunstancias

When my wife Patricia and I first traveled to Cuba in the winter of 2001, we assumed we were going for the dance, the music, and the art. Both of us have loved Cuban music and dance all our lives; Pat is involved with ballet in New York, and she was eager to explore Cuba's rich ballet heritage. Soon enough, though, art took over, especially for me. In the course of that visit, we were shown many artists' studios, and pored over whatever art books we could find. I was immediately struck by the parallels between Cuban artists of the 1980s and 1990s and Chinese artists of the same period—both of them looking to express to the immense social, economic, and technological changes of their respective cultures. We had already amassed a significant collection of American modernist art (1910–1935), and were now actively collecting contemporary Chinese. On that trip in 2001, we embarked on a new journey: collecting contemporary Cuban art.

This is an international collection. It gathers together works by Cuban-born artists residing in many countries: Cuba, of course, but also Mexico, Canada, the United States, Germany, and beyond. The impulse to acquire these works did not arise from political motivation. Rather, it is an effort to recover and preserve the art of an era—art that, to my mind, is in great danger of being lost. Many artists left Cuba in the early 1990s thinking that their fame in Havana would easily translate elsewhere; while a few achieved international success, others struggled to reestablish their creative lives under unexpectedly challenging circumstances. Some, in Cuba and elsewhere, abandoned art for other careers. In many cases, work was left behind. Several pieces in the collection have never been publicly exhibited, either in Cuba or abroad.

Pedro Vizcaíno, *La historia sentimental del arte cubano* (Sentimental History of Cuban Art), 1993

inesperadamente difíciles. Algunos, lo mismo en Cuba que en otras partes, abandonaron su arte por otras carreras. En muchos casos, su trabajo quedó atrás. Muchas piezas de la colección no han sido nunca expuestas al público, lo mismo en Cuba que en el extranjero.

Tengo la esperanza de que este libro presente la tremenda energía y vitalidad del arte contemporáneo cubano a un nuevo público y que ayude a una mayor difusión general de estas obras. En mi opinión, se trata de un arte que puede competir con el mejor arte contemporáneo de cualquier parte del mundo. En esa pequeña nación isleña, las artes plásticas son una arena importante para la crítica y el debate cultural, y una parte crucial del discurso público. Estas obras están profundamente enraizadas en la historia cubana contemporánea, una historia que pocos fuera de Cuba hemos tenido oportunidad de comprender.

El libro incluye cuarenta y dos artistas y colectivos artísticos. Los textos que los acompañan fueron escritos por Abelardo G. Mena Chicuri, un historiador del arte y curador que vive en La Habana y que no intenta, en estos breves ensayos, asumir la actitud distanciada o la objetividad desapasionada típicas de gran parte de los curadores europeos y norteameri-canos. Abelardo creció junto a muchos de estos artistas, y conoce y admira su obra. Él ha trabajado con ellos, ha sido profesor de algunos de ellos, y ha vivido en carne propia la historia que describe. Sus textos ofrecen una visión desde adentro de la Cuba de esos años, y del rol vital que las artes plásticas han jugado en la cultura cubana contemporánea.

Los profundos ensayos de Kerry Oliver-Smith, curadora de Arte Contemporáneo en el Museo Harn de Arte, y de la curadora cubana Magda González-Mora Alfonso sirven de complemento a los escritos de Mena. Estoy muy agradecido a sus contribuciones a este libro. Por añadidura, me gustaría expresar mi particular gratitud a Kerry Oliver Smith por la dedicación y pericia desplegadas en la curadoría de la presente exposición. Me gustaría asimismo dar gracias a Charles Q. Mason, curador jefe del Museo Harn, por tener fe en este proyecto y ayudarnos a convertirlo en realidad. Doy gracias también a Félix Lizárraga, poeta, novelista y dramaturgo, por su versada y sutil

It is my hope that this book will introduce the tremendous energy and vitality of Cuban contemporary art to new audiences, and create a greater awareness of this work as a whole. It is, in my estimation, an art that can hold its own with the best contemporary art in the world. In that small island nation, art is an important arena for cultural criticism and debate, and a crucial part of public discourse. Bound up in these works is a great deal of contemporary Cuban history—a history that few of us outside Cuba have had an opportunity to comprehend.

The book showcases forty-two artists and artist collectives. The accompanying texts were written by Abelardo G. Mena Chicuri, an art historian and curator based in Havana. In these brief essays, he makes no attempt to assume an outsider's stance, or the dispassionate objectivity common to much European and American curatorial scholarship. Abelardo came of age with many of these artists, and

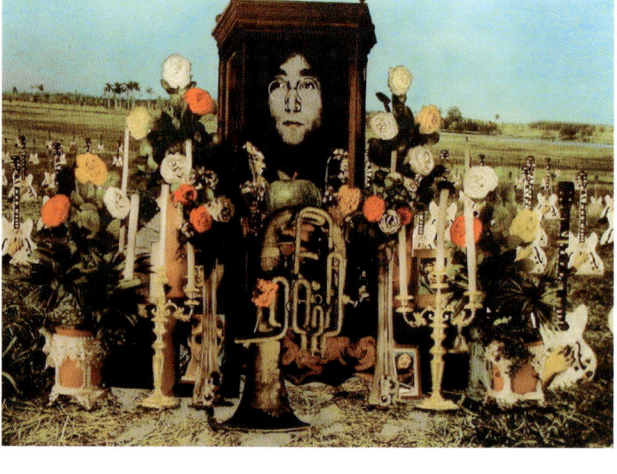

he knows and admires their art. He has worked with them, taught some of them, and lived through the history he describes. His texts offer an insider's glimpse of Cuba during these years, and of the vital role that art has played in contemporary Cuban culture.

Thoughtful essays by Kerry Oliver-Smith, Harn Museum Curator of Contemporary Art, and by Cuban curator Magda González-Mora Alfonso complement Mena's writings. I am grateful to them for their contributions to the book. In addition, I would especially like to thank Kerry Oliver-Smith for her dedication and expertise in curating the exhibition. I am also grateful to Charles Q. Mason, Chief Curator and Curator of Asian Art at the Harn Museum, for believing in this project and helping to make it a reality. My thanks as well to Félix Lizarraga—poet, novelist, and dramatist—for his knowledge-able and subtle translations of the many texts, and copy editor Eduardo de Lamadrid for his invaluable work in imparting order to the whole. I am grateful to Christine Hale, who capably coordinated the book's production for the Harn Museum, and to Ron Shore for its elegant design. Most of all, I would like to thank editor Susan Delson, whose thoughtful insights and nuanced refinements of the text were surpassed only by the energy and focus she

Gory (Rogelio López Marin), *Homenaje a John Lennon* (Homage to John Lennon), 1981

traducción de los numerosos textos, así como al editor Eduardo de Lamadrid por su trabajo inapreciable en imponer orden al todo. Estoy agradecido a Christine Hale, quien coordinó hábilmente el presente libro para el Museo Harn, y a Ron Shore por su elegante diseño. Sobre todo, quisiera dar gracias a la editora Susan Delson, cuyas perspicaces sugerencias y cuyo refinamiento de los matices del texto sólo son sobrepasados por la energía y la determinación que mostró en ayudar a la conclusión del proyecto. Sin ella no hubiésemos llegado nunca a la meta.

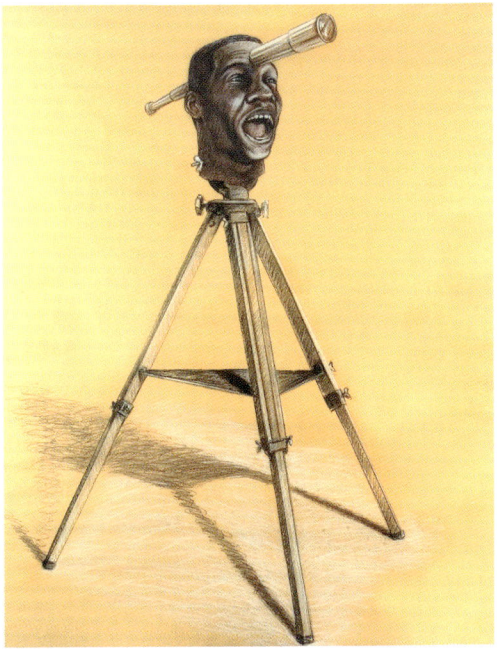

Juntar esta colección ha sido una experiencia que me ha brindado profunda satisfacción. Pat y yo hemos disfrutado buscando obras raras y poco conocidas y conseguir para ellas la atención internacional que merecen. Ha sido un placer tener la oportunidad de conocer a estos artistas, quienes son cálidos y amistosos, de un cosmopolitismo espléndido y, en suma, orgullosos de su trabajo. Como a la mayoría de los coleccionistas, nos interesa compartir nuestra pasión por el arte que consigue fascinarnos. Tenemos la esperanza de que este libro logre comunicar nuestro interés en el arte contemporáneo cubano, y, sobre todas las cosas, las razones por las cuales nos resulta tan irresistible.

displayed in bringing the project to completion. We never would have reached the finish line without her.

Assembling this collection has been a deeply satisfying experience. Pat and I have enjoyed pursuing rare, little-known works and securing for them the international attention they deserve. It has been a pleasure getting to know the artists, who are warmly welcoming, vibrantly cosmopolitan, and justly proud of their work. Like most collectors, we look to share our passion for the art that fascinates us. It is our hope that this book will succeed in communicating our interest in contemporary Cuban art, and even more, the reasons we find it so compelling.

Armando Mariño, *Studio para "El tercer ojo"* (Study for "The Third Eye"), 1999

Los rostros del colleccionismo de arte: la Colección Farber | Aspects of Collecting Contemporary Cuban Art: The Farber Collection

MAGDA GONZÁLEZ-MORA ALFONSO

De la misma manera que las obras de arte funcionan como autorretratos de sus autores, las colecciones, cuando han sido creadas con pasión y honestidad, se nos muestran como modelos únicos, como joyas seductoras. Por supuesto que dicen mucho acerca de las personas que las han amasado, ya sea sobre la personalidad del propio dueño de la colección o sobre el asesor o curador que ha desempeñado esa función. Existen tantas colecciones de arte como adictos a este perfil.

Por razones diversas, la colección de Howard Farber se torna curiosa y atractiva. Su punto de partida es la década de 1980—momento en el que se gestan las plataformas de la entrada del arte cubano contemporáneo al mercado internacional, a la vez que ya se respira el éxodo inminente de los artistas. Actualmente, en un momento de totales prohibiciones y accesos restringidos para algunos, la Colección Farber simboliza una expectativa de reconocimiento internacional para el arte contemporáneo.

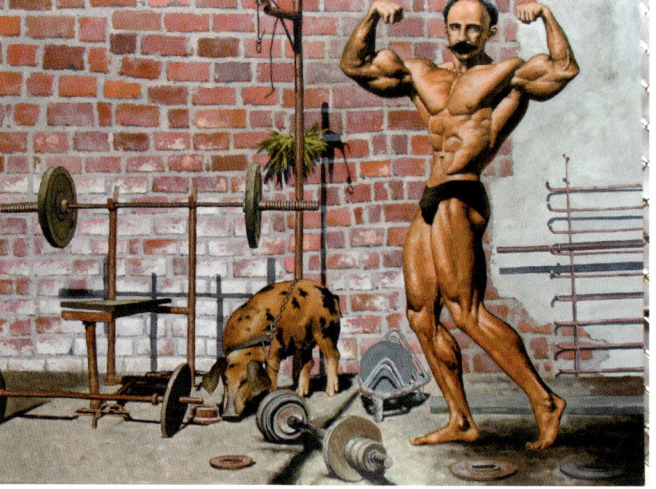

En el momento en que esto se escribe, la escena cultural en Cuba refleja las trabas impuestas por la aguda crisis económica. Ante esa situación, Howard Farber ha adoptado una postura apolítica hacia el coleccionismo y ha renovado su apoyo incondicional al talento, así como a las contingencias inherentes al arte cubano.

Todo esto me provoca a hacer un retrato de Howard Farber, como la sensibilidad principal detrás de la Colección Farber, y un individuo que se ha ganado todo mi respeto y mi admiración.

Much as works of art function as self-portraits of their makers, art collections, when they have been assembled with honesty and passion, reveal themselves as unique creations, seductive gems. They say a great deal about the people who have amassed them—about the personality of the collector, or the curator or advisor who may have been involved. There are as many types of art collections as there are collectors.

For a variety of reasons, The Farber Collection is a fascinating and appealing one. Its starting point is the 1980s—the moment when Cuban art gained access to the international market, and the involuntary exodus of artists was already in the air, if not imminent. Today, in a time of stringent prohibitions and, for some, restricted access, The Farber Collection symbolizes an expectation of international recognition for contemporary Cuban art.

At the time of this writing, the cultural scene in Cuba reflects the stresses imposed by acute economic crisis. Confronted with this state of affairs, Howard Farber has adopted a nonpolitical stance toward collecting and renewed his unconditional support for talent—and for the inherent contingencies of Cuban art. This he has done without fear for loss of money or prestige. All of which impels me to sketch a portrait of Howard Farber as a collector, as the primary sensibility behind The Farber Collection, and an individual who inspires in me great admiration and respect.

He is a man who genuinely loves what he does, who collects art as the consequence of a profoundly intimate decision—one that

Franklin Álvarez, *Proyección Mental* (Mental Projection), 2002

Él es un hombre que realmente ama lo que hace, y colecciona arte como consecuencia de una decisión íntima, lo cual exige una inmensa dosis de coraje, dado el carácter subjetivo y a menudo precario del mercado del arte. Nuestras conversaciones telefónicas me han revelado a un hombre apasionado, feliz, sincero y confiado. Su confianza en el ser humano es asombrosa, de ahí que haya logrado rebasar el límite de la prudencia para desafiar cualquier vaticinio mal intencionado sobre la "expiración del producto cubano" y la falta de un mercado secundario de arte que sea fuerte. Él se lanza a la aventura de la compra, apostando por descubrir y rescatar lo mejor del arte cubano contemporáneo. Como resultado, la Colección Farber muestra la vitalidad de un arte sólido en la representación de ideas y expresión de preocupaciones estéticas, un arte con una óptica *underground*, que interfiere continuamente en su entorno sociopolítico y cultural.

El coleccionismo privado juega un rol importante en nuestros días. Ha atraído la atención de innumerables expertos, quienes buscan incansablemente nuevas corrientes y afluentes en el flujo del arte internacional. Se vigila las adquisiciones hechas por coleccionistas de prestigio no sólo porque esas jugadas pueden legitimar a algunos artistas, o llamar la atención hacia la producción artística de una región determinada. Las adquisiciones importantes también funcionan como una especie de caja de resonancia, llamando la atención sobre un estilo, escuela o período determinados y aumentando el conocimiento amasado hasta la fecha. Las adquisiciones reflejan por lo general el criterio de selección de un coleccionista único; por su audacia, ese criterio a veces aporta a la compresión de una obra, estilo o artista particulares.

Como parte de ese proceso, los medios culturales diseminan noticias acerca de las adquisiciones más notables. Un juego instintivo y espontáneo se arma entre los curadores, los museos y las galerías, así como las ferias, bienales y otros eventos internacionales a los que acuden los coleccionistas en busca de nuevos tesoros. Los circuitos artísticos absorben de inmediato el nombre de los artistas que irrumpen en la escena, aquellos que serán parte de futuras colecciones en museos todavía no fundados.

El principio organizador que apuntala la Colección Farber es el de cubrir un vasto diapasón artístico. Su método de interpretación no solamente está libre de todo prejuicio de política, género o técnica, sino que permanece atento al hecho de que en Cuba todo arte emerge de una experiencia sociopolítica y geográfica única, muy diferente de otros medios artísticos.

demands a considerable amount of courage, given the subjective, at times precarious nature of the art market. Our conversations have revealed the essence of the man: passionate, joyful, honest, and trusting. His remarkable faith in humanity has enabled him to overcome the limitations that prudence might dictate, to defy rancorous predictions about the "expiration of the Cuban product" and the lack of a strong secondary art market. He collects adventurously, betting on his ability to discover and rescue the best of contemporary Cuban art. As a result, The Farber Collection reveals the vitality of an art rooted in ideas and aesthetic concerns, an art with an "underground" point of view that continually interacts with and affects its sociopolitical and cultural environment.

These days, art collecting enjoys a genuine notoriety. It has attracted the attention of countless experts, who assiduously seek out new streams and tributaries in the flow of international art. Acquisitions made by important collectors are scrutinized not only because such moves can legitimize artists, or draw attention to the artistic production of a given region. Important acquisitions also function as a kind of cultural echo chamber, drawing attention to an artistic style, school, or period and augmenting the scholarship that has been amassed to date. The acquisitions usually reflect the selection criteria of a single collector; by their audacity, these criteria often advance the thinking about a given artwork, style, or artist.

As part of this process, the cultural media disseminate news of the most notable acquisitions. An instinctive and spontaneous game arises among curators and museums, galleries, and the international fairs, biennials, and other events where collectors go in search of new treasures. Art circuits immediately absorb the names of the artists who burst onto the scene—those who will be part of future collections in museums yet to be founded.

The organizing principle behind The Farber Collection is the coverage of a vast artistic range. The interpretive approach is free of prejudice insofar as politics, subjects, genres, or media are concerned, but remains attuned to the fact that in Cuba, all art emerges from a unique sociopolitical and geographical experience, very different from other artistic milieux.

An International Context

The Farber Collection has important precedents in the United States. In the early 1940s, Nelson Rockefeller was already amassing a

Un contexto internacional

La Colección Farber tiene antecedentes apreciables en los Estados Unidos. A inicios de la década de 1940, Nelson Rockefeller ya estaba conformando una colección de arte latinoamericano, en un momento histórico favorecido por sus vínculos personales con Spruille Braden, embajador de los Estados Unidos en Cuba de 1942 a 1945, y por la asignación al propio Rockefeller del cargo de secretario de estado adjunto para las relaciones de los Estados Unidos en América Latina.

En junio del 1944, *La Jungla* de Wifredo Lam se exhibe por primera vez en la Galería Pierre Matisse de Nueva York, provocando favorables comentarios en la prensa. Ya entonces se le describía como una verdadera pieza de museo. Gracias a las gestiones del curador James Johnson Sweeney, el director del Museo de Arte Moderno de Nueva York, Alfred H. Barr, Jr., decidió adquirirla como parte de la colección del museo.

En una de las ponencias presentadas en el simposio *Collecting Latin American Art for the 21st Century*, organizado por Mari Carmen Ramírez, curadora de arte latinoamericano del Museo de Bellas Artes de Houston en el ano 2002, Beverly Adams, afirmaba que "la mera idea de coleccionar el arte moderno y contemporáneo de Latinoamérica a escala continental o abarcadora comenzó de hecho en Estados Unidos". El arte contemporáneo cubano forma parte en la actualidad de muchas colecciones internacionales importantes.

Pese a las circunstancias, durante la venta de una obra de arte siempre surgen enigmas, indecisiones o expectaciones sobre el precio que ésta pueda tener, o sobre la preeminencia del artista en el mercado del arte. Queda claro que en el mundo del arte existen diversos tipos de coleccionistas y de colecciones, así como paradigmas de artistas y de obras, costos y lugares de exhibición. Todo el fenómeno de compraventa pasa a ser parte de un proceso único que conforma la historia del arte. Cada colección representa un legado artístico; implica un movimiento continuo de revisar el pasado y descubrir el futuro.

collection of Latin American art. This undertaking was made easier by a personal connection to Spruille Braden, U. S. Ambassador to Cuba from 1942 to 1945, and by Rockefeller's appointment as Assistant Secretary of State for Latin American Affairs.

In June 1944, Wifredo Lam's *The Jungle* (1943) had its first New York showing at the Pierre Matisse Gallery. It won accolades from the press, and was described even then as museum material. Thanks to the intercession of Museum of Modern Art curator James Johnson Sweeney, Alfred H. Barr, Jr., the museum's director, acquired it for MoMA's collection.

In one of the papers presented at the *Collecting Latin American Art for the 21st Century* symposium, organized in 2002 by Mari Carmen Ramírez, curator of Latin American art for the Museum of Fine Arts, Houston, Beverly Adams stated that "the mere idea of collecting modern and contemporary art from Latin America at a continental or all-inclusive scale in fact started in the United States." Contemporary Cuban art is now part of many important international collections.

Regardless of the circumstances surrounding it, in the sale of a work of art there are always mysteries, indecisiveness, and expectations about the price that the work might reach, or the eminence of the artist in the market. Clearly, there are all kinds of collectors as well as collections, and all kinds of paradigms for artists, artworks, prices, and exhibition venues. The entire sale-and-purchase phenomenon becomes part of a unique process that shapes the history of art. Each collection signifies an artistic legacy; it implies a continual drive to revise the past and discover the future. And each collection represents a singular compromise, an open, unending process of revision and experimentation that encompasses all aspects of contemporary culture.

The collector who accumulates works of art is not merely a consumer enabled by the fact of possessing wealth. The collector must be someone with common sense and discerning taste, acquired in the fullness of time. Major collectors often find a way of making

Wifredo Lam, *La Jungla/The Jungle*, 1943, The Museum of Modern Art, New York

© 2006 Artists Rights Society (ARS), New York / ADAGP, Paris, courtesy The Museum of Modern Art, New York / SCALA / Art Resource, NY

Cada colección representa un compromiso único, como un proceso continuo y abierto, de revisión y experimentación continuas, donde todos los componentes de la cultura contemporánea se encuentran implicados.

El que atesora obras de arte no debe ser una persona que consume por el simple hecho de ser poseedor de una enorme fortuna. El coleccionista debe ser alguien con sentido común y un discernimiento potente, entrenado con el paso del tiempo. Los grandes coleccionistas buscan a menudo la manera de hacer pública su colección, ya sea a través de un espacio expositivo, la realización de un libro, algo que documente ese proceso de "búsqueda y rescate", y así jugar un papel activo en la comunidad artística local e internacional.

Una afinidad por los artistas

La Colección Farber rescata la memoria y la obra de un fructuoso momento de la historia del arte en Cuba. Ha logrado mantener un equilibrio entre generaciones y periodos históricos, y a la vez ha creado conexiones que manifiestan un compromiso infalible con la realidad social, en una voluntad evidente por tender puentes entre generaciones de artistas, desplazados en zonas geográficas diferentes. Su colección no sólo representa lo que se realiza en Cuba, sino también incluye la diáspora de la creación artística cubana en los Estados Unidos, Canadá y Europa. En esencia, la colección muestra una concepción dinámica, descentralizada y flexible.

Los esposos Farber poseen obras claves de artistas relevantes, e incorporan un acervo reciente de jóvenes artistas emergentes. Es una colección que se enorgullece por su naturaleza arriesgada y altruista. Prevista para exhibirse y viajar por el mundo bajo el titulo *Cuba Avant-Garde: Contemporary Cuban Art from The Farber Collection*, representa un nuevo modelo de preservación y estímulo para el arte contemporáneo cubano. Las obras de la exposición fueron adquiridas durante un momento de relativo aislamiento para Cuba. Como filántropos culturales en busca de apoyar la creatividad, la audacia y el valor personales, los esposos Farber han concentrado sus esfuerzos en demostrar la importancia de su empresa, adquiriendo arte que va desde esbozos preliminares que captan el asomo primero de una concepción artística, hasta obras terminadas y complejas.

their collections public—through exhibitions, books, or in some other manner that documents the "search and rescue" process—thereby playing an active role in the local and international art community.

An Affinity for Artists

The Farber Collection rescues the memory, and the works, of a fruitful moment in Cuba's recent art history. It strikes a balance between generations and historic periods; acknowledging social realities, it bridges the gulfs that exist among Cuban artists around the world. The collection represents not only work done in Cuba, but also by the diaspora of Cuban artists in North America and Europe. At its core, the collection's concept is dynamic, decentralized, and flexible.

The Farbers own key works by prominent artists as well as art by young emerging talent. This is a collection that prides itself on its daring, altruistic character. Slated to tour internationally under the title *Cuba Avant-Garde: Contemporary Cuban Art from The Farber Collection*, these holdings represent a new model for preserving and stimulating contemporary Cuban work. The art in the exhibition was acquired during a time of relative isolation for Cuba. As cultural philanthropists looking to support creativity, risk-taking, and personal courage, the Farbers have focused their efforts on proving the importance of such an undertaking, acquiring art that ranges from preliminary sketches, capturing the first glimmer of an artistic concept, to elaborate finished works.

In all aspects, The Farber Collection is a testament to the reciprocal relationship between art and its sociopolitical environment, where investigation and analysis have gone hand in hand. In my opinion, the motivation for starting such a collection of contemporary Cuban art, at a moment when access to Cuba was so difficult, arose from that selfsame climate of adversity and risk; and from the possibilities inherent in this venture, whose point of departure is the uniqueness of the collector-artist relationship.

Howard Farber collects like a virtuoso, acquiring what he likes and following his own finely honed instincts. The Farber Collection demonstrates an affinity with the thoughts and immediate realities of the artists, without creating hierarchies among the various media or the works themselves. Each work has an autonomous value. Each piece in the collection advances the understanding of the Cuban cultural context—not only the art itself, but the system

En todos los aspectos, la Colección Farber es un testimonio de la relación recíproca entre el arte y su entorno sociopolítico, donde la investigación y el análisis teórico han estado hermanados. En mi opinión, el móvil para empezar semejante colección de arte contemporáneo cubano, en momentos de tan difícil acceso a Cuba, ha estado condicionado por la propia adversidad y riesgo, así como por la posibilidad de vivir una aventura especial, a partir de la relación única que se genera entre el coleccionista y el artista.

Howard Farber colecciona como un virtuoso, comprando todo lo que le gusta, y tomando en cuenta su propio instinto avezado. La Colección Farber evidencia líneas de conexión con el pensamiento de los artistas y su realidad más inmediata, sin jerarquizar medios u obras. Cada pieza posee un valor autónomo, y cada pieza en la colección ayuda a entender el contexto cubano—no solamente el arte como tal, sino también el sistema artístico y el entorno en el cual fue creado.

En nuestros días, la homogenización cultural ha reducido lo peculiar y lo esencial a la más rigurosa y estricta creatividad individual: una sutil sensibilidad contrapone la originalidad, la intuición y la creatividad locales ante la cada vez mayor codificación internacional. En este contexto, cada colección representa un barómetro que mide el pulso de un momento clave y registra incertidumbres, giros culturales, cambios y crisis. Muestra nuevas estrategias de adquisición, a la vez que investiga y revisa sucesos, cuestionamientos y posturas estéticas.

Inevitablemente, todo coleccionismo del presente se convertirá en un acervo valioso del futuro. La invaluable misión del coleccionismo reside en dejar marcas profundas e imborrables. Con su acción, cada colección, ya sea privada o pública, pretende re-escribir en tiempo real la futura historia del arte. Más que una selección de obras, la colección expresa un compromiso con la sociedad en el presente y en el futuro.

Coleccionar es una locura mansa, un vicio inocuo. Pero, asimismo, representa una relación humana y estrecha del coleccionista con el arte y los artistas. Se basa en la necesidad de estar involucrado y de crear un diálogo abierto y espontáneo: en fin, de formar parte de la misma historia del arte. La Colección Farber ha creado ese diálogo con la comunidad artística cubana en todo el mundo; durante ese proceso, se ha convertido en parte de la historia del arte por cuya preservación ha batallado con tanta diligencia.

that gave rise to it, and the environment in which it was created.

Today, the global homogenization of culture has pared the specific and the essential down to the most rigorous individual creativity: a subtle sensibility that counterbalances local origins, intuition, and creativity against increasing international codification. In this context, each collection is a barometer that measures key moments, registering uncertainties, cultural gyrations, change, and crisis; it reveals new strategies for acquiring art while researching and revising events, considerations, and aesthetic positions.

Inevitably, great collections will become treasures in the future. The invaluable mission of collectors is to leave deep, indelible marks. Through such actions, each collection, private or public, tries to rewrite in real time the future history of art. More than a selection of individual works, a collection expresses a covenant with society in the present and for the future.

Collecting is a gentle madness, a harmless vice. But it also represents the close, human relationship of the collector with art and artists. It is rooted in the desire to be involved, to create an open spontaneous dialogue: in short, to become a part of the history of art itself. The Farber Collection has created such a dialogue with the Cuban art community around the globe; in the process, it has become part of the art history that it has worked so diligently to preserve.

La globalización y la vanguardia | Globalization and the Vanguard

KERRY OLIVER-SMITH

La pequeña isla de Cuba es el único estado comunista del Hemisferio Occidental. Enemistada con los Estados Unidos, y privada del apoyo anterior de la Unión Soviética, Cuba ha sido señalada a menudo por su singular posición geopolítica. Mientras algunos han visto a la isla como caracterizada por un profundo aislamiento insular, otros consideran esta idea un simple mito. El artista y escritor Tonel (Antonio Eligio Fernández) escribe que la imagen de Cuba como "un país sitiado y bloqueado, una fortaleza amurallada, sujeto a un destino trágico ineludible", ha sido estirada hasta convertirse en estereotipo—un estereotipo que los artistas cubanos de la década del 80 hasta la fecha, entre otros, se han ocupado de desmentir (Fernández, 2002, 81).

De hecho, Cuba ha ejercido una notable influencia a escala mundial que se considera completamente desproporcionada a la pequeñez de la isla y sus recursos materiales. En la esfera política, Cuba ha sido un líder importante en el Movimiento de Países No Alineados, en tanto que las innovaciones intelectuales, sociales y científicas del país han sido ampliamente reconocidas, entre ellas las áreas de la agricultura sostenible, cuidados de salud para todos, la medicina, la vivienda y la educación. En el campo de las artes, la inaugural Bienal de La Habana en 1984 atrajo la atención del mundo artístico internacional. Una de las primeras bienales organizadas fuera de Europa, fue asimismo una de las primeras en hacer hincapié en el arte del Tercer Mundo. Desde entonces, se ha convertido en un importante y vital evento artístico que ha estimulado la creación de otras bienales en ciudades como Johannesburgo, Sao Paulo, Shangai, Kwangju y Dakar. La globalización en ascenso ha transformado la producción, circulación y recepción del arte en Cuba. Al mismo tiempo, la práctica vanguardista cubana, cuyas raíces se hallan en el compromiso político y la pluralidad de las formas, ha dejado una

The small island of Cuba is the only communist state in the Western Hemisphere. Estranged from the United States and cut off from the former support of the Soviet Union, Cuba has often been noted for its unique geopolitical position. While some have characterized the island as deeply isolated and insular, others have contested the notion as sheer myth. The artist and writer Tonel (Antonio Eligio Fernández) writes that Cuba's image as "a harshly besieged and blockaded country, of the walled fort, subject to inescapable tragic destiny" has been stretched to stereotype—one that has been dispelled by, among others, the artists of Cuba from the 1980s to the present (Fernández, 2002, 81).

Cuba has, in fact, exerted a remarkable and worldwide influence, considered vastly disproportionate to the island's small size and material resources. In the political sphere, Cuba has provided important leadership in the movement of non-aligned countries, while the country's intellectual, social, and scientific innovations have been widely hailed, including areas of sustainable agriculture, universal health care, medicine, housing and education. In the arts, the inaugural Havana Biennial in 1984 riveted the attention of the international art world. One of the first biennials staged outside of Europe, it also was among the first to highlight art of the Third World. It has since become a vital and major international art event that has inspired the creation of other biennials in cities such as Johannesburg, São Paulo, Shanghai, Kwangju, and Dakar. Increasing globalization has transformed the production, circulation, and reception of art in Cuba. At the same time, Cuba's avant-garde practice, rooted in political engagement and pluralistic forms, has left an indelible print on the emerging shape of global art. By contesting ideologies based on a single world

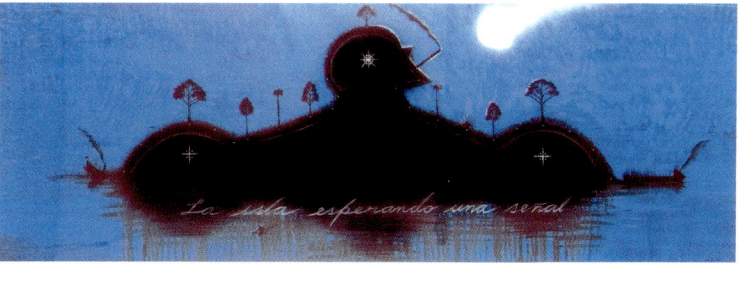

José Bedia Valdés, *La isla esperando una señal* (The Island Waits for a Signal), 2002

huella indeleble en la naciente forma del arte global. Al oponerse a las ideologías únicas e insistir en una multiplicidad de estrategias estéticas y políticas, los artistas cubanos han fortalecido el discurso del arte internacional y han abierto rutas alternativas hacia una expresión rica y diversa.

Cuba posee una historia singular en el desarrollo de la globalización. Mientras la caída del Muro de Berlín y el desmantelamiento de la Unión Soviética precipitaron un agudo estado de crisis en Cuba, estos sucesos fueron recibidos con euforia en otras partes del mundo. El fin de la Guerra Fría era visto como el final de una esfera política binaria y el comienzo de un mundo libre y unificado. Se divisaba una nueva era de democracia liberal que prometía el libre flujo de información, personas y capital, así como el acceso por igual a las innovaciones tecnológicas, científicas y culturales. Se imaginaba que voces múltiples e identidades híbridas prevalecerían en este mundo "cosmopolita", y que florecería la prosperidad. En el campo del arte y sus nuevas manifestaciones, estudiosos como Arjun Appadurai y Homi Bhabha anunciaron que la globalización abriría el camino para la mezcla y el intercambio culturales. De hecho, el pujante mercado global condujo a la expansión de instituciones culturales, galerías, ferias y bienales de arte en todo el mundo. El arte de lugares tales como China, Cuba, Corea, Rusia y Sudáfrica recibieron reconocimiento y aplauso sin precedentes.

Simultáneamente con la defensa de las dimensiones utópicas de la globalización, comenzaron a surgir temores sobre la homogeneidad potencial. Creció la preocupación de que la globalización condujera, no hacia una multiplicidad de identidades, sino hacia la concentración de identidades en un orden único y total. En lugar de favorecer la democracia y la igualdad, el balance de los poderes mundiales pareció crear una brecha aún más profunda entre ricos y pobres. En cuanto al acceso a la tecnología y la información, continuaron surgiendo fuertes desigualdades tanto entre los hemisferios como en el seno de sociedades individuales. Las altas expectativas de los antiguos estados socialistas dieron paso a la desesperación y el cinismo. Mientras lidiaban con la transición hacia el capitalismo, enfrentaban crisis económicas, desempleo y el resurgimiento de conflictos violentos.

Cuba, uno de los tres estados comunistas que quedan en el mundo, está abriendo su mercado a la globalización y se halla en el punto medio entre el fundamentalismo socialista y el neoliberalismo. En las artes, Cuba ya ha experimentado los embriagadores efectos y problemas de la globalización. Las Bienales de La Habana han tenido un enorme

view and insisting on a multiplicity of aesthetic and political strategies, Cuban artists have challenged the homogenizing forces of globalization, while invigorating international art discourse in new and unexpected ways.

Cuba has a unique history in the development of globalization. While the fall of the Berlin Wall and the dismantling of the Soviet Union precipitated a state of acute crisis in Cuba, these events were greeted with euphoria in other parts of the world. The end of the Cold War was seen as the end of a binary political sphere and the beginning of a unified and free world. A new era of liberal democracy was envisioned that promised the free flow of information, people and capital and equal access to technological, scientific and cultural innovation. It was imagined that in this "cosmopolitan" world, multiple voices and hybrid identities would prevail and human rights, peace, and prosperity would flourish. Within the field of art and new media, globalization was heralded by scholars such as Arjun Appadurai and Homi Bhabha as opening the way for cultural mixing and exchange. Indeed, a burgeoning global market led to the expansion of cultural institutions, art galleries, art fairs, and biennials around the world. Art from places such as China, Cuba, Korea, Russia, and South Africa received unprecedented recognition and acclaim.

Even as the utopian dimensions of globalism were championed, concurrent fears regarding potential homogeneity began to emerge. Concerns grew that globalization leads not to a multiplicity of identities but to the concentration of identities into a single master order. Instead of encouraging democracy and equity, the balance of world powers appeared to create an even greater gap between rich and poor. In terms of access to technology and information, strong inequities continued to develop between hemispheres as well as within individual societies. The high expectations of former socialist states gave way to despair and cynicism. As they grappled with the transition to capitalism, they were increasingly besieged by economic crises, unemployment, and a resurgence of violent conflict.

As one of the three remaining communist states in the world, Cuba is currently opening its market to globalization and is on the cusp between socialist fundamentalism and neoliberalism. In the arts, Cuba has already experienced the heady effects and liabilities of globalization. The Havana biennials have been hugely successful in attracting international media and audiences while still foregrounding

éxito en atraer audiencias y medios de prensa internacionales, trayendo al primer plano el arte del Tercer Mundo, al mismo tiempo que se dirigen cada vez más al turismo cultural y una élite global de las artes. El arte cubano se ha puesto de moda y es valorado por su "cubanía", exotismo y "chic crítico". El arte cubano del compromiso político y la diversidad estética enfrenta un peligro cada vez mayor de convertirse en mercancía.

Político y pluralista

En *Cuba Avant-Garde: Contemporary Cuban Art from The Farber Collection* ("Cuba Avant-Garde: arte contemporáneo cubano de la Colección Farber"), la expresión "vanguardia cubana" sugiere una posición de innovación y liderazgo, y nos hace preguntarnos lo que significa la vanguardia en el contexto de la globalización. El término "vanguardia" es un concepto muy debatido en el mundo del arte. En un principio, la palabra evoca la experimentación moderna, que clamaba por una ruptura total con el pasado para crear un mundo nuevo y utópico. Estos esfuerzos se llevaron a cabo con frecuencia tanto en el frente estético como en el político.

En la actualidad, estas interpretaciones iniciales han sido revisadas, refutadas y transformadas. El historiador del arte Hal Foster, por ejemplo, entiende la vanguardia no como una ruptura, sino como el concepto de un pasado que acaba por regresar en algún momento del futuro (Vidal, 2004, 26). De la misma manera, el historiador del arte y la cultura Aleš Erjavec afirma que muchos países post-socialistas han regresado a la experiencia histórica del capitalismo anterior al socialismo, la cual reemplaza al comunismo como el futuro previsto. (Erjavec, 2003, 20). Desde un punto de vista diferente, Boris Groys ve el retorno persistente del pasado comunista. En su ensayo *The Post-Communist Condition* ("La condición post-comunista"), Groys rastrea las aspiraciones utópicas y post-nacionalistas que caracterizaban al comunismo. Ahora, programas utópicos parecidos se repiten por todo el mundo. Cada proyecto, asegura, perpetúa la oscilación continua entre visiones idealistas y represión totalitaria (Groys, 2004, 166–67).

Los argumentos de Foster, Erjavec y Groys proponen una noción de un tiempo cíclico y crean un paralelo entre la ideología consumista de Occidente y la ideología política de Europa Oriental. Sus opiniones en cuanto a la vanguardia, el tiempo y la transición post-soviética tienen especial relevancia con respecto a Cuba. Colocada entre las ideologías de Occidente y el Este, el pasado y el futuro de Cuba residen

art from the Third World. At the same time, they have been increasingly marketed for cultural tourism and a global art elite. Cuban art has become fashionable, valued for its "Cuban essence," exoticism, and "critical chic." Cuba's art of political commitment and aesthetic diversity is in increasingly in danger of being commodified.

Political and Pluralistic

In *Cuba Avant-Garde: Contemporary Cuban Art from The Farber Collection*, the phrase "Cuba Avant-Garde" suggests a position of innovation and leadership. It raises the question of what the vanguard would mean in terms of globalization. The term "avant-garde" is a highly debated concept in the art world. Initially, the word evokes the modernist experiment, which called for an utter break with the past in order to create a new and utopian world. Such efforts were often undertaken on both aesthetic and political fronts. Today, these early interpretations have been revisited, challenged, and transformed. Art historian Hal Foster, for example, understands the avant-garde not as rupture, but as the concept of a past as always returning to some point in the future (Foster, 1996, x). Accordingly, art and cultural historian Aleš Erjavec asserts that for many postsocialist countries, the historical experience of capitalism, in place prior to socialism, has returned; now it replaces communism as the anticipated future (Erjavec, 2003, 20). From a different angle, Boris Groys sees the persistent return of the communist past. In his essay, *The Post-Communist Condition*, he traces the resurgence of the postnationalist and utopian aspirations that characterized communism. Now, similar utopian programs are being repeated across the world. Each project, he asserts, perpetuates the continued oscillation between idealistic visions and totalitarian repression (Groys, 2004, 166-67).

The arguments of Foster, Erjavec, and Groys put forward a notion of cyclical time and create a parallel between the consumer ideology of the West and the political ideology of the East. Their insights regarding the avant-garde, time, and the post-Soviet transition are especially relevant to Cuba. Poised between the ideologies of East and West, Cuba's past and future reside with both. Will Cuban culture simply trade one ideology for another in an "eternal return" of the same? What vanguard tendencies in the production and distribution of Cuban art intersect and interrupt the complex, cyclical, and homogenous systems that define the global sphere?

Chantal Mouffe provides a perspective on how the vanguard

en ambas. ¿Cambiará Cuba una ideología por otra en un "eterno retorno" de lo mismo? ¿Qué tendencias vanguardistas en la producción y la distribución del arte cubano se intersecan e interrumpen los complejos sistemas cíclicos y homogéneos que definen la esfera global?

Chantal Mouffe concibe una perspectiva para cómo podría funcionar la vanguardia en el contexto de la globalización. En su libro *On the Political* (Sobre lo político), ella aconseja un acercamiento político y pluralista que puede definirse como la respuesta de la vanguardia a una visión dominante y "unipolar" del orden mundial. Mouffe critica las ideas utópicas sobre la globalización tanto desde la perspectiva del capitalismo neoliberal como desde la izquierda, las cuales ofrecen en su opinión un modelo único del mundo, basado en la buena voluntad de las corporaciones, la sociedad civil, o la "multitud" que defienden Hardt y Negri. Ella hace notar que esta visión idealizada de la bondad, la inocencia y la reciprocidad innata de los seres humanos está basada en la posibilidad de un consenso universal y racional. Por el contrario, Mouffe hace un llamado al reconocimiento de las diferencias sociales y a un proceso específicamente político que crearía vías legítimas para la posibilidad de alternativas y de elección. Este acercamiento "multipolar" reafirma el valor de las dicotomías "nosotros-ellos" y la formación de identidades colectivas particulares como componentes necesarios de la democracia. (Mouffe, 2005)

La plataforma política y pluralista de Chantal Mouffe sugiere una posición de la vanguardia como contraria a las fuerzas homogeneizadoras de la globalización, un punto de vista encarnado por la obra de los artistas incluidos en *Cuba Avant-Garde*. Los artistas cubanos contemporáneos apuntan al futuro, no en una ruptura abrupta con el pasado, sino en su apertura al futuro desconocido, a la multiplicidad y la diferencia. Ellos cuestionan por igual los proyectos utopistas de Occidente y de Europa Oriental, así como la realidad de estas ideologías del pasado y el presente, aun cuando funcionen como integrantes de las mismas. Los artistas cubanos que viven dentro y fuera de Cuba emplean múltiples métodos estéticos y políticos que se oponen a la imposición de cualquier perspectiva singular o abarcadora. Insistiendo en la posición única de su isla, tanto en el sentido histórico como el geopolítico, los

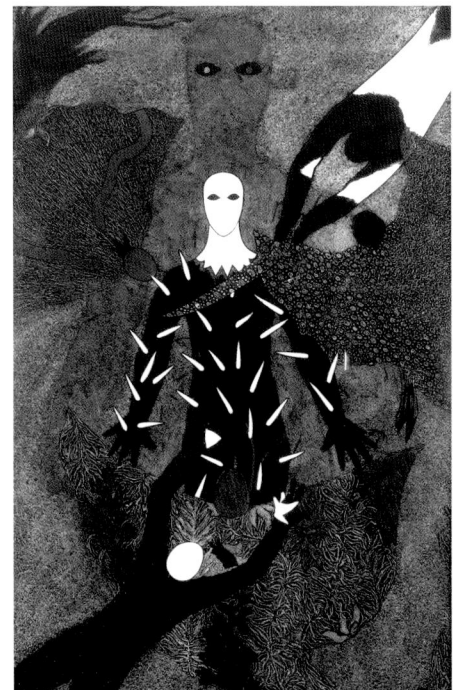

might function in the context of globalization. In her book, *On the Political*, she advocates for a political and pluralistic approach that can be defined as the avant-garde response to a dominating and "unipolar" view of a world order. Mouffe criticizes utopian ideas of globalization from the perspective of neoliberal capitalism as well as from the left. She sees both as offering one single model of the world based variously in faith in the good will of corporations, civil society, or the "multitude" as advocated by Hardt and Negri. She notes this idealized view of the innate goodness, innocence and reciprocity of human beings is based on the potential of a universal and rational consensus. In contrast, Mouffe calls for the recognition of social difference and for a specifically political process that would allow legitimate avenues for alternatives and choice. This "multipolar" approach asserts the value of "we/they" dichotomies and the formation of distinct collective identities as necessary components of democracy (Mouffe, 2005).

Chantal Mouffe's political and pluralistic platform suggests a vanguard position against the homogenizing forces of globalization, a stance that informs the work of artists in *Cuba Avant-Garde*. Contemporary Cuban artists point to the future, not in an abrupt break with the past, but with an openness to the unknown future, to multiplicity and difference. They challenge the utopian projects of the East and the West, questioning the reality of these past and present ideologies even as they function as a part of them. Cuban artists living in and outside of Cuba employ multiple aesthetic and political approaches that counter the imposition of any single or overarching global perspective. Insisting on the unique history and geopolitical position of their island, Cuban artists draw from a past of hybrid identities, a tradition of political and aesthetic independence, and an extraordinary national regard for art and culture. They embody the spirit of the *invento*, the legendary ability to make something out of nothing in a country with few material resources. Cuban artists are embedded in a global dialogue and exchange. Politically and aesthetically, Cuban art has facilitated the exposure to pluralistic, unorthodox, and experimental alternatives across the world.

Belkis Ayón Manso, *Sin título* (Untitled), 1993

artistas cubanos se alimentan de un pasado de identidades híbridas, una tradición de independencia política y estética, y un extraordinario respeto nacional por el arte y la cultura. Ellos encarnan el espíritu del *invento*, la legendaria habilidad de crear algo de la nada en un país con escasos recursos materiales. Los artistas cubanos están enfrascados en un diálogo e intercambio globales. Lo mismo en lo político que en lo estético, el arte cubano ha facilitado la apertura a alternativas pluralistas, heterodoxas y experimentales en todo el mundo.

La resistencia a la homogeneización

Cuba Avant-Garde: Contemporary Cuban Art from The Farber Collection comienza con la década del 1980, un período de renacimiento en la producción artística y la liberación política. Siguiendo al "Quinquenio Gris", una época de represión y homofobia en la década anterior, esta década marcó el nacimiento del "Nuevo Arte Cubano". Durante estos años Cuba estableció la bienal de arte internacional de La Habana, que se centraba especialmente en el Tercer Mundo. Considerada a menudo la "anti-bienal", la exposición habanera se enfrentaba a los centros hegemónicos de Europa y los Estados Unidos por medio de llevar a un primer plano el arte tercer-mundista y de invertir los conceptos convencionales de "centro" y "periferia". Por añadidura, el discurso artístico tomó derroteros más provocativos y críticos. Los artistas usaron las sutilezas de la ironía, la metáfora y la ambigüedad para desafiar el discurso artístico y político aceptado, empleando al mismo tiempo una abundante variedad de estrategias experimentales, conceptuales y postmodernas. Estas cualidades caracterizan al arte cubano hasta este momento. En su prólogo de 1995 al libro *Contracandela*, de Gerardo Mosquera, Lucy R. Lippard escribió:

> Nadie podía creer que una república socialista pudiera aparecerse con un arte nuevo y exuberante, que asumía el kitsch, el folklore, las religiones populares y el post-modernismo, un arte que asumía el mestizaje y el sincretismo que comienzan a ser temas importantes en Norteamérica, [y que abre] un impulso verdaderamente 'democrático' que no excluye la historia del arte, los avances formales de Occidente o la vitalidad popular de las naciones en desarrollo.

Los años ochenta y el principio de los noventa en Cuba pusieron de manifiesto la mezcla cultural, la diversidad estética y la voz crítica que comenzaban a caracterizar las plazas globalizadas del arte. Es de notar, sin embargo, el hecho de que un arte híbrido, pluralista y políticamente

Resisting Homogenization

Cuba Avant-Garde: Contemporary Cuban Art from The Farber Collection begins with the 1980s, a renaissance period of artistic production and political liberation. Following the "Gray Period," a time of repression and homophobia in the previous decade, the 1980s marked the birth of "New Cuban Art." During this time Cuba established the Havana biennial of international art with a special focus on the Third World. Often considered the "anti-biennial," the Havana exhibition challenged the hegemonic centers of the United States and Europe by foregrounding Third World art and by reversing conventional notions of "center" and "periphery." In addition, artistic discourse took a more provocative and critical turn. Artists used subtle devices of irony, metaphor and ambiguity to challenge accepted artistic and political discourse while employing a rich variety of experimental, conceptual and postmodern strategies. These qualities characterize Cuban art to this day. In her prologue to Geraldo Mosquera's 1995 book *Contracandela*, Lucy R. Lippard wrote:

> It was never believed that a socialist republic could appear with a new exuberant art, that takes in kitsch, folklore, popular religions, and post-modernism, an art that takes on the mestizaje and the syncretism which are also beginning to be major theme in North America [and that opens] a truly "democratic" impulse that excludes neither the history of art nor the formal advance of the West, nor the populist vitality of the developing nations.

The 1980s and early 1990s in Cuba highlighted the cultural mixing, aesthetic diversity, and critical voice that began to characterize the globalized art arenas. It is important to note, however, that hybrid, pluralistic, and politically challenging art emerged from the distinct circumstances of Cuba itself. Since the Revolution, free education and excellent art schools made art available across the social spectrum. Art schools such as the Instituto Superior de Arte (ISA) flourished without an overriding "school" or single leader, encouraging experimentation and a wide range of art practice. International movements were influential, but none were imposed as dogma. The blending of "high" and "low" art reflected international contemporary strategies, but was also born from the cultural pluralism of Cuban culture. Vernacular culture was not an exotic "other," but represented lived and integrated experience. For example,

agresivo surgiera de las circunstancias particulares de Cuba. Después de la Revolución, la educación gratis y las excelentes escuelas de arte pusieron éste a disposición de todas las capas sociales. Escuelas de arte como el Instituto Superior de Arte (ISA) florecieron sin una "escuela" dominante o una dirección única, animando a la experimentación y una amplia variedad de prácticas. Los movimientos internacionales ejercían influencia, pero ninguno fue impuesto como dogma. La mezcla de arte "elevado" y "menor" reflejaba las estrategias internacionales contemporáneas, pero nacía asimismo del pluralismo cultural de la cultura cubana. La cultura vernácula no era un "otro" exótico, sino que representaba una experiencia vivida e integrada.

Por ejemplo, Belkis Ayón es una de varios artistas en la exposición que reflexiona acerca de la cultura afrocubana. Ayón se ocupa de la sociedad secreta de los Abakuá, uno de los principales grupos religiosos cubanos, concentrándose en la membresía de la misma, la cual está estrictamente cerrada a las mujeres. En representaciones a gran escala de grupos de miembros, ella inserta a menudo una figura femenina, transgrediendo al hacerlo fronteras establecidas y ortodoxas con objeto de examinar ideas de inclusión, exclusión y secreto. Sus investigaciones corresponden a realidades locales, pero al mismo tiempo reflexionan sobre una esfera más amplia de relaciones políticas y de género.

Otros artistas han empleado la cultura popular, el kitsch y la historieta en una aguda sátira política y social. Fernando Rodríguez conjuró un personaje que le sirve de alter-ego, Francisco de la Cal, un ciego que supuestamente encargó al artista que esculpiera sus visiones del estado revolucionario. El "arte popular" resultante presenta la boda ficticia de Fidel Castro con la Virgen de la Caridad del Cobre, uniendo a la Iglesia y la Revolución de un modo inesperado e irónico. Pedro Álvarez desmitifica el pasado mítico de Cuba en pinturas divertidas y fantásticas, mientras que Carlos Cárdenas utiliza formas parecidas a la historieta para exponer las contradicciones del socialismo. El humor es un procedimiento clave que usan estos artistas para invertir las convenciones sociales, políticas y estéticas existentes.

Los artistas cubanos contemporáneos se han mantenido a cierta distancia de las ideologías únicas defendidas por la Unión Soviética,

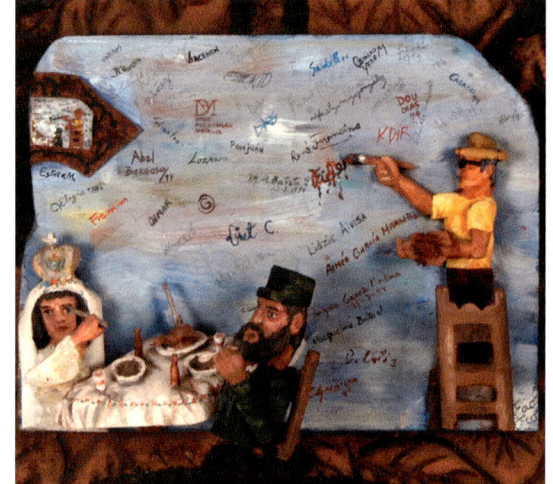

Belkis Ayón is one of several artists in the exhibition who reflects on Afro-Cuban culture. Ayón delves into the Abakuá secret society, one of Cuba's primary Afro-Cuban religious groups. She focuses on the society's membership, which is strictly prohibited to women. In large-scale renderings of group members, she often inserts a female image. In so doing, she transgresses established and orthodox boundaries to examine notions of inclusion, exclusion and secrecy. While her investigations correspond to local realities, they also reflect on a broader sphere of political and gender relations.

Other artists have employed folk culture, kitsch, and cartoons in clever social and political satire. Fernando Rodríguez conjured an alter-ego character, Francisco de la Cal, a blind man who allegedly commissioned the artist to sculpt his visions of the revolutionary state. The resulting "folk art" parody depicts the fictional marriage of Fidel Castro with the Virgen de la Caridad del Cobre (Our Lady of Charity of El Cobre), bringing together the Church and the Revolution in an ironic and unexpected way. Pedro Álvarez demystifies Cuba's mythic past in humorous and fantastic paintings, while Carlos Cárdenas uses cartoon-like forms to expose the contradictions of socialism. Humor is a key device used by these artists to invert existing social, political and aesthetic conventions.

Contemporary Cuban artists have maintained a certain distance from ideologies advocated by the Soviet Union, the Cuban government, and Western powers. Many are wary of the utopian aspirations of neoliberal capitalism, communism, or the idealized process of globalization. Artist Lázaro Saavedra's painting *El Sagrado Corazón* (The Sacred Heart, 1995) invites critical and humorous attention to conflicting allegiances that beset Cuba. In the painting, a Christ-like figure is depicted with the American flag in a thought bubble, the Soviet flag in a speech bubble, and the Cuban flag embedded in his heart.

On the level of ideological and social critique, Cubans have a paradoxical history with the United States, combining official ideological opposition with an attraction for its freedoms, comforts, and cultural innovation. Cuban artists are certainly influenced by American strategies of conceptual art, pop art, and post-modern

Fernando Rodríguez Falcón, *Sueño nupcial* (Nuptial Dream), detallé / detail, 1994

el gobierno cubano y los poderes occidentales. Muchos desconfían de las aspiraciones utópicas del capitalismo neoliberal, el comunismo o el idealizado proceso de globalización. La pintura *El Sagrado Corazón* (1995), del artista Lázaro Saavedra, llama la atención de manera crítica y humorística hacia el conflicto de lealtades que asalta a Cuba. En la pintura, la figura del Cristo aparece con la bandera americana en el globito del pensamiento, la bandera soviética en el globito del habla y la bandera cubana inscrita en el corazón.

En el plano de la crítica social e ideológica, los cubanos tienen una historia paradójica con respecto a los Estados Unidos, que combina la oposición ideológica oficial con una atracción por sus libertades, comodidades e innovación cultural. Los artistas cubanos han sido ciertamente influenciados por estrategias estadounidenses tales como el arte conceptual, el Pop y el arte postmoderno; no obstante, estos métodos son traducidos y transformados en algo propio. Al rehacer y reinventar estas estrategias, ellos ponen a prueba la distinción entre "centro" y "periferia" y preparan el terreno para el intercambio discursivo. Las fotografías de René Peña, por ejemplo, son autorretratos que exploran los contornos de la identidad, que también se apropian y manipulan las convenciones de la fotografía de modas y de anuncios para criticar el consumismo al estilo de Estados Unidos.

La Revolución cubana, aunque de orientación marxista desde su inicio, no adoptó oficialmente el comunismo hasta 1961. A pesar de vivir en un estado comunista, y aún dependiendo de los subsidios soviéticos, los artistas cubanos nunca emularon el realismo socialista. Ahora alejada de la esfera de influencia del antiguo bloque socialista, y abandonada a su propio destino, Cuba ha mantenido su independencia cultural, política y estética.

Una respuesta a la globalización

El final de los años ochenta y el principio de los noventa fueron tiempos difíciles para Cuba. Con el colapso de la Unión Soviética, el fin de los subsidios y el recrudecimiento del embargo, la economía cubana hizo implosión, creando una escasez y una miseria extremas. El gobierno anunció este momento como el Período Especial, y lanzó un programa de "rectificación" que impuso fuertes restricciones a las artes. El ministro de Cultura fue depuesto y a los artistas, que para entonces comenzaban a gozar del reconocimiento internacional, se les prohibió aceptar dólares estadounidenses. El resultado fue un éxodo masivo de intelectuales y artistas.

A pesar de las dificultades, ha habido períodos de tiempo, en los ochenta y desde finales de los noventa hasta el momento, en que los

art. Nonetheless, they translate and transform these approaches into something of their own. Reworking and reinventing these strategies, they test the distinction between "center" and "periphery" and set the stage for discursive exchange. René Peña's photographs, for example, are self-portraits that explore the contours of identity. They also appropriate and manipulate the conventions of fashion photography and advertising to critique American-style consumerism.

The Cuban Revolution, although Marxist in orientation since its inception, did not officially adopt communism until 1961. In spite of living in a communist state, and even when dependent on Soviet subsidies, Cuban artists resisted emulating Socialist Realism. No longer under the influence of the former Eastern Bloc and left to its own devices, Cuba maintains its cultural, political, and aesthetic independence.

A Response to Globalization

The late 1980s and early 1990s were difficult years for Cuba. With the collapse of the Soviet Union, the end of subsidies, and the tightening of the embargo, Cuba's economy imploded, creating severe shortages and hardships. The government announced this as the "Special Period" and launched a program of "Rectification" that came down hard on the arts. The Minister of Culture was removed and artists, who by then were receiving international recognition, were prohibited from accepting U.S. dollars. A mass exodus of intellectuals and artists ensued.

Despite difficulties, there have been periods of time, in the 1980s and in the late 1990s to the present, when artists have been able to work within a critical arena denied other citizens. Artists such as Flavio Garciandía and Glexis Novoa have focused irreverent attention on the iconic symbols of socialism, while Fernando Rodríguez, René Rodríguez, and Carlos Cárdenas have employed irony and humor to examine the incongruities between the rhetoric and reality of social and political life. Gerardo Mosquera describes the unique and pivotal roles of the arts in the 1980s: "…[the visual arts] are in Cuba today the most daring current being voiced. They are almost the only space where analyses much needed by Cuban society are being communicated, as well as shedding light on the problems of contemporary socialism. All of this is being done without the slightest loss in artistic complexity." (Erjavec, 2003, 15).

artistas han podido ejercer la crítica en terrenos vedados a otros ciudadanos. Algunos, como Flavio Garciandía y Glexis Novoa, han concentrado su atención irreverente en los símbolos visuales del socialismo, mientras Fernando Rodríguez, René Rodríguez y Carlos Rodríguez Cárdenas han empleado la ironía y el humor para examinar la incongruencia entre la retórica y las realidades de la vida política y social. Gerardo Mosquera describe el papel único y central de las artes en la década del ochenta: "…[las artes plásticas] son en Cuba hoy en día la corriente de opinión más atrevida. Son casi el único espacio en que se comunican análisis muy necesarios para la sociedad cubana, y se arroja luz sobre los problemas del socialismo contemporáneo. Todo esto se lleva a cabo sin la menor pérdida de complejidad artística". (Erjavec: 2003, 15).

Hacia finales de los años noventa, la situación económica y política en Cuba se hizo algo más desahogada. Se permitió la aparición de pequeños negocios particulares y se legalizó el uso del dólar, y Cuba se abrió al turismo en masa. Como resultado de las reformas económicas, la profesión del artista experimentó un cambio radical. A diferencia de otros sectores sociales, el arte estaba exento de las restricciones de comercio estadounidenses. Se permitió a los artistas (lo mismo que a otras personas en Cuba) trabajar por cuenta propia y ganar en dólares. Asimismo, se les permitió conservar los derechos de autor de su propia obra, y ser contratados para trabajar en otros países. En esencia, los artistas pudieron negociar libremente su puesto en el mercado global del arte.

La combinación de arte y globalización en Cuba creó una situación paradójica. Los privilegios de los artistas con respecto a otros trabajadores resultó en una desigualdad nueva y chocante en el tejido socialista e igualitario de la vida cubana. Aunque los que detentaban el poder ya gozaban de ventajas especiales, el trabajo mental y el manual de los ciudadanos comunes tenían igual valor. Ahora el arte era privilegiado, y algunos artistas comenzaron a constituir una élite económica. Sobre todo en el circuito internacional, esta selecta minoría disfrutaba de una gran visibilidad en los medios de difusión, libertad para viajar, fama internacional y un estándar de vida más elevado. Esta desigualdad era acentuada por el éxito sin precedentes del mercado de arte mundial (Camintzer, 2003, 331 y Hernández-Reguant, 2004).

El peligro de estas nuevas presiones económicas incluía la producción de versiones comercializadas y desleídas de lo que una vez había sido agresivo y provocador. Un arte crítico que cuestionaba el concepto de una utopía socialista era exótico y atractivo para críticos, coleccionistas y curadores. Se comenzó a criticar a los artistas cubanos por

By the late 1990s, the economic and political situation in Cuba eased. Limited private enterprise and legal use of the dollar were permitted, and Cuba opened up to mass tourism. As a result of economic reforms, the art profession experienced a dramatic change. Unlike other sectors of society, art was exempt from American trade restrictions. Artists, like some others in Cuba, were allowed to be self-employed and to earn dollars. They were also permitted to maintain the copyright of their own work, and to contract their labor overseas. Essentially, artists were able to negotiate as free players in the global art market.

The combination of art and globalization in Cuba created a paradoxical situation. The privileging of artists over other laborers created a startling new inequity in the socialist and egalitarian fabric of Cuban life. While those in power already enjoyed special advantages, the intellectual and manual labor of the ordinary citizen had been equally valued. Now art was privileged and some artists began to constitute an economic elite. Primarily on the international circuit, these select few enjoyed high media visibility, the freedom to travel, international reputations, and a higher standard of living. This inequity was magnified by the unprecedented success of the worldwide art market (Camintzer: 2003, 331 and Hernández-Reguant: 2004).

The danger posed by these new economic pressures included the production of commercialized, eroded versions of what was once challenging and provocative. Critical art that interrogated the concept of a socialist utopia was exotic and attractive to critics, collectors, and curators. Cuban artists began to be criticized for drawing on a history of political resistance without taking a substantial position in the present. Coco Fusco argued that the model of corporate internationalism has subsumed cultural difference and the art world, emptying each of its critical content and subversive potential (Stallabrass, 2004, 70).

Chantal Mouffe advocates plurality, politics, and regional identifications as key elements in resisting global homogeny. Cuban art and culture supports these strategies. Hybridization is a feature of globalism, but Cuban art is already adept in the mingling of religious traditions, cultural identity, and aesthetic forms without losing sight of difference. The Cuban government has called for "solidarity" and national identity in response to globalization. Regardless of sentiments about the government, Cubans living in and outside

alimentarse de una historia de resistencia política sin tomar una posición de peso en el presente. Coco Fusco argumentó que el modelo del internacionalismo corporativo había encasillado las diferencias culturales y el mundo del arte, vaciándolos de su contenido crítico y su potencial subversivo (Stallabrass, 2004, 70).

Chantal Mouffe aboga por el pluralismo, la política y la identidad regional como elementos claves en la resistencia contra la homogeneidad global. El arte y la cultura cubanos apoyan estas estrategias. El hibridismo es un rasgo de la globalización, pero el arte cubano ya es experto en la mezcla de tradiciones religiosas, identidades culturales y formas estéticas sin perder de vista la diversidad. El gobierno cubano ha llamado a la "solidaridad" y la identidad nacional como respuestas a la globalización. Más allá de su opinión sobre el gobierno, los cubanos que viven dentro y fuera de la isla poseen un intenso sentido de identidad nacional que se expresa vívidamente en el arte contemporáneo. Aun artistas "globales" como Tania Bruguera, Los Carpinteros y Carlos Garaicoa continúan viviendo en Cuba y poseen un fuerte compromiso con el tema de la identidad cubana. Aunque la globalización cuestiona el papel de las fronteras, el nacionalismo cubano, lo mismo que el regionalismo caribeño y latinoamericano, aún brindan maneras positivas de preservar experiencias compartidas y tradiciones valiosas. Por añadidura, al utilizar la Bienal de La Habana para desviar la atención de los centros culturales dominantes hacia la periferia, Cuba continúa tomando posición como integrante del Tercer Mundo. Estas estrategias crean un pluralismo dinámico y poderoso en el terreno de la cultura.

La transformación de la cultura cubana en una mercancía exótica puede parecer una amenaza contra la diversidad estética, la profundidad cultural y la osadía política del arte cubano. No obstante, Mosquera asegura que los artistas cubanos se apropian de su mercantilización y su "otredad" y las usan para sus propios fines críticos, y de este modo transforman y subvierten el proceso mismo de ser mercantilizados. (Mosquera, 2004, 7). Los artistas cubanos no sólo hacen de la política su tema, sino que cambian la manera en que crean y distribuyen su arte. Ellos usan métodos alternativos, exponen

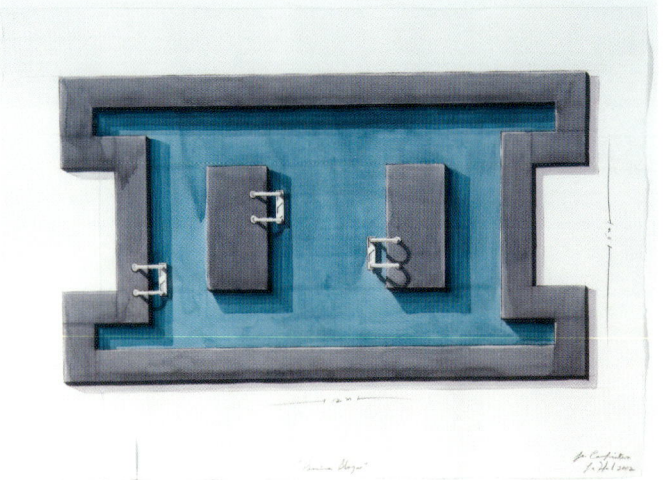

of the island have an intense sense of national identity that is vividly articulated in contemporary art. Even "global" artists Tania Bruguera, Los Carpinteros, and Carlos Garaicoa maintain residence in Cuba and are deeply committed to issues of Cuban identity. Though globalization challenges the relevance of boundaries, Cuban nationalism—as well as Caribbean and Latin American regionalism—still provides positive ways to preserve shared experiences and valued traditions. In addition, by using the Havana Biennial to focus attention away from dominant cultural centers to the periphery, Cuba continues to position itself as part of the Third World. These strategies create a powerful and dynamic pluralism in the cultural field.

The transformation of Cuban culture into an exotic commodity may seem to threaten aesthetic diversity, cultural depth, and political edge of Cuban art. However, Mosquera asserts that Cuban artists appropriate their token status and their "otherness" and use them for their own critical ends, thereby transforming and subverting the process of exploitation itself (Mosquera, 2004, 7). Cuban artists do not just make politics their subject, they change the way they make and distribute art. Artists use alternative venues, displaying their art in homes, in the street, or in the public square. They work in collectives, produce socially engaged art, and use performative strategies that defy the demands of the market.

Contemporary Cuban artists in Cuba and abroad continue to present dissenting and controversial ideas in varied and challenging art forms. They are resolutely innovative and independent, willing to contest utopian ideologies and homogenizing global perspectives. In their openness to pluralism, difference and the unknown, Cuban artists shape the vanguard of a global art.

25

Los Carpinteros, *Piscina Bloque* (Cinderblock Swimming Pool), 2000

su arte en casas, en la calle, o en la plaza pública; trabajan en colectivos, producen arte socialmente comprometido y usan estrategias de *performance* que desafían las demandas del mercado.

Los artistas cubanos contemporáneos, tanto en Cuba como en el extranjero, continúan presentando ideas de disensión y controversia en formas artísticas variadas y agresivas. Resueltamente innovadores e independientes, están dispuestos a protestar contra las ideologías utópicas y las perspectivas globales homogeneizadoras. En su apertura hacia el pluralismo, la diversidad y lo desconocido, los artistas cubanos constituyen la vanguardia del arte global.

References

Camintzer, Luis, *New Art of Cuba*, 1994; reprint, Austin: University Press of Texas, 2003.

Erjavec, Aleš, ed. *Postmoderism and the Postsocialist Condition*. Berkeley: University of California Press. Ltd., 2003.

Fernández, Antonio Eligio (Tonel). "The Island, the Map, the Travelers: Notes on Recent Developments in Cuban Art" in *boundary 2*, 29:3. Durham: Duke University Press.

Foster, Hal. *The Return of the Real: The Avant-Garde at the End of the Century*. (Cambridge: MIT Press, 1996), p. x.

Groys, Boris. "The Post Communist Condition," in *Who If Not We Should at Least Try to Imagine the Future of All This?*, ed. Maria Hlavajova and Jill Winder. Amsterdam: Artimo/Gijs Stork, 2004.

Hernández-Reguant, Ariana. "Copyrighting Che: Art and Authorship under Cuban Late Socialism" in *Public Culture*. Durham: Duke University Press, 2004.

Mosquera, Gerardo and Jean Fisher. "Introduction" in *Over Here: International Perspectives on Art and Culture*, ed. Gerardo Mosquera and Jean Fisher. Cambridge: The MIT Press, 2004.

Mosquera, Gerardo. "New Cuban Art" in *Postmodernism and the Postsocialist Condition*, ed. Aleš Erjavec. Berkeley: University of Californian Pres. Ltd., 2003.

Stallabrass, Julian. *Art Incorporated: The Story of Contemporary Art*. Oxford: Oxford University Press, 2004.

Vidal, Carlos. "Globalization or Endless Fragmentation? Through the Shadow of Contradictions" in *Over Here: International Perspectives on Art and Culture*, ed. Gerardo Mosquera and Jean Fisher. Cambridge: The MIT Press, 2004.

Obras | Works

Gustavo Acosta

n. 1958, reside en los Estados Unidos | b. 1958, resides in the United States

Gustavo Acosta ha sido calificado como un artista de actitud "individualista" (Camnitzer, 1992, 264) por su postura estética, la cual define la pintura y sus convenciones como soporte básico del discurso. Es una actitud común a otros pintores de su generación como Carlos Alberto García, Eduardo Rubén y José Franco. Participante en el Salón de Paisaje de 1982, Acosta se acercó—bajo la influencia del artista conceptual norteamericano Roger Welch— a zonas inéditas del paisaje cultural cubano a través de dibujos de referencia fotográfica. En su exposición *Expreso Matanzas-Cienfuegos* (1983), reproducía imágenes tomadas de fotografías de archivo o postales turísticas de estaciones de ferrocarril, trenes abandonados o casetas de espera, mediante un trazo gestual que parecía colocar la desmemoria o la nostalgia entre el espectador y la imagen. En 1984, recibió el Premio de Dibujo de la Primera Bienal de La Habana por su creación en ese sentido.

Hacia 1989, el interés del artista deriva hacia referencias visuales más cercanas a la pintura metafísica italiana de artistas como Giorgio Morandi y Giorgio de Chirico, e incluso a las evocaciones del siglo XVIII realizadas por Giovanni Battista Piranesi. A diferencia del aguafortista italiano, que rinde culto a la ruinas arqueológicas, Acosta modela—sin utilizar referentes fotográficos—espacios arquitectónicos unidos a mecanismos de control social: plazas vacías, tribunas y banderas solitarias, el Coliseo, o inmuebles de estilo semejante al Palacio del Fascio, diseñado para Mussolini por el arquitecto modernista Eduardo Terragni. En estos ámbitos no aparece huella visible de presencia humana, y la densidad de los empastes—generosamente aplicados—contribuye a la creación de una atmósfera cargada y sombría, superpuesta sobre una estructura reticular. "En la pintura de Gustavo Acosta—pintura dramática, teatral—el color negro comparte su tétrico dominio casi a partes iguales con otros elementos. Su efecto sobre el espectador es imposible de aislar del que ejercen paralelamente el titanismo de sus objetos arquitectónicos, o el sintetismo minimalista de sus columnas, escalones, faroles y banderas, o el vacío inhumano de sus ambientes, o su desmesurada y sobrecogedora espacialidad" (Hernández, 1991, 4).

Denominada *Los Caminos de Roma*, esta serie fue expuesta en la muestra personal del mismo título en el Castillo de la Real Fuerza en 1989, y dos años después fue ampliada en *Las sugestiones del límite*, su última exposición en La Habana antes de partir a México. *Urbi et Orbi* formó parte de esa exposición. La imagen representada en la pieza es la central termoeléctrica de Tallapiedra cercana al puerto de La Habana, edificio de perfil neoclásico construido en 1905 por el ingeniero francés Georges Carpentier, padre del célebre novelista cubano de igual apellido.

Gustavo Acosta has been identified as an artist of "individualistic" tendencies (Camnitzer, 1992, 264) by virtue of his aesthetic position, which defines painting and its conventions as basic foundations for discourse. This stance is similar to that of other painters of Acosta's generation, such as Carlos Alberto García, Eduardo Rubén, and José Franco. As a participant in the 1982 Landscape Salon in Havana, Acosta approached—under the influence of American conceptual artist Roger Welch—unexplored areas of the Cuban cultural landscape in drawings that referenced photography. In his 1983 exhibition, *Expreso Matanzas-Cienfuegos* (Matanzas-Cienfuegos Express), he depicted images taken from old photographs and tourist postcards: train stations, abandoned trains, and rural way stations, painted in gestural strokes that seemed to drop a veil of nostalgia or forgetfulness between the viewer and the image. In 1984, he was awarded the Artistic Drawing Prize in the First Havana Biennial for this work.

Around 1989, Acosta's interest turned toward the Italian metaphysical painting of such artists as Giorgio Morandi and Giorgio de Chirico, and toward the evocative works of Giovanni Battista Piranesi. In contrast to the 18th-century Italian aquatint master, who revered archaeological ruins, Acosta creates—without use of photographic references—architectural spaces that hint at mechanisms of social control: empty squares, solitary rostrums and flags, the Colosseum, or buildings similar in style to the Casa del Fascio in Como, Italy, designed for Mussolini by modernist architect Giuseppe Terragni. In these settings there is no visible trace of human presence. A dense impasto, generously applied, contributes to the gloomy, menacing atmosphere superimposed on an intricate, cell-like structure. "In the dramatic, theatrical painting of Gustavo Acosta, the color black shares its ominous dominion almost equally with other elements. Its effect on the viewer cannot be isolated from the effects produced by the titanic proportions of the architecture, the austere eclecticism of their columns, staircases, streetlamps, and flags, the inhuman emptiness of the settings, and their vast and immeasurable spaces" (Hernández, 1991, 4).

Titled *Los Caminos de Roma* (The Roads to Rome), this series of paintings was featured in Acosta's solo exhibition of the same name, held at Castillo de la Real Fuerza in 1989. Two years later, it was expanded in *Las Sugestiones del Límite* (Suggestions of the Limit), Acosta's last exhibition in Havana before his departure for Mexico. *Urbi et Orbi* was exhibited in that show. Its subject is the Tallapiedra power plant near the port of Havana, a neoclassical building designed in 1905 by the French engineer Georges Carpentier, father of celebrated Cuban novelist Alejo Carpentier.

Urbi et Orbi, 1989
acrílico sobre lienzo, 218.4 x 250 cm.

Urbi et Orbi, 1989
acrylic on canvas, 86 x 98 in.

Una foto de la central, que Acosta manipuló para cubierta posible de un disco de música, funcionó como pretexto visual, luego repetido en varios cuadros. En *Urbi et orbi*, el artista modela la usina con rasgos sintéticos y excluye de la escena tanto la cercana línea del ferrocarril, tendida a varios metros sobre el nivel del suelo, como otras edificaciones más modernas adyacentes a la central. El edificio se erige solitario, casi abandonado, rodeado por profundas masas oscuras, no arroja iluminación alguna, y las ruidosas chimeneas, que usualmente emiten humo negro, permanecen apagadas, como si el edificio estuviese sumergido en un tiempo sin retorno.

En 1990 cae el sistema político de la antigua Unión Soviética, se reducen a niveles mínimos los suministros energéticos enviados a la isla del Caribe por el Bloque del Este, y comienza para Cuba el llamado "Período Especial". Durante años de carestía, sin piezas de repuesto para reemplazar las frecuentes roturas, la central eléctrica de Tallapiedra se convirtió en símbolo popular de una tecnología obsoleta, incapaz de iluminar las noches de la ciudad y los sueños de varias generaciones de cubanos.

Urbi et Orbi, 1989

Procedencia: Colección del artista.

Exposiciones: *Los Caminos de Roma*, Castillo de la Real Fuerza, Museo Nacional de Bellas Artes, La Habana, 1989. XX Bienal de Sao Paulo, Sao Paulo, Brasil, 1989. *Los Hijos de Guillermo Tell*, Museo Alejandro Otero, Caracas, Venezuela, 1991.

Referencias: Sánchez, Osvaldo, *Los Caminos de Roma* (catálogo), La Habana, 1989. Hernández, Orlando, *Ruinas (invisibles) de Gustavo Acosta*, catálogo de la exposición Las sugestiones del límite, Galería Habana, F.C.B.C., La Habana, 1991.

A photograph of the plant, which Acosta had manipulated for a possible LP album cover, served as a visual theme that was later repeated in several paintings. In *Urbi et Orbi*, the artist sketches the station with spare strokes. He excludes the neighboring railroad, elevated several feet above ground level, as well as other, more modern structures next to the plant. The building looms in solitude, almost derelict, surrounded by deep, dark shapes and projecting no light. The noisy chimneys, which usually spout black smoke, are quiet, as if the building were immersed in a motionless, fixed time, from which there is no return.

In 1990, the former Soviet Union and its political system fell apart. The fuel supplies that the Eastern Bloc had been sending to the Caribbean island were reduced to a minimum. For Cuba, this marked the beginning of the so-called "Special Period." During years of scarcity, without the spare parts to fix frequent breakdowns, the Tallapiedra power plant became the popular symbol of an obsolete technology—incapable of illuminating the city nights or the dreams of several generations of Cubans.

Urbi et Orbi, 1989

Provenance: Artist's collection.

Exhibitions: *Los Caminos de Roma* (The Roads to Rome), Castillo de la Real Fuerza, National Museum of Fine Arts, Havana, 1989. XX São Paulo Biennial, São Paulo, Brazil, 1989. *Los Hijos de Guillermo Tell* (The Children of William Tell), Alejandro Otero Museum, Caracas, Venezuela, 1991.

References: Sánchez, Osvaldo, *Los Caminos de Roma* (catalogue), Havana, 1989. Hernández, Orlando, *Ruinas (invisibles) de Gustavo Acosta* (Gustavo Acosta's (Invisible) Ruins), catalogue of the exhibition *Las sugestiones del límite* (Suggestions of the Limit), Havana Gallery, Havana, 1991.

Pedro Reinaldo Álvarez Castelló

1967 – 2004, residió en Cuba y España | 1967 – 2004, resided in Cuba and Spain

Mientras el Muro de Berlín se desvanecía en el aire en 1989, un estudiante cubano descubría al artista norteamericano Mark Tansey en un ejemplar atrasado de *Art in America*. Pedro Álvarez estudiaba en la Facultad de Educación Artística de la Universidad de La Habana en medio de un ambiente febril: los *performances* callejeros de Arte Calle, las exposiciones abiertas al público por breve tiempo, las noticias calientes de la "perestroika" publicadas en revistas soviéticas, y la trova contestataria de Carlos Varela esparcían la sensación general de ser parte de las ruedas de la Historia (no de la Fortuna).

En las escuelas de arte circulaban revistas y catálogos con obras de Sandro Chia, David Salle, Julian Schnabel, Georg Baselitz y los transvanguardistas alemanes, todos "obreros" de la pintura. Pero la atención de críticos y artistas era capturada por las instalaciones, el arte de proceso y las figuras carismáticas estilo Joseph Beuys. Reflexionar a través de los recursos y materiales "tradicionales" no parecía exactamente "vanguardista" u original, pero la "herejía" pictórica de Tansey impactó a Álvarez. "Entonces me dije: si este hombre a estas alturas todavía está pintando y diciendo cosas tan interesantes, por qué no, si a mí siempre me ha gustado pintar, me ha gustado contar historias" (Sánchez, 2006).

Pedro descubría nuevas maneras de hacer pintura en una actitud compartida con colegas de aula como Alexis Esquivel, Leonel Borrás, Armando Mariño, los hermanos Mora y Alejandro Mendoza. El programa analítico recibido por la llamada "generación de Columbia" (la Facultad de Educación Artística estaba emplazada en el antiguo campamento militar de ese nombre) les permitía una visión más sutil del arte, y una aguda conciencia de las connotaciones de la tradición y el oficio.

Álvarez comenzó a citar en sus obras a Víctor Patricio Landaluze, el pintor y caricaturista español más relevante en Cuba. A mediados del siglo XIX, Landaluze realizó álbumes de grabados y cuadros costumbristas de ambiente "local" y visiones satíricas de los esclavos y la servidumbre negra. Álvarez asumió de su obra las convenciones de la pintura europea de género y extrajo varios personajes, entre ellos la figura del *ireme*, o diablito, procedente de la secta afrocubana abakuá. El joven artista insertaba el *ireme* como símbolo de la cultura popular en escenas donde la fricción entre títulos e imágenes brindaba un comentario satírico sobre la actualidad del país y sus obsesiones culturales. La visión idílica del pasado colonial era desinflada con parodias que irradiaban desde el espacio del arte hacia el espacio social.

Cuando Álvarez participa en la V Bienal de la Habana en 1994, ya su camino evidencia madurez y definición. Los títulos de sus acuarelas y lienzos: *Buenos días, por favor, su carnet de identidad*

As the Berlin Wall was vanishing into thin air in 1989, a Cuban student was discovering the American artist Mark Tansey in an old issue of *Art in America*. Pedro Álvarez studied at the Havana University's School of Artistic Education in a feverish era. Street performances of Arte Calle, fleeting art exhibitions only briefly open to the public, hot news about perestroika published in Soviet magazines, and the anti-establishment protest songs of Carlos Valera gave everyone at that moment the sense of being part of a great, revolving wheel—not of Fortune, but of History.

In the art schools, magazines and catalogues circulated featuring the works of Sandro Chia, David Salle, Julian Schnabel, Georg Baselitz, and the German trans-avant-garde—all *obreros*, so to speak, workers in the art of painting. For the most part, though, the attention of critics and artists alike was caught by installation art, process art, and charismatic figures in the style of Joseph Beuys. To think in terms of traditional resources and materials did not seem terribly avant-garde or original, but Tansey's painterly heresy had an impact on Álvarez. "I told myself at that point: If this man is still painting nowadays and saying such interesting things, why not? After all, I have always loved to paint, and I have always loved to tell stories" (Sánchez, 2006).

Álvarez discovered new approaches to painting. His stance was shared by such art school colleagues as Alexis Esquivel, Leonel Borrás, Armando Mariño, the Mora brothers, and Alejandro Mendoza. The analytical education received by the "Columbia generation" (so called because the School of Artistic Education was based in the old military camp of that name) gave them a subtler vision of art, as well as an acute awareness of tradition and métier.

In his work, Álvarez began making references to Víctor Patricio Landaluze, the most celebrated Spanish painter and caricaturist ever to take up the subject of Cuba. In the mid-1800s, Landaluze produced albums of engravings, *costumbrista* paintings of everyday life and traditions, and satiric images of black slaves and servants. Álvarez took from Landaluze's work the conventions of European genre painting, as well as several characters—among them the *ireme*, or dancing imp, of the Afro-Cuban Abakuá sect. The young artist frequently inserted the ireme as a symbol of popular culture; in these works, the deliberate *frisson* between title and image offered satiric commentary on Cuban current events and cultural obsessions. The idyllic vision of the colonial past was deflated by parodies that percolated from contemporary art into society at large.

By the time Álvarez participated in the Fifth Havana Biennial in 1994, his work reflected a mature and highly personal vision. The titles of his watercolors and canvases—*Buenos días, por favor,*

(1993, de la serie *After Landaluze*), *El Fin de la Historia* (1994), *Martí's Everlasting Speech, Chevrolet I Pineapple* (1994) y *Cecilia Valdés y la lucha de clases* (1995) introducían un coctel de tiempos, personalidades históricas y objetos cotidianos. El espacio pictórico se convertía en un *video clip* carnavalesco donde Carlos Manuel de Céspedes, el padre de la nación cubana, y George Washington (tomado del reverso del billete de un dólar) conversaban sobre el muro del Malecón sobre los destinos de Cuba, las mulatas de Landaluze lucían el gorro frigio de la República de 1902, mientras que Norman Rockwell y el pintor cubano Marcelo Pogolotti, el litógrafo cubano-francés Frédéric Mialhe y una botella de Coca-Cola se dan la mano en una hilarante rumba en los jardines de la Casa Blanca.

Las narraciones de Álvarez recurrieron al ensamblaje analítico de fragmentos e imágenes extraídos—como de un banco de imágenes—del arte cubano e internacional, de la publicidad comercial y política, y los grabados del siglo XIX. Él seleccionó y coleccionó intuitivamente *clips* de catálogos de arte, revistas, libros, postales antiguas, y billetes, para luego usarlos de manera más o menos fragmentaria, como fondos, personajes o simples referentes. Él reproducía las imágenes sin costuras y seguía, como un cronista paródico, las convenciones espaciales de la pintura histórica del siglo XIX. La irreverencia de su procedimiento exponía el carácter ideológico de toda "representación" visual, y minaba con sentido postmoderno el carácter lineal del tiempo histórico. El concepto optimista (positivista) del futuro era reducido a dar vueltas en redondo, confinado a un callejón sin salida.

Lo que Pedro exponía no era el Fin de la Historia anunciado por Francis Fukuyama en 1992, sino el impacto del "Período Especial" en Cuba. En esa época se vieron el fin de la URSS y de la creencia en "Socialismo o Muerte", la legalización del dólar y del trabajo privado, el renacer de la prostitución y el mercado del arte, el auge del turismo y las diferencias sociales, la postergación de la utopía colectiva y la búsqueda desesperada de las soluciones individuales. La realidad cubana se convertía en un túnel del tiempo donde interactuaban simultáneamente signos históricos, extraídos de la memoria cultural e histórica como fragmentos incoherentes. Ante la ausencia de sentido de futuro, en la isla reencarnaban los fantasmas y mitos del pasado, despojados de toda aura de autoridad, y se mezclaban con las circunstancias de un doloroso presente.

Hacia 1997, el uso intenso de numerosas referencias visuales en una misma composición parece reducirse. El método del collage se concentra ahora en la yuxtaposición entre figuras protagónicas, situadas generalmente en un primer plano, y un fondo seleccionado del "banco de imágenes" utilizado por el artista. Los interiores domésticos publicados en revistas como *Better Homes and Gardens*, así como las visiones de los interiores de autos y camiones fabricados en las décadas de 1940 y 1950 en los Estados Unidos, están dispuestos como tapices, sin la aplicación de las convenciones "dramáticas" académicas usuales en piezas anteriores.

En *Winter is Coming…*, los personajes del primer plano proceden de las numerosas imágenes de propaganda reproducidas en las páginas de *Harper's Weekly* y los diarios de William Randolph Hearst, cuando la explosión del USS *Maine* en la bahía de La Habana en febrero de 1898 desata la guerra hispano-cubano-norteamericana.

su carnet de identidad (Good Morning, Your ID, Please, 1993, from the *After Landaluze* series), *El Fin de la Historia* (The End Of History, 1994), *Martí's Everlasting Speech, Chevrolet I Pineapple* (1994), and *Cecilia Valdés y la lucha de clases* (Cecilia Valdés and Class Struggle, 1995), among others—introduced a veritable cocktail of eras, historical personalities, and everyday objects. The pictorial space became a sort of carnivalesque video clip where Carlos Manuel de Céspedes, the father of the nation to many Cubans, and George Washington (from the reverse of a one-dollar bill) discussed the future of Cuba while strolling Havana's beachfront promenade, and Landaluze's mulatto girls sported the Phrygian cap of the Republic of 1902, while Norman Rockwell and Cuban painter Marcelo Pogolotti, French-born Cuban lithographer Frédéric Mialhe and a bottle of Coca Cola joined hands in a hilarious rumba in the gardens of the White House.

Álvarez's narratives employed an analytical assemblage of fragments and images extracted—as if from a data bank of images—from Cuban and international art, commercial and political advertisements, as well as from 19th-century engravings. He intuitively selected and stockpiled clips from art catalogues, magazines, books, old postcards, and bank notes, using them in a more or less fragmentary way, as backgrounds, characters, or reference points. He seamlessly reproduced those images and followed, like a parodying chronicler, the spatial conventions of 19th-century historical painting. The irreverence of his method exposed the ideological nature of all visual "representation," and undermined, with a postmodern sensibility, the linear character of historical time. The optimistic (positivist) concept of the future was reduced to chasing its own tail, stuck in a blind alley.

What Álvarez addressed was not the end of history as announced by Francis Fukuyama in 1992, but the impact of Cuba's "Special Period" in the early 1990s. This era saw the end of the U.S.S.R. and of the belief in "Socialismo o Muerte" ("Communism or Death"); legalization of private enterprise and the possession of U. S. dollars; the revival of prostitution and the art market, a boom in tourism and widening social differences; the postponement of the collective utopia and the desperate search for individual solutions. Cuban reality became a tunnel through time, where historical signs interacted simultaneously, becoming incoherent fragments extracted from cultural and historic memory. All sense of a future was lacking; stripped of their aura of authority, the ghosts and myths of the past reincarnated themselves to mingle with the painful present.

Around 1997, Álvarez's intense use of multiple visual references in a single composition seemed to dwindle. His collage method became focused on the juxtaposition of central figures, generally placed in the foreground, and a background selected from the artist's "stockpile of images." Domestic interiors showcased in such magazines as *Better Homes and Gardens*, and glimpses of American car and truck interiors from the 1940s and '50s were arranged like tapestries, without the dramatic chiaroscuro and other theatrical conventions common to the artist's previous work.

In *Winter is Coming…*, the foreground characters are taken from the many propaganda images that appeared in the pages of *Harper's Weekly* and William Randolph Hearst's daily newspapers at the start of the Spanish-American War, which began with the explosion

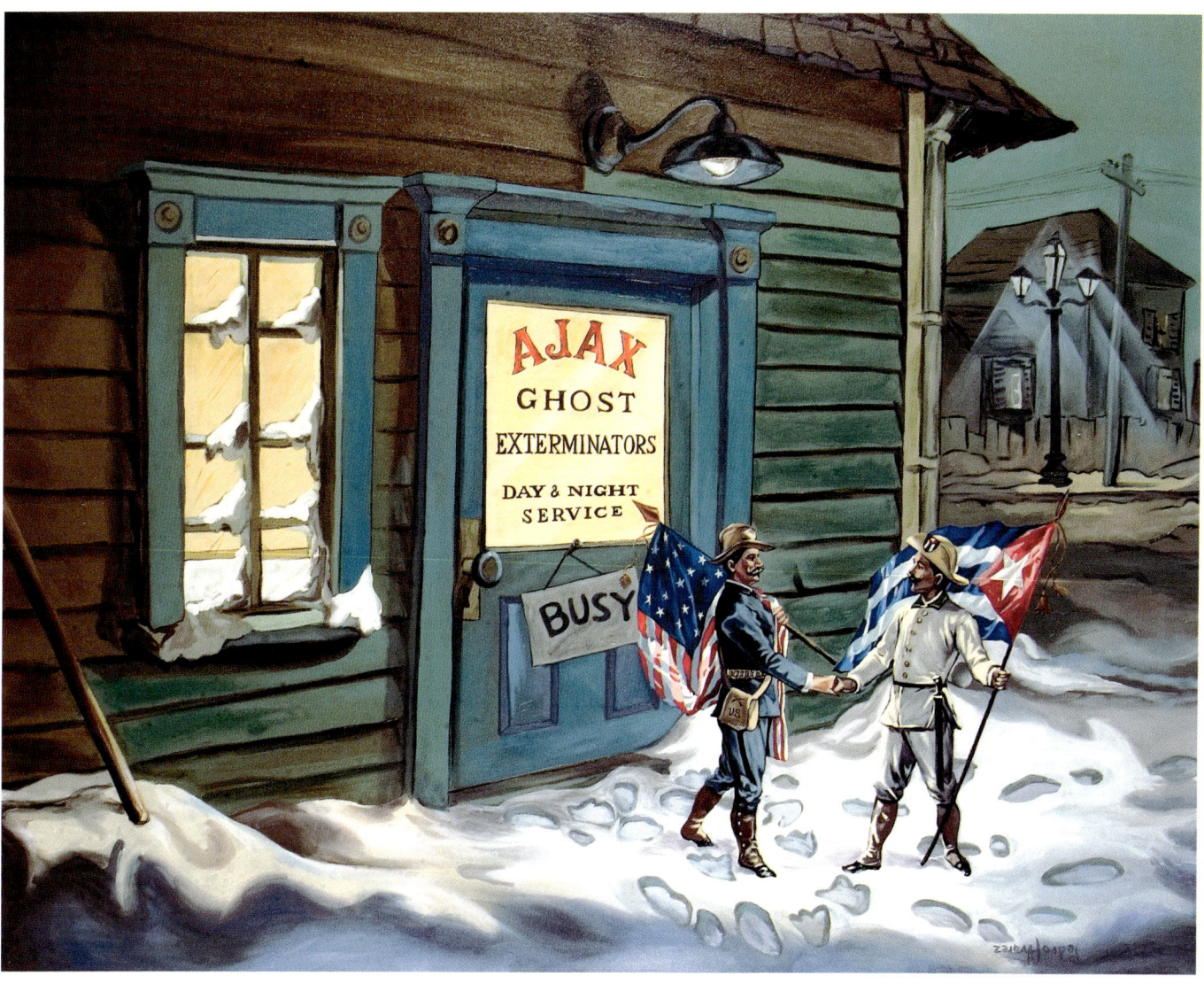

Winter is Coming to an End, 1999
óleo sobre tela, 114.3 x 145.4 cm.

Winter is Coming to an End, 1999
oil on canvas, 45 x 57 in.

Mientras los estudios Vitagraph convirtieron en noticiero para *nickelodeons* la batalla de Santiago de Cuba, simulada con efectos especiales en una bañadera, los dibujantes de la prensa crearon escenas inspiradoras de la amistad duradera entre los *Rough Riders* de Teddy Roosevelt y las tropas mambisas cubanas. En la pieza de Pedro, los guerreros, portando sus banderas respectivas, se estrechan las manos ceremoniosamente ante un fondo copiado de un dibujo animado de Walt Disney. La inserción de los mismos en un ambiente de ensueño, bajo la franca ruptura de la escala, deviene un comentario irónico sobre las relaciones históricas entre las culturas de Cuba y los Estados Unidos, marcadas por la atracción mutua y la incomprensión, la búsqueda del cercano "exotismo" y la lucha por escapar de su cooptación.

Folklore, Homenaje a Öyvind Fahlström es una obra que reencarna el formato Cinemascope, importado de los Estados Unidos y muy popular en Cuba en la década de 1950. Dos exploradores blancos penetran en una lujuriosa selva tropical. La mujer, de pose y manto clásicos, lleva los atributos de Santa Bárbara, imagen católica que en la Santería afrocubana representa a Shangó, dios del trueno. El hombre, vestido con ropa de barras y estrellas, sostiene una enorme jeringuilla rotulada con la palabra "Folklore". En la selva corren y retozan tres personajes negros, vestidos con telas de colores cálidos, que han sido insertados en la escena de una manera evidentemente inorgánica. Acuñado en el siglo XIX, el término "folklore" estuvo relacionado con la búsqueda y clasificación de culturas "inferiores", "salvajes" o "primitivas" por antropólogos europeos y norteamericanos. Pedro teatraliza el concepto, lo convierte a través de personajes en una saga estilo Indiana Jones donde se revela la naturaleza artificial del escape más allá de la civilización.

Winter is Coming to an End, 1999
Folklore, Homenaje a Öyvind Fahlström, 1999
Procedencia: (de ambas obras): Gary Nader Gallery.

of the USS *Maine* in Havana Bay in February 1898. While Vitagraph Studios turned the Battle of Santiago Bay into a newsreel for nickelodeons—complete with special effects simulated in a bathtub—newspaper artists created inspirational scenes illustrating the friendship between Teddy Roosevelt's Rough Riders and the Cuban troops known as *los Mambises*. In Álvarez's piece, the warriors, carrying their respective flags, shake hands ceremoniously before a background copied from a Disney cartoon. Their insertion in a dream environment, and the frank disregard for proportion, create an ironic commentary on the relationship of Cuban and American cultures throughout history: a relationship marked by mutual attraction and lack of understanding, by the search for "exoticism" in close proximity, and by the struggle to escape being co-opted.

Folklore, Homenaje a Öyvind Fahlström (Folklore: Homage to Öyvind Fahlström) imitates the Cinemascope movie format, which had been imported from the United States and very popular in Cuba during the 1950s. Two white explorers enter a luxuriant tropical forest. The woman, in the classic attire and pose of ancient sculpture, bears the attributes of St. Barbara, a Catholic figure transmuted in Afro-Cuban Santería into Shangó, god of thunder. Dressed in stars and stripes, the man carries an enormous hypodermic syringe labeled with the word 'Folklore.' The presence of three black characters, who frolic through the jungle dressed in hot-hued fabrics, is evidently incongruous with the rest of the scene. Coined in the 19th century, the term "folklore" was related to the search for and classification of "inferior," "savage," and "primitive" cultures by European and American anthropologists. Álvarez theatricalizes the concept, transforming it into an Indiana Jones-style saga that reveals the artificiality underlying the idea of escaping civilization in a quest for the primitive world.

Winter is Coming to an End, 1999
Folklore: Homage to Öyvind Fahlström, 1999
Provenance: (both works): Gary Nader Gallery.

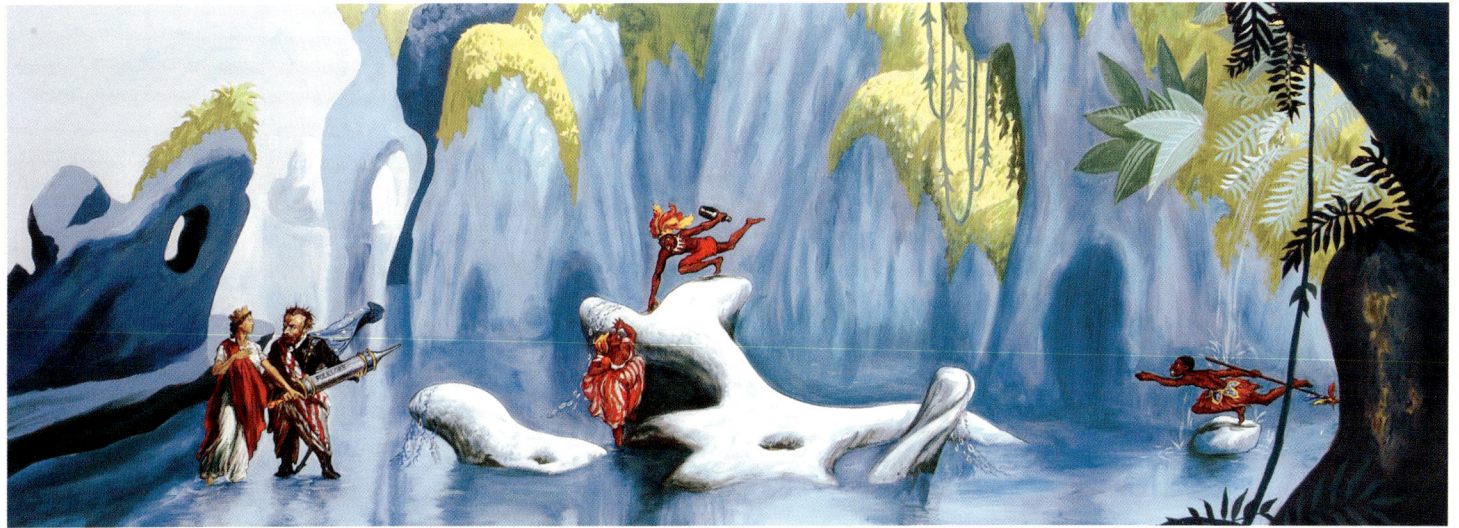

Folklore, Homenaje a Öyvind Fahlström, 1999
óleo sobre lienzo, 80.7 x 221 cm.

Folklore: Homage to Öyvind Fahlström, 1999
oil on canvas, 31.75 x 87 in.

Belkis Ayón Manso

1967 – 1999, residió en Cuba | 1967 – 1999, resided in Cuba

Mientras estudiaba en la escuela de arte San Alejandro en La Habana, Belkis Ayón descubrió los textos escritos por Lydia Cabrera y Enrique Sosa sobre la sociedad secreta abakuá o ñáñiga, originaria del Calabar nigeriano y una de los cuatro complejos religioso-culturales de origen africano vigentes en Cuba desde la colonia. La sociedad prohíbe mujeres (y homosexuales) como miembros, carece de representaciones visuales, y desde inicios del siglo pasado fue asociada con conductas antisociales y criminales (Fuente, 2001). La música, cantos, instrumentos y bailes de la Santería habían sido catalogados como patrimonio folklórico de la nación; los abakuás, sin embargo, no gozaban de semejante reconocimiento institucional.

El acercamiento de Ayón hacia la cultura abakuá no constituía un gesto aislado en el contexto artístico. El discurso oficial ateo-cientificista segregaba las prácticas religiosas de raíz afrocubana como "rezagos del pasado", pero el nuevo arte cubano redescubría los pozos profundos y vivos de la nación. Las obras de Bedia, Elso y Rodríguez Brey desmontaban las raíces eurocéntricas con que artistas y estudiosos cubanos habían observado las culturas afrocubanas desde el siglo XIX. Otros artistas incorporaban la visualidad *kitsch* y las incoherencias del ambiente urbano, el humor cotidiano, la escatología popular, la actualidad y las retóricas políticas, todos textos a la mano pero invisibles para el arte cubano de décadas previas.

Las estampas de Belkis no pretenden fundar las imágenes de una religión, ni constituyen el tributo de una creyente. Con una concepción estrictamente contemporánea, la artista toma como base los mitos fundacionales del ñañiguismo. Y, en la ausencia de un sistema iconográfico, enhebra ficciones en la brecha del silencio en que la cultura abakuá ha ocultado sus creencias. Su licencia creativa no se diferencia esencialmente de la recreación de mitos por los artistas europeos desde el Renacimiento. En este caso, la materia prima procede de la leyenda de Sikán, una narrativa de origen africano trasladada a tierras americanas.

Su creación alcanzó gravedad clásica en la década de 1990, a medida que la artista asumía pleno dominio de la técnica utilizada y del universo visual generado. La realización en grabado de obras de gran formato y escasas tiradas, bajo criterios conceptuales, la llevó, junto a Ibrahim Miranda, Abel Barroso y Sandra Ramos, a protagonizar *La Huella Múltiple*, evento radical en un medio destinado usualmente a la reproducción de estampas decorativas. La maduración creativa de Ayón estuvo unida a la colografía, técnica que sometió a la máxima potencia y asimiló como su medio "natural". La matriz de la técnica es esencialmente un collage compuesto por la adición sucesiva de capas. Belkis logró los efectos deseados a partir de diversas texturas y gamas planas de color, reducidas al blanco,

While studying at the San Alejandro art school in Havana, Belkis Ayón discovered the writings of Lydia Cabrera and Enrique Sosa about the secret society of the Abakuá. Originating in Calabar, Nigeria, the Abakuá is one of four religious-cultural groups of African origin that have been present in Cuba since colonial times. This secret society does not accept women, homosexuals, or visual representations of any kind. Since the beginning of the 20th century, it has been linked to antisocial and criminal activity (Fuente, 2001). Santería music, songs, musical instruments, and dances had been catalogued as the folkloric patrimony of the nation; the Abakuá, however, did not enjoy such official recognition.

Ayón's approach to Abakuá culture was not simply an isolated gesture made in an artistic context. Cuba's official atheistic-scientific discourse segregated all religious practices of Afro-Cuban origin as "vestiges from the past," but contemporary Cuban artists rediscovered them as deep and vital wellsprings of the nation. Works by Bedia, Elso, and Rodríguez Brey deconstructed the Eurocentric perspective from which Cuban artists and scholars had observed Afro-Cuban cultures since the 1800s. Other artists incorporated the kitsch, pun-filled visuals and scattershot incoherence of the urban environment, the everyday humor, popular scatology, current events, and political rhetoric—all texts within arm's reach, but invisible to Cuban art during the previous decades.

Ayón's prints do not presume to establish the imagery of a religion, nor are they a believer's tribute. With a strictly contemporary vision, she takes the myths of the Abakuá as her artistic foundation. In the absence of an iconographic system, she threads together fictions, filling the gaps left by the silence with which Abakuá culture has guarded its beliefs. Her creative license is essentially no different from European artists' re-creation of myths since the Renaissance. In her case, the raw material is the legend of Sikán, a story of African origin transplanted to the Americas.

In the 1990s, Ayón consolidated her mastery of classical printing techniques and the visual universe that it spawned. Producing large-format, limited-edition prints from a conceptual-art perspective, she joined artists Ibrahim Miranda, Abel Barroso, and Sandra Ramos as a leader of *La Huella Múltiple* (The Multiple Imprint). For a medium usually reserved for the reproduction of decorative scenes, it was a radical project. Ayón reached creative maturity in her exploration of collography. This printing process became her "natural" medium, and she exploited it to its fullest potential. In her collographs, the plate is essentially a collage assembled through successive layers of ink. Ayón achieves her effects through a variety of textures and subtle tones of black, white, and gray. This austere,

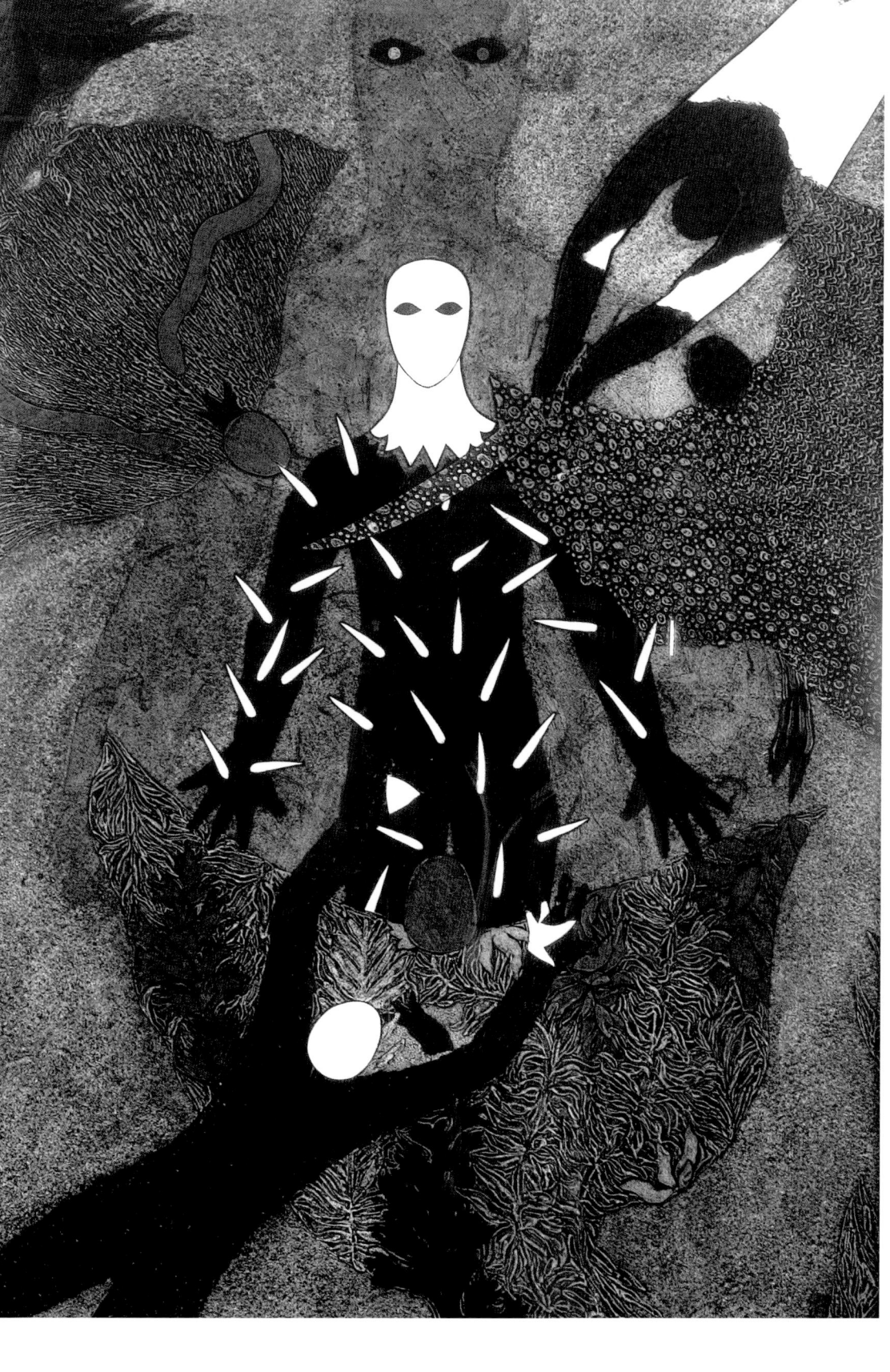

Sin título, 1993   *Untitled*, 1993
colografía, 91.5 x 63.5 cm.   collograph, 36 x 25 in.

negro y gris, que contribuyeron a otorgar a sus piezas un aire de contenido misterio.

La asimilación de los iconos bizantinos y el grabado japonés se integra a la definición figurativa de un mundo absolutamente original. El carácter plano de las figuras recortadas, la eliminación de detalles innecesarios, el equilibrio entre espacios blancos y negros, la sabia organización compositiva, el uso significante de los formatos, y la carga sugerente de los fondos, se conjugan frente al espectador para develar "...espacios míticos, cargados de energías que habitan en un tiempo al margen de un ahora y un después..." (Wood, 1999, 3). En el contexto de ese universo evocativo, la artista incluyó esquemas compositivos como *La cena* (1991) o *La familia* (1995), tomados de la iconografía católica o la fotografía popular, pero nunca pretendió la narración literal de escenas o pasajes mitológicos.

Belkis se apropió del fundamento abakuá con absoluto respeto, sin participar en las actitudes paródicas reivindicadas por otros sectores del arte cubano. Sin embargo, frente "al tratamiento discriminatorio hacia lo femenino que es un componente orgánico y estructural de la cultura africana que llega a estas tierras" (Castro, 1996, 4). Belkis introdujo una subversión o distorsión como autora: una "voz femenina" absolutamente prohibida por el mito abakuá. Las referencias a la artista fueron incluídas en las figuraciones femeninas desde un punto de vista práctico (como modelo de las mismas) y mediante su identificación temática con la Sikán, excluída de la sociedad abakuá por haber revelado el secreto del pez Tanzé. Los ojos de Belkis, grandes y almendrados, penetraron en el coto prohibido bajo identidades diversas, afines al mito. Paulatinamente, la artista transfirió a las obras el intenso cisma de su vida privada: "cuando Belkis enfatiza el conflicto de la Sikán, parece querer enfatizar su propio conflicto" (Mateo, 2000, 5), finalizado con su muerte trágica a los 32 años.

Sin título, 1993

Procedencia: Galería Bourbon Lally.

Exposiciones: Belkis Ayón, *Unterstutze Mich, Halte mich hoch, im Schmerz*, Pfarrkirche St. Barbara, Breining, Alemania, 1995. *Belkis Ayón: Early Works*, Massachusetts College of Art, Boston, Estados Unidos, 2003.

Referencias: Catálogo, Belkis Ayón: Early Works, ilust. pág. 7, listado p. 25.

Sin título número 3, 1996

Procedencia: Couturier Gallery.

Exhibiciones: *Grand Pas de Trois* (con Norberto Marrero y J. C. Menéndez), VI Bienal de La Habana, La Habana, 1997. *Belkis Ayón: Desasosiego/ Restlessness*, Couturier Gallery, Los Ángeles, Estados Unidos, 1998. *Para un regreso: colografías de Belkis Ayón*, Centro Provincial de Artes Plásticas y Diseño, Santiago de Cuba, 2001. *Siempre vuelvo: colografías de Belkis Ayón*, Galería Provincial de Arte de Villa Clara, Santa Clara, Cuba, 2005.

Referencias: Catálogo *Belkis Ayón: Desasosiego / Restlessness*, Couturier Gallery, 1998, Los Ángeles.

intentionally limited approach lends the work an air of self-contained mystery.

The artist's evocation of Byzantine icons and Japanese prints contributes to the sense of an original universe. The utter flatness of the cut-out figures, the elimination of all unnecessary detail, the balance between black and white spaces, the beautifully organized composition, the deft use of different sizes and formats, and the suggestively charged backgrounds all coalesce to unveil "mythic spaces, charged with energies that inhabit a time beyond a now and a later…" (Wood, 1999, 3). Within the context of this evocative universe, Ayón included compositions taken from Catholic iconography and popular photography, such as *La cena* (The Last Supper, 1991) or *La familia* (The Family, 1995). But she never intended to make literal narratives of specific scenes or mythologies.

Ayón appropriated the Abakuá rituals with profound respect, taking no part in the parodies found elsewhere in Cuban art. Faced with a norm based on "the discriminatory treatment of everything feminine, which is an organic, structural component of the African cultures that reached these lands" (Castro, 1996, 4), Ayón inserted an authorial subversion or distortion: a "female voice," absolutely forbidden in Abakuá tradition. From a practical perspective, references to the artist were included in her representations of the female figure: she was her own model. She also identified herself with Sikán, whose ostracism by the Abakuá—for having revealed the secret of the fish Tánze—was the basis of its exclusion of women. Inspired by the Sikán myth, Ayón's large, almond-shaped eyes entered the forbidden territory, assuming a variety of identities. Gradually, the artist's work reflected the intense crisis of her personal life: "when Belkis emphasizes Sikán's conflict, it seems that she wants to put the emphasis on her own conflict" (Mateo, 2000, 5). That conflict ended with her tragic death at age 32.

Ayón's oeuvre does not place her among poetic realists such as Leonora Carrington, nor is it akin to picturesque versions of magical realism. Ayón was able to discover her own world—nurtured by the live traditions of an insular culture, with the wide-eyed attitude of someone doing it for the first time.

Untitled, 1993

Provenance: Bourbon Lally Gallery

Exhibitions: *Belkis Ayón, Unterstutze Mich, Halte mich hoch, im Schmerz*, Pfarrkirche St. Barbara, Breining, Germany, 1995. *Belkis Ayón: Early Works*, Massachusetts College of Art, Boston, United States, 2003.

References: Catalogue, *Belkis Ayón: Early Works*, illust. p. 7, listing p. 25.

Untitled No. 3, 1996

Provenance: Couturier Gallery.

Exhibitions: *Grand Pas de Trois* (with Norberto Marrero and J. C. Menéndez), Sixth Havana Biennial, Havana, 1997. *Belkis Ayón: Desasosiego/Restlessness*, Couturier Gallery, Los Angeles, United States, 1998. *Para un regreso: colografías de Belkis Ayón* (For a Return: Collographs by Belkis Ayón), Provincial Center for Design and the Visual Arts, Santiago de Cuba, 2001. *Siempre vuelvo: colografías de Belkis Ayón* (I Always Come Back: Collographs by Belkis Ayón), Villa Clara Province Gallery of Art, Santa Clara, Cuba, 2005.

References: Catalogue, *Belkis Ayón: Desasosiego/Restlessness*, Couturier Gallery, 1998, Los Angeles.

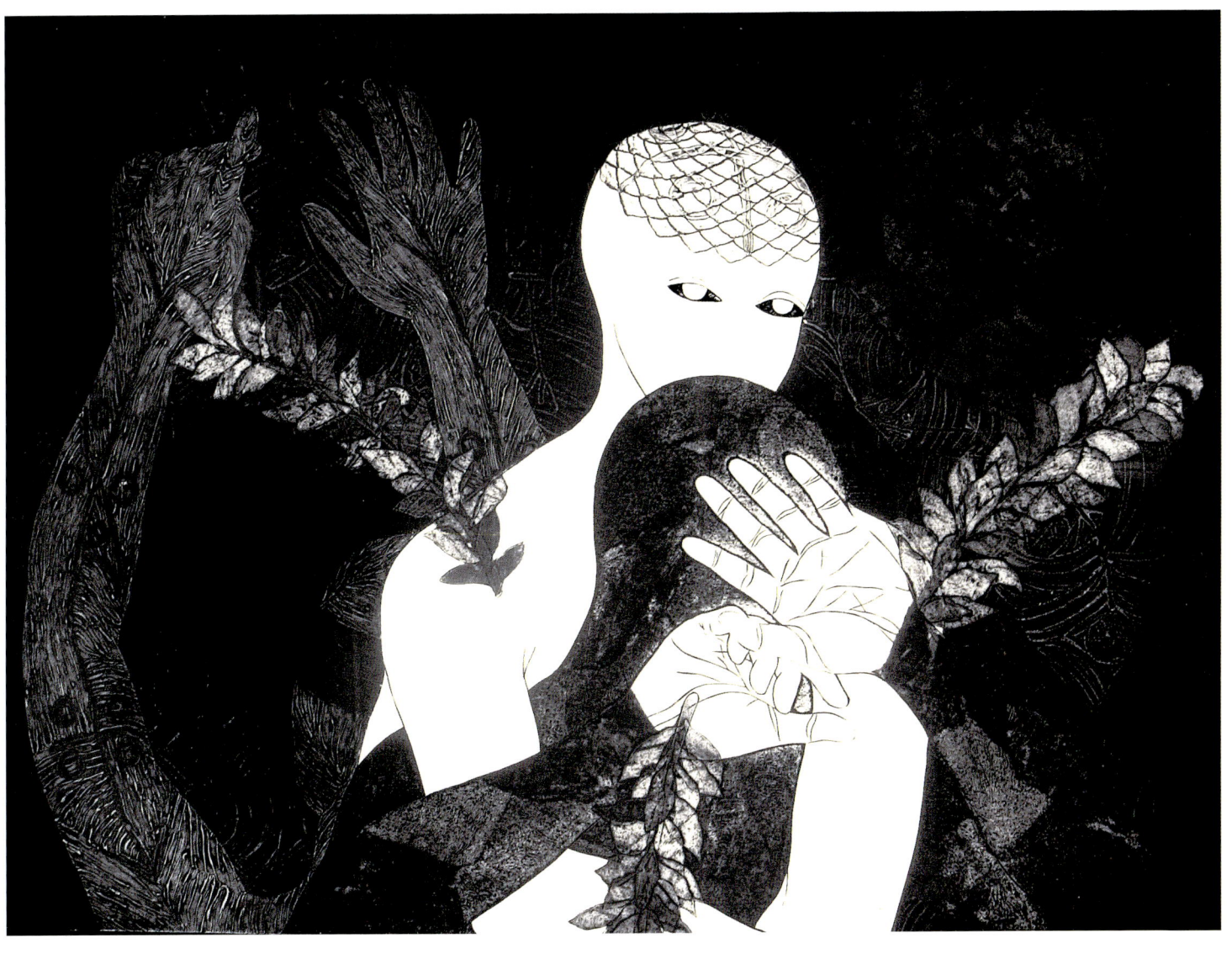

Sin título número 3, 1996
colografía, 68.6 x 91.4 cm.

Untitled No. 3, 1996
collograph, 27 x 36 in.

Juan Pablo Ballester Carmenates

n. 1966, reside en España | b. 1966, resides in Spain

El 26 de julio de 1953, un grupo de jóvenes liderados por Fidel Castro ataca el cuartel Moncada, sede de un regimiento del ejército en Santiago de Cuba. Su propósito es iniciar una rebelión popular contra el régimen de Fulgencio Batista, que un año atrás había derribado con un golpe militar al gobierno constitucional de Carlos Prío. El asalto fracasa, numerosos atacantes son detenidos en el propio cuartel y en las calles de la ciudad, y Batista ordena asesinar diez rebeldes por cada soldado muerto. Las torturas son atroces, los cadáveres destrozados son dispuestos en los patios del cuartel con armas y uniformes recién puestos para que la prensa reporte los acontecimientos a favor del gobierno. Acompañando a la periodista Marta Rojas, el fotógrafo cubano Panchito Cano toma imágenes de asaltantes heridos (que luego aparecen como muertos en combate), burla la censura militar y las saca del recinto. Publicadas por la prensa cubana, las fotos estremecieron la opinión pública. Un año después, el alegato de Fidel en el juicio por los hechos del Moncada circula clandestinamente bajo el título "La Historia me absolverá". El revés militar es transformado en manifiesto político, y los sucesos del 26 de Julio serán convertidos para la historiografía en el acto fundacional de la Revolución de 1959.

Conocido por su participación decisiva en el grupo Angulo-Ballester-Toirac-Villazón (ABTV para Camnitzer), a partir de 1992 Juan Pablo produce, ya de manera individual, imágenes que rechazan las coordenadas documentales, hegemónicas en las ideologías fotográficas producidas en Cuba. A través de recursos como *collage* y manipulación, el estudio como espacio, la conversión del cuerpo del artista en símbolo, la renuncia al "instante decisivo" de Cartier-Bresson, y el uso de la foto como registro de *performances*, Ballester y otros artistas constituyeron un conjunto de prácticas post-fotográficas en las que renunciaron a mirar una "realidad" modelada por clichés compositivos, expresivos e ideológicos y propusieron una visión interior que la sustituye o deconstruye. Esta erosión de los signos de lo real fue estimulada por la depreciación social del periodismo gráfico y el fotógrafo de prensa, sustituidos en las redacciones por el uso repetitivo de fotos de archivo e imágenes estereotipadas.

El interés esencial de Ballester no apuesta por la crítica a la modernidad, sus bases de unicidad u originalidad, sino por la deconstrucción de los ritos sociales estructurados por detrás de las imágenes, por la ruptura de la opacidad de las narrativas históricas que asumen la fotografía como prueba de verosimilitud e icono para consumo social. Para este propósito seleccionó una de las imágenes de "crónica roja" tomadas por Panchito Cano en los sucesos del Moncada y la reconstruyó con su cuerpo, pose, maquillaje, locación, efectos especiales, y foco, a la "manera" de Cindy Sherman.

On July 26, 1953, a group of young people led by Fidel Castro attacked the Moncada Garrison, headquarters of an army regiment in Santiago de Cuba. Their purpose was to start a mass rebellion against Fulgencio Batista's regime, which had overthrown Carlos Prío's constitutional government the year before. The assault failed. Many of the rebels were arrested in the barracks and the city streets, and Batista ordered that ten of them should be executed for each dead soldier. After atrocious torture, the mangled bodies of the rebels were dressed in uniforms and made to hold guns, then scattered around the barracks grounds so the press would report that they had been killed in combat. But Cuban photographer Panchito Cano, accompanying the journalist Marta Rojas, had taken pictures of the injured attackers before their torture and murder. He smuggled the exposed film out of the district, evading military censorship and giving lie to the official story. The images' publication in the press had an impact on public opinion. A year later, Castro's self-defense speech in the Moncada trial started circulating secretly under the title "History Will Absolve Me." This military failure was transformed into a political manifesto, and the events of July 26 became, historiographically, the foundational act of the Revolution of 1959.

Better known for his decisive participation in the collective Angulo-Ballester-Toirac-Villazón (or ABTV, per Camnitzer, 2003, 188), since 1992 Ballester has produced, on his own, images that reject the documentary style that dominated Cuban photographic ideologies after the Revolution. Drawing on such strategies as appropriation, collage, and manipulation; the use of the artist's studio as symbolic space; the conversion of the artist's body into a visual symbol; repudiation of the Cartier-Bresson "decisive moment;" and the use of photographs as a record of performances, Ballester and other Cuban artists developed an alternative set of photographic practices. They rejected the view of "reality" as modeled by compositional, expressive, and ideological clichés. Instead, they proposed an intimate vision that substitutes or deconstructs reality—a deliberate erosion stimulated, in part, by the social devaluation of graphic journalism and press photography in Cuba, which were supplanted by the repetitive use of stock photos and stereotypical images.

Ballester does not undertake a critique of modernity and its foundations of unity and originality, but instead deconstructs the social rites behind the images. His intention is to rupture the opacity of historical narratives that take photography as proof of verisimilitude and as a product for social consumption. For this purpose, he selected one of the images taken by Panchito Cano during the Moncada events, and reconstructed it using his own body,

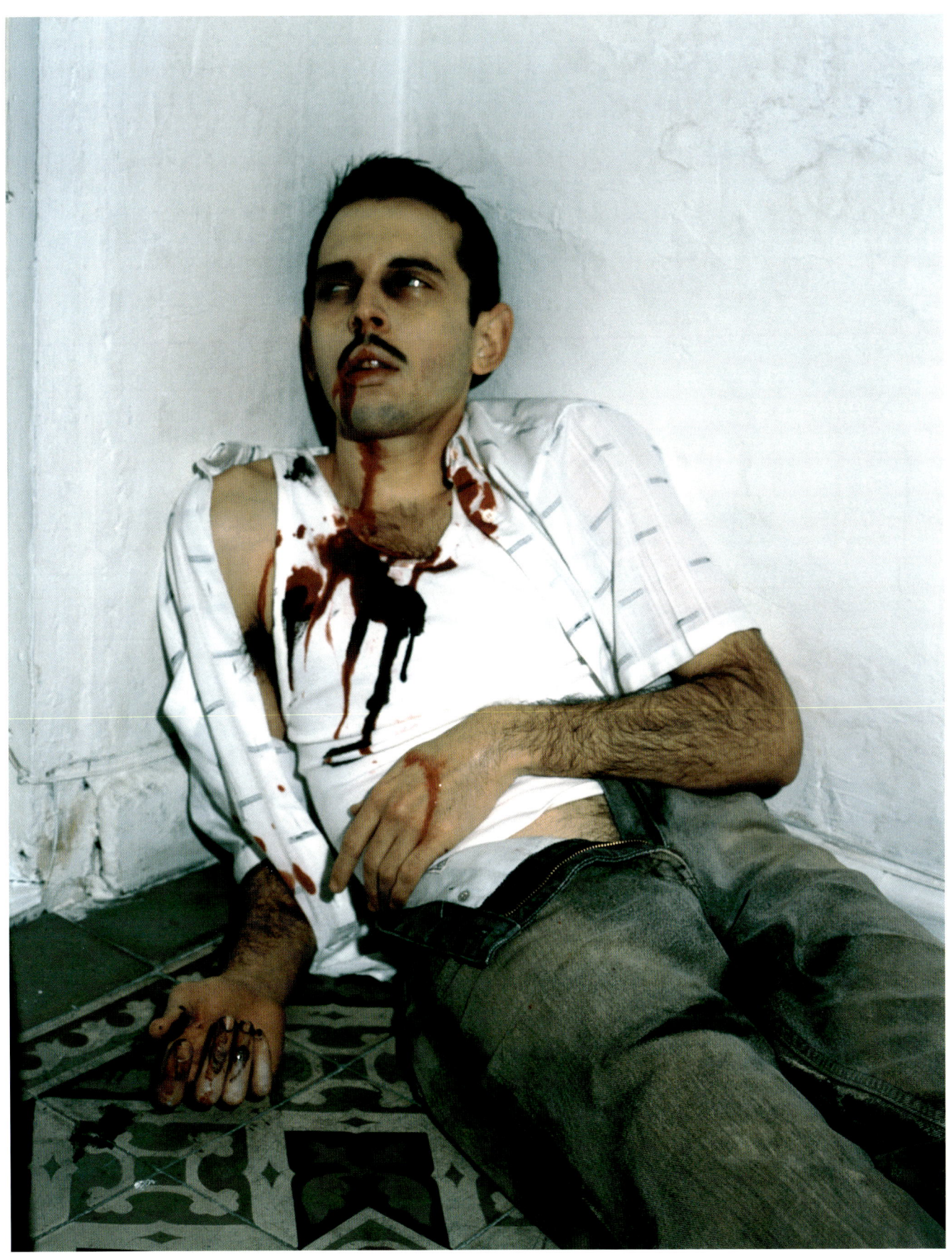

Héroe, 1992   *Hero*, 1992
fotografía a color, 139.7 x 117.5 cm., edición 1/3   color photograph, 55 x 46.5 in., edition 1/3

Pero si Sherman develaba la construcción de "lo femenino" en los medios masivos, el *performance* congelado del artista cubano apuntaba a la re-apropiación de un suceso histórico al cual nos asomamos exclusivamente a través de la mediación de imágenes difundidas por los medios de comunicación de masas. El sacrificio del combatiente anónimo ha sido sometido a la violencia del espectáculo, componente de todo discurso histórico que pretenda legitimar sus mitos y desmemorias en la época contemporánea.

Hoy en día residente en Cataluña, el artista trabaja en un proyecto abierto llamado *Enlloc*—palabra catalana que significa "en ningún lugar"—donde emplaza las demagogias nacionalistas.

Héroe, 1992
Procedencia: Colección del artista.

pose, makeup, special effects, and focus, à la Cindy Sherman.

But if Sherman exposed the construct of "the feminine" in mass media, the frozen performance of the Cuban artist pointed to the re-appropriation of an historical event, which we could only see through the mediation of images broadcast by the mass media. The sacrifice of the anonymous fighter has been submitted to the violence of the spectacle, a component of any contemporary historical discourse that aspires to legitimate its myths and its forgetfulness.

Now living in Catalonia, Spain, Ballester is currently working on an open project called *Enlloc*—a Catalan word that means "nowhere"—in which he tackles nationalistic demagogies.

Hero, 1992
Provenance: Artist's collection.

Abel Barroso

n. 1971, reside en Cuba | b. 1971, resides in Cuba

Entre La Habana y Nueva York se extiende mucho más que una mera coincidencia en los husos horarios o la existencia de un "Wall Street cubano", con bancos y casas comerciales construidos entre las calles de La Habana Vieja. El lazo no terminó con la masiva emigración cubana asentada en Nueva York en el siglo XIX, entre cuyas lumbreras figuran el padre Varela, pastor de obreros irlandeses, y José Martí, testigo durante 15 años del crecimiento optimista y sombrío (para nacionalistas cubanos) de la Unión Americana. En el siglo XX, la emigración se extendió durante los gobiernos de Machado y Batista, y aun Fidel Castro caminó con los bolsillos vacíos en Central Park, antes de su encuentro en 1959 con Malcolm X en el Hotel Theresa de Harlem.

Ese vínculo con Gotham es más profundo que el Coney Island de la Playa de Marianao, construido a inicios del siglo XX, que las caricaturas de Massaguer en la revista *Social*, que la Moloch de hierro reflejada en obras de Carlos Enríquez, José Manuel Acosta, Enrique Riverón y Mirta Cerra, que la impresión dejada por el Art Deco y el Chrysler Building en los arquitectos cubanos, que la incorporación de Julio Girona al Expresionismo Abstracto, o que la tropa del Buena Vista Social Club sacudiendo el Carnegie Hall como cuatro décadas atrás lo hiciera el percusionista Chano Pozo junto a Dizzy Gillespie. Debido a siglos de flujos simbólicos y humanos, el dolor golpeó también el rostro de los habaneros cuando las torres del World Trade Center fueron abatidas en la mañana del 11 de septiembre de 2001.

Reflejar la tragedia neoyorquina impuso a Abel Barroso un meticuloso proceso de pensamiento y un cambio en los procedimientos técnicos. En esos momentos dirigía la aventura (aún latente) de "Café Internet" o Mango-Tech, una firma paródica de tecnología de punta "a la cubana", en la cual produjo numerosas computadoras, PDA, impresoras, robots, máquinas de sumar y los híbridos autobuses/camiones de cama plana conocidos en Cuba como camellos, todos tallados a mano sobre madera y con mecanismos medievales para su funcionamiento. Comprometido desde sus estudios en el Instituto Superior de Arte en la deconstrucción del grabado, su fatalidad reproductiva, tecnologías y soportes, Barroso desbordaba la reclusión del grabado en los terrenos del azar (químico) y lo introducía en los predios de la escultura. Era una ofensiva "desde adentro" co-protagonizada también por otros grabadores como Belkis Ayón, Sandra Ramos e Ibrahim Miranda, promotores del evento expositivo innovador *La Huella Múltiple*.

Se acabó la Guerra Fría… muestra la paulatina apertura del foco de atención de Abel desde la escena local a la internacional. Exposiciones como *Las donaciones llegaron ya* (1995) y obras como

Between Havana and New York there is much more than a mere synchronicity in time zones, or the existence of a "Cuban Wall Street" with banks and trade centers built in Old Havana. The connection did not end with the Cuban emigration *en masse* that settled in New York in the 19th century—among whose luminaries were Father Varela, who served as a parish priest to Irish workers, and José Martí, who in fifteen years of exile witnessed the confident yet alarming (to Cuban nationalists) growth of the United States. In the 20th century, emigration to New York continued unabated during the governments of Cuban presidents Machado and Batista, and even Fidel Castro walked with empty pockets through Central Park, before his 1959 encounter with Malcolm X at the Theresa Hotel in Harlem.

This bond with Gotham runs deeper than the Coney Island Park in Cuba's Marianao Beach, built in the early 20th century; deeper than Conrado Massaguer's stylish caricatures in *Social* magazine; stronger than the iron city depicted in the paintings of Carlos Enríquez, José Manuel Acosta, Enrique Riverón, and Mirta Cerra; and further than the impact of Art Deco and the Chrysler Building on Cuban architects, or the abstract expressionism of Julio Girona, or the Buena Vista Social Club shaking up Carnegie Hall—just as the percussionist Chano Pozo had done four decades earlier, side by side with Dizzy Gillespie. Because of this long exchange of ideas, symbols, and human beings, *Habaneros* also felt the stinging pain of September 11, 2001.

To express the tragedy of New York, Abel Barroso felt compelled to impose upon himself a meticulous thought process and a radical change in technique. At the time of September 11, he was leading the emerging venture of "Café Internet" or Mango-Tech, a mock-cutting-edge technology firm *a la cubana*, under whose brand he produced numerous computers, PDAs, printers, robots, calculators, and the public bus/flatbed truck hybrids known in Cuba as "camels"— all carved in wood and animated by medieval mechanisms. Engaged since his Superior Institute of Art student days in the deconstruction of engraving—its reproductive fate, its production and basic materials—Barroso took the medium beyond its random (chemical) limits and brought it into the realm of sculpture. It was an attack "from the inside," in which he joined forces with other artist-printers such as Belkis Ayón, Sandra Ramos, and Ibrahim Miranda, promoters of the groundbreaking first exhibition of *La Huella Múltiple* (The Multiple Imprint) in 1996.

Se acabó la Guerra Fría… reveals the gradual broadening of Barroso's attention from the local scene to the international. In exhibitions such as *Las donaciones llegaron ya* (The Donations Have

The Rush for the Freedom Land (1997) habían expuesto la realidad cubana bajo el escalpelo del humor, con el rol simultáneo de erosionar los límites entre matriz e impresión, grabado y relieves, entre obra única aurática y reproducción masiva, entre estampa y artesanía popular, a través de piezas de meticulosa factura, logradas mediante la talla y ensamblaje de la madera e integradas al espacio expositivo. Pero ya en la muestra personal Video Arte del Tercer Mundo (2000), los monitores de televisión construidos en madera contenían pantallas (reales) que proyectaban materiales sobre la visita del Papa a La Habana, las maquiladoras en la frontera EE. UU.-México, la guerra del Golfo y el ritmo acelerado de la globalización.

Para la obra, sección de un conjunto mayor, Barroso ha recurrido a las crónicas del mundo post-11/9 ofrecidas por los medios masivos, los filmes de Michael Moore, y las manifestaciones antibelicistas, con el ánimo de crear exactamente lo contrario: una anti-épica frente a las visiones edulcoradas de la guerra y las ideas utópicas sobre la globalización. Los eventos del 11/9, la invasión de Irak y los intereses energéticos, la fascinación por el terrorista, las listas escolares de países "ejes del mal", los flujos financieros globales, las representaciones del "otro" y las religiones radicales, todas son las coordenadas sociopolíticas que el artista ha denominado "el juego del terror" en la dedicatoria de esta pieza.

De ahí la importancia significativa de los mecanismos lúdicos e irónicos puestos en funcionamiento, cuya función es evitar tanto el tono propagandístico como la victimización melodramática. La apropiación paródica del D-I-Y (bricolage): el ensamblaje en casa por manos aficionadas, típico de las compras por catálogo, provino no sólo de la memoria cultural pre-revolucionaria sino también de un hecho relativamente fortuito, explicado por el artista: "Yo creo que esta obra es realmente el resultado de varios años de creación, de un proceso de trabajo donde siempre las obras se arman y desarman para viajar y ser expuestas en otros lugares. El hecho de armar, desarmar y enviar obras fue un punto de partida para reflexionar y asumirlo en una obra donde esa sería su característica principal" (Mena, 2006).

El carácter itinerante de las obras de arte y la percepción "interesada" de los productos culturales son transformados en contenidos implícitos mediante una obra "abierta" a la decisión final del receptor o comprador de la misma. "Me interesó coquetear con los límites de la creación a partir de obras que pueden ser armadas por el público y coleccionistas, e investigar donde termina mi obra y comienza la obra de otra persona, usando las piezas que yo les proporciono" (Mena, 2006). El cliente no sólo re-creará la obra con el auxilio de un manual de instrucciones y un CD-ROM con imágenes (en parodia de los programas de entrenamiento en casa), sino que se verá involucrado—bajo la apariencia de juego—en la construcción de

Already Arrived, 1995), or pieces like The Rush for the Freedom Land (1997), he had previously brought Cuban reality under the scalpel of an incisive humor. At the same time, he eroded the limits between plate and print, between engraving and relief, unique works of art and mass reproduction, fine craftsmanship and roughly fashioned handicrafts—all by means of meticulously carved and crafted wood works, which were then assembled as installations in exhibition spaces. In his solo exhibition, Video Arte del Tercer Mundo (Video Art of the Third World, 2000), TV sets carved from wood featured mass-media images of the Pope's visit to Havana, the maquiladoras on the U.S.-Mexican border, the Gulf War, and the rapid pace of globalization.

For Se acabó la Guerra Fría…, which is a section from a larger, interrelated set, Barroso has resorted to the chronicles of the post 9-11 world offered by the mass media, as well as Michael Moore's films and antiwar protests. His intention is to create the opposite effect: an anti-epic, set against sugar-coated visions of the Middle East war and utopian ideas about globalization. The events of 9/11; the invasion of Iraq; the interests of global energy corporations; the horrified fascination that terrorism inspires; childlike lists of "evil" countries; global financial flow; representations of the "other;" and increasingly radical religions are all sociopolitical coordinates that the artist, in his dedication of this piece, terms "the game of terror."

Such factors emphasize the importance of Barroso's approach, and the playful, ironic mechanisms that he sets in motion. The idea is to steer clear of both shrill propaganda and melodramatic victimization. Barroso's appropriation of the do-it-yourself kit, assembled at home by unskilled hands, originated in a Cuban cultural memory that predates the Revolution—and in a fortuitous fact explained by the artist. "I think this piece is really the result of several years of creation," he recently stated, "a work process where the piece really has to be assembled and disassembled to travel and be exhibited in other locations. The idea of assembling, disassembling, and packing up the composite pieces was a starting point for reflection, and then for putting it into practice in a piece of where these actions would be a primary characteristic" (Mena, 2006).

In Se acabó la Guerra Fría…, the itinerant nature of works of art and the widespread interest in cultural products are implicitly transformed by the piece's subject and its openness to the participation of its audience. As Barroso explains, "I was interested in flirting with the limits of creation, through pieces that can be assembled by the public and by private collectors—investigating where my work ends and where the work of someone else begins, using the pieces that I provide (Mena, 2006)." The user not only has to re-create the piece with the help of an instruction manual and an image-filled CD-ROM (lampooning home fitness programs),

página opuesta:
Se acabó la Guerra Fría. A gozar con la globalización. (World Trade Center), 2004 ("Dedicada a las vidas de las personas que sin esperarlo se convirtieron en piezas del juego del terror"), madera tallada, escultura con diagrama de instrucciones y piezas en su interior. Dimensiones de la caja: 80 cm. x 65 cm. x 16 cm. Avión ensamblado: 290 cm. x 150 cm. x 160 cm.

opposite page:
The Cold War Has Ended. Let's Enjoy Globalization (World Trade Center), 2004 ("Dedicated to the lives of the people who unexpectedly became playing pieces of the game of terror."), carved wood sculpture with diagram, instructions, and pieces inside. Box dimensions: 31.5 in. x 25.5 in. x 6.25 in. Assembled plane: 114 in. x 59 in. x 63 in.

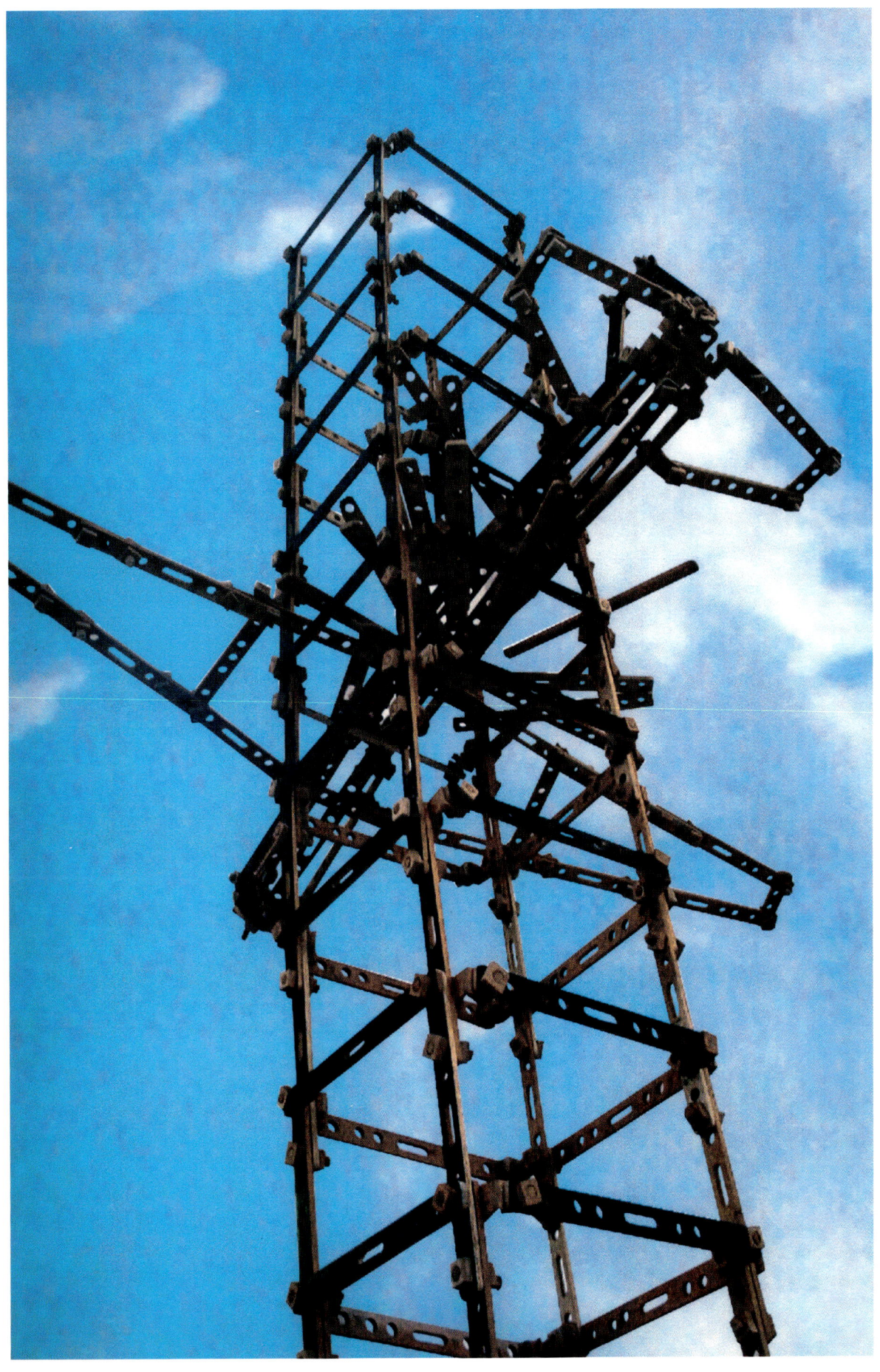

Se acabó la Guerra Fría…, vista parcial de la instalación, 2004   *The Cold War Has Ended…*, partial intallation view, 2004

un paisaje ideológico, de un universo de sentido que toma cuerpo tornillo a tornillo, pieza por pieza de madera, todas talladas a mano por el artista. La caja-maleta con las piezas desarmadas del World Trade Center penetrado por el avión secuestrado será enviada hacia los receptores, generalmente ubicados en el Primer Mundo por las geopolíticas del mercado de arte, mediante un *shipping and handling* (envío y manejo) previsto en el diseño. Se trata de una reencarnación sarcástica no sólo de los flujos de materias primas y mercancías elaboradas del comercio internacional, sino también de la distribución mundial de imágenes y estereotipos culturales.

Se acabó la Guerra Fría. A gozar con la globalización. (World Trade Center), 2004 ("Dedicada a las vidas de las personas que sin esperarlo se convirtieron en piezas del juego del terror")

Procedencia: Colección del artista

Exposiciones: *Se acabó la Guerra Fría. A gozar con la globalización.* Galería Servando Cabrera, La Habana, 2005.

Referencias: Lutyens, Dominic, "Art in Cuba", *Art Review*, Nueva York, June–July 2006, pp. 60–69. *Revista ArteCubano*, 1/2006, ilust. pág 73.

but becomes involved—in the guise of a game—in the construction of an ideological landscape, a universe that starts to make sense screw by screw, wooden fragment by wooden fragment, all of them hand-carved by the artist himself. The carrying case, containing the dismantled pieces of the World Trade Center pierced by the kidnapped plane, would be sent to exhibitors and purchasers (generally in the First World, as the geopolitics of the art market dictate) through a "shipping and handling" method implied in the artwork's design. It embodies, in a sarcastic vein, not only the circulation of raw material and manufactured goods through international commerce, but also the worldwide distribution of cultural images and stereotypes.

The Cold War Has Ended. Let's Enjoy Globalization (World Trade Center), 2004 ("Dedicated to the lives of the people who unexpectedly became playing pieces of the game of terror.")

Provenance: Artist's collection.

Exhibitions: *Se acabó la guerra fría. A gozar con la globalizacion.* Servando Cabrera Gallery, Havana, 2005.

References: Lutyens, Dominic, "Art in Cuba" in *Art Review*, New York, June–July 2006, pp. 60–69. *ArteCubano*, 1/2006, illust. p.73.

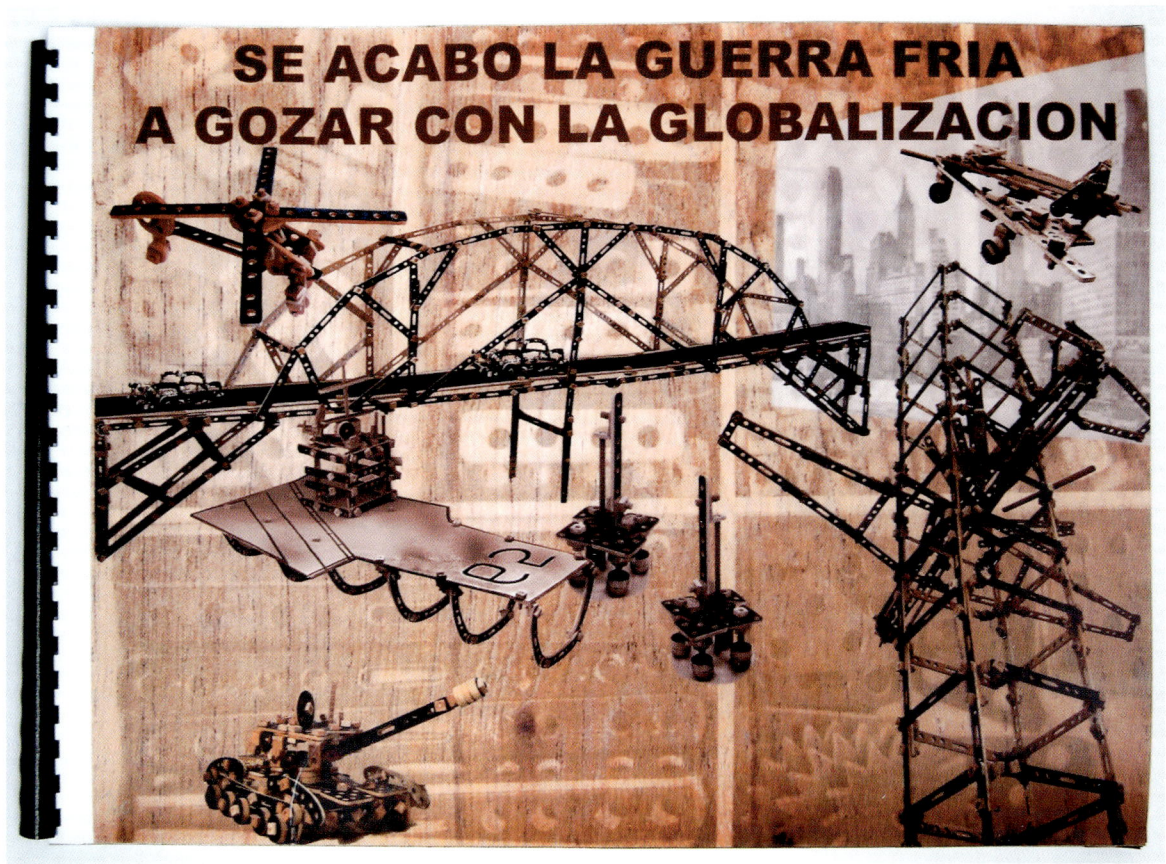

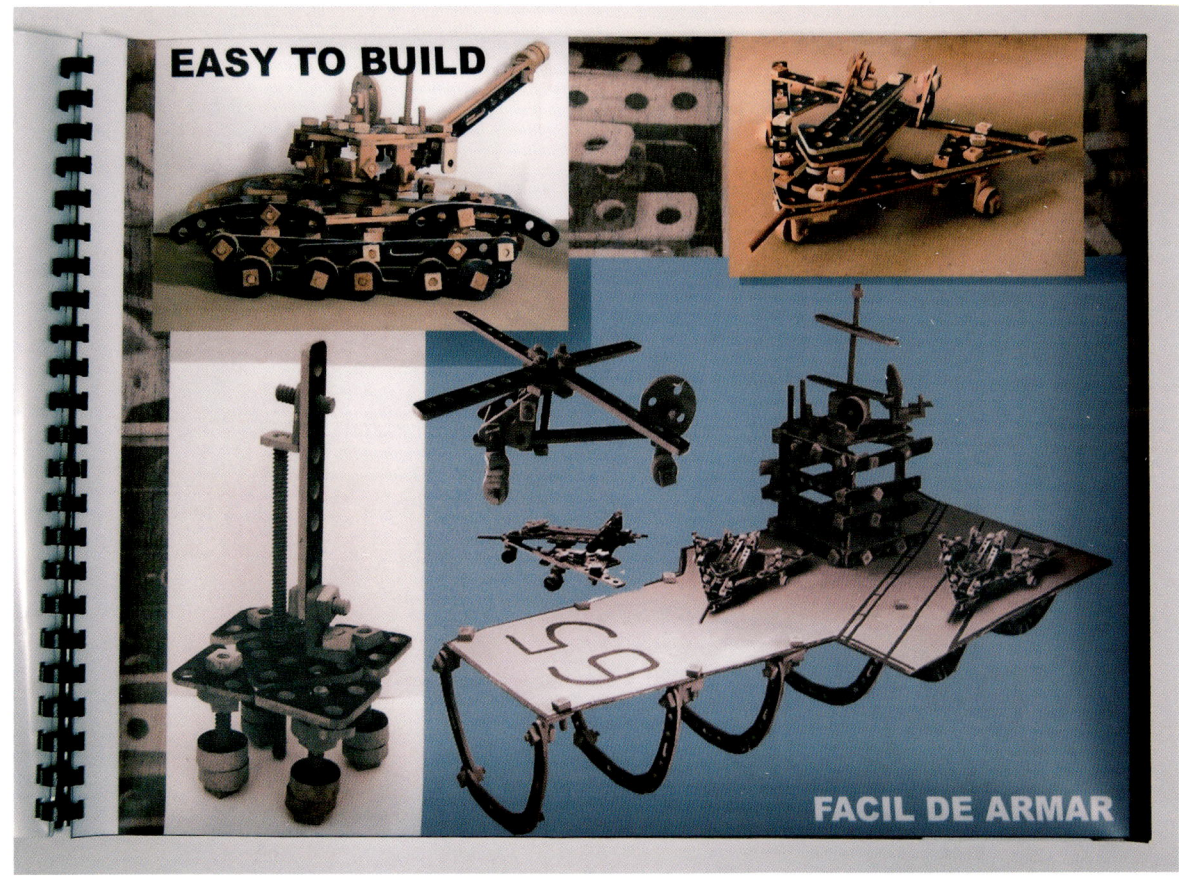

Se acabó la Guerra Fría…, páginas del manual de instrucciones, 2004   *The Cold War Has Ended…*, pages from instruction manual, 2004

José Braulio Bedia Valdés

n. 1959, reside en los Estados Unidos | b. 1959, resides in the United States

Un año antes de realizar esta pieza, Bedia había obtenido el gran premio del Salón 82 de Paisaje, con una obra que sitúa una imagen aérea del río Amazonas junto a presuntos objetos e instrumentos de trabajo de tribus indígenas, habitantes de la cuenca hidrográfica. Su interés en las culturas "primitivas" lo había conducido a una aproximación casi antropológica en la estructura y tónica expositiva de estas obras. En ellas la pintura cumplía funciones cartográficas o ilustrativas, junto a herramientas, armas, fragmentos de cerámica, réplicas hechas por Bedia, a la manera de un gabinete arqueológico. En el propio año, el artista cumple un anhelo infantil: en el Museo Etnológico de Budapest se disfrazó secretamente con un traje completo de indio americano. El sueño del niño cubano, nacido junto con la Revolución, no se había alimentado de las novelas de Karl May sino de las nostálgicas películas de Hopalong Cassidy y las tiras cómicas del Llanero Solitario.

La muestra *Persistencia del Uso*, a cuyo ciclo pertenece esta obra, fue un paso en el proceso de maduración de su obra. La base conceptual de la misma era "la persistencia desde la época primitiva, en todas las culturas, de determinadas funciones y de los instrumentos para efectuarlas" (Mosquera, 1984). Interesado en la historia de tecnologías productivas aún efectivas en el mundo contemporáneo, el artista se implicó en la elaboración efectiva de instrumentos mediante la utilización de medios y materiales elementales al alcance popular. Su actitud era similar al navegante noruego Thor Heyerdahl, creador de la balsa Kon-Tiki. Bedia asumía el diseño efectivo de los objetos como un proceso antropológico empírico, y mediante recursos museográficos revelaba también la funcionalidad ritual de los mismos.

Doce cuchillos es una pieza resumen de esta tesis y fue realizada como una segunda versión de la original. Un círculo negro realizado de manera gestual funciona como pizarra, en cuyo borde exterior Bedia originalmente había colocado cuchillos reales producidos con diferentes materiales; en esta versión, imágenes gráficas reemplazan esos objetos. El perímetro redondo, estructura simbólica para numerosas culturas no occidentales, contiene textos explicativos de los materiales utilizados en cada uno, dispuestos a la manera de un reloj; por ejemplo, un cuchillo de hueso, asfalto y madera a las tres, otro de cobre, asfalto y madera a las ocho. El asfalto, reiterado en la pieza como sustancia aglutinante, era aplicado por los cubanos como pegamento y sello impermeable en la construcción de peceras caseras. Bedia extraía ese material de la vida cotidiana y lo introducía en una obra que intentaba develar la continuidad histórica de las creaciones humanas, mediante las herramientas de sus propios diseños.

A year before creating this work, Bedia had been awarded the Grand Prize from the 1982 Landscape Salon for a work that juxtaposed an aerial view of the Amazon River with purported tools and other objects from indigenous tribes that inhabit that rainforest basin. Bedia's interest in "primitive" cultures had driven him to take an almost anthropological approach to the structure and tone of these works. In them, the painting component fulfilled a cartographic or illustrative function, counterbalanced by tools, weapons, and ceramic fragments—not true anthropological artifacts, but all replicas made by Bedia himself, in the manner of an archeological cabinet. In 1983, the artist fulfilled a childhood dream: in the Ethnological Museum of Budapest, he costumed himself head to foot in the guise of a Native American. The dream of this Cuban boy, born with the Revolution, had not been nourished by the writings of German adventure novelist Karl May, but by the nostalgia of Hopalong Cassidy movies and Lone Ranger comics.

The exhibition *Persistencia del Uso* (Persistence of Use), the series to which this piece belongs, was a step in the maturation of his art. Its conceptual foundation was "the persistence in all cultures, since primitive times, of certain functions, and of the instruments with which they are executed" (Mosquera, 1984). Fascinated by the history of productive technologies still in use in the modern world, the artist set out to produce real tools, utilizing basic methods and materials accessible to everyone. His attitude was similar to that of the Norwegian explorer Thor Heyerdahl, creator of the famed Kon-Tiki raft. Bedia executed the actual design of the objects as an empirical anthropological process, and revealed their ritual uses through museum installation of the pieces.

Doce cuchillos (Twelve Knives) is a piece that sums up this thesis. It is a second version of this work, completed shortly after the original. A black circle, drawn in a gestural manner, serves as a blackboard, on whose outer rim Bedia had originally placed real knives made from different materials; in this version, the knives are replaced by their own graphic images. The circular perimeter, a symbolic structure for many non-Western cultures, contains texts explaining the materials used for each implement, arranged in the manner of a clock: for instance, a bone, asphalt, and wood knife at three o'clock, and a copper, asphalt, and wood knife at eight o'clock. Asphalt, repeatedly used in the piece, was widely used in Cuba at that time as an adhesive and an impermeable sealant for homemade fish tanks. Bedia took this everyday material and introduced it into a piece that attempts to unveil the historical continuity of human creation through the tools of its own design.

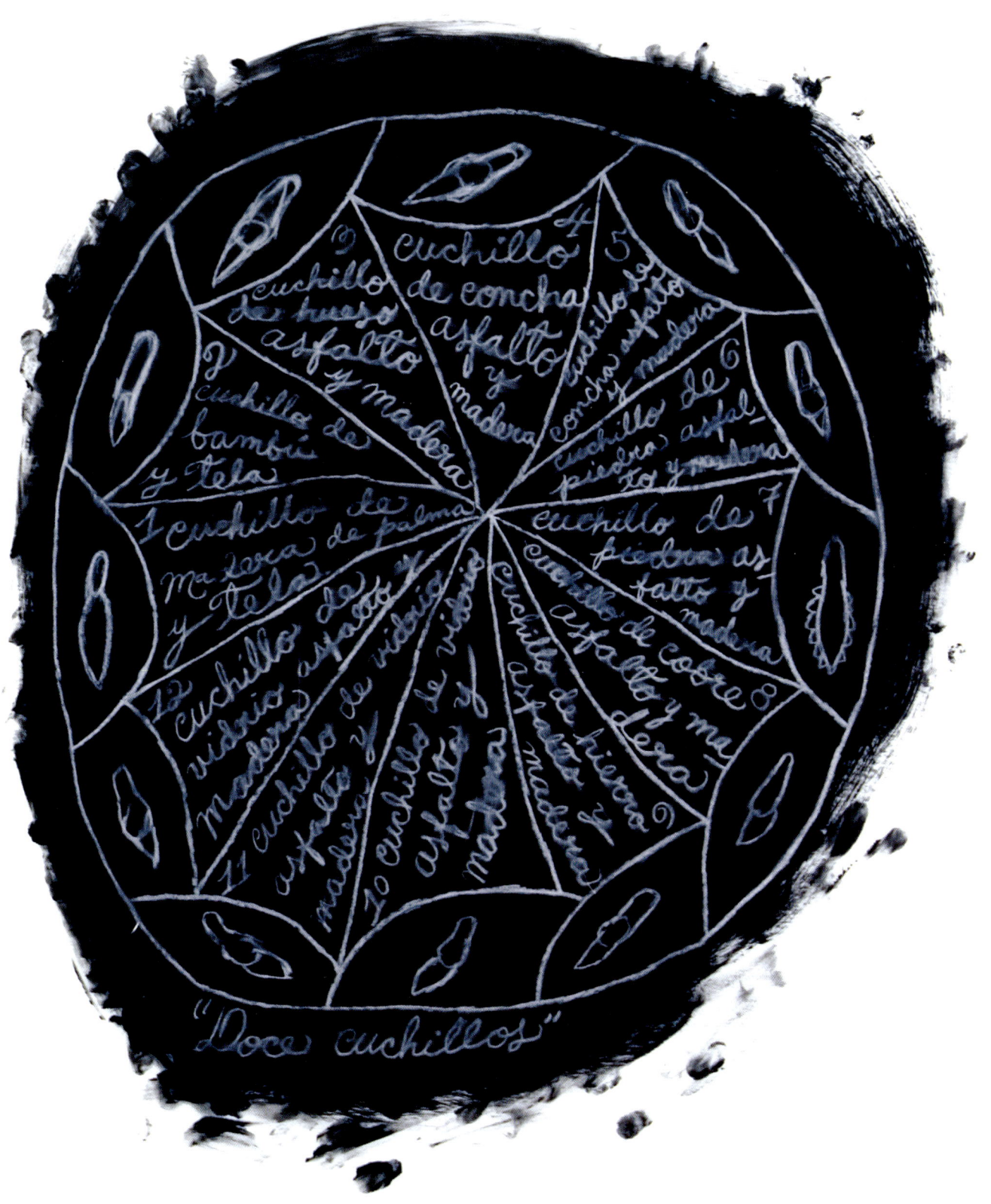

Doce cuchillos, 1983
técnica mixta sobre cartulina, 76 x 51 cm.

Twelve Knives, 1983
mixed media on cardboard, 30 x 20 in.

Doce cuchillos, 1983

Procedencia: Galería Ángel Romero, Madrid.

Exposiciones: *Persistencia del Uso: José Bedia, instalaciones y dibujos*, Pequeño Salón, Museo Nacional de Bellas Artes, La Habana, Cuba, 1984. I Bienal de La Habana, La Habana, Cuba, 1984.

Referencias: Mosquera, Gerardo, *Persistencia del Uso*, texto del catálogo, Museo Nacional de Bellas Artes, La Habana, Cuba, 1984. Camnitzer, Luis. *New Art of Cuba*, 1994; reimpresión: Austin: University of Texas Press, 2003, ilust. pág. 42.

Con la exposición *Volumen I* de 1981, el arte cubano inició una reevaluación profunda de los blindajes estereotipados con que la cultura cubana se custodiaba a sí misma. Las actitudes investigativas y conceptuales de esa generación provocaron el descongelamiento de los conceptos de "ajiaco" y transculturación, aportados por el antropólogo y escritor Fernando Ortiz, y adelantaron una visión dinámica del sujeto popular. Sus obras redescubrieron el carácter vivo y actuante de las culturas populares, especialmente en las prácticas religiosas afro-cubanas, catalogadas como "rezagos del pasado" por las ideologías marxistas y etnológicas. Frente a las definiciones programáticas sobre la identidad cultural, recetas para uso rápido, esa generación propuso un enfoque postcolonial: raíces en acción, la identidad como acción, no exhibición (Mosquera, 1987, 341).

Dotado de un conocimiento enciclopédico sobre culturas no occidentales, a las que reivindica como patrimonio universal, Bedia fue una de las fuerzas motrices en esta dirección. Hacia 1983, tras la experiencia de iniciación en el Palo Monte, religión de origen Bantú trasladada por la diáspora africana a Cuba, su obra se desprende del acento expositivo y adopta una figuración gráfica donde estiliza los signos de indios norteamericanos y de religiones afrocubanas. Así surge, como recurso narrativo, una especie de alter ego o silueta esencial de sí mismo que constituye un arquetipo de la condición humana. A través de los dibujos, bajo una aplicación estricta del color y la negación de toda sugerencia de volumen, introduce el héroe transcultural en escenas que evidenciaban "la presencia bipolar de dos mundos enfrentados: occidental/no occidental, civilizado/salvaje, postmoderno/premoderno, urbano/rural" (Castillo, 2003, 21). En complemento de la imagen, Bedia colocaba un breve texto o leyenda, generalmente en la zona inferior de la pieza, como sentencia críptica y título de la pieza.

Hacia 1989, Bedia se ha transmutado en un verdadero héroe transcultural. Sus viajes a una reservación india en Dakota del Sur, su descubrimiento del México profundo, sus exposiciones y becas en los Estados Unidos, y las instalaciones creadas para la II Bienal de la Habana (1986), la Bienal de Sao Paulo (1987) y la exposición *Magiciens de la Terre* (1989), han forjado una voluntad antropofágica que funde y expresa, desde la cosmovisión palera, la sabiduría filtrada de religiones de todo el mundo. Aunque maneja con soltura el lenguaje espacial de la escultura "ampliada", el dibujo es el laboratorio íntimo donde se cuecen las ideas. *Madre de Guerra* es una revelación o advertencia a transmitir. La figura acrecentada de la diosa imperturbable y con cuchillos, símbolos de muerte y matanza, ocupa todo el espacio de la cartulina.

La simetría axial sugiere que el futuro choque será entre dos tendencias o mundos cuyo origen es indivisible. A través de la economía de medios, la ausencia de dramatismo retórico y la síntesis formal, la

Twelve Knives, 1983

Provenance: Angel Romero Gallery, Madrid.

Exhibitions: *Persistencia del Uso: José Bedia, instalaciones y dibujos* (*Persistence of Use: José Bedia*, installations and drawings), Pequeño Salón, National Museum of Fine Arts, Havana, 1984. First Havana Biennial, Havana, 1984.

References: Mosquera, Gerardo, *Persistencia del Uso* (Persistence of Use), catalogue text, National Museum of Fine Arts, Havana, 1994. Camnitzer, Luis, *New Art of Cuba*, 1994; reprint, Austin: University of Texas Press, 2003, illust. p. 42.

With the 1981 exhibition *Volumen I*, Cuban art began a profound re-evaluation of the stereotyped armor with which the culture shielded itself. The inquiring, conceptualist attitude of this generation thawed out the concepts of *ajiaco* (a proverbial cultural stew) and transculturation, both created by writer and anthropologist Fernando Ortiz, and promoted a dynamic vision of everyday culture. In their works, these artists rediscovered the vibrant zones of Cuban "street" culture, especially in the areas of Afro-Cuban religious practices, which had been catalogued in ethnological museums and Marxist manuals as "leftovers from the past." Against stereotyped definitions of cultural identity, this generation posed a postcolonial point of view: rooted in action, it took its identity from action, not exhibition (Mosquera, 1987, 341).

Possessing an encyclopedic knowledge of non-Western cultures, Bedia was one of the driving forces behind this trend. In 1983, he was initiated into Palo Monte, a religion of Bantu origin brought to Cuba during the African diaspora. After his initiation, Bedia's art lost its expository tone, and instead adopted a graphic figuration based on stylized symbols used by Native American and Afro-Cuban religions. What emerged as a narrative motif was a kind of alter ego or simplified outline of himself—an archetype of the human condition. With the spare use of color and no suggestion of three-dimensional volume, Bedia inserts the transcultural hero into scenes that attest to "the bipolar presence of two colliding worlds: Western/non-Western, civilized/savage, postmodern/pre-modern, urban/rural" (Castillo, 2003, 21). As a complement to the image, Bedia places a brief text or caption, usually in the lower area of the piece, which serves as both cryptic adage and title.

By 1989, Bedia himself had become a true transcultural hero. His trips to a Native American reservation in South Dakota, his discovery of interior Mexico, his exhibitions and fellowships in the United States, the installations created for the Second Havana Biennial (1986), the São Paulo Biennial of 1987, and the exhibition *Magiciens de la Terre* (1989), forged an anthropophagic will that fuses and expresses, from a Palo Monte point of view, the distilled wisdom of religions around the world. Although Bedia expresses himself freely in the spatial language of his "expanded" sculptures, his drawings are the intimate laboratory where ideas are distilled. *Madre de Guerra* (Mother of War) is a revelation, or perhaps a warning, to be transmitted using the drawing as a communications device. The gigantic figure of the goddess, unperturbed and armed with knives—symbols of death and carnage—occupies the entire space of the posterboard. The axial symmetry suggests that the future clash will occur between two tendencies or worlds whose origins

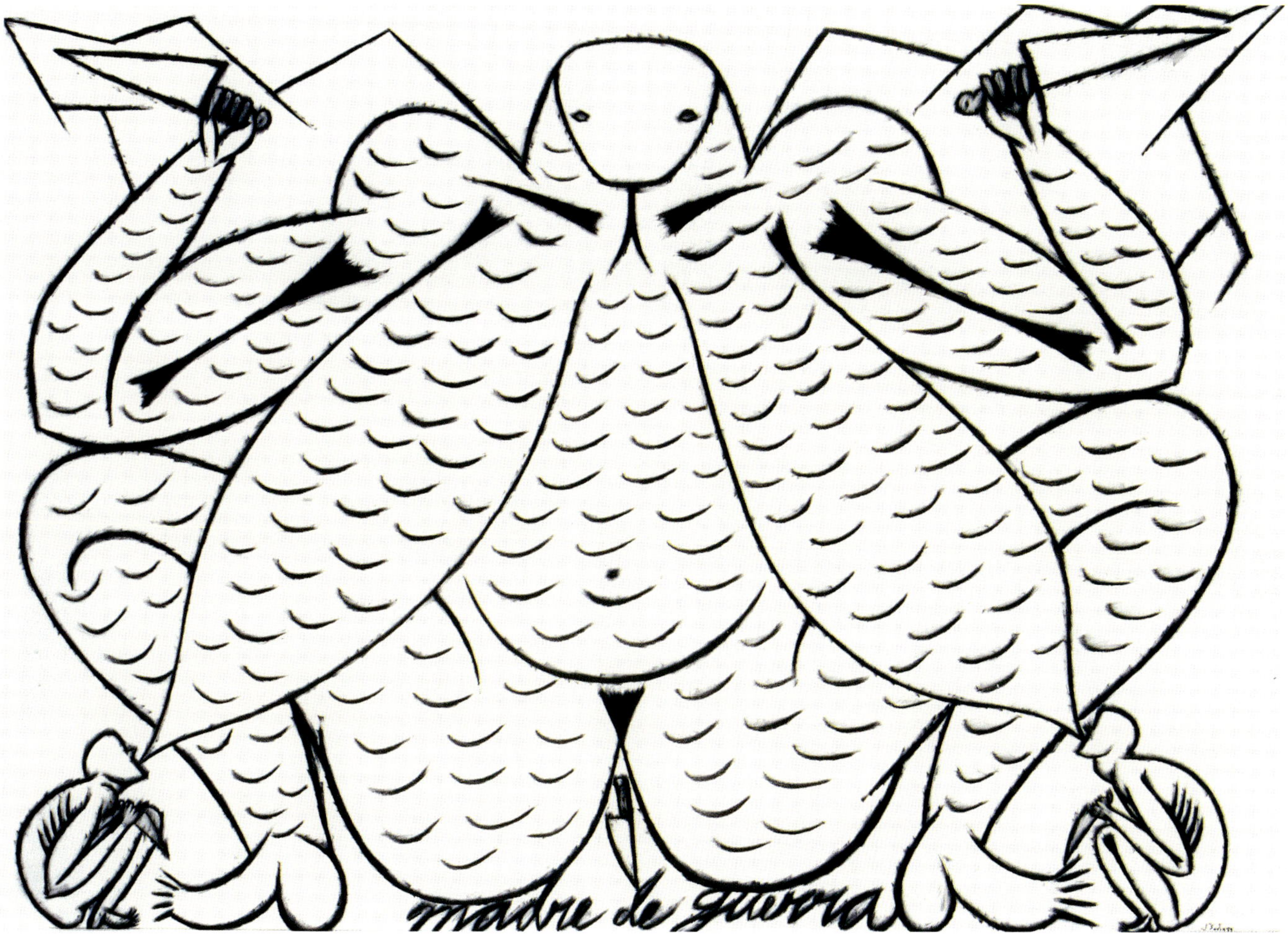

Madre de guerra, 1989   *Mother of War*, 1989
dibujo sobre cartulina, 70 x 100 cm.   drawing on cardboard, 27.5 x 39.25 in.

imagen de Bedia es una admonición sobre los conflictos y el desajuste individual y social.

Madre de guerra, 1989

Procedencia: Galería Angel Romero, Madrid.

Exposiciones: *Kunst aus Kuba: Sammlung Ludwig/Art of Cuba: The Ludwig Collection*, Ludwig Forum für Internationalen Kunst, Peter und Irene Ludwig Stiftund, Museum Ludwig im Russischen Museum, Aquisgrán, Alemania, 2002.

Referencias: Catálogo, *Kunst aus Kuba: Sammlung Ludwig/Art of Cuba: The Ludwig Collection*, Palace Editions, 2002, p. 29.

❧

Hijo de un marino que le narraba con el entusiasmo de un Marco Polo las maravillas que se escondían tras el horizonte, el artista ha regresado periódicamente al tema de la isla e ha intentado en cada ocasión una revelación complementaria. La reiteración periódica del motivo del archipiélago está relacionada con su decisión de emigrar, primero a México en 1991 y después a la Florida en 1993, como parte del intenso éxodo de artistas, intelectuales y demás cubanos cuyas expectativas vitales naufragaron ante los cambios radicales a la economía y la cultura cubanas durante el "Período Especial". El desgarramiento implícito en esta decisión y la readecuación conflictiva en un nuevo contexto, impusieron una distancia geográfica y sentimental entre Bedia y la isla que le obliga a valorar y compensar desde el lienzo un vínculo que permanece escindido.

A través de piezas realizadas en diversos momentos—*Visión de la isla desde lejos* (1991), *Isla Sola* (1997), *Múltiples Perfiles de la Isla* (1999) y *La isla esperando una señal* (2002)—se establece una especie de diario insular donde Bedia tiende puentes hacia las creaciones de artistas más jóvenes como Ibrahim Miranda, Sandra Ramos, Kcho y Tania Bruguera, que emergieron en una etapa posterior. Sus preocupaciones no se reducen al examen de la isla, su soledad o flotabilidad en un tiempo detenido. En la muestra *Rodeado de Mar* (Contemporary Art Center of Virginia, 2000), su mirada se desplazó hacia acontecimientos históricos vinculados con el mar y Bedia se convirtió en irónico cronista de la batalla naval entre las flotas española y norteamericana durante el conflicto de 1898, así como un comentarista sobre el uso actual de la fuerza en las relaciones internacionales.

La tradición histórica y artística ha privilegiado las denominaciones y representaciones femeninas del territorio. Sólo hay que pensar en la palabra taína para la isla, Cuba, o en el nombre Juana, con el que la bautiza el almirante Colón; en la rutilante adolescente de gorro frigio y bandera que ofrece amistosa bienvenida a los *Rough Riders* de Teddy Roosevelt, o en las desnudas muchachas en *El nacimiento de las naciones americanas* (Mario Carreño, 1940). Por eso resulta excepcional la inversión genérica efectuada por Bedia en esta pieza. Representada por el "alter ego" masculino usual en sus piezas de la década de 1980, la isla asume un carácter "viril". Como un Neptuno que emerge de las aguas mientras disfruta un humeante tabaco, el gigante insular escruta el cielo en busca de la señal clarividente que indique la hora de la partida.

La isla esperando una señal, 2002

Procedencia: Colección privada.

are indivisibly linked. Through its formal austerity and synthesis, and an absence of rhetorical flourishes, Bedia's image becomes an admonition about conflict and individual and social disharmony.

Mother of War, 1989

Provenance: Angel Romero Gallery, Madrid.

Exhibitions: *Kunst aus Kuba: Sammlung Ludwig/Art of Cuba: The Ludwig Collection*, Ludwig Forum für Internationalen Kunst, Peter und Irene Ludwig Stiftund, Museum Ludwig im Russischen Museum, Aachen, Germany, 2002.

References: Catalogue, *Kunst aus Kuba: Sammlung Ludwig/Art of Cuba: The Ludwig Collection*, Palace Editions, 2002, p. 29.

❧

As the son of a sailor who used to describe the wonders hidden beyond the horizon with the enthusiasm of a Marco Polo, Bedia has periodically taken on the subject of the island, and each time has attempted a complementary revelation. The periodic reiteration of the archipelago theme is linked to his decision to migrate, first to Mexico in 1991 and then to Florida in 1993, as part of the intense exodus of artists, intellectuals, and other Cubans whose expectations of a better life were sunk by the radical changes to the Cuban economy and culture during the "Special Period." The wrenching rupture implicit in this decision and the conflictive readjustment to a new environment imposed a distance between Bedia and the island that was geographic as well as sentimental, and which forced him to treasure and compensate on canvas for a link that remains severed.

In pieces created at different moments—*Visión de la isla desde lejos* (A View of the Island from Afar, 1991), *Isla Sola* (Lone Island, 1997), *Múltiples Perfiles de la Isla* (Multiple Profiles of the Island, 1999), and *La isla esperando una señal* (The Island Waits for a Signal, 2002)—Bedia establishes a kind of insular diary that connects with the work of younger artists, such as Ibrahim Miranda, Sandra Ramos, Kcho, and Tania Bruguera, who emerged at a later time. Bedia's concerns are not reducible to an examination of the island, its solitude, or its floatability in frozen time. In the exhibition *Rodeado de Mar* (Surrounded By The Sea, Contemporary Art Center of Virginia, 2000), Bedia's gaze turned toward maritime history, and he became an ironic chronicler of the naval battle between the Spanish and American fleets during the war of 1898, as well as a commentator on the contemporary use of force in international relations.

Historical and artistic traditions have favored the designation of the Cuban island with feminine names. One has only to think of the indigenous Taino appellation, Cuba, or Columbus christening the island as Juana; the dazzling girl with Phrygian cap and flag who gives a friendly welcome to Teddy Roosevelt's Rough Riders, or the naked girls in *El nacimiento de las naciones americanas* (The Birth of American Nations by Mario Carreño, 1940), to cite a few examples. Therefore, the gender inversion effected by Bedia in this piece strikes us as exceptional. Represented by the male "alter ego" evident in his works from the 1980s, the island assumes a "virile" character. Like a Neptune emerging from the waters while savoring a cigar, the insular giant scrutinizes the skies in search of the clairvoyant signal that indicates when it's time to depart.

The Island Waits for a Signal, 2002

Provenance: Private collection.

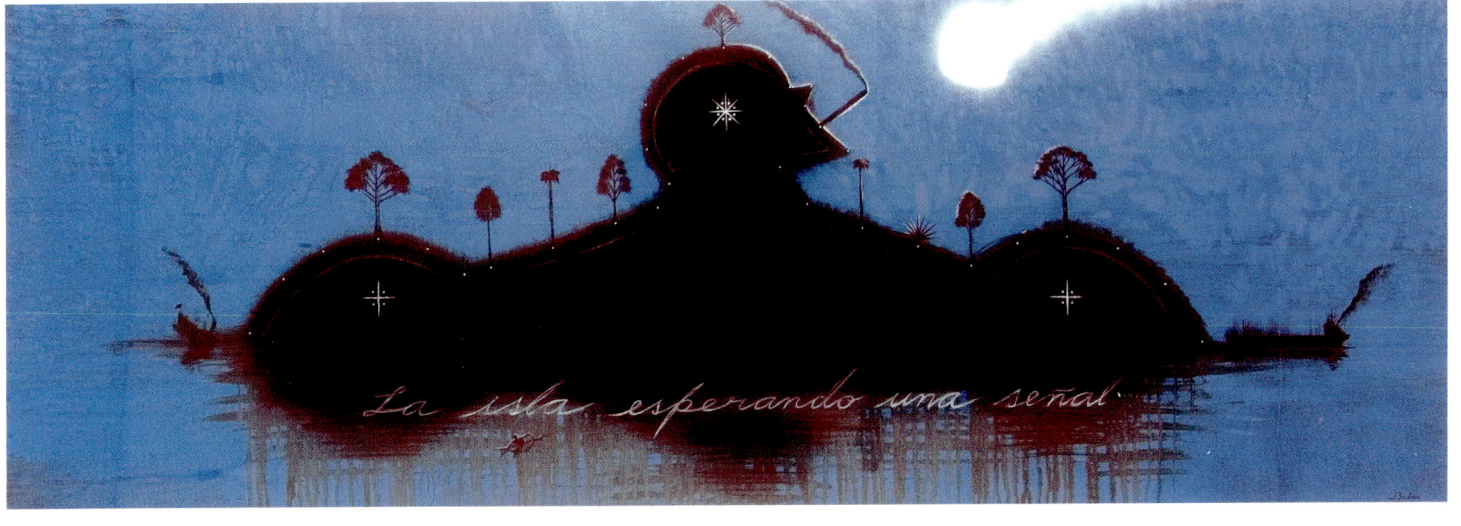

La isla esperando una señal, 2002
acrílico sobre lienzo, 80 x 198.4 cm.

The Island Waits for a Signal, 2002
acrylic on canvas, 31.5 x 78.13 in.

Tania Bruguera Fernández

n. 1968, reside en Cuba y los Estados Unidos | b. 1968, resides in Cuba and the United States

Considerada una de las más activas practicantes del *performance* a nivel internacional, no es casual que la creación de Tania fuese en sus inicios un homenaje a la memoria de Ana Mendieta. Mientras numerosos artistas de la isla emigraban hacia México y Estados Unidos, Bruguera proponía a inicios de la década de 1990 una justa comprensión del significado de Mendieta, y la necesidad de preservar la dinámica cultural alcanzada: "Ana había estado a la búsqueda de la Cuba que había perdido, yo estaba a la búsqueda de lo que Cuba estaba perdiendo" (Garzón, 1999, 55). La preocupación por la memoria histórica también se canalizó en *Memorias de la Postguerra* (1993), publicación alternativa que recogió, a la manera de un *time capsule*, las circunstancias afrontadas por la comunidad artística de la isla en ese período conflictivo de la cultura y la vida nacional.

En su versión original, *Estadística* fue presentada durante la VI Bienal de La Habana como un inmenso telón de fondo (3.60 x 1.70 m.) del *performance El Peso de la Culpa* (1997). Posteriormente, Tania realizaría piezas similares de diversos tamaños. Pertenece a la serie *Memorias de la Postguerra*, un conjunto de acciones plásticas, objetos y documentaciones con el cual la artista intentaba rescatar fragmentos de la voluntad colectiva de la década anterior. Mediante una voluntad conceptual, Tania convertía en contenidos tanto las connotaciones de la imagen como el proceso de producción La selección de la bandera—creada en 1849 en Nueva York por los exiliados Narciso López y Miguel Teurbe Tolón—estaba a tono con la voluntad desacralizadora manifestada por otros artistas como Tomás Esson, Carlos Cárdenas y Kcho, pero el cambio en los materiales y procedimiento introdujo nuevas e insospechadas referencias.

Para componer la pieza, Tania requirió el concurso de numerosos compatriotas de toda la isla, donantes de mechones de pelo que fueron cosidos sobre piezas de tela. La obra requirió de un proceso colaborativo, semejante al *Dinner Party* (1974–79) de Judy Chicago, y exigió varios meses de intenso trabajo. Artistas, amigos de Tania y vecinos fueron involucrados en la paciente reconstrucción de una imagen que ha concentrado la capacidad de lucha política y resistencia cultural del pueblo cubano—dentro y fuera de la isla—desde finales del siglo XIX. "La pieza posee un componente ritual", declaró Tania, "desde el propio momento de reunir el pelo, enrollarlo, sentarse cada día—como hicimos durante meses—y coserla como si estuviéramos en los tiempos de la colonia. En esa época, las mujeres de la casa se reunían para coser la bandera cubana, que era un símbolo de ideas revolucionarias y de lucha por la independencia. Era un acto de conspiración y solidaridad" (Zayas, 1999, 150).

En el momento en que la crisis económica, la emigración y el desaliento asaltaban las trincheras del arte y la sociedad, hacer la

Given that Bruguera is internationally renowned as one of the most active practitioners of performance art, it's no coincidence that her art was originally an homage to the memory of Ana Mendieta. In the early 1990s, while many artists from the island were emigrating to Mexico and the United States, Bruguera was proposing a comprehensive and evenhanded understanding of Mendieta's significance, and the need to preserve the cultural dynamics that had been established between them: "Ana had been in search of the Cuba that I had lost, I was in search of what Cuba was losing" (Garzón, 1999, 55). Bruguera's concern for historical memory was also reflected in *Memorias de la Postguerra* (Postwar Memories, 1993), an alternative publication that collected, like a time capsule, the circumstances facing the artistic community on the island during this period.

In its original version, *Estadística* (Statistic) was exhibited during the Sixth Havana Biennial in 1997 as an immense background (3.60 x 1.70 meters, almost 12 x 5.5 feet) for Bruguera's performance work, *El Peso de la Culpa* (The Weight of Guilt, 1997). She later produced similar pieces in different sizes. *Estadística* belongs to the series *Memorias de la Postguerra*, in which the artist attempted to salvage remnants of the collective spirit that animated Cuban art in the previous decade. Bruguera's concept transformed the connotations of the visual image, as well as the production process itself, into content. The use of the Cuban flag—created in New York in 1849 by the exiles Narciso López and Miguel Teurbe Tolón—resonated with the demystification intended by other artists such as Tomás Esson, Carlos Cárdenas, and Kcho. But by changing materials and creative processes, Bruguera introduced new and unsuspected references.

Creating the piece required the help of many compatriots from all over the island, who donated locks of hair that were sewn onto pieces of fabric. It was a collaborative process similar to Judy Chicago's *The Dinner Party* (1974–79), which in this case took several months of intense work. Other artists, as well as Bruguera's friends and neighbors, got involved in the patient reconstruction of an image that has crystallized the capacity for political battle and cultural resistance in the Cuban people since the late 1800s. "The piece has a ritual component," declared Bruguera, "from the very moment when we gathered the hair, rolled it, sat every day—which we did for months—and sewed it as if we were in colonial times. In that era, the women of the house would get together to sew the Cuban flag, which was a symbol of revolutionary ideas and the fight for independence. It was an act of conspiracy as well as solidarity" (Zayas, 1999, 150).

At a moment in which economic crisis, emigration, and discouragement assaulted the trenches of art and society, to make

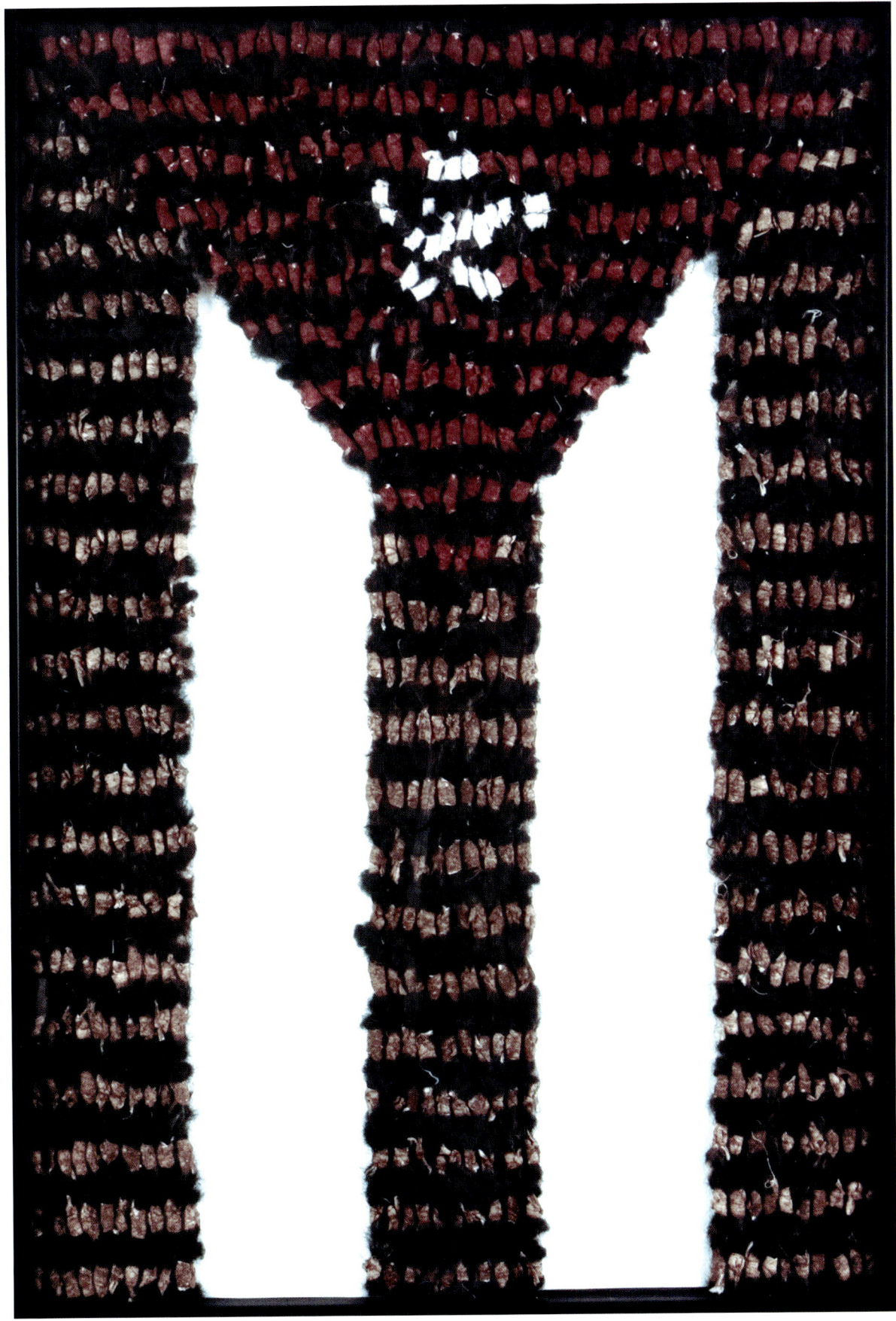

Estadística, 1996
pelo humano, tela, cartulina, 102 x 70 cm.

Statistic, 1996
human hair, fabric, cardboard, 40.25 x 27.50 in.

bandera entre todos—en una conspiración sentimental, rodilla a rodilla—implicaba la reinvención de una utopía consensual. El símbolo de la nación era reconstruido, literalmente cosido (una técnica relacionada con la cultura femenina tradicional) mediante un proceso de íntimas interacciones entre cubanos anónimos que aportaron un atributo corporal cargado de energía según religiones y leyendas. En medio de la conmoción social de la década de 1960, el artista pop Raúl Martínez creó una obra titulada *Todos somos hijos de la Patria*. Treinta años más tarde, la bandera propuesta por Bruguera intentaba una refundación espiritual más allá de la impersonalidad burocrática de los censos demográficos.

Estadística, 1996

Procedencia: Colección de la artista.

Exposiciones: *La Dirección de la Mirada*, Stadhaus Zurich, Zurich,1998; Musée de Beaux Arts, La Chaux-des-Fonds, Suiza, 1999.

Referencias: Catálogo de *La Dirección de la Mirada*, Stadhaus Zurich, Zurich; Musée de Beaux Arts, La Chaux-des-Fonds, SpringerWienNewYork, 1998, ilust. pág. 33. Ribeaux, Ariel, "*Work in progress*: Tania Bruguera, lo que nos corresponde", *Heterogénesis*, año VIII, no. 28, Suiza, junio 1999, pp. 50–55. Zayas, Octavio, "Cuba, los Mapas del Deseo", Catálogo, Ed. Folio, Kunsthalle Wien, Austria, 1999. pp. 155–157. Wood, Yolanda, "La aventura del silencio en Tania Bruguera", *ArteCubano* 3/2000, La Habana, ilust. pp. 34–37. Matamoros, Corina, *Guía de Arte Cubano*, Museo Nacional de Bellas Artes, La Habana, 2001, ilust. p. 94.

Ejecutado por primera vez en 1997, *El Peso de la Culpa* marca un cambio en los *performances* de Tania, en los que se busca una mayor interacción con el público y la ritualización manifiesta de sus movimientos. La artista aborda los temas de la culpa y la responsabilidad individual basada en un dato histórico: durante los años iniciales de la colonización española en Cuba, los indígenas cubanos cometían un peculiar suicidio colectivo: comían tierra hasta morir. Bajo la sugerencia de este dato, la artista estructuró una actuación durante la cual sostiene una especie de escudo, creado con fragmentos del esqueleto de un cordero. Frente a la *performer* se colocan dos recipientes: uno con tierra, otro con agua salada—materiales con los que modela bolas de tierra que lentamente ingiere en silencio durante horas.

La artista explica las sugerencias de su actuación: "Comer tierra, que es sagrada y símbolo de permanencia, es como digerir nuestras propias tradiciones y herencia. Es como borrarse a uno mismo" (Valdés, 1999, 157). En el diccionario de la calle, por otro lado, "comer tierra" designa el estado más penoso de un individuo, la crisis personal más absoluta. Tania ha fundido ambas interpretaciones (castigo auto-infligido como rebeldía y la transparencia del yo) con la referencia a la sumisión implícita en el esqueleto del animal. Considerado en la iconografía católica como símbolo de nobleza, bondad y fidelidad a Dios, el cordero y su piel son metáforas utilizadas con soltura para indicar enmascaramiento del mal bajo la inocencia. Su protagonismo en la actuación nos "hace pensar en una estrategia de simulación e ironía, en fin, otra forma de ocultamiento en esa aparente inocencia del 'decir sin decir' en la obra de Tania" (Wood, 2000, 37).

En *El Cuerpo del Silencio* (1998), Tania profundiza en el ciclo de la sumisión y la obediencia. La *performer* se sitúa desnuda en un espacio cubierto con carne de cordero, simulando el interior de un cuerpo

a Cuban flag together—in a sentimental conspiracy, knee against knee—implied the reinvention of a consensual utopia. The symbol of the nation was reconstructed, literally sewn (a technique linked to traditional feminine culture) by means of a process of intimate interactions between anonymous Cubans, who contributed a bodily attribute that is, according to myths and religions, charged with energy. In the midst of the social commotion of the 1960s, pop artist Raúl Martínez created a piece titled *Todos somos hijos de la Patria* (We Are All Children of the Motherland). Thirty years later, the flag that Bruguera envisioned was an attempt at a spiritual re-foundation beyond the bureaucratic impersonality of a demographic census.

Statistic, 1996

Provenance: Artist's collection.

Exhibitions: *La Dirección de la Mirada* (The Direction of the Gaze), Stadhaus Zurich, Zurich, Switzerland, 1998; Musée des Beaux Arts, La Chaux-des-Fonds, 1999, Switzerland.

References: Catalogue, *La Dirección de la Mirada* (The Direction of the Gaze), Stadhaus Zurich, Zurich; Musée des Beaux Arts, La Chaux-des-Fonds, SpringerWienNewYork, 1998, illust. p. 33. Ribeaux, Ariel, "Work in progress: *Tania Bruguera, lo que nos corresponde*" (Work In Progress: Tania Bruguera, What Belongs To Us), *Heterogénesis*, Year VIII, No. 28, Switzerland, June 1999, pp. 50-55. Zayas, Octavio, "Cuba, los Mapas del Deseo" (Cuba: The Maps of Desire), Catalogue. Ed. Folio, Kunsthalle Wien, Austria, 1999, pp. 155-157. Wood, Yolanda, "*La aventura del silencio en Tania Bruguera*" (The Adventure of Silence in Tania Bruguera), *ArteCubano* 3/2000, Havana, illust. pp. 34-37. Matamoros, Corina, *Guía de Arte Cubano* (A Guide to Cuban Art), National Museum of Fine Arts, Havana, 2001, illust. p. 94.

Performed for the first time in 1997, *El Peso de la Culpa* (The Weight of Guilt) marked a change in Bruguera's performances, which sought a greater interaction with the audience and the evident ritualization of the movements. The artist takes on the subjects of guilt and individual responsibility based on a piece of historical information: during the initial years of the Spanish colonization of Cuba, indigenous Cubans committed a peculiar form of collective suicide: they ate soil until they died. Using this fact as a starting point, the artist structured an act during which she holds a sort of shield created from pieces of a lamb carcass. In front of the performer, two containers were placed, one filled with soil, the other with salt water—materials from which she modeled earth balls that she slowly ingested in silence over several hours.

The artist explained the ideas suggested by her act: "To eat soil, which is sacred, and a symbol of permanence, is like digesting our own traditions and heritage. It's like erasing one's self" (Valdés, 1999, 157). On the other hand, in Cuban street argot, *comer tierra* (to eat soil) describes the most pitiful state of an individual, the most absolute personal crisis. Bruguera has fused both interpretations (self-punishment as a form of rebellion and the obliteration of the self) with the idea of submission implicit in the animal carcass. Considered in Catholic iconography as a symbol of nobility, kindness, and faithfulness to God, the lamb and its pelt have long been used as a metaphor for evil masquerading under the pretense of innocence. Its central role in the performance "makes one think of

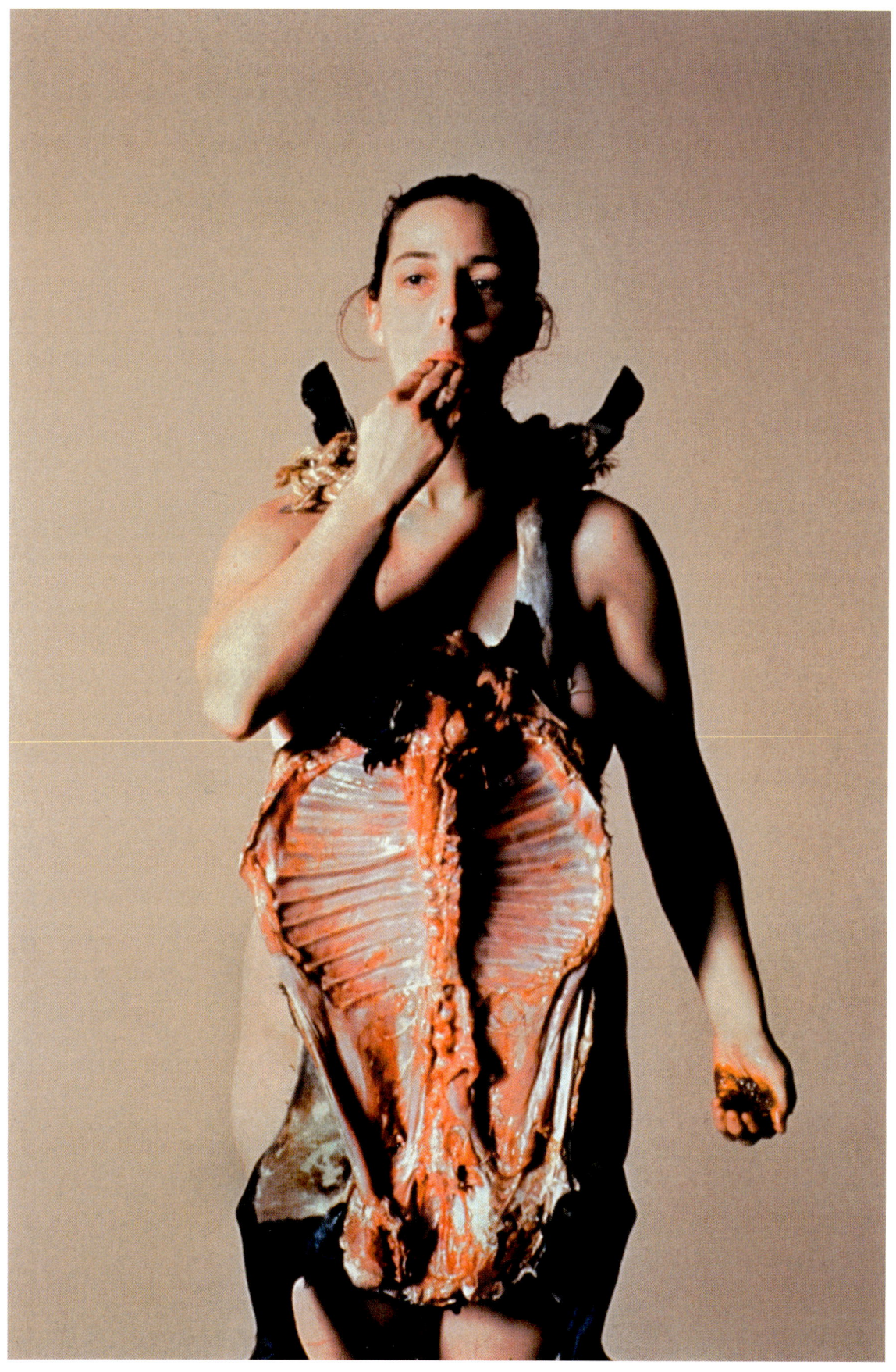

El Peso de la Culpa, Untitled #3 (Sin título #3), 1998
fotografía a color, 68.6 x 61 cm.

The Weight of Guilt, Untitled #3, 1998
color photograph, 27 x 24 in.

humano. Sólo a través de una pequeña abertura el público podrá contemplar la ejecución del *performance*, que se inicia en una esquina del espacio. Tania escribe correcciones en un libro de historia oficial, en movimientos que repetirá una y otra vez. Aterrorizada por las consecuencias probables de su acto, comienza a lamer el texto para borrarlo y ante esta imposibilidad, rompe las páginas para tragárselas.

A diferencia de los *Happenings* de Allan Kaprow y del Grupo Gutai, donde el proceso en sí y la inmersión en la "experiencia" son los propósitos fundamentales, las intervenciones de Bruguera están matizadas de una raíz teatral. Las imágenes fotográficas o de video son el medio imprescindible a través del cual la actuación persistirá más allá del tiempo, como un icono de la desmemoria y la neurosis colectiva.

El Peso de la Culpa, Untitled #3 (Sin título #3), 1998

Procedencia: Colección de la artista.

Exposiciones: VII Bienal de La Habana, La Habana.

Referencias: Pozo, Alejandra, "Cuerpos de artistas en plena accion", *ArtNexus*, no. 26 Bogotá, octubre-diciembre, 1997, ilust. pp. 77–79. Ribeaux, Ariel, "Work in progress: Tania Bruguera, lo que nos corresponde", *Heterogénesis*, año VIII, no. 28, Suiza, junio 1999, ilust. pp. 50–55. *ArteCubano*, 2/2000, ilust. p. 8. Wood, Yolanda, "La aventura del silencio en Tania Bruguera", *ArteCubano* 3/2000, La Habana, p. 36.

El Cuerpo del Silencio, Untitled #2 (Sin título #2), 1998

Procedencia: Colección de la artista.

Exposiciones: *El jardín de los senderos que se bifurcan/The Garden of Forking Paths*, Kunstforeningen, Copenhague, Dinamarca, 1999; Nordjyllands Kunstmuseum, Aalborg, Dinamarca, 1999. Edsvik Konst & Kultur, Sollentuna, Suecia, 1999. Museo de la ciudad de Helsinki, Helsinki, Finlandia, 1999.

Referencias: Arratia, Eurídice, "Cityscape Havana", *Flash Art*, vol. XXXII, no. 24, enero-febrero 1999. Catálogo, *The Garden of Forking Paths*, Ed. Tabapress SA, Suecia, 1999. Ribeaux, Ariel, "*Work in progress*: Tania Bruguera, lo que nos corresponde", *Heterogénesis*, año VIII, no. 28, Suiza, junio 1999, ilust., pp. 50-55. Wood, Yolanda, "La aventura del silencio en Tania Bruguera", *ArteCubano* 3/2000, La Habana, ilust., pp. 4–37.

a strategy of simulation and irony; in the end, of another form of concealment in that apparent innocence of 'saying without saying' evident in Tania's work" (Wood, 2000, 37).

In *El cuerpo del Silencio* (1998), Bruguera went even deeper into the cycle of submission and obedience. The performer sits naked in a space covered by lamb meat simulating the insides of a human body. The audience could only view the execution of the performance, which started in a corner of the space, through a small opening. Meanwhile, Bruguera wrote corrections in an official history book, in movements repeated over and over again. Terrified by the probable consequences of her actions, she started to lick the text in order to erase it and, seeing it was impossible, ripped apart the pages and swallowed them.

In contrast to the Happenings of Allan Kaprow and the Gutai Group, whose main focus was the process itself and an immersion in the "experience," Bruguera's interventions have more theatrical roots. The photographic or video images are the essential medium through which the act will endure beyond time, as an icon of forgetfulness and collective neurosis.

The Weight of Guilt, Untitled #3, 1998

Provenance: Artist's collection.

Exhibitions: Seventh Havana Biennial, 1997.

References: Pozo, Alejandra, "Cuerpos de artistas en plena accion," (Bodies of Artists in Action), *ArtNexus*, No. 26, Bogotá, October–December, 1997, illust. pp. 77–79. Ribeaux, Ariel, "Work in progress: *Tania Bruguera, lo que nos corresponde*" (Work In Progress: Tania Bruguera, What Belongs To Us), *Heterogénesis*, Year VIII, No. 28, Switzerland, June 1999, pp. 50-55. *ArteCubano*, 2/2000 illust. p. 8. Wood, Yolanda, "*La aventura del silencio en Tania Bruguera*" (The Adventure of Silence in Tania Bruguera), *ArteCubano* 3/2000, Havana, p. 36.

The Body of Silence, Untitled #2, 1998

Provenance: Artist's collection.

Exhibitions: *El jardín de los senderos que se bifurcan/The Garden of Forking Paths*, Kunstforeningen, Copenhagen, Denmark, 1999; Nordjyllands Kunstmuseum, Aalborg, Denmark, 1999; Edsvik Konst & Kultur, Sollentuna, Sweden, 1999; Helsinki City Museum, Helsinki, Finland, 1999.

References: Arratia, Eurídice, "Cityscape Havana," *Flash Art*, Vol. XXXII, No. 24, January–February 1999. Catalogue, *The Garden of Forking Paths*, Ed. Tabapress SA, Sweden, 1999. Ribeaux, Ariel, "Work in progress: Tania Bruguera, lo que nos corresponde" (Work In Progress: *Tania Bruguera, What Belongs To Us*). *Heterogénesis*, Year VIII, No. 28, Switzerland, June 1999, illust., pp. 50–55. Wood, Yolanda, "La aventura del silencio en Tania Bruguera" (The Adventure of Silence In Tania Bruguera), in *ArteCubano* 3/2000, Havana, illust., pp. 4–37.

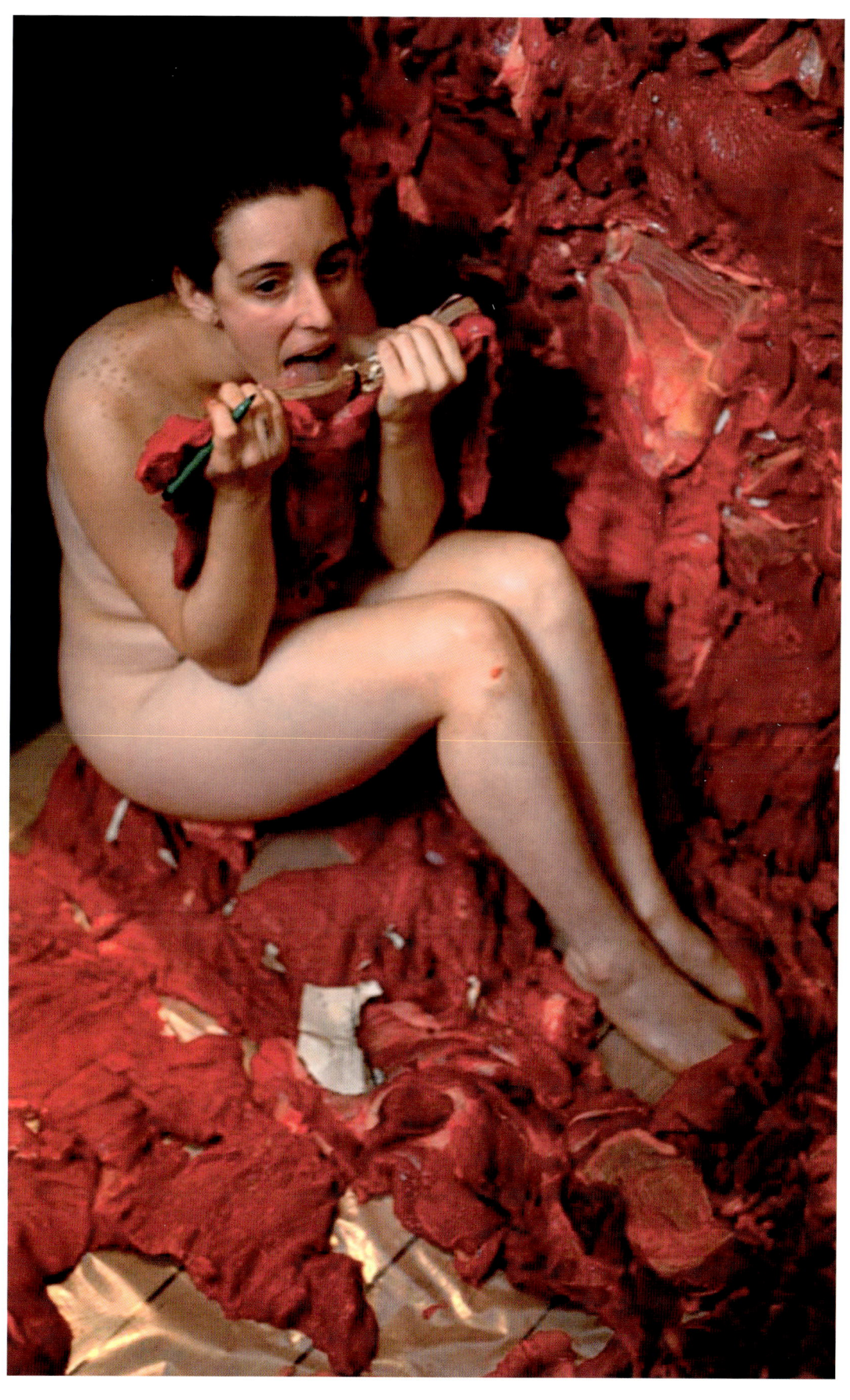

El Cuerpo del Silencio, Untitled #2 (Sin título #2), 1998
fotografía a color, 68.6 x 61 cm.

The Body of Silence, *Untitled #2*, 1998
color photograph, 27 x 24 in.

María Magdalena Campos-Pons

n. 1959, reside en los Estados Unidos | b. 1959, resides in the United States

A fines de la década de 1980 surgieron diversas propuestas realizadas por mujeres, casi todas egresadas del sistema nacional de formación artística. Cuba tenía los ejemplos cimeros de Amelia Peláez (1896–1968) en la década de 1930 y Antonia Eiriz (1929–1995) en la década de 1960, pero por primera vez la crítica de arte detectaba un discurso distinto sobre la condición femenina. A creadoras como Ana Albertina Delgado, Marta María Pérez, Elsa Mora, Sandra Ramos y Magdalena Campos-Pons les interesaba expresar mundos interiores cargados de fuertes connotaciones sociales, en una extroversión de lo íntimo sin cortapisas. Campos-Pons en particular profundizó en ese camino, desafiando las representaciones de la mujer negra como víctima o ícono sexual ofrecidas por la literatura, la publicidad y la música popular cubanas desde el siglo XIX.

Su creación comienza a mediados de la década de 1980 con relieves escultóricos que celebran la condición física y sexual de la artista. Con intención de desacralizar y desmistificar, crea metáforas visuales con frases populares usadas para designar los órganos de cópula, y reelabora temas sexuales extraídos de los mitos de la tradición occidental. Paulatinamente, su obra incorpora nuevos registros temáticos. En *Soy una fuente/I am a Fountain* (1990, Colección Farber) impugna los libros médicos del siglo XIX que explicaban de modo "científico" las insuficiencias del sexo "débil". Magdalena mostraba diversos órganos "femeninos" en alegre funcionamiento junto a los correspondientes fluidos (lágrimas, sangre, leche). El eterno misterio femenino desaparecía ante la factura naïve del diseño y el cromatismo de los planos.

En *Everything is Separated by Water* (Todo está separado por el agua, 1990), la dislocación del cuerpo de la artista es huella de la traumática experiencia sufrida por cubanos y norteamericanos bajo el contexto político entre ambos países. Un año después, en los espacios de la Cuarta Bienal de La Habana, la instalación *Tra...* (1991), abordaba de manera explícita el tema de la explotación, tráfico y asesinato de los pueblos africanos en América y en Cuba. El uso de instalaciones, donde integraba objetos cotidianos y proyecciones de video, le permitió volver a visitar la memoria personal, familiar y social en piezas como *Tablas de planchar* (1994).

Campos-Pons ha mostrado notable ductilidad en la incorporación de diversos medios expresivos (instalaciones, videos, fotografías *performance*) con los que explora líneas creativas de manera simultánea. Este enfoque instrumental de medios y soportes es característico del reciente arte cubano. Los artistas no permanecen encerrados en los límites de sus disciplinas, como preconizaba el modernismo de Clement Greenberg, sino subordinan los medios empleados a las complejidades de las ideas y las texturas conceptuales.

The late 1980s witnessed the emergence of several women artists, virtually all of them graduates of the national system of art education. Cuba already had Amelia Peláez (1896–1968) in the 1930s and Antonia Eiriz (1929–1995) in the 1960s as outstanding examples; but for the first time art critics identified a distinct discourse on the female condition. Artists such as Ana Albertina Delgado, Marta María Pérez, Elsa Mora, Sandra Ramos, and Magdalena Campos-Pons were interested in expressing personal matters within a strong social context—turning intimacy inside out, as it were, transforming it into an extroversion without limits. Campos-Pons in particular ventured further down this road, defying the representations promulgated by Cuban literature, advertising, and folk music since the 1800s, which depicted black women as victims and sexual icons.

Campos-Pons's creativity surfaced in the mid-1980s with sculptural reliefs that celebrated the physicality and sexuality of her own body. Deliberately stripping away any sense of sanctity or mystification, she created visual metaphors from slang expressions referring to genitalia, at the same time reworking sexual themes embedded in the myths of Western culture. Gradually her work expanded its thematic range. In *Soy una fuente/I Am a Fountain*, (1990, Farber Collection), she challenged the 19th-century medical texts that explained, in "scientific" terms, the insufficiencies of the "weaker" sex. She depicted various "female" organs happily functioning alongside their corresponding fluids: tears, blood, milk. The eternal feminine mystery was dispelled by Campos-Pons's intentionally naïve imagery and palette of intense colors.

In *Everything is Separated by Water* (1990), the dislocations of the artist's body symbolized the traumatic experiences "imprinted" on Cubans and Americans under the political context common to both countries. A year later, at the Fourth Havana Biennial, the installation *Tra...* (1991) explicitly addressed the exploitation, trafficking in, and killing of African peoples in the Americas and in Cuba. Working with installations integrating everyday objects and video projections has permitted Campos-Pons to revisit personal, familial, and cultural memories in such pieces as *Tablas de planchar* (Ironing Boards, 1994).

Campos-Pons has shown remarkable flexibility in her use of diverse mediums—installation, video, performance photographs—to explore different lines of creative inquiry. In this, she is like the most recent generation of Cuban artists, who are not confined by the limits of their disciplines, as Clement Greenberg-style modernism would dictate. Instead, they subordinate the medium to the complexity of Conceptual ideas and textures, practicing a post-Conceptualism enriched by a high degree of tropical inventiveness.

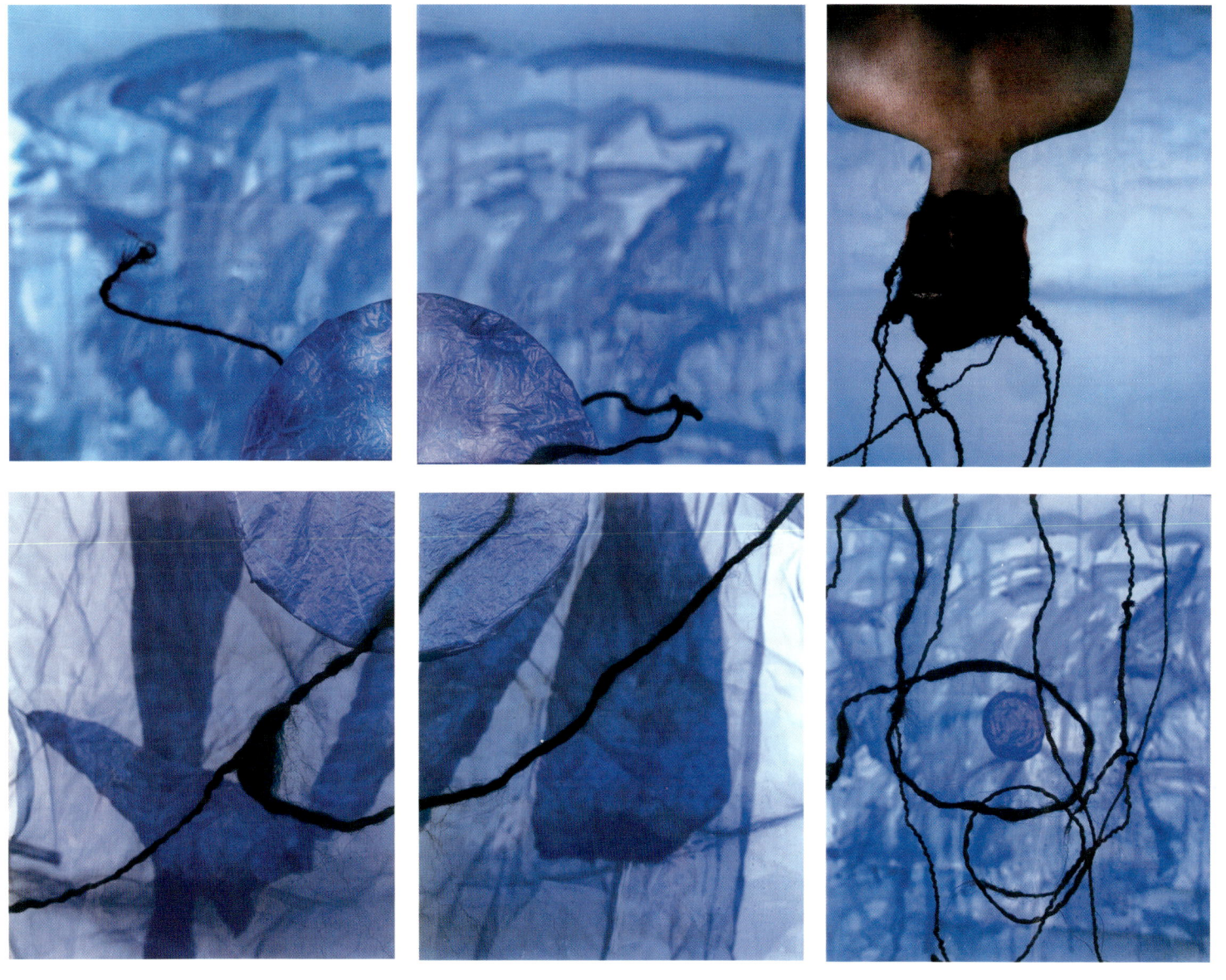

Estudio para Elevata, 2002
impresión en Polaroid, seis impresiones de 61 x 52.7 cm., cada una enmarcada

Study for Elevata, 2002
Polaroid print, six prints each 24 x 20.75 in., individually framed

Practican un post-conceptualismo enriquecido por altos quilates de inventiva tropical.

Estudio... se integra al corpus de la fotografía *performance*, que en la última década ha sido practicada intensamente por artistas cubanas como Elsa Mora, Cirenaica Morera, Glenda León y Marta María Pérez (pionera en esta modalidad). Compuesto por 6 recuadros impresos en Polaroid, fue realizado como apunte para *Elevata*, obra semejante en su factura a *Constelación* y *Rapsodia*, producidas también en 2002.

Con medios mínimos de expresión, Campos-Pons ha logrado una obra compleja en connotaciones. En *Estudio...*, el medio fotográfico y el cuerpo han sido fundidos en una imagen altamente simbólica, que parece extraída del espacio de los sueños. En la tradición occidental, el género del desnudo femenino se basaba en el rastreo minucioso del cuerpo por la mirada masculina del espectador. El interior de una habitación, generalmente el estudio del artista, servía como teatro y contención para la íntima revelación.

En esta pieza, el cuerpo desnudo de Campos está de espaldas al espectador; se resiste a ser poseído por la mirada. Los fondos han sido logrados mediante el desenfoque de grandes acuarelas diluidas. El desnudo así adquiere un carácter etéreo, alejado de todo signo sociológico, y en franco rechazo de todas las convenciones previas sobre el tema afrocubano. Los recuadros múltiples funcionan como un espacio aislado del tiempo, una negación de "lo real" donde todo elemento asume carácter de metáfora. Las extensiones del pelo flotan en la ingravidez como tentáculos celulares o raíces. La cadena de estereotipos en torno al cuerpo negro femenino han sido abruptamente suspendidas, y el autorretrato se revela como un territorio de conflicto.

Estudio para Elevata, 2002

Procedencia: Colección de la artista.

Exposiciones: *Elevata*, Galería Howard Yezerski, Boston, Estados Unidos, 2004. *New Work* (Obras nuevas), Galería Bernice Steinbaum, Miami, Estados Unidos, 2005. *Backyard Dreams* (Sueños en el patio), Galería Julie Saul, Nueva York, Estados Unidos, 2006. *Maria Magdalena Campos-Pons: Everything is Separated by Water* (María Magdalena Campos-Pons: Todo está separado por el agua), Museo de Arte de Indianapolis, Indianapolis, Estados Unidos, 2007.

Referencias: Catálogos citados.

Estudio… joins a body of performance photography work, generated throughout the past decade by female Cuban artists such as Elsa Mora, Cirenaica Morera, Glenda Léon, and Marta María Pérez (a pioneer of this form). Consisting of six Polaroid images, the piece was executed as a sketch for *Elevata*, a work similar in style to *Constelación* (Constellation) and *Rapsodia* (Rhapsody), both also completed in 2002.

With minimal expressive means, Campos-Pons creates works of complex connotative power. In *Estudio…*, the medium and the body have been fused in a highly symbolic image, apparently excavated from some dreamlike space. In the Western tradition, the genre of the female nude was based on the detailed observation of the body by a masculine eye, with an interior view—generally the artist's studio—serving as stage and enclosure for the intimate revelation. In this work, Campos's naked body turns its back to the viewer. It resists being possessed by the gaze. Large, diluted, out-of-focus watercolors serve as the background. The nude achieves an ethereal quality, far from any sociological context and in frank protest against previous conventions of the Afro-Cuban theme. The multiple frames work together as a space isolated from time—a negation of reality, where every element assumes a metaphoric role. Hair extensions float weightlessly like cellular tentacles or roots. The chain of stereotypes around the black female body has been abruptly dissolved, and the self-portrait is revealed as a terrain of conflict.

Study for Elevata, 2002

Provenance: Artist's collection.

Exhibitions: *Elevata*, Howard Yezerski Gallery, Boston, United States, 2004. *New Work*, Bernice Steinbaum Gallery, Miami, United States, 2005. *Backyard Dreams*, Julie Saul Gallery, New York, United States, 2006. *María Magdalena Campos-Pons: Everything is Separated by Water*, Indianapolis Museum of Art, Indianapolis, United States, 2007.

References: Cited catalogues.

Yoan Capote

n. 1959, reside en Cuba | b. 1977, resides in Cuba

La formación de grupos colectivos creativos fue un producto lógico de los acontecimientos culturales de la década de 1980. Hacia finales de la década, el fenómeno había asumido diversas encarnaciones: proyectos editoriales como Grupo Ph, Banco de Ideas Z, Memorias de la Postguerra, y Loquevenga; espacios para la promoción de artistas, incluyendo Aglutinador y La Huella Múltiple; colectivos artísticos como Los Carpinteros, Ordo Amoris, Enema, Edgar y David, y Fabián y Soca.

La continuidad y renovación de las metodologías docentes fue asumida por René Francisco desde la Facultad de Artes Plásticas del Instituto Superior de Arte (ISA), con un notable esfuerzo que le ha merecido reconocimiento internacional. En 1989–90 inició un proyecto bajo el nombre de DUPP (De Una Pragmática Pedagógica), el cual fue retomado en 1992. A través de proyectos como La Casa Nacional, DUPP incidió profundamente en el "cambio de bola" de una nueva generación de artistas como Los Carpinteros y Fernando Rodríguez. En 1997, René fundó la Galería Virtual DUPP, junto a estudiantes del ISA, con el propósito de activar la creación y reflexión hacia prácticas artísticas marginadas en un contexto marcado por la transnacionalización del arte cubano, sus estrategias retóricas y expectativas. Hasta su disolución en el año 2001, DUPP realizó varias exposiciones colectivas e intervenciones en espacios públicos urbano, estimuló la creación de performances y fue el único team cubano de carácter grupal invitado a la bienal internacional de arte celebrada en la ciudad.

Como miembro de DUPP, Yoan Capote presentó *1…2…3… Probando* como obra colectiva en la VII Bienal de La Habana. El título denota las palabras iniciales que generalmente se emiten al probar un equipo de sonido o micrófono, como es el caso. La propuesta de intervención en el espacio público consistía en colocar numerosos micrófonos de hierro a lo largo del muro del Malecón. Los dispositivos estarían orientados no sólo hacia el "interior" del perímetro marítimo, sino también hacia el mar, hacia el espacio abierto. El dibujo sutil del artista trazaba una perspectiva de la instalación posible de los micrófonos, e incluía una figura anónima que parecía hacer uso de los mismos.

La obra rendía homenaje implícito a una de las vías principales de comunicación que corre a lo largo del litoral norte de La Habana. Construido paulatinamente entre 1900-1958, en la tradición de los grandes paseos marítimos destinados a embellecer e higienizar las urbes, el Malecón es el más extenso espacio recreativo de los habaneros y un testigo de importantes acontecimientos históricos. Alabado a inicios de, siglo XX por poetas (Santos Chocano) y pintores (Oliva y Blay, Vila y Prades), el Malecón fue dado nueva semántica

The formation of creative collectives was a logical outgrowth of the developments of the 1980s. By the end of the decade, the phenomenon had taken on a variety of incarnations: publishing projects, such as Grupo Ph, Banco de Ideas Z, Memorias de la Postguerra, and Loquevenga; spaces for the promotion of artists, including Aglutinador and La Huella Múltiple; and artist collectives such as Los Carpinteros, Ordo Amoris, Enema, Edgar and David, and Fabián and Soca.

The burden of continuing—and revising—teaching methodologies for artists was taken up by René Francisco as a member of the Visual Arts Faculty at the Superior Institute of Art (ISA). Francisco's art has since achieved international recognition; in 1989-90, he started a project known as DUPP (De Una Pragmática Pedagógica, For a Pragmatic Pedagogy), which was reinstated in 1992. Through ventures such as La Casa Nacional (National House), DUPP profoundly influenced the "*cambio de bola*" (in sports, a turnover of the ball; more broadly, a change of approach) of a new generation of artists such as Los Carpinteros and Fernando Rodríguez. With students at ISA, in 1997 Francisco started the DUPP Virtual Gallery to promote creativity in the visual arts, and to reflect on artistic practices that were being marginalized by the trans-nationalization and standardization of Cuban art, its rhetorical strategies and expectations. Until its dissolution in 2001, DUPP organized several group exhibitions and installations in urban public spaces, and stimulated the creation of performance works. It was the only Cuban group that was invited as such to the Havana Biennial in 2000.

As a member of DUPP, Yoan Capote presented *1…2…3… Probando* as a collective work at the Seventh Havana Biennial. The title refers to the first words that are generally spoken when testing audio equipment or microphones, as is the case here. Capote's proposal consisted of an installation in a public space: namely, the placement of multiple microphones along the wall of the Malecón, Havana's seaside promenade. The devices would face not only inward from the shoreline but also out toward the sea, the open space. Capote's subtle drawing traced a perspective of the possible installation of the microphones, and included an anonymous figure that seemed to make use of them.

The piece implicitly paid homage to one of Havana's main thoroughfares, which runs along the city's northern border. The Malecón had been built gradually, between 1900 and 1958, in the tradition of grand seaside promenades intended to sanitize and beautify insalubrious cities; it is the most expansive recreational space enjoyed by *Habaneros*, and has been a witness to important historical events. Praised in the early 20th century by poets and

por la conciencia estética de la década de 1990, tatuada por la diáspora: adquirió la connotación de frontera infranqueable, límite o borde, presente en obras de Manuel Piña, Sandra Ramos, Edgar y David, y en filmes como *La ola* de Enrique Álvarez y *La vida es silbar* de Fernando Pérez. La intervención de Capote reencarnaba esos significados y potenciaba el carácter del sitio como espacio utópico de comunicación social. Durante la Bienal, sin embargo, los micrófonos de hierro no fueron colocados en el Malecón, sino en la fortaleza de La Cabaña, sede del evento. Erectos sobre los muros agrietados del siglo XVIII, los largos bastones curvos parecían captar el murmullo inquieto de la ciudad, mientras el mar y el salitre realizaban sobre ellos su inevitable asalto de corrosión.

1...2...3...Probando, 2000

Procedencia: Colección del artista.

Exposiciones: VII Bienal de La Habana, La Habana, 2000 (como DUPP).

Referencias: Catálogo de la VII Bienal de La Habana, p. 166. Premio UNESCO por el Fomento de las Artes (junto a Los Carpinteros y Jean Pierre Raynaud), VII Bienal de La Habana. Levin, Kim, "Cuba Libre, Art and Contradiction at The Havana Bienal", *The Village Voice*, 26 de diciembre 2000, vol. XLV, no.5, p. 130. Robinson, Walter, "Havana, Art Capital", http://www.artnet.com/magazine/reviews/robinson/robinson11-22-00.asp. Bousteau, Fabrice, "Cuba la Belle Américaine", *Beaux Arts*, no. 200, enero 2001, p. 77. Cembalest, Robin, "Where Rube Goldberg Meets Kafka", *Art News*, febrero 2001, p. 151. Turner, Grady, "Cuba II, Sweet Dreams", *Art in America*, octubre 2001, pp. 72–75.

Realizada posteriormente a *1...2...3...Probando, Protocolo* fue creada como parte de una instalación para galería formada por dos sillas semejantes, una larga mesa de cristal y aluminio colocada entre las sillas, y una banda sonora que murmuraba frases ininteligibles. No era ciertamente la primera ocasión en que Capote construía muebles: anteriormente había fundido bancos de parque dotados de una extraña cualidad expresionista. Pero, en esta pieza, el mueble pierde toda sugerencia de funcionalidad para discursar únicamente en el terreno de lo simbólico.

El término "protocolo" alude a las reglas ceremoniales establecidas entre jefes de estado, o entre funcionarios del mismo rango, y que controlan movimientos, frases, gestos, mediante una codificación establecida que es incluso aprendida en academias de relaciones exteriores. El artista expresa la "condición" de poder de cada uno de los funcionarios involucrados mediante una metáfora tan sencilla como eficaz. Las tres piezas fueron diseñadas según el perfil de los dispositivos que Capote había propuesto colocar sobre el Malecón, eran sillas-micrófonos cuyos asientos de terciopelo rojo contenían referencias a la presunta nobleza o distinción de los actores en juego. Con este diseño tan peculiar expresa que la negociación no sólo en el terreno diplomático sino también cotidiano, se basa en un trato entre sujetos dotados de voz, que ejercen a través de ella—como principal instrumento—la habilidad de convencer o superar al contrario en función de sus intereses.

De *1...2...3...Probando* a *Protocolo*, Capote desplaza el sentido de sus creaciones hacia referencias menos evidentes y más sumergidas en las profundidades de la ambigüedad. La metáfora se alimenta o es generada por contradicciones de sentido entre la función

painters alike, from the writer Santos Chocano to artists Blay Oliva and Vila y Prades, the Malecón was given new meaning by the aesthetic consciousness of the 1990s, driven by the diaspora: as an insurmountable border, limit, or rim, and revealed in works by Manuel Piña, Sandra Ramos, Edgar and David, and in such films as Enrique Alvarez's *La ola* (The Wave) and Fernando Pérez's *La vida es silbar* (Life is to Whistle). Capote's intervention was a reincarnation of those meanings, underscoring the character of the place as a utopian space for social communication. During the Biennial, however, the iron microphones were not installed along the Malecón, but at the fortress of La Cabaña, where the exhibition took place. Standing tall on the cracked 18th-century walls of the castle, the long curved staffs seemed to capture of the uneasy mutterings of the city, while the sea and salty air took their inevitable corrosive toll.

1...2...3...Testing, 2000

Provenance: Artist's collection.

Exhibitions: Seventh Havana Biennial, Havana, Cuba, 2000 (as DUPP).

References: Catalogue, Seventh Havana Biennial, p. 166. UNESCO Award for the Promotion of the Arts (with Los Carpinteros, Jean Pierre Raynaud), Seventh Havana Biennial. *ArteCubano*, 2–3/2003, cover. Levin, Kim, "Cuba Libre, Art and Contradiction at The Havana Bienal," *The Village Voice*, 26 December 2000, Vol. XLV No.5, p. 130. Robinson, Walter, "Havana, Art Capital," http://www.artnet.com/magazine/reviews/robinson/robinson11-22-00.asp. Bousteau, Fabrice, "Cuba la Belle Américaine," *Beaux Arts*, No. 200, January 2001, p. 77. Cembalest, Robin, "Where Rube Goldberg Meets Kafka," *Art News*, February 2001, p. 151. Turner, Grady, "Cuba II, Sweet Dreams," *Art in America*, October 2001, pp. 72–75.

Completed after *1...2...3...Probando*, *Protocolo* (Protocol) was created as part of an installation consisting of two similar chairs, a long aluminum-and-glass table placed between them, and a soundtrack of mumbled, unintelligible phrases. It was not the first time that Capote had built furniture; he had previously made metal and wood park benches infused with a strange, expressionistic quality. But this time, the piece of furniture loses all suggestion of functionality to venture into the field of the purely symbolic.

The term "protocol" alludes to the ceremonial rules established between heads of state or between officials of a similar rank, which control movements, phrases, and gestures by means of an established code that is taught in foreign relations institutes. The artist expresses the relative power of the officials whose presence is implied by the work, by means of a metaphor as simple as it is effective—a metaphor inspired by the devices that Capote had proposed placing along the Malecón in *1...2...3...Probando*. Though the red velvet cushions refer to the presumed distinction of the individuals involved, these are, in fact, microphone-chairs. Their peculiar design expresses a truth about negotiations—not only on the diplomatic, but also on the day-to-day level—which at their heart are based on a verbal pact between individuals who, using the voice as their primary instrument, attempt to convince or best their opponents according to their own interests.

Moving from *1...2...3...Probando* to *Protocolo*, Capote's meaning became more allusive and obscure, and infused with a

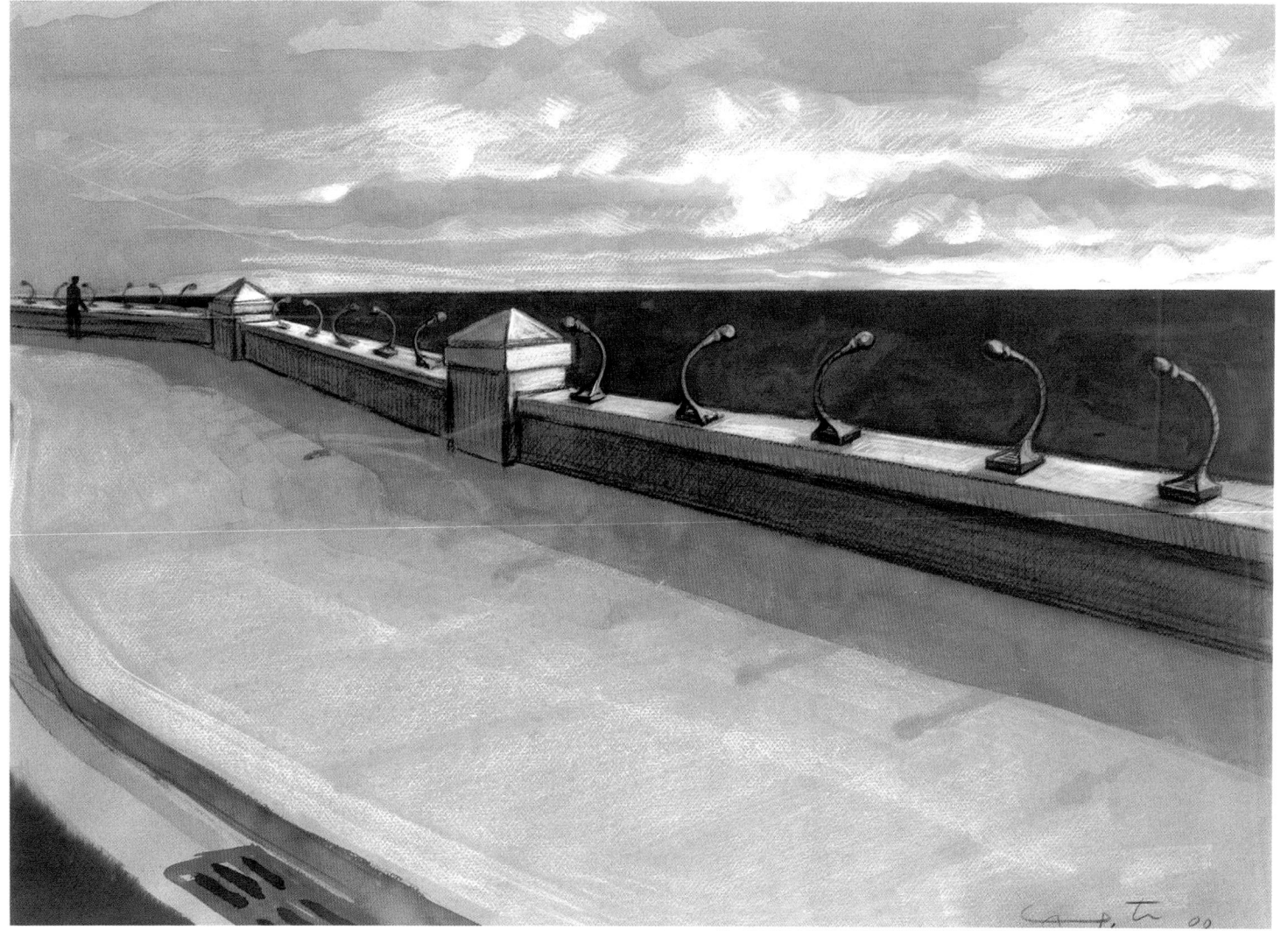

1…2…3…Probando, 2000
tinta, creyón, acrílico sobre papel, 53.3 x 73.6 cm.

1…2…3…Testing, 2000
ink, acrylic, crayon on paper, 21 x 29 in.

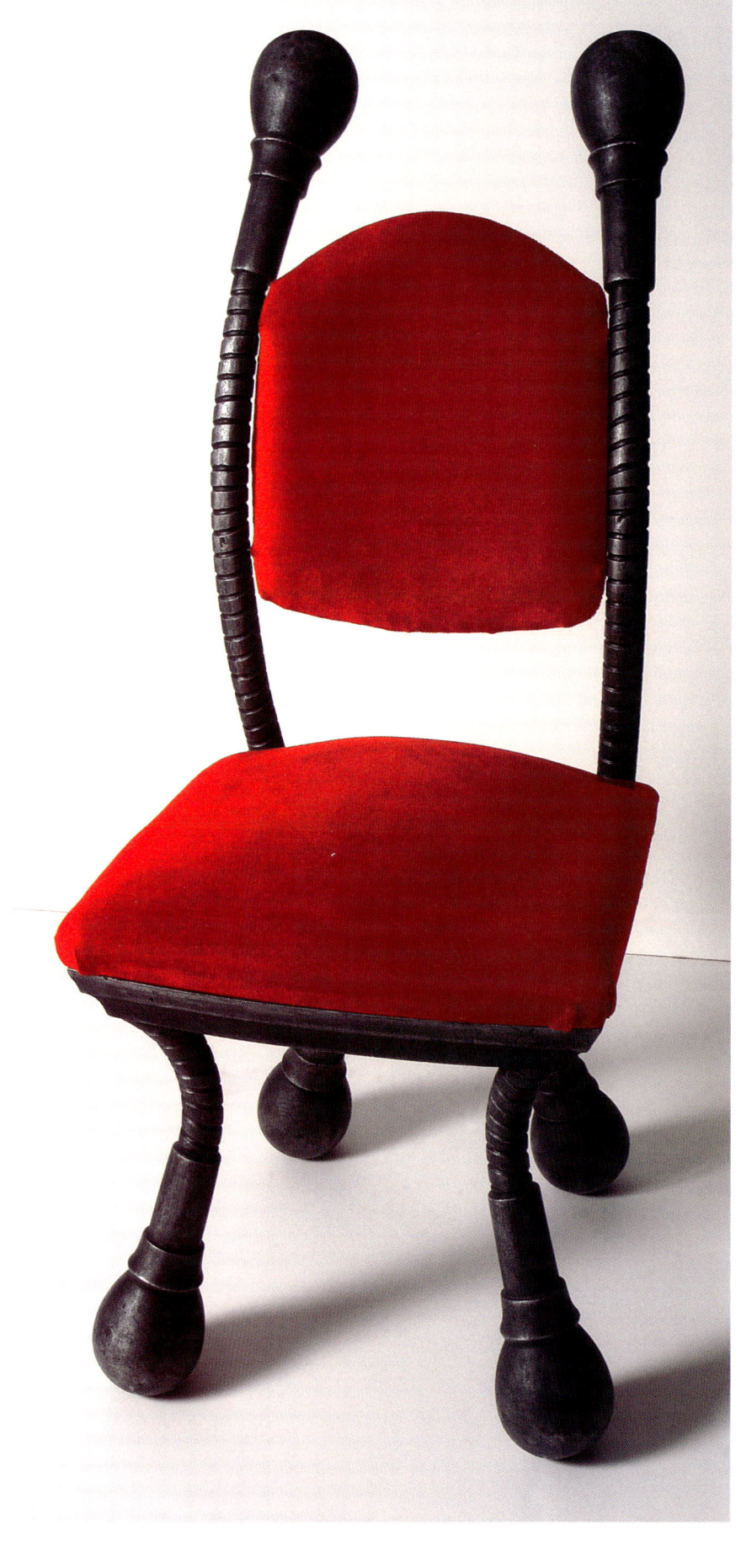

Protocolo, 2000–2001
aluminio fundido y terciopelo, 111.7 x 45.7 x 48.3 cm.

Protocol, 2000–2001
cast aluminum and velvet, 44 x 18 x 19 in.

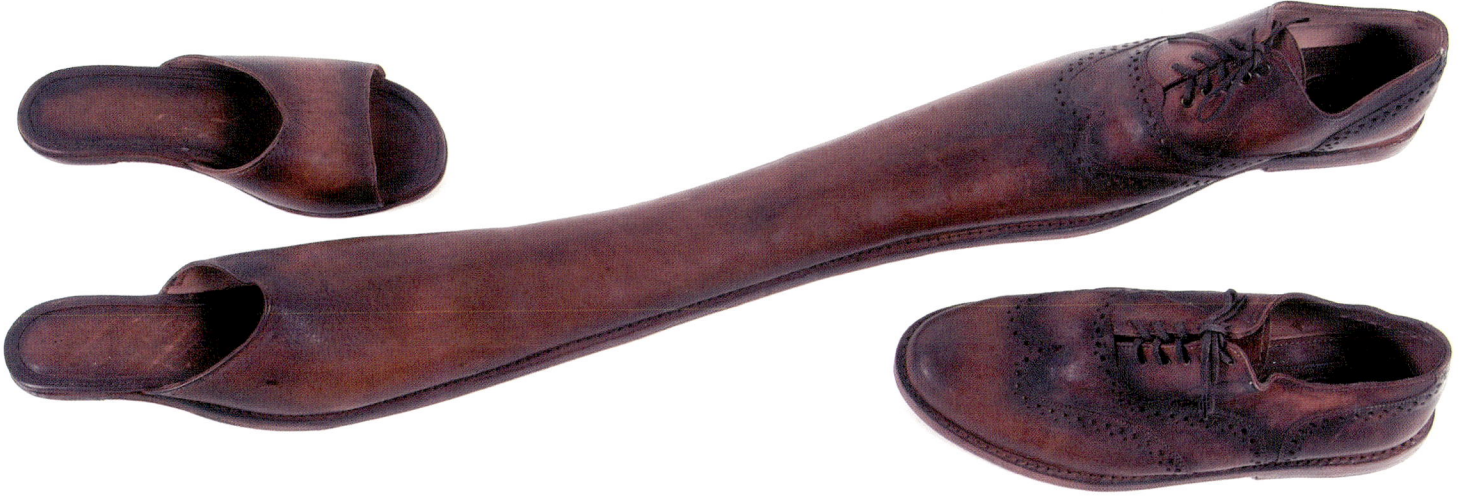

Matrimonio, 2004   *Matrimony*, 2004
piel, 83.8 cm. de largo   leather, 33 in. in length

del objeto seleccionado y la conformación de su estructura o los materiales con los que se ha realizado. Es una propuesta que no desea ser clasificada por el origen local de su contexto, sino por el alcance universal de su puesta en escena.

Protocolo, 2000–2001

Procedencia: Colección del artista.

Exposiciones: *El diseño de lo híbrido*, Galería Habana, La Habana, 2001.

Referencias: Bomin, Amalia, "Ivan and Yoan Capote at Galeria Habana", *Art Nexus*, no. 44, volumen 2, 2002, p. 109. *Noticias de Arte* Cubano, no. 7, año 2, julio 2001, ilust. portada. Vázquez, Darys, "Yoan Capote: La constante mutación de los objetos", mayo–junio 2005 (inédito).

❧

Desde su primera exposición, Capote ha mostrado una peculiar sensibilidad por los objetos cotidianos. No se trata de un deslumbramiento "arqueológico" hacia las tecnologías fabricadas en Cuba ante la carencia bíblica de piezas de repuesto y suministros, ni del concepto extendido de diseño, elaborado por los artistas para clientes cuyo mantra es *small is beautiful*, sino más bien un esfuerzo por revelar las facetas metafóricas de los objetos y potenciar contenidos acerca de las personas que los consumen o modifican en el uso.

En tal sentido, la selección de objetos comunes como "pie forzado" convierte a Yoan en un tipo peculiar de escultor, ajeno a los procedimientos tradicionales de su arte. Su raíz se localiza en Duchamp y en la vertiente analítica que alcanzan el conceptualismo y el minimalismo, pero no se concentra en desbrozar los fundamentos lingüísticos del arte. El procedimiento para la elaboración de las piezas es extremadamente racional, a partir de una especie de juego de *ping-pong* interior que establece entre un concepto abstracto, una idea y las diversas maneras de expresión que podrían corresponderle. En consecuencia, sus piezas asumen la apariencia diversa de grabados, esculturas, ensamblajes o dibujos, en los cuales sorprende la ingeniosidad de la propuesta y una mirada distanciada hacia los temas evidentemente sociales.

En *Matrimonio*, Capote se aproxima irónicamente a uno de los enigmas irresolutos en la historia de la Humanidad: la unión conyugal. Para ello, se apropia del procedimiento artesanal de elaboración de calzado, y rehace dos pares de zapatos, uno masculino y otro femenino, unidos por una larga pieza situada en uno de los extremos. El resultado es tan hilarante como absurda es la visión que ofrece de la unión heterosexual. Los cónyuges sostendrán una relación cercana pero nunca consumarán el lazo marital. La disposición de sus zapatos los condena a girar eternamente uno alrededor del otro, como si el desencuentro—incluso a corta distancia—fuese una espada de Damocles erigida sin remedio sobre la cabeza de los amantes.

Matrimonio, 2004

Procedencia: George Adams Gallery.

Exposiciones: Anímca, George Adams Gallery, Nueva York, Estados Unidos, 2004.

Referencias: Heartney, Eleanor, "Yoan Capote at George Adams Gallery", *Art in America*, junio–julio, 2005. Martell, Marisol, "Yoan Capote at George Adams Gallery", *ArtNexus*, no. 56, vol. 3, 2005, pp. 154–155. Prisant, Carol: "Lounging at Longhouse: Carol Prisant Visits a Benchmark Exhibition", *The World of Interiors*, septiembre 2004, p. 106.

deeper ambiguity. In this piece, the metaphor is nurtured or even generated by a contradiction between the function of the object being portrayed and its structure, or the materials from which it has been made. It is a proposal that does not want to be classified by local cultural contexts, but rather by the universal scope of its mise-en-scène.

Protocol, 2000–2001

Provenance: Artist's collection.

Exhibitions: *El diseño de lo híbrido* (The Design of the Hybrid), Galería Habana, Havana, 2001.

References: Bomin, Amalia, "Ivan and Yoan Capote at Galeria Habana," *Art Nexus*, No. 44, Volume 2, 2002, p. 109. *Noticias de Arte Cubano* (Cuban Art News), No. 7, Year 2, 2001, cover illust. Vázquez, Darys, "Yoan Capote: La constante mutación de los objetos" (Yoan Capote: The Constant Mutation of Objects), unpublished article, May–June 2005.

❧

From his first exhibition, Yoan Capote has shown a peculiar sensitivity toward everyday objects. This is not an "archeological" interest in the improvised technologies of a Cuba in the midst of an epic shortage of supplies and spare parts. Nor does it follow the type of elevated design concept elaborated by artists for clients whose mantra is "small is beautiful." Instead, Capote strives to reveal the metaphorical facets of objects and to make certain interpretations about the people who consume or modify them through use.

In that sense, the use of everyday objects as a self-imposed choice makes Capote a peculiar type of sculptor: one who remains alien to the traditional methods of his art. The roots of his attitude may be found in Duchamp and in the analytical traditions of Conceptualism and Minimalism, but he does not focus on deconstructing the linguistic foundation of art. Capote's method of creating pieces is extremely intellectual—a sort of ping-pong game between an abstract concept and the different ways in which it can be expressed. Consequently, his pieces assume a variety of appearances: engravings, sculptures, assemblages, and drawings. They are surprisingly witty, gazing with a certain aloofness on obviously social subjects.

Matrimonio (Matrimony) is Capote's ironic take on one of the unresolved enigmas in the history of humanity: the conjugal union. To tackle this subject, he appropriates the craft of shoemaking. He remakes two pairs or shoes, one men's and the other women's, one shoe from each joined by an extended piece of leather. The result is a vision of heterosexual coupling as hilarious as it is absurd. The spouses will have a close relationship, but will never be able to consummate the marriage. The disposition of the shoes condemns them to circle eternally around each other, as if the impossibility of the union—even at such short distance—were a proverbial Sword of Damocles irrevocably hanging over the lovers' heads.

Matrimony, 2004

Provenance: George Adams Gallery.

Exhibitions: Anímca, George Adams Gallery, New York, United States, 2004.

References: Heartney, Eleanor, "Yoan Capote at George Adams Gallery," *Art in America*, June–July, 2005. Martell, Marisol, "Yoan Capote at George Adams Gallery," *ArtNexus*, No. 56, Volume 3, 2005, pp. 154–155. Prisant, Carol, "Lounging at Longhouse: Carol Prisant Visits a Benchmark Exhibition," *The World of Interiors*, September 2004, p. 106.

Carlos Cárdenas

n. 1962, reside en los Estados Unidos | b. 1962, resides in the United States

Carlos Cárdenas es uno de los artistas más activos en la tendencia desmitificadora o crítica de la década del 1990. La muestra *Artista de Calidad* en 1988 marca su entrada en el escenario visual del momento. De los collages iniciales transitó a lienzos de pequeñas dimensiones donde aplicaba un principio compositivo similar a los fotomontajes de John Heartfield: la antítesis entre textos de lemas o eslóganes extraídos de la prensa cubana y escenas donde uno o varios personajes ejecutan las acciones previstas en los textos, o son impactados por las mismas.

El resultado era un humor corrosivo de alto octanaje que desnudaba las imprevistas ambigüedades del lenguaje publicitario y exponía el carácter estereotipado de la comunicación social. "Cárdenas ha actuado más desde el grotesco y la escatología carnavalizantes, deconstruyendo las consignas políticas. Su figuración, provista de un agudo sentido gráfico, suele estructurarse desde una significativa contraposición entre formas blandas y duras formas geométricas" (Mosquera, 1999, 23).

El enfoque humorístico penetraba sobre dos niveles paralelos. Por un lado, Carlos (junto a artistas como Tonel, Tomás Esson y Segundo Planes) introdujo en el arte "culto" los chistes y las historias picarescas que los cubanos producen y circulan día a día como mecanismo de burla ante sí mismos, la autoridad y las carencias materiales. Analizado por Jorge Mañach a inicios de la República, ese "choteo" se canalizaba en publicaciones como el semanario DDT y en los noticieros del Instituto Cubano del Arte e Industria Cinematográficos (ICAIC), pero no había penetrado en los serios templos del arte. A escala puramente visual, Cárdenas echaba mano sin prejuicios a las convenciones del comic, la ilustración y la narración en formato de historieta, recursos que la crítica formalista había asociado a géneros menores. Ese gusto por lo improvisado, lo imperfecto y aun lo bizarro se constituyó en una sensibilidad cultural ejercida mediante exposiciones de artistas "populares" o muestras mezcladas de "aficionados" con "profesionales", curadas por Orlando Hernández y Gerardo Mosquera.

El reinicio, a fines de la década de 1980, del programa constructivo de las "microbrigadas" populares ofreció a Cárdenas varios elementos: ladrillos, cascos de constructor, máscaras de soldar, cuyas imágenes fueron integradas a sus piezas. En *Construir el Cielo*, Cárdenas convertía el ladrillo en metáfora del ser humano, anónimo dentro de las utopías colectivistas. En el mural *Maneras de Seguir Adelante*, un hombre-robot, o un Golem, de ladrillos iba perdiendo pies y manos a medida que avanzaba.

Sus imágenes, admonitorias sobre los peligros de la burocratización espiritual, se colocan en una línea temporal junto al filme

Carlos Cárdenas is one of the most active artists working within the "demythifying" or critical trend that distinguished Cuban art in the 1990s. His entry into the contemporary art spotlight came with the 1988 exhibition *Artista de Calidad* (Quality Artist) at Galería Línea in Havana. From his initial work with collages, Cárdenas moved on to small canvases, where he applied a principle of composition similar to John Heartfield's photomontage work: an antithesis between text slogans culled from the Cuban press and scenes where one or more characters perform, or are affected by, the actions stated in the texts.

The result was a corrosive, high-octane humor that uncovered the unforeseen ambiguities of advertising language and exposed the stereotypical character of social communication. "Cárdenas has taken as a point of departure a carnivalesque grotesquerie and scatology which deconstructs political slogans. His imaginings, which possess a keen graphic sense, are usually structured on significant contrasts between soft shapes and hard geometrical shapes" (Mosquera, 1999, 23).

The humorous approach worked on parallel levels. On one side, Cárdenas—along with such artists such as Tonel, Tomás Esson, and Segundo Planes—introduced into "refined" art those ribald jokes and stories that Cubans create and circulate day after day, as a defensive, mocking mechanism against themselves, the authorities, and the perpetual shortage of supplies. This "choteo," or joking, had been dissected by Jorge Mañach in the early 1900s, the first years of the Republic. In the 1980s, it found outlets in publications such as the weekly tabloid DDT and in newsreels from the Cuban Film Institute (ICAIC). But it had not penetrated the sanctum of serious art. Cárdenas adopted, without bias or prejudice, the conventions of comic books and illustrations—resources that formalist critics had associated with minor genres. This taste for the makeshift, the imperfect, even the bizarre, became a cultural sensibility that ran through exhibitions of naïve folk artists and mixtures of amateur and professional artists that were curated by Orlando Hernández and Gerardo Mosquera.

The revival, in the late 1980s, of the building program known as *microbrigadas populares* (popular microbrigades) suggested to Cárdenas several elements such as bricks, hardhats, and welding masks—imagery that he incorporated to his pieces. In *Construir el Cielo* (Constructing Heaven, 1989), Cárdenas transforms the brick from building material into a metaphor for the anonymity of the human being within a collectivist utopia; and in the mural *Maneras de Seguir Adelante* (Ways to Continue Forward, 1989), a robot-man or Golem made of bricks appears to lose his hands and feet as he lurches forward.

cubano *La muerte de un burócrata* (1964) de Tomás Gutiérrez Alea. Un hombre sin ojos y con cuerpo de ladrillo, contra un fondo de colores extraído de la arquitectura popular, confiesa: "Mi suerte está en mi corazón, mi casa soy yo". Otro, desnudo y de espaldas, y de aspecto similar al artista, intenta equilibrar sus pies sobre dos caminos que se enredan y anudan como cuerdas flojas. El humor de Cárdenas, intolerable para los cardenales de la pureza ideológica, mezcla la consigna "Resistir, luchar, vencer" con la escatología y la salacidad callejeras, o somete a prueba los pensamientos oficiales bajo las leyes de la óptica (*Lucha entre las ideas y la luz*, 1987). En su última etapa en Cuba, el artista transforma la representación pictórica de las heces fecales en una sinfonía visceral polifónica, en un grito de efecto letal para paladares políticamente correctos.

Sin título, 1989
Procedencia: Colección del artista.

Cárdenas's admonitory images on the dangers of spiritual bureaucratization are of a piece with Tomás Gutiérrez Alea's 1964 film, *La muerte de un burócrata* (Death of a Bureaucrat). An eyeless man, his body made of bricks, stands against a colorful background lifted from popular "street" architecture, confessing: M*i suerte está en mi corazón, mi casa soy yo* (My luck is in my heart, I am my house). Another man, resembling the artist, tries to keep his feet on two roads that intertwine and tangle like tightropes. Cárdenas' humor, unbearable for the prelates of ideological purity, blends the slogan *Resistir, luchar, vencer* (Resist, Fight, Win, 1990) with the salaciousness and scatology of the street. Or he subjects official thinking to an optical test in *Lucha entre las ideas y la luz* (Struggle between Ideas and Light, 1987). During his final days in Cuba, Cárdenas focused on feces and its representation on canvas, transforming it into a visceral, polyphonic symphony—metaphorical poison for politically correct palates.

Untitled, 1989
Provenance: Artist's collection.

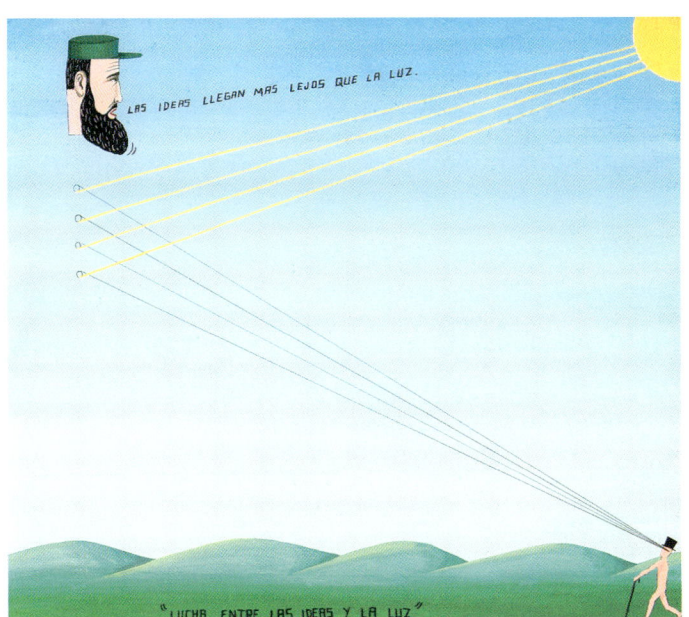

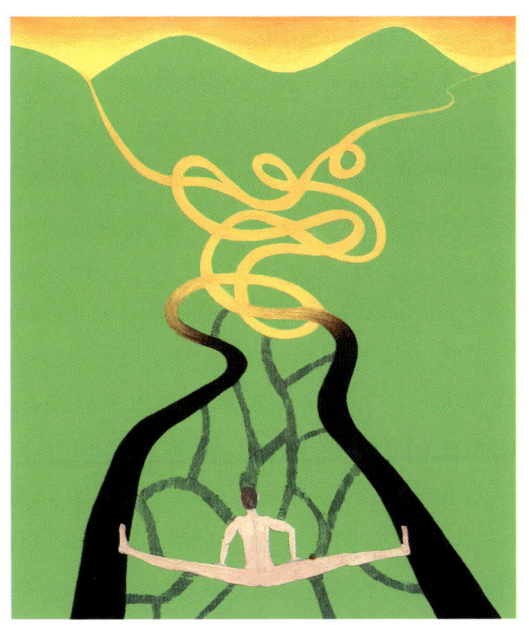

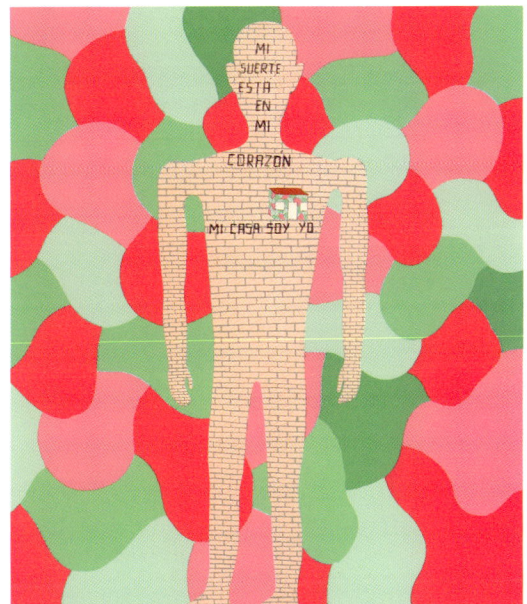

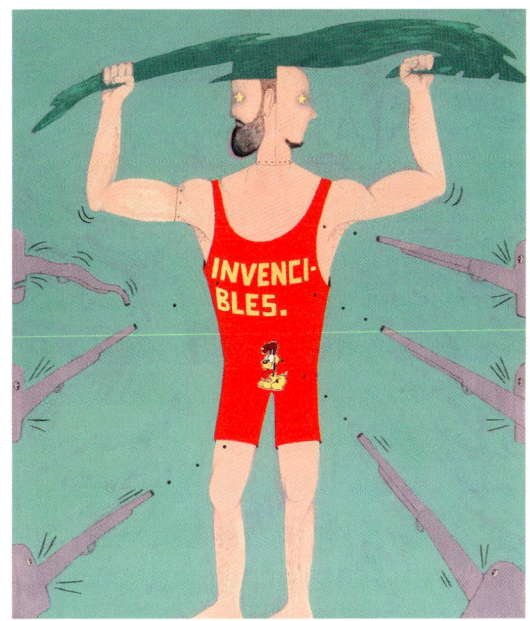

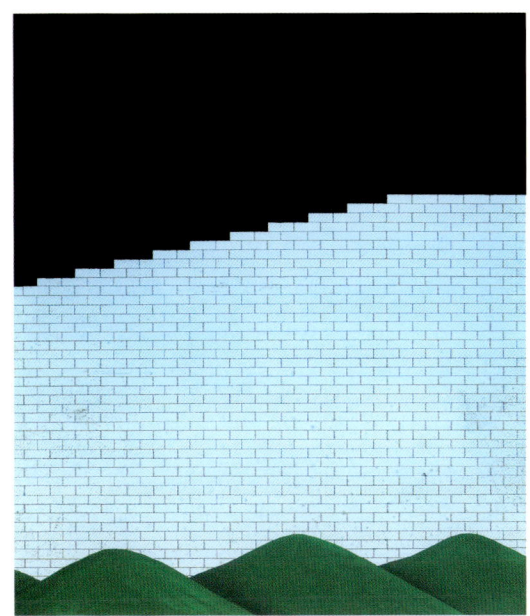

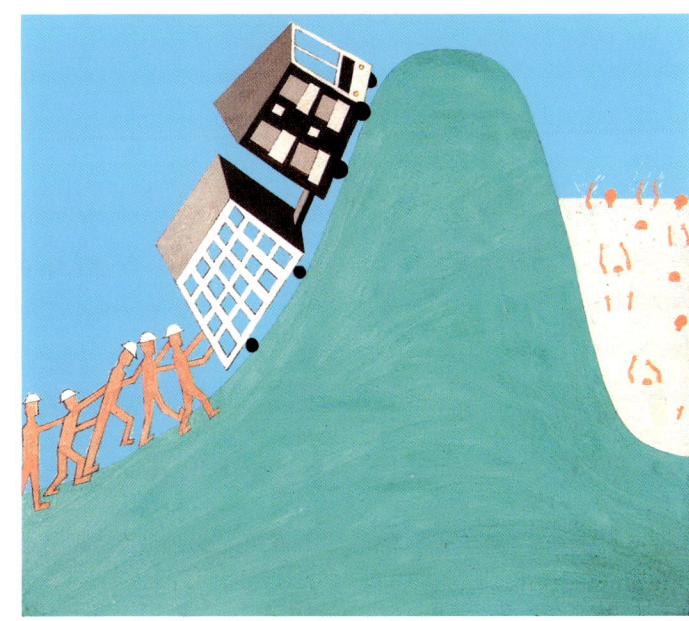

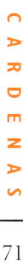
Sin título, 1989
óleo sobre lienzo, seis piezas, cada una 30.5 x 25.4 cm

Untitled, 1989
oil on canvas, six pieces, each 12 x 10 in.

Los Carpinteros (The Carpenters)

Dagoberto Rodríguez Sánchez (b. 1969, resides in Cuba) and Marco Castillo Valdéz (b. 1971, resides in Cuba)
Dagoberto Rodríguez Sánchez (n. 1969, reside en Cuba) y Marco Castillo Valdéz (n. 1971, reside en Cuba)

En su crónica "El Gran Río Azul", publicada en *Holiday* (1949), Ernest Hemingway describe en *slow motion* la entrada a la bahía de La Habana y el faro del Castillo de Los Tres Reyes del Morro. El símbolo de la ciudad, admirado por cubanos y visitantes, había impactado profundamente la sensibilidad del escritor. En la década de 1960, la frase "Cuba, faro de América" sintetizó la influencia de la isla sobre una América Latina en rebelión. Y en 1989, los artistas Ponjuán-René Francisco retomaron el motivo del faro en el lienzo Las *ideas llegan más lejos que la luz*.

Con el mismo pretexto visual, en 1997 Los Carpinteros crean un faro rodeado por agua, dentro de una palangana de madera. Tres años después, frente a la bahía colocaron *Ciudad Transportable* conjunto de edificios diseñados en aluminio y tela para permitir—como las casas *balloon frame*—su fácil montaje y transporte. El faro era una de las estructuras escogidas para levantar esa ciudad ideal en el menor tiempo posible. En *Mundos de faros transparentes* (2001), la acumulación de las torres remitía a la pérdida de referentes geográficos y su representación traslúcida se oponía a la solidez usual de esos objetos.

El dibujo cumple para Los Carpinteros una función tan ambigua como los objetos que refleja. Es registro de un proceso de creación de carácter metafórico situado más allá de toda lógica. "Parecería representar una vista de un objeto que ya existe, aunque sea sólo en papel" (Hoptman, 2003, 34). En ese sentido, la capacidad imaginativa de Los Carpinteros no tiene barreras. Sus dibujos para proyectos se acumulan y se exhiben como piezas autónomas hasta el momento o la circunstancia que haga posible su producción real. *Faro tumbado* contiene medidas y apuntes para su posible realización, como proyecto previo para una escultura posterior. En este caso, el sueño logró su materialización concreta: durante la IX Bienal de La Habana en 2006, Los Carpinteros exhibieron un gigantesco faro de concreto y metal en Galería Habana, posteriormente adquirido por el Tate Modern.

Aislada de todo contexto, la torre en *Faro tumbado* reposa en diagonal sobre el plano. Una representación realista y las transparencias sutiles de la acuarela acentúan la extrañeza de la situación. El título de la obra proyecta una luz irónica: "tumbado" significa que el objeto ha caído gracias a una acción externa, o simplemente se ha echado a dormir. Ambas interpretaciones sólo contribuyen a incrementar la ambigüedad del insólito hecho. Desplomado como un animal agotado de cansancio, con las lámparas Fresnell girando hacia el piso, la torre de piedra que acompañó durante siglos las noches cubanas no ilumina más el camino de los navíos. Y un faro ciego señala una ciudad desaparecida de los mapas oceánicos.

In his chronicle "The Great Blue River," published in *Holiday* (1949), Ernest Hemingway described in "slow motion" the entrance to the harbor of Havana and the lighthouse at the Castillo de Los Tres Reyes del Morro, or Morro Castle. Admired by Cubans and visitors alike, this symbol of the city had had a profound impact on Hemingway. In the 1960s, the phrase "Cuba, lighthouse of Latin America" reflected the influence of the island on a rebellious continent. And in 1989, the artists Ponjuán-René Francisco again took up the lighthouse motif in their canvas *Las ideas llegan más lejos que la luz* (Ideas Travel Farther Than Light).

Working with the same theme, in 1997 Los Carpinteros (The Carpenters) created a lighthouse surrounded by water in a wooden basin. Three years later, they installed *Ciudad Transportable* (Portable City) in front of Havana Bay. Like balloon-frame houses, this ensemble of lightweight, aluminum-and-fabric buildings was designed for easy transport and set-up. A lighthouse was one of the structures chosen for this ideal city, intended to be erected in the shortest possible time. In their *Mundos de faros transparentes* (Worlds of Transparent Lighthouses, 2001), the accumulation of towers underlined a loss of geographical reference points, while the structures' translucence contrasted sharply with their usual solidity.

For Los Carpinteros, the drawing has a function as ambiguous as the object it portrays. It records a creative process of a metaphoric nature, beyond any logic. "It seemed to represent a view of an object that already exists, even though only on paper." (Hoptman, 2003, 34) In this sense, Los Carpinteros' imaginative capacity knows no bounds. Their drawings for projects pile up and are exhibited as autonomous pieces until a moment or circumstance makes production feasible. *Faro Tumbado* includes measurements and notes for possible construction, as a sketch for a later sculpture. In this case, the dream did materialize: during the Ninth Havana Biennial in 2006, Los Carpinteros exhibited a colossal concrete and metal lighthouse in Havana Gallery, which was later acquired by the Tate Modern.

Isolated from any context, the tower in *Faro Tumbado* hovers diagonally over the picture plane. The realistic representation, as well as the subtle transparencies of watercolor, accentuate the weirdness of the situation. In Spanish, the title lends an ironic touch: "*tumbado*" could mean that the object has fallen due to an external force, or that it has simply lain down to sleep. The dual interpretations contribute to the ambiguity of this singular situation. Collapsed like an exhausted animal, its Fresnell lamps turning toward the floor, the stone tower that kept Cuban nights company for centuries no longer illuminates the way for seagoing craft. And a blind lighthouse points to a city that has disappeared from ocean maps.

Faro Tumbado, 2004

Procedencia: Galería Servando.

Exposiciones: *Los Carpinteros, Obras Recientes*, Centro Wifredo Lam-Galería Servando, La Habana, 2004.

En la década de 1990, Dagoberto Rodríguez, Alexander Arrechea y Marcos Castillo fueron bautizados como "Los Carpinteros" por la realización de cuadros y esculturas mediante técnicas de carpintería que aprendieron por sí mismos. La madera procedía de bosques y casas abandonadas: eran los tiempos del "Período Especial" y todo material (incluso de procedencia ilegal) era valioso para hacer arte. Con absoluta fluidez creaban y vivían juntos en la beca estudiantil. Su presentación como "artesanos" resultó atractiva para las instituciones culturales, y hoy son valiosos embajadores del arte cubano ante el público y la crítica de arte internacional.

Los viajes, exposiciones y residencias en el exterior dilataron la mirada del colectivo (ahora un dúo), y los animó a adoptar nuevos materiales y técnicas de producción. El óleo fue sustituido por la acuarela y "nos dedicamos a hacer muebles. O sea, nos dedicamos a concentrarnos en lo que es la idea del mueble, la metáfora de cosas, de objetos, de pensamiento, pero todo a través del mueble y del diseño" (Lowinger, 1999, 38). Lectores fieles de *Mecánica Popular*, en sus estudios emergió un mundo cabeza abajo. Una lógica basada en la incoherencia y la contradicción transforma edificios, herramientas, objetos domésticos, muebles, piscinas, y cafeteras. Con frecuente ayuda de ingenieros y arquitectos, producen un anti-diseño que enmascara el carácter improvisatorio y el humor cubanos bajo una extrema sofisticación y exquisitez. Calificados como surrealistas, con altas dosis de Groucho Marx, argumentan: "...somos realistas, pero de manera lúdica" (Anselmi, 1998, 98).

Las ideas de Los Carpinteros se alimentan del pensamiento lateral y de las metáforas punzantes. En *Embajada Rusa* (2003, colección Guggenheim) y *Someca* (2002) una peculiar crítica arquitectónica hacía mutar los edificios en cómodas. En *Mueble Gordo* sucede un proceso diferente. Este mueble ha nacido semejante a los demás de su especie, pero su perfil ha sufrido una súbita deformación. Los objetos y personas pintados por el colombiano Fernando Botero disfrutan de la obesidad bajo una mirada satírica y tierna que coquetea con el espectador. En *Mueble Gordo*, el inusual engrosamiento que arquea las cuadernas y hace temblar los clavos es obra de una mano descarnada que pretende desafiar la gramática con que aprendemos el mundo.

Mueble gordo, 2003

Procedencia: Subastahabana, lote # 53, Galería La Casona, La Habana, 2004.

Referencias: *Just in Time*, Catálogo Subastahabana, Galería La Casona, La Habana, 2004, ilust. p. 65.

Para Los Carpinteros, la acuarela es un medio técnico "ideal". Desde el Renacimiento, se ha concebido como "banco de pruebas" o boceto previo a la realización de una pieza en óleo, la verdadera estrella en la jerarquía de academias y salones. Esa connotación histórica, así

Fallen Lighthouse, 2004

Provenance: Servando Gallery.

Exhibitions: *Los Carpinteros, Obras Recientes* (The Carpenters, Recent Works), Centro Wifredo Lam-Galería Servando, Havana, 2004.

In the 1990s, Dagoberto Rodríguez, Alexander Arrechea, and Marcos Castillo were christened "Los Carpinteros"—The Carpenters—for the paintings and sculptures they made using self-taught carpentry techniques. The wood came from nearby forests and abandoned houses. This was the time of the "Special Period," when any materials—even those of illegal origin—were invaluable for the making of art. With absolute fluidity, they created and lived together in student residences. Their self-portrayal as "craftsmen" proved attractive to cultural institutions, and today Los Carpinteros are important international ambassadors of Cuban art.

Their travels, exhibitions, and sojourns abroad expanded the horizons of the team (now a duo), and encouraged them to adopt new materials and production techniques. Watercolors replaced oil painting, and, as they put it, "we focused on making furniture. In other words, we focused on the idea of furniture, metaphors for things, objects, thoughts, but everything expressed through furniture and design" (Lowinger, 1999, 38). They were inveterate readers of *Popular Mechanics* magazine; in their sketches a topsy-turvy world was born. A logic based on incoherence and contradiction transformed buildings, tools, household objects, furniture, swimming pools, and coffee-makers. Frequently aided by engineers and architects, Los Carpinteros produce an anti-design that cloaks the Cuban flair for improvisation and humor in extreme sophistication and refinement. Considered surrealists with liberal doses of Groucho Marx, they have argued: "...we are realistic, but in a ludic way" (Anselmi, 1998, 98).

Los Carpinteros' ideas are nurtured by lateral thinking and caustic metaphors. In *Embajada Rusa* (Russian Embassy, 2003, Guggenheim Museum) and *Someca* (2002), a peculiar architectonic critique transforms buildings into chests of drawers. *Mueble Gordo* (Fat Furniture) depicts a different process. This piece of furniture was conceived in similar fashion as the rest of its species, but its profile has undergone a sudden deformation. The objects and people painted by Colombian artist Fernando Botero enjoy their own obesity from a perspective, at once satirical and tender, that flirts with the viewer. In *Mueble Gordo*, an unusual engorgement causes the chest's supports to buckle outwards and its very nails to tremble. It is the work of a merciless hand that wants nothing less than to challenge the grammar through which we apprehend the world.

Fat Furniture, 2003

Provenance: Subastahabana Nov. 2004, Lot # 53, La Casona Gallery, Havana.

References: *Just in Time*, Subastahabana auction catalogue, La Casona Gallery, Havana, 2004, illust. p. 65.

For Los Carpinteros, watercolor is an ideal medium. Since the Renaissance, it has been commonly considered a sort of laboratory or sketch medium—to be used before creating the finished piece in

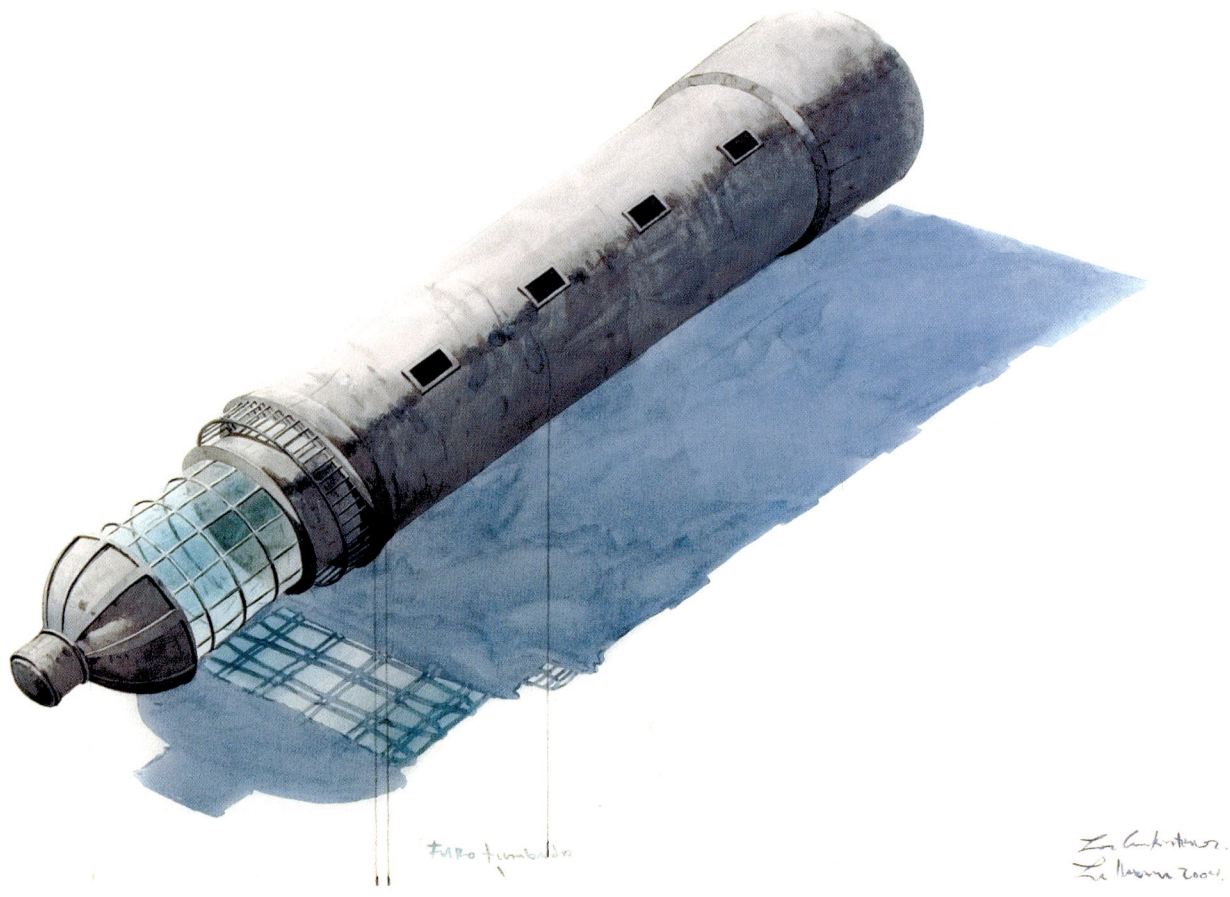

Faro Tumbado, 2004
acuarela sobre papel, 133 x 200 cm.

Fallen Lighthouse, 2004
watercolor on paper, 52.25 x 78.75 in.

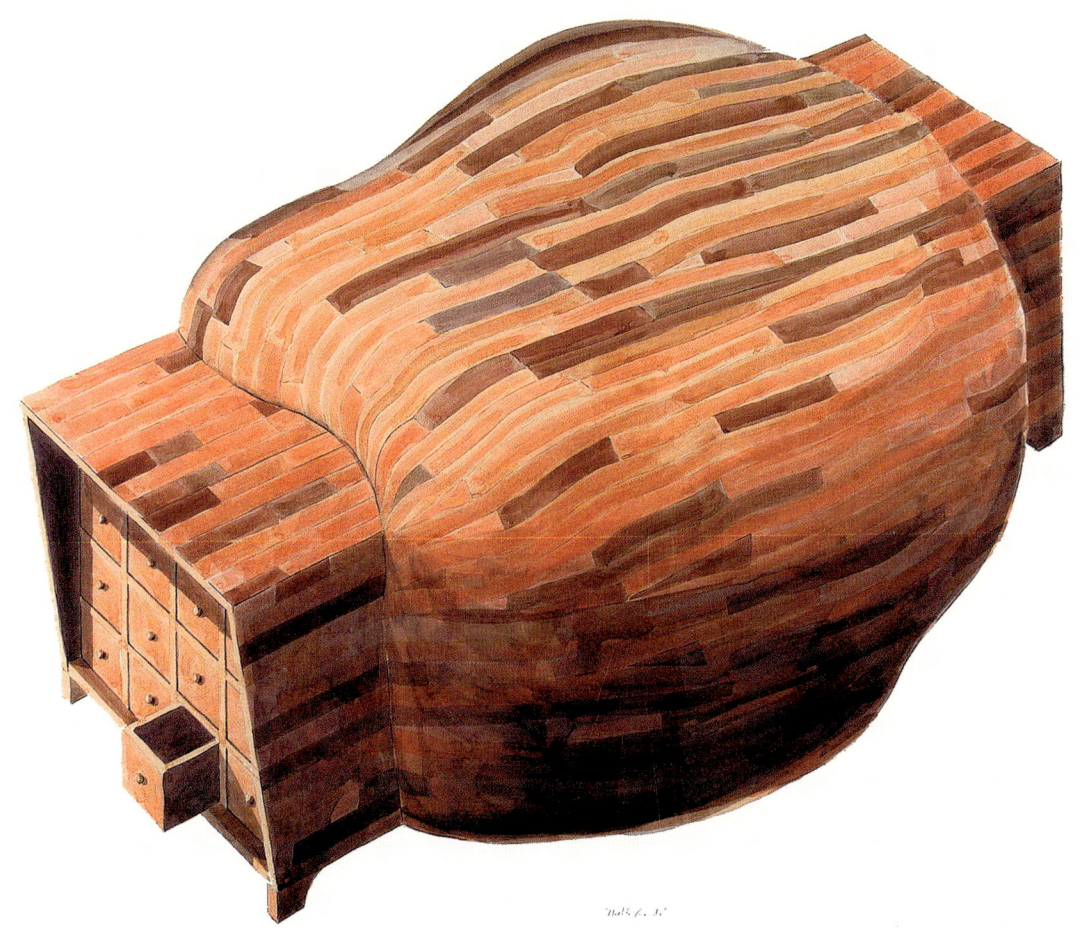

Mueble gordo, 2003
acuarela sobre cartulina, 141 x 234 cm.

Fat Furniture, 2003
watercolor on cardboard, 55.5 x 92 in.

como su relativa facilidad de ejecución, se juntan en los dibujos de gran formato del dúo, en los que la apariencia fresca y espontánea, como acabada de hacer, coexiste en tensión con el meditado diseño de los objetos representados. De la enumeración de estos objetos comunes, descritos con la mirada detallada de un manual técnico, emerge un peculiar paisaje post-humano donde "las cosas" frecuentemente intercambian funciones, se transforman en objetos híbridos de eficacia dudosa o reencarnan metáforas ambiguas.

El protagonista de *Cosmos* es un bloque de hormigón, verdadera piedra filosofal de la construcción popular en Cuba. Ante la extinción del ladrillo de barro, los cubanos comenzaron a fabricarlo de manera rústica en casas y talleres. Símbolo de una tecnología *low-tech* de alcance democrático, aparece en obras de Tonel como *Bloqueo* (1989), así como en piezas anteriores de Los Carpinteros. En *Proyecto de acumulación de materiales* (1999, Colección MoMA) y *Proyecto de Bloques* (2001), la disposición de los bloques parece tomada de una instantánea fotográfica. En *Piscina-Bloque* (2002, Colección Farber) el bloque transfiere su diseño a una piscina, formando un objeto híbrido peculiar.

El cosmos concebido por Los Carpinteros no está incluido en el orden natural descrito por Humboldt ni en las visiones poéticas de Carl Sagan. En un verdadero *tour de force* de habilidad plástica, los bloques levitan en el espacio ingrávido como piezas desmembradas de un juego de Lego. Giran sobre sí mismos para evitar la colisión con los bloques cercanos, pero no se desplazan en las órbitas previstas para meteoritos, planetas y naves siderales. Son más bien los restos de una explosión súbita, un big bang captado por una cámara de alta velocidad. El dibujo parece describir un proceso imposible con la serena descripción de un testigo ocular. Es la apoteosis de la anti-arquitectura, una versión tropical de la fantasía visionaria de Monsú Desiderio, *Explosión en la catedral*.

Cosmos, 2004

Procedencia: Colección de los artistas.

Exposiciones: *Los Carpinteros, Obras Recientes*, Centro Wifredo Lam-Galería Servando, La Habana, 2004.

oil, the real star in the salon hierarchy. These historical connotations, as well as watercolor's relative ease of execution, come together in the duo's large-format drawings. Here, freshness and spontaneity—as if the works had just been dashed off moments ago—coexist in paradoxical tension with the meticulous depiction of the objects being portrayed. Rendered with the fastidious detail of a technical manual, these objects form a peculiar, post-human landscape, where things frequently exchange functions, transform themselves into hybrid items of dubious utility, or shed new light on ambiguous metaphors.

The subject of *Cosmos* is the cinder block, a veritable philosopher's stone for popular construction in Cuba. Faced with the extinction of the clay brick, Cubans started making cinder blocks in their homes and workshops, using rudimentary technology. Symbolic of a low-tech, broadly democratic approach, the cinder block has appeared in the works of Tonel, for example in *Bloqueo* (Blockade, 1989), as well as in previous pieces by Los Carpinteros themselves. In *Proyecto de acumulación de materials* (Project for the Accumulation of Materials, 1999, MoMA), as well as in *Proyecto de Bloques* (Block Project, 2001), the blocks look as though they've been lifted out of a snapshot. In *Piscina-Bloque* (Swimming Pool-Block, 2002, Farber Collection), the block design is transferred to a pool, forming a strangely hybrid object.

The cosmos as conceived by Los Carpinteros does not belong to the natural order described by Alexander von Humoldt, nor is it part of Carl Sagan's poetic visions. In a veritable tour de force of visual artistry, the cinder blocks levitate in weightless space like stray pieces of a Lego set. They rotate to avoid collision with nearby blocks, but do not orbit as meteorites, planets, and starships would. Rather, they most likely seem to be the remains of a sudden explosion, a Big Bang captured by a high-speed camera. The drawing appears to describe an impossible process with the serene objectivity of an eyewitness. It is the apotheosis of anti-architecture, a tropical version of Monsú Desiderio's visionary fantasy, *Explosion in a Cathedral*.

Cosmos, 2004

Provenance: Artists' collection.

Exhibitions: *Los Carpinteros, Obras Recientes* (Los Carpinteros, Recent Works), Wifredo Lam Center-Servando Gallery, Havana, 2004.

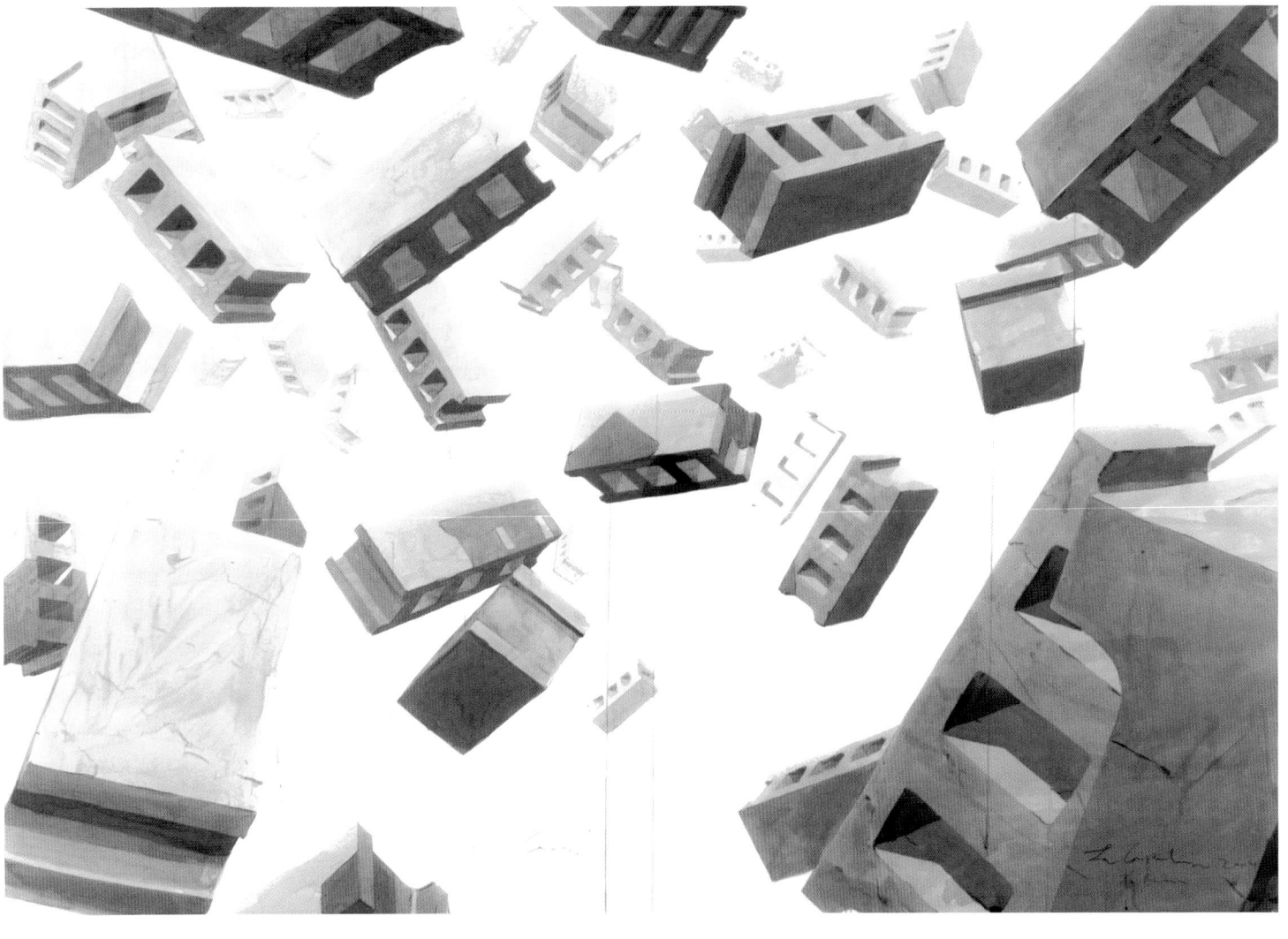

Cosmos, 2004
acuarela, creyón soluble sobre papel, 153 x 228 cm.

Cosmos, 2004
watercolor on paper with water-soluble pencil, 60.25 x 89.75 in.

Consuelo Castañeda

n. 1958, reside en los Estados Unidos | b. 1958, resides in the United States

Calificada por Joseph Kosuth como una artista post-postmoderna, Consuelo Castañeda dejó una huella significativa en el arte cubano de la década de 1980, la llamada década "prodigiosa". Dotada de una alta capacidad analítica que proyectó en su obra y hacia la renovación de los planes docentes de los artistas visuales en el Instituto Superior de Arte (ISA), Castañeda produjo en ese período obras como *Lichtenstein y los Griegos* (1985, MNBA), *Botticelli, Hokusai y los Tiburones*, y *¿Quién le presta los brazos a la Venus de Milo?* en las que se apropiaba—a la manera de un remix postmoderno—de imágenes canónicas de la historia del arte y las reutilizaba junto a otras citas o elementos añadidos en nuevas narrativas de alta sofisticación formal.

La artista explicó su base conceptual de la siguiente manera: "En Cuba todos (los artistas) aprenden de las reproducciones. Hemos visto pocas obras originales. Consecuentemente, muchas piezas tienen el acabado formal de una reproducción" (Camnitzer, 2003, 270). En el debate original/copia, corriente dominante/periferia, la opinión de Castañeda implicaba una actitud irónica. A pesar de que los artistas cubanos de la década de 1980 conocían las obras del arte occidental sólo mediante catálogos y de "oídas", se reconocían como parte de una tradición estética que se mostraba elusiva e inmaterial. La postura apropiacionista postmoderna, esgrimida desde un país del Tercer Mundo, proponía la erosión de los cánones históricamente aceptados y su reutilización para nuevos fines expresivos. Expandida más allá del arte, esta actitud crítica y funcionalista dio lugar a un concepto abierto y proyectivo de la cubanidad, capaz de absorber toda expresión contemporánea para adaptarla a sus propios fines.

Una historia en 70 páginas anuncia un giro en la obra de la artista. El motivo del mosaico fotográfico fue una circunstancia personal: la madre de Consuelo—cuyo pudor impidió la exhibición pública de la pieza—arribaba a los 70 años. En Cuba los ancianos permanecen junto a sus familias, enfrentando con perseverancia y maña los desafíos cotidianos, pero el arte en la isla ha sido reacio a reflejar esa etapa de la vida y sus circunstancias vitales. La imagen de Castañeda se sumaba así a las escasas aproximaciones artísticas sobre la senectud o la tercera edad, y constituía un hecho excepcional frente a sus contemporáneos. Mientras ellos (generalmente hombres) se mostraban empeñados en la crítica y la renovación social frente a los muros estruendosos de la Historia, ella mostraba con humildad un cuerpo marcado por el tiempo y la microhistoria personal.

Procedente del gremio de los pintores, Consuelo adoptó una postura distanciada, casi anti-fotográfica. Desechó los recursos expresivos del claroscuro, los medios tonos, la relación entre fondo

Described by Joseph Kosuth as a post-postmodern artist, Consuelo Castañeda undoubtedly left her mark on the Cuban art of the 1980s, the so-called "prodigious decade." Castañeda is gifted with a highly analytical mind, which she put to use in her artistic works during this decade as well as in the revamping of teaching plans for the visual arts in the Superior Institute of Art (ISA). In this period she produced pieces such as *Lichtenstein y los Griegos* (Lichtenstein and the Greeks, 1985, Museo Nacional de Bellas Artes, Havana), *Botticelli, Hokusai y los Tiburones* (Botticelli, Hokusai, and the Sharks), and *¿Quién le presta los brazos a la Venus de Milo?* (Who Can Lend Arms to the Venus de Milo?), in which she appropriated—in the manner of a postmodern remix—canonical images from the history of art, reusing them, along with other allusions and elements, to fashion new narratives of great formal sophistication.

Castañeda explained her conceptual foundation as follows: "In Cuba, all the artists learn from reproductions. We have seen very few original works of art. Consequently, many pieces have the formal finish of a reproduction" (Camnitzer, 2003, 270). In the original-versus-copy, mainstream-versus-periphery debate, Castañeda's opinion implied an ironic attitude. Though they knew the works of Western art only through catalogues and by "hearsay," Cuban artists of the 1980s recognized themselves within an aesthetic tradition that proved elusive and ethereal. Wielded from a Third World country, the postmodern appropriative attitude proposed eroding all historically accepted canons and recycling them for innovative expressive purposes. Expanding beyond the realm of art, this critical and functionalist stance emerged as an open concept of *cubanidad*—the Cuban ethos—as a work in progress, capable of absorbing any contemporary expression and adapting it to its own ends.

Una historia en 70 páginas (A History in 70 Pages) marks a turning point in the artist's work. This photo-mosaic was motivated by personal circumstances: Castañeda's mother—whose modesty kept the piece from being exhibited publicly—was turning 70. In Cuba the elderly stay with their families, facing the challenges of everyday life with perseverance and skill, but art in the island has been reluctant to reflect this stage of life and its vital circumstances. Castañeda's work joined the rare artistic approaches to senescence, the third age, that have appeared in Cuban art, becoming an exception among the work of her contemporaries. While her colleagues (generally male) were intent on critique and social renovation before the clamorous walls of History, Castañeda humbly showed a body scarred by time and the personal micro-history.

Trained as a painter, Castañeda adopted a distant, almost anti-photographic attitude. She discarded the expressive resources of

y figura—jerarquizados como imprescindibles en la sacrosanta arte-sanía del lente—y asumió un enfoque objetivista más afín a la nueva fotografía alemana de Bernd y Hilla Becker, Candida Höfer y Thomas Struth. Carente de toda pose, el desnudo de la anciana no se ofrece íntegro a la mirada del espectador, sino que ha sido fragmentado en los setenta cuadros, cada uno correspondiente a un año de vida, que componen el ensamblaje.

Bajo esta organización serial propia del arte minimalista, Consuelo organiza un viaje temporal-perceptivo, donde la mirada escrutadora de nuestros ojos se va desplazando en un movimiento lento alrededor del cuerpo. Pero los detalles que han sido registrados en el papel fotográfico no nos recuerdan las imágenes de la fem-ineidad transmitidas en esculturas de diosas griegas o los desfiles de *haute-couture*. Contemplamos carnes fláccidas, músculos sin tono, espaldas cargadas bajo el esfuerzo, miradas heridas en batallas cotidi-anas. Con recursos mínimos, esenciales, sin rastro de melodrama operático, Castañeda ha rendido justo homenaje a la pieza esencial de su familia, al mismo tiempo que nos ofrece una crónica verosímil de la vida, sus derrotas y pequeñas virtudes.

Una historia en 70 páginas, 1988

Procedencia: Colección de la artista.

Referencias: Camnitzer, Luis, *New Art of Cuba*, 1994; reimpresión, Austin: University of Texas Press, 2003, p. 274.

chiaroscuro, the halftones, the relationship between figure and background—considered indispensable and sacrosanct to the craft of photography—and instead used an objectivist approach akin to the contemporary German photography of Bernd and Hilla Becker, Candida Höfer, and Thomas Struth. Far from posing, the old lady does not offer her entire nudity to the viewer's gaze. Instead, it has been fragmented in the seventy frames—each corresponding to a year lived—that integrate the assemblage.

Using this serial organization typical of Minimalist art, Castañeda organizes a temporal-perceptive journey, in which our scrutinizing eyes travel slowly around the body. But the details registered on the photographic paper do not remind us of the images of femininity transmitted by the sculptures of Greek goddesses or the haute-couture catwalk. We see flaccid flesh, toneless muscles, shoulders stooped by effort, eyes wounded by everyday battles. With minimal, essential resources and not a trace of operatic melodrama, Castañeda pays full homage to the cornerstone of her family, offer-ing at the same time a truthful chronicle of life, its failures and small virtues.

A History in 70 Pages, 1988

Provenance: Artist's collection.

References: Camnitzer, Luis, *New Art of Cuba*, 1994; reprint, Austin: University of Texas Press, 2003, p. 274.

CONSUELO CASTAÑEDA

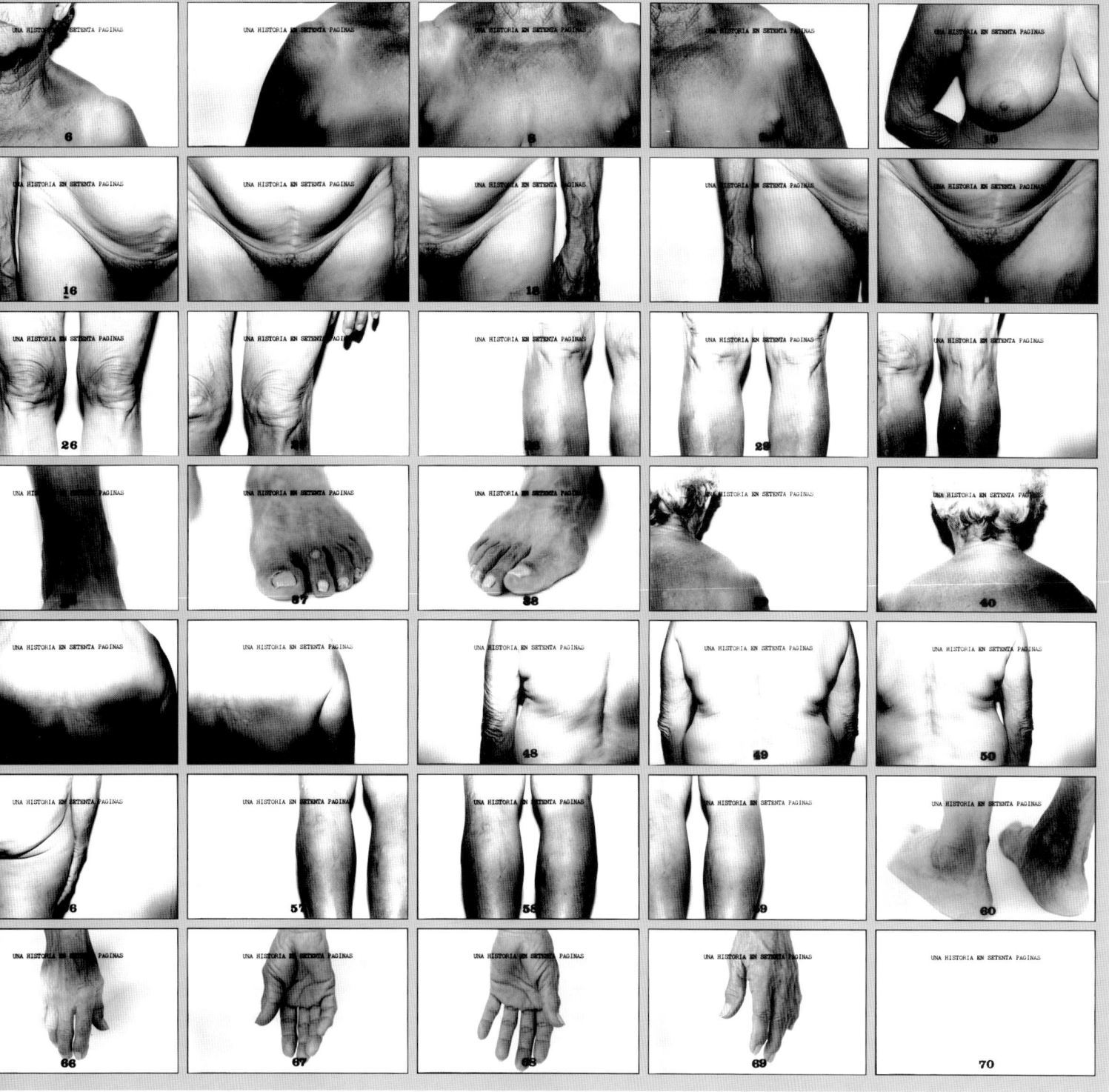

Una historia en 70 páginas, 1988
70 impresiones fotográficas, 20.3 x 25.4 cm. cada una

A History in 70 Pages, 1988
70 photographic prints, 8 x 10 in. each

Humberto Castro

n. 1957, residen los Estados Unidos | b. 1957, resides in the United States

La obra de Humberto Castro transcurre bajo las marcas de la violencia. Fue inspirada en sus comienzos por el exterminio de la población aborigen de Cuba, y posteriormente absorbió otras connotaciones contemporáneas, como la guerra civil en El Salvador durante la era de Reagan. "Soy un espejo", declara el artista, "y quiero con mi obra reflejar la violencia de una manera filtrada. Me interesa demostrar que el expresionismo de nuestro tiempo está mucho más cargado con los sentimientos internos del hombre que su versiones anteriores" (Camnitzer, 2003, 267). Dibujante, grabador y participante en performances, Castro impactó la conciencia artística de la época con *La Caída de Ícaro* (1984, MNBA), una instalación barroca donde la referencia al antiguo mito griego se convierte en pretexto visual sobre los sueños imposibles de la ambición humana.

Su obra se nutrió de la Nueva Figuración de la transvanguardia de la década de 1980 y al mismo tiempo encaja en los procesos culturales de la pintura cubana. "Esta hipersensibilidad hacia la violencia lo conecta con una gran tradición, en que los nombres de Antonia Eiriz, Umberto Peña y Acosta León parecen indispensables" (Matamoros, 2001, 250). *Mis ideas…* es un magnífico ejemplo del estilo característico de Humberto. Los colores disonantes y ácidos, así como la enfática planimetría espacial de las escenas representadas, ocupan un lienzo de generosas dimensiones que establece un *rapport* interrogativo con el espectador. Las figuras desnudas de los ángeles del Apocalipsis esconden sus rostros detrás de gafas oscuras, en referencia al oportunismo y la simulación social. Ellas sostienen o elevan la estatua descabezada colocada al centro, imagen de las esculturas que, en parques, plazas y edificios oficiales, preconizan al ciudadano común las ideologías de personalidades históricas o públicas que constituyen modelos de comportamiento.

Mis ideas determinan tus limitaciones, 1988

Procedencia: Coleccion del artista.

Exposiciones: *Changing Opinion*, Ontario Museum of Art, Canadá; The Forest City Gallery, London, Ontario, Canadá; 76 Gallery, Toronto, Ontario, Canadá, 1988. *Poder y existencia*, Castillo de la Real Fuerza, La Habana, 1989. *Trajectoire Cubaine*, Centre d'Art Contemporain Pablo Neruda, Corbeill, Essonnes, Francia; Galerie Nesle, Paris, France; Museo Civico d'Arte Contemporenea, Gibellina, Sicily, Italy; Museo nel Comune di Orvieto, Orvieto, Italia, 1989. *Humberto Castro, The Paris Years*: Museum of Art, Fort Lauderdale, Estados Unidos, 2001.

Referencias: Birbragher, Francine, reseña de *Humberto Castro: The Paris Years* al Museum of Art, Fort Lauderdale, Estados Unidos, http://www.humbertocastro.com.

Humberto Castro's art takes place within the framework of violence. Initially inspired by the mass extermination of the aboriginal population of Cuba, his work later absorbed more contemporary connotations, such as the civil war in El Salvador during the Reagan era. "I am a mirror," the artist declared, "and I want to reflect violence in my work in a filtered manner. My interest is to prove that the Expressionism of our time is much more charged with humanity's internal emotions that its previous versions" (Camnitzer, 2003, 267). A draftsman as well as an engraver and a performance artist, Castro strongly affected the artistic conscience of the time with *La Caída de Icaro* (The Fall of Icarus, 1984, MNBA, Havana), a baroque installation in which the reference to the ancient Greek myth was used as a visual metaphor for the impossible dreams of human ambition.

Castro's art drew inspiration from the New Figuration of the trans-avant-garde of the 1980s, at the same time integrating itself into the cultural processes of Cuban art. "This hyper-sensitivity to violence connects him with a great tradition, in which the names of Antonia Eiriz, Umberto Peña, and Acosta León seem indispensable" (Matamoros, 2001, 250). *Mis ideas…* is a splendid example of Castro's characteristic style. Acid, dissonant colors and an emphatically flat picture plane occupy an oversized canvas to establish an inquisitive rapport with the viewer. Naked angels of the Apocalypse hide their eyes behind sunglasses, alluding to social opportunism and simulation. They support or raise the headless sculpture positioned at the center, bringing to mind those statues that, in parks, squares, and official buildings, preach to the common citizen the ideologies of historical and public personalities offered as models of behavior.

My Ideas Determine Your Limitations, 1988

Provenance: Artist's collection.

Exhibitions: *Changing Opinion*, Ontario Museum of Art, Canada; The Forest City Gallery, London, Ontario, Canada; 76 Gallery, Toronto, Ontario, Canada, 1988. *Poder y existencia* (Power and Existence), Castillo de la Real Fuerza, Havana, 1989. *Trajectoire Cubaine* (Cuban Trajectory), Centre d'Art Contemporain Pablo Neruda, Corbeill, Essonnes, France; Galerie Nesle, Paris, France; Museo Civico d'Arte Contemporenea, Gibellina, Sicily, Italy; Museo nel Comune di Orvieto, Orvieto, Italy, 1989. *Humberto Castro, The Paris Years*, Museum of Art, Fort Lauderdale, United States, 2001.

References: Birbragher, Francine, review of *Humberto Castro, The Paris Years*, Museum of Art, Fort Lauderdale, United States, 2003, http://www.humbertocastro.com.

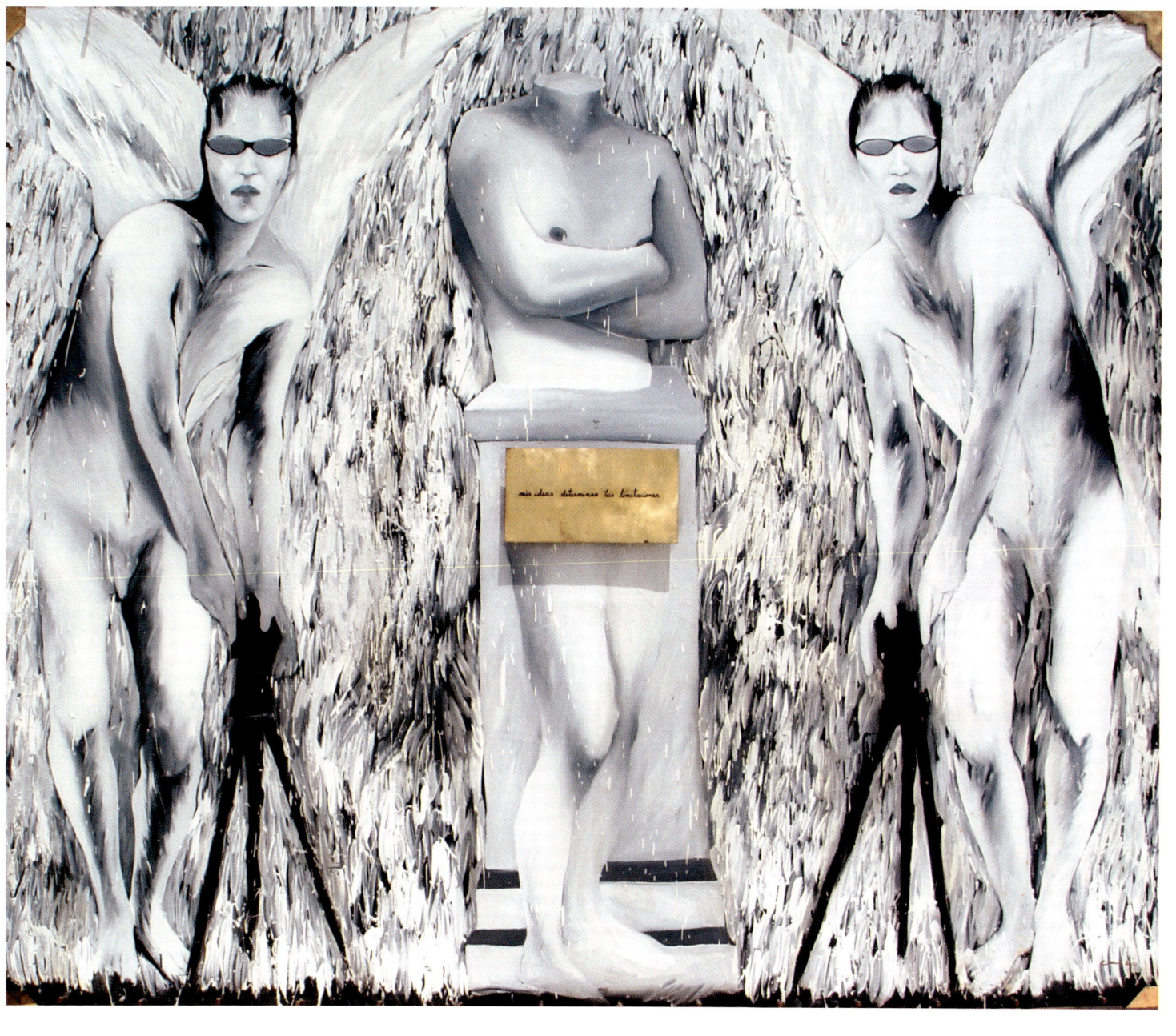

Mis ideas determinan tus limitaciones, 1988
óleo sobre tela y bronce, 209.5 x 249 cm.

My Ideas Determine Your Limitations, 1988
oil on canvas and bronze, 82.5 x 98 in.

Luis Cruz Azaceta

n. 1942, reside en los Estados Unidos | b. 1942, resides in the United States

Las coordenadas dialogísticas surgidas desde de la década de 1980 sobre la dimensión cultural de lo cubano, la internacionalización del arte y la condición nómada no sólo de numerosos artistas sino incluso de la producción del arte, impulsan a la "Historia del Arte" cubana a reevaluar poéticas y fenómenos creativos que cuestionan inevitablemente los mapas cognitivos de "la cubanidad", trazados bajo el peso omnipresente de la política.

Ello implica comprender que "precisamente el vínculo subjetivo que relaciona a un cubano que vive en la isla con otro que reside en Miami, y un tercero que intenta sobrevivir en Madrid va más allá del espacio tangible que habitan o se ven impedidos de habitar, y también más allá de las posibles diferencias ideológicas que discuten. Lo que los une (hasta en su probable disyunción política) es el sentido de pertenencia a algo que no se ve, sino que se siente. En esos casos, la nación sobrepasa los límites palpables del archipiélago para convertirse en esa lúcida imagen que Ana López ha propuesto para entender la dialéctica del fenómeno: la imagen de una Cuba mayor" (García Borrero, 2006, 4).

A esta propuesta de análisis la preceden investigaciones en otros campos, notablemente en la literatura cubana y cubano-americana de la diáspora y en exposiciones como *Historia de un viaje, Artistas Cubanos en Europa* (Valencia, 1997) en las Artes Visuales. Pero aún el arte de Cruz Azaceta, Ana Mendieta, Félix González Torres y otros artistas espera por la óptica académica inclusiva que exponga tanto los rasgos particulares de su creación como el diálogo que establecieron—incluso en ausencia—con el arte contemporáneo hecho en la isla.

Exiliado en los Estados Unidos desde 1960, Cruz Azaceta, así como su arte, se nutren de su condición de cubano-neoyorquino. A diferencia de otros artistas cubanos que desde el exilio recurren a los temas criollos y los estilos de la modernidad anti-académica de las décadas de 1930–40 como asidero hacia un país que consideran perdido, Cruz absorbió las prácticas artísticas de la nueva figuración postmoderna—elaboradas por artistas como Schnabel, Salle, Longo, Baselitz, e Immendorf—y las transforma de manera creativa, en una contribución insuficientemente reconocida por la crítica. Su actitud lo acercan a las prácticas neo-figurativas de zonas del arte argentino y colombiano, relacionadas con la resistencia y la memoria frente a la violencia social ejercida por las dictaduras contrainsurgentes. Cada obra se convierte por intención propia en un latigazo a la conciencia moral de la humanidad:

"Pinto lo que veo a mi alrededor, y miro con un ojo acusador lo que el hombre ha creado... muerte, la muerte, es la verdad absoluta que poseemos... Yo pinto para matar la muerte, y también para matar

Since the 1980s, Cuban contemporary art has prompted changes in the ongoing cultural dialogue: about the cultural dimensions of *cubanidad*, the Cuban essence; the internationalization of Cuban art; and the nomadic condition, not only of numerous artists, but of art production itself. The parameters of this dialogue have driven Cuban "Art History" to reevaluate both the poetics and the creative phenomena that question, unavoidably, the cognitive maps of *cubanidad*, traced under the ever-present weight of the political.

This implies a certain understanding: that "precisely the subjective link that relates a Cuban who lives in the island with another who resides in Miami, and these two with a third who tries to survive in Madrid, goes beyond the tangible space they inhabit or see themselves kept from inhabiting, and even beyond their possible ideological differences. What unites them (even in their probable political disjunction) is their sense of belonging to something that cannot be seen, but rather felt. In such cases, the nation surpasses the palpable limits of the archipelago to become that lucid image that Ana López has proposed for understanding the dialectics of this phenomenon: the image of a Greater Cuba" (García Borrero, 2006, 4).

This proposal of analysis has been preceded by investigations in other fields, including the Cuban and Cuban-American literatures of the diaspora, and art exhibitions such as *Historia de un viaje, Artistas Cubanos en Europa* (History of a Journey, Cuban Artists in Europe, Valencia, 1997). But the work of Cruz Azaceta, Ana Mendieta, Félix González Torres, and other artists still awaits the inclusive academic vision that would expose the personal aspect of their creations as well as the dialogue that they established—even in absence—with the art currently being made in the island.

Exiled in the United States since 1960, Cruz Azaceta, as well as his art, is rooted in his condition as a Cuban New Yorker. Other Cuban artists working from the perspective of exile may take on Cuban themes and the anti-academic modernism of the 1930s and 1940s as a way to hold on to a country that they deem lost. But Cruz Azaceta absorbed the artistic practices of the new postmodernism—elaborated by such artists as Schnabel, Salle, Longo, Baselitz, and Immendorf—and creatively reworked them, making a contribution still insufficiently recognized by critics.

Cruz Azaceta's attitude positions him close to the neo-figurative practices of some areas of Argentinean and Colombian art related to resistance and memory in the face of the social violence exerted by the anti-insurgent dictatorships. Each work intentionally turns into a lash on the moral conscience of humanity: "I paint what I see around me, and I look with an accusing eye on what Man has created... death, death is the absolute truth we possess... I paint to kill death,

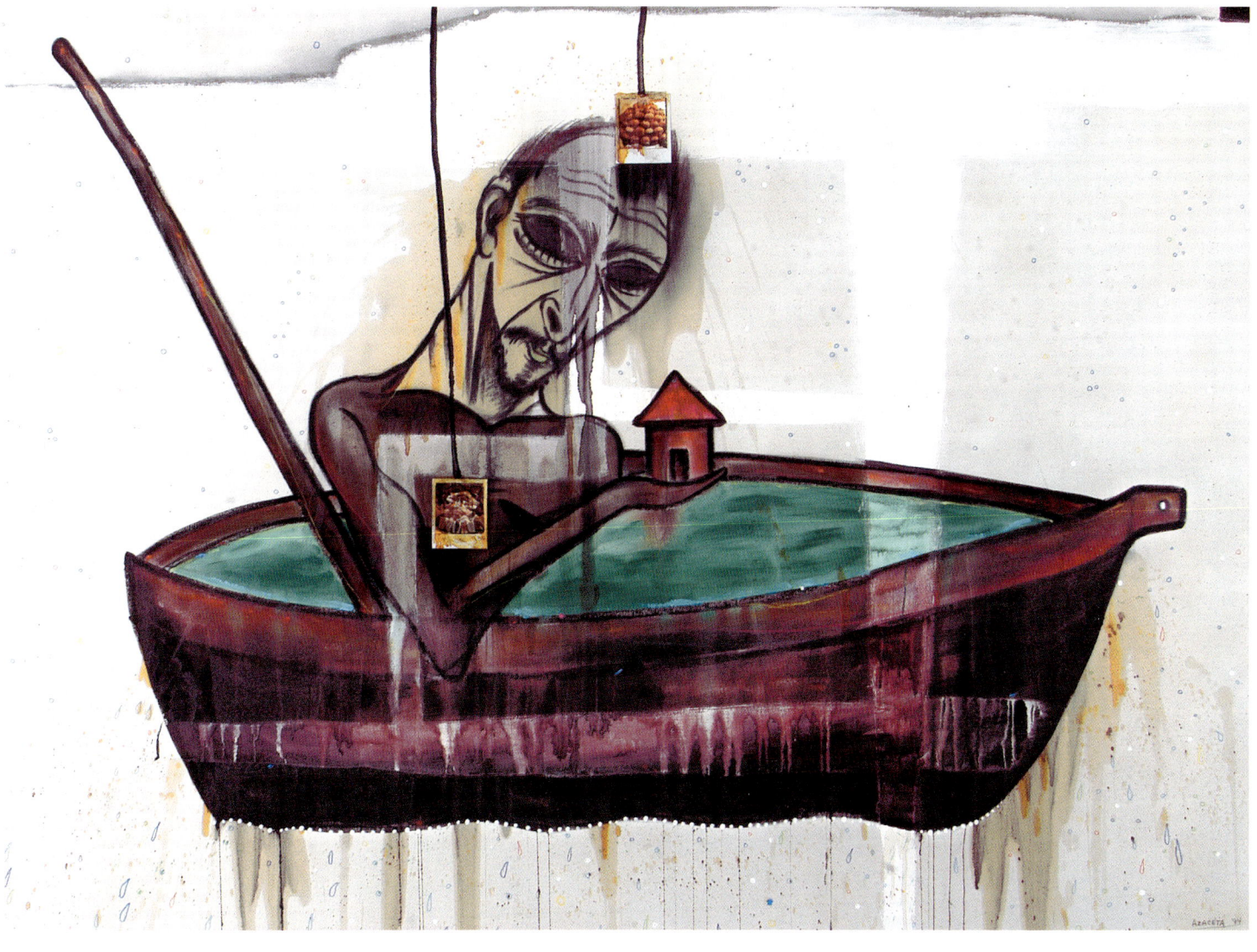

Balsero: La Casita 2, 1993
carboncillo, acrílico, gesso, fotografías polaroid y laca sobre lienzo
152.4 x 208.3 cm.

Rafter: The Little House 2, 1993
charcoal drawing, acrylic, gesso, Polaroid images, and shellac on canvas
60 x 82 in.

la crueldad, la injusticia, la violencia, la ignorancia y la hipocresía" (Goodrow, 1998).

Con una deuda consciente hacia Bacon, Beckmann, Goya, Picasso, Orozco y Frida Kahlo, su expresionismo visceral lo emparenta junto a otros artistas cubanos como Antonia Eiriz, Ángel Acosta León y Humberto Castro. Impactado por el número de cubanos desaparecidos en el estrecho de la Florida a bordo de precarias embarcaciones, en *La Casita 2*, Cruz Azaceta imagina al balsero como un Robinson Crusoe sin isla que en el bote arrastra consigo tanto sus referencias culturales como los motivos de la fuga: fotos Polaroid con imágenes de comestibles. En un enfoque similar a las balsas de Kcho, el suceso no es expuesto como crónica melodramática sino mediante una contenida metáfora, a través de herramientas expresivas contemporáneas. El rostro del balsero, que por sus dimensiones y modelado sobresale del conjunto, es un peculiar autorretrato del artista, un "yo" que se vuelve plural (como en obras de Tonel o Sandra Ramos) y que ha sido repetido en cada lienzo como ícono del sufrimiento. Empujado hacia el mar por la necesidad o la ilusión del deseo insatisfecho, la imagen del navegante es también la representación de la soledad humana.

*Balsero: **La Casita 2***, 1993
Procedencia: Colección del artista.

and also to kill cruelty, injustice, violence, ignorance, and hypocrisy" (Goodrow, 1998).

Consciously indebted to Bacon, Beckmann, Goya, Picasso, Orozco, and Kahlo, his visceral expressionism links Cruz Azaceta to other Cuban artists such as Antonia Eiriz, Ángel Acosta León, and Humberto Castro. Shocked by the number of Cubans who have disappeared in the Florida Straits aboard precarious sea craft, Cruz Azaceta imagines the rafter in *La Casita 2* (The Little House 2) as a Robinson Crusoe without an island, who carries in his boat his cultural references as well as the motives of his escape: Polaroid pictures with images of food. Reflecting an approach similar to Kcho's rafts, the event is not set as a melodramatic chronicle, but as subtle metaphor, achieved through contemporary expressive tools. The rafter's face—which by its dimensions and plasticity stands out from the whole—is a peculiar self-portrait of the artist, an "I" that becomes plural (as in the works of Tonel or Sandra Ramos), and so has been repeated in each canvas as an icon of suffering. Driven to the sea by need or by the illusion of unsatisfied desire, the image of the seafarer is also a representation of human loneliness.

*Rafter: **The Little House 2***, 1993
Provenance: Artist's collection.

Arturo Cuenca Sigaretta

n. 1955, reside en los Estados Unidos | b. 1955, resides in the United States

Desde la imagen fotográfica tomada en 1960 por Korda (Alberto Díaz) hasta su reproducción masiva por el editor italiano Giangiacomo Feltrinelli (1967), su reciclaje por artistas contemporáneo como Erró y Vik Muñiz, y su uso en manifestaciones populares, la peculiar iconografía de Che Guevara se ha constituido sobre diversos soportes: lienzos, carteles, pegatinas, *graffiti*, serigrafías, distintivos, fosforeras, y pañuelos, en los cuales se trenza la hagiografía del líder guerrillero con la mercantilización de su imagen. Una zona importante de este banco de imágenes ha sido creada en Cuba, escenario e inicio del perfil internacional del revolucionario argentino, a partir de numerosos pintores, diseñadores, fotógrafos, que por voluntad propia o encargo social han asumido el reflejo de su presencia y mitos.

La obra *Che* de Arturo Cuenca se inscribe con acentos propios en esta línea temática del arte cubano. Considerado uno de los protagonistas del "nuevo arte cubano" de la década de 1980, transitó de un hiperrealismo de base conceptual hacia la fotografía manipulada y la convirtió en objeto/sujeto de intensas investigaciones sobre la percepción, el rol constructivo del espectador y el proceso del conocimiento intelectual. Inmerso en el estudio y aplicación de teorías filosóficas a la creación artística, polemista público y creador de un post-conceptualismo "sensual", Cuenca propuso la refundación de una estética que, arrancada de su carácter normativo, proyectaría un nuevo ambiente socio-cultural.

En *Ciencia e ideología: Che*, Cuenca incorporó la imagen del héroe desde una crítica al medio fotográfico y la manipulación propagandística. Su actitud anti-apologética se nutre no sólo de una simpatía personal: Cuba conmemoraba en 1987 el XX aniversario de la caída del Che en Bolivia, bajo las coordenadas del proceso de "rectificación de errores" de la década. Destinado a corregir las "desviaciones" tecnocráticas en la economía, las nuevas orientaciones enfatizaban el rol de la conciencia, la austeridad y el trabajo voluntario. Se publicaron textos escritos por el Che, así como ensayos sobre sus teorías. Su imagen era reproducida de manera ortodoxa en medios de comunicación masivos y en la gráfica urbana, pero el habitual eslogan "Seremos como el Che" era reencarnado por intelectuales y artistas como un llamado a la irreverencia crítica en los marcos de la Revolución.

Una inmensa estructura de acero, erigida como una valla en la azotea de un edificio de la calle 23, próximo al puente del río Almendares, exhibía el rostro adusto del Che junto a una frase: "El revolucionario tiene que ser un trabajador infatigable". Cuenca fotografió el reverso de la valla desde un ángulo absolutamente opuesto, de manera que el rostro del héroe se vuelve anónimo y sólo es posible identificarlo por el contorno de la silueta. Esta selección

From its origins in the photographic image taken by Korda (Alberto Díaz) in 1960, to its mass reproduction by Italian publisher Giangiacomo Feltrinelli in 1967, its recycling by such contemporary artists as Erró and Vik Muñiz, and its use in popular protests, the iconography of Che Guevara has taken shape in different media: paintings, posters, serigraphs, stickers, graffiti, pins, lighters, and bandanas. All of these intertwine the hagiography of the guerrilla leader with the commercialization of his image. A significant portion of this visual stockpile has been created in Cuba, the stage and launching pad for the Argentinean rebel's international profile. Either voluntarily or through commissions from the government, many Cuban painters, designers, and photographers have undertaken the portrayal of man and myth.

Arturo Cuenca's *Che* brings a personal accent to this thematic lineage in Cuban art. Considered one of the main leaders of the "new Cuban art" of the 1980s, Cuenca moved from conceptually based hyperrealism to manipulated photography—converting it into the object/subject of intense investigations of perception, the role of the viewer, and the nature of intellectual knowledge. Immersed in the application of philosophical theories to artistic creation, Cuenca has been a public polemicist, and the creator of a "sensuous" post-Conceptualism. He has proposed the re-establishing of the aesthetic as a governing ideology, which, shedding its usual character, would inspire a new socio-cultural environment.

In *Ciencia e ideologia: Che*, Cuenca implicates the heroic image in a critique of the photographic medium and the manipulative nature of propaganda. His anti-eulogistic attitude is not based on personal sympathies alone: in 1987, the year the piece was begun, Cuba commemorated the twentieth anniversary of Che's death in Bolivia, incorporating it into the "error rectification" process of the 1980s. Intended to correct technocratic "deviations" in the economy, the new measures emphasized the importance of conscience, austerity, and voluntary work. Texts written by Che and essays about his theories were published. His image was reproduced in orthodox fashion in the mass media, billboards, and other street propaganda. But the habitual slogan *Seremos como el Che* (We will be like Che) was taken up by intellectuals and artists as a call to critical irreverence towards the Revolution.

An immense steel structure, erected as a billboard on the roof of a building on Havana's 23rd Street near the Almendares River Bridge, displayed Che's stern face next to a phrase: *El revolucionario tiene que ser un trabajador infatigable* (A revolutionary must be an indefatigable worker). Cuenca chose to photograph the reverse of the billboard, so that the face of the hero becomes anonymous,

del "reverso" como punto de vista propone no sólo la interrupción del acto comunicativo publicitario, sino también una incursión más allá del icono estandarizado. Coloca al espectador "detrás de la fachada", en actitud crítica ante la tramoya literal y metafórica que soporta el mito, y simultáneamente pide el desmantelamiento de los rituales para-religiosos que nutren la propaganda ideológica y social.

La imagen invertida de la trama reticular se convierte en el material original, el texto social, manipulado por el artista, quien en versiones posteriores de la obra colocó su propia frase pintada a mano: "El revolucionario no es retrato, es paisaje". La inscripción de su propio texto como una intervención posible en el espacio de los signos urbanos magnifica una de sus técnicas más frecuentes: la fusión de textos e imágenes de modo que el espectador los perciba de manera simultánea. El texto alude a la desaparición de los bordes entre el héroe y la masa, y a la transformación del culto al sujeto individual en explosión de creaciones colectivas. Es el momento en que un grupo de jóvenes artistas pinta la palabra "Meditar" bajo el monumento a José Martí en la Plaza de la Revolución. Cuenca dejaba inscrita—sobre el cielo de La Habana—su propia contribución.

Ciencia e ideología: Che, 1987–1988

Procedencia: Colección del artista.

Exposiciones: Salón UNEAC, Pabellón Cuba, La Habana, 1990.

Referencias: Camnitzer, Luís, *New Art of Cuba*, 1994; reimpresión, Austin: University of Texas Press, 2003, p. 207, ilust. p. 206.

identifiable only through the contours of its silhouette. In selecting the "reverse" as his point of view, Cuenca intended not only to disrupt the act of communication, but to move beyond the stereotyped icon. The work takes the viewer "behind the façade," placing him in a critical attitude toward the stage machinery that supports the myth, literally as well as metaphorically—at the same time demanding a dismantling of the para-religious rituals that nourish ideological and social propaganda.

The inverted image of this intricate backstage grid became the original material—the social text—manipulated by the artist, who in subsequent versions of the work added his own handwritten phrase: *El revolucionario no es retrato, es paisaje* (A revolutionary is not a portrait, but a landscape). The insertion of his own text as an imagined incursion into the space of the urban sign magnifies one of his most frequent techniques: the fusion of text and image in such a way that the viewer perceives them simultaneously. The text alludes to the blurring of the limits between the hero and the people, and to the transformation of the cult of the individual into an explosion of collective creation. This was the moment in Cuban history when a group of artists painted the word *Meditar* (Meditate) under the monument to José Martí in Revolution Square. Over the skies of Havana, Cuenca inscribed his own contribution.

Science and Ideology: Che, 1987–1988

Provenance: Artist's collection.

Exhibitions: UNEAC Salon, Cuba Pavilion, Havana, 1990.

References: Camnitzer, Luis, *New Art of Cuba*, 1994; reprint, Austin: University of Texas Press, 2003, p. 207, illust. p. 206.

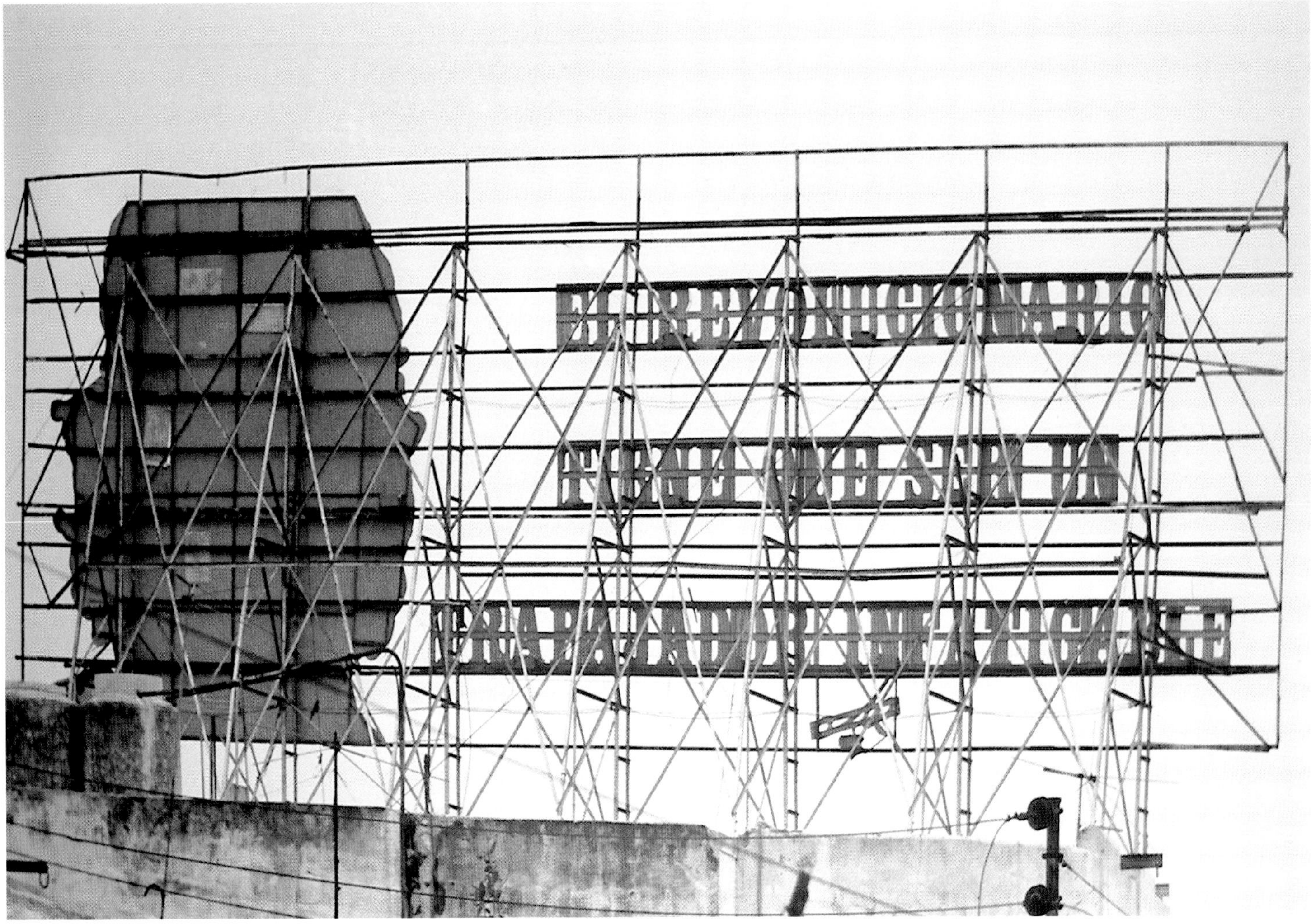

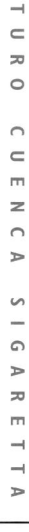

Ciencia e ideología: Che, 1987–1988
impresión fotográfica, 121.9 x 182.9 cm.

Science and Ideology: Che, 1987–1988
photographic print, 48 x 72 in.

Ángel Delgado

n. 1965, reside en Cuba | b. 1965, resides in Cuba

Día 4 de mayo de 1990. Inauguración de la muestra colectiva *El Objeto Esculturado*, Centro de Desarrollo de las Artes Visuales. El artista Ángel Delgado extrae lentamente un periódico Granma, se acuclilla ante el público indiferente y defeca sobre el impreso. Bajo el título "La esperanza es lo último que se está perdiendo", el *performance* provoca el cierre de la muestra y la democión de la directora del centro. Ángel es condenado por escándalo público. Durante seis meses, se convertirá en el recluso 1242900. El arte procesual de la década de1980 había discutido la unión del arte y la vida desde un enfoque teórico; las vivencias de Ángel lo colocaban de modo directo ante un contexto que sólo conocía de oídas o a través del cine.

Su status involuntario de *artist in residence* catalizó su creación en ese espacio. "Ahí aprendió, con sus compañeros de cautiverio, a dibujar sobre pañuelos con lápices de colores y *cold cream*, y a tallar imágenes sobre jabones de lavar; y de ahí han salido los temas y la inspiración general de todos sus trabajos" (Hernández, 2002). También descubrió que el arte era útil: las tallas y los pañuelos dibujados podían ser intercambiados por productos de extrema necesidad. Mientras tanto, en rabioso ejercicio de privacidad, realizaba 102 dibujos a bolígrafo y creyón sobre papel de oficina, a la manera de "escritura jeroglífica secreta, un haz de historias gráfico-textuales, una iconografía, un almacén de recuerdos" (Mosquera, 1996, 24).

La creación en prisión implicó también su entrada a un peculiar canon sociocultural: el arte y la literatura carcelarias. En Cuba, textos como el ensayo *El presidio político en Cuba* de José Martí, la novela Hombres *sin mujer* de Carlos Montenegro, las memorias *Presidio modelo* de Pablo de la Torriente Brau, los dibujos realizados por Ernesto de Blanck en el Castillo del Príncipe y los anónimos graffiti en las paredes del presidio de Isla de Pinos son contribuciones previas a un corpus—inexplorado por los académicos de la isla—en el que se cruzan los discursos del sometimiento y la rebelión, de las urgencias del cuerpo y la soledad del individuo.

Dentro de esta tradición no reconocida, el inevitable sello autobiográfico balancea la propuesta de Delgado hacia el género del testimonio o la "no ficción". Pero su solidez conceptual evita la reducción a melodrama anecdótico. El enfoque es similar al del artista uruguayo-norteamericano Luís Camnitzer. El evento traumático es canalizado, expurgado a través de la apropiación de objetos (jabones, sabanas y pañuelos dibujados) procedentes de un referente cultural "popular". Éstos son transformados en material y metáfora sobre la libertad. Ángel reapropia, como signo distintivo, la forma, textura y olor del jabón, lo aplica directamente sobre dibujos, lo transmuta en símbolo de la maleabilidad del ser humano ante el

The date: May 4, 1990. The event: the opening of the group exhibition, *El Objeto Esculturado* (The Sculptured Object), at the Center for the Development of the Visual Arts in Havana. The artist Ángel Delgado slowly unfolds a copy of the newspaper *Granma*, squats down in front of the blasé audience, and defecates on the printed pages. Titled *La esperanza es lo último que se está perdiendo* (Hope Is the Last Thing to Go), his performance prompts the exhibition's closing and the firing of the center's director. Delgado was found guilty of public scandal and sentenced to prison. For six months, he would become inmate 1242900. The process art of the 1980s had examined the merging of art and life from a theoretical perspective; Delgado's act now threw him into a context he'd known of only by word of mouth, from rumors, or through Saturday night movies.

Delgado's involuntary status as an "artist in residence" catalyzed his creativity. "There, together with his comrades in captivity, he learned to draw on handkerchiefs using colored pencils and cold cream, and to carve images from bars of laundry soap. And this has provided his themes and subjects, and the overall inspiration for his art" (Hernández, 2002). Delgado also discovered that art was useful: his soap carvings and handkerchief drawings could be exchanged for the items necessary for a prisoner's survival. Meanwhile, in a rabid expression of privacy, he made one hundred drawings on office paper with pen and crayon: "sacred, hieroglyphic writing, a bundle of stories half-graphic, half-text, an iconography, a cache of memories" (Mosquera, 1996, 24).

As someone who created art while imprisoned, Delgado entered, by implication, a peculiar sociocultural canon: prison art and literature. In Cuba, texts such as José Martí's essay, *El presidio politico en Cuba* (Political Prisons in Cuba); Carlos Montenegro's novel, *Hombres sin mujer* (Men Without Women); Pablo de la Torriente Brau's memoir, *Presidio modelo* (Model Prison); Ernesto de Blanck's drawings in El Principe prison; and the anonymous graffiti on the walls of the Isle of Pines prison are among the previous contributions to a body of work—unexplored by the island's scholars—in which the discourses of submission and rebellion, of bodily urgencies and individual solitude, meet and intersect.

Within this unacknowledged tradition, the unavoidable autobiographical focus tilts Delgado's oeuvre toward the non-fiction, testimonial genre. But its conceptual density keeps it from reduction to mere anecdotal melodrama. The approach is similar to that used by Uruguayan-American artist Luís Camnitzer. Traumatic events are channeled and purged through the appropriation of everyday objects—soap, bed sheets, drawn-on handkerchiefs—transformed into the material and metaphors of freedom. Delgado reworks the

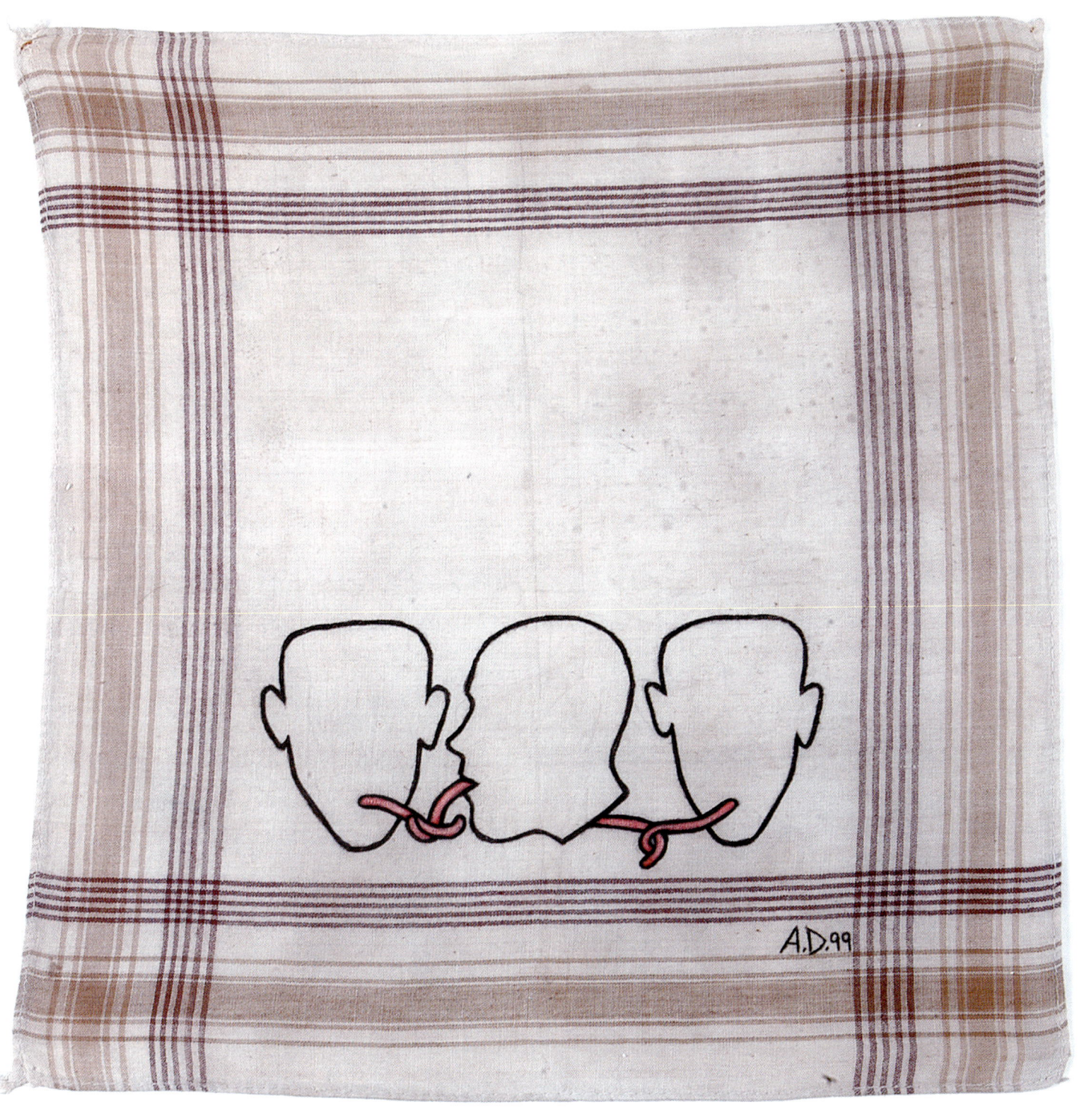

Sin título, 1999   *Untitled*, 1999
tinta sobre tela, 33.5 x 35.5 cm.   ink on fabric, 14.5 x 15.25 in.

medio social, en una reflexión cercana a *Suicida o moldeable* (1989), obra del artista Carlos Cárdenas.

Delgado convierte el pañuelo—objeto íntimo de "los hombres duros" en encierro—en un códice narrativo, un diario obsesivo donde cada pedazo de tela constituye un cuadro, a la manera de las historietas. Pero la narración es estrictamente visual, porque sobre todo reina el silencio y el gesto contenido. Los objetos (literas, ventanas con barrotes, cercas de púas) son los encargados de expresar la presencia humana. En caso que aparezcan personajes, serán definidos como siluetas lineales o permanecerán mudos sin intercambiar palabra alguna. El dibujo es parco, preciso; se adapta disciplinado a las formas del tejido.

Sobre uno de los pañuelos, Ángel ha dibujado las imágenes sin rostro de tres hombres. Ojos, narices y bocas han sido excluidas; sólo las siluetas los definen. Sin embargo, sus lenguas parecen dotadas de incesante actividad. Éstas se enroscan entre sí, formando el único puente entre los rostros anónimos. El dibujo traduce contextos lingüísticos de uso común en imágenes. "Darse lengua" sería la frase popular adecuada al caso, pero su significado no implica vínculo carnal entre los sujetos sino conversación cómplice, chismorreo, transmisión intensa de información—en fin, el deporte de hombres aburridos.

El segundo pañuelo parece apropiarse de un formato universal fotográfico: la foto policial. En la zona del pañuelo inferior aparece una serie numérica: 1242900, el código de identificación penal de Ángel. Pero no existe rostro o silueta, se ha desvanecido. El retrato imprescindible para la identificación del individuo ha sido sustituido por una masa amorfa, sucia, indeterminada. Podría ser marcas de sudor o pisadas, de semen o lágrimas, o un escueto sudario donde la voz individual desaparece tras el número asignado, código de barras de una biografía que se resiste a perder su voz.

Sin título, 1999

Sin título, 1997

Procedencia: (de ambas obras): Colección del artista.

Referencias: Block, Holly, *Art Cuba: The New Generation* (Harry N. Abrams, 2001), p. 67.

shape, texture, and smell of the soap, turning it into a different kind of signifier. Applying it directly to his drawings, he transmutes it into a symbol of the malleability of the individual in the face of his social environment. It is a position similar to that expressed by the artist Carlos Cárdenas in *Suicida o moldeable* (Suicide or Malleable, 1989).

Delgado turns the handkerchief—a personal object of prison "tough guys"—into a narrative codex, an obsessive diary in which each piece of fabric becomes a frame, as in a comic strip. But the narrative is strictly visual, because silence reigns over everything: silence, and the contained gesture. Objects such as bunk beds, barred windows, and barbed wire fences are charged with implying a human presence. Whenever figures do appear, they're either sketchy outlines or remain mute, without exchanging a single word. The drawing is spare, precise; it adapts, rigorously, to the contours of the fabric.

On one of the handkerchiefs, Delgado has drawn the faceless images of three men. Eyes, noses, and mouths have been excluded; only bare outlines define them. Their tongues, however, seem to move tirelessly. Entangled with each other, they form the only bridges among the anonymous faces. Delgado's drawings translate common phrases into images; *darse lengua* (to give tongue) or "Frenching" would be the most fitting term here. Yet the image implies not a carnal link between these individuals, but conspiratorial conversation, gossip, the intense transmission of information—in short, the sport of profoundly bored men.

The second handkerchief seems to appropriate a universal photographic format: the mug shot. In the lower area of the cloth is a string of numbers: 1242900, Delgado's prison ID. But there's no face or silhouette; these have vanished. The portrait that indisputably identifies the individual has been replaced by an amorphous, dirty, indeterminate blob. It could be a sweat stain, a footprint, a smear of semen or tears. Or a stark and sober shroud, in which the individual disappears behind the assigned number, a barcode for a biography that struggles against losing its voice.

Untitled, 1999

Untitled, 1997

Provenance: Artist's collection.

References: Block, Holly, ed., *Art Cuba: The New Generation* (Harry N. Abrams, 2001), p. 67.

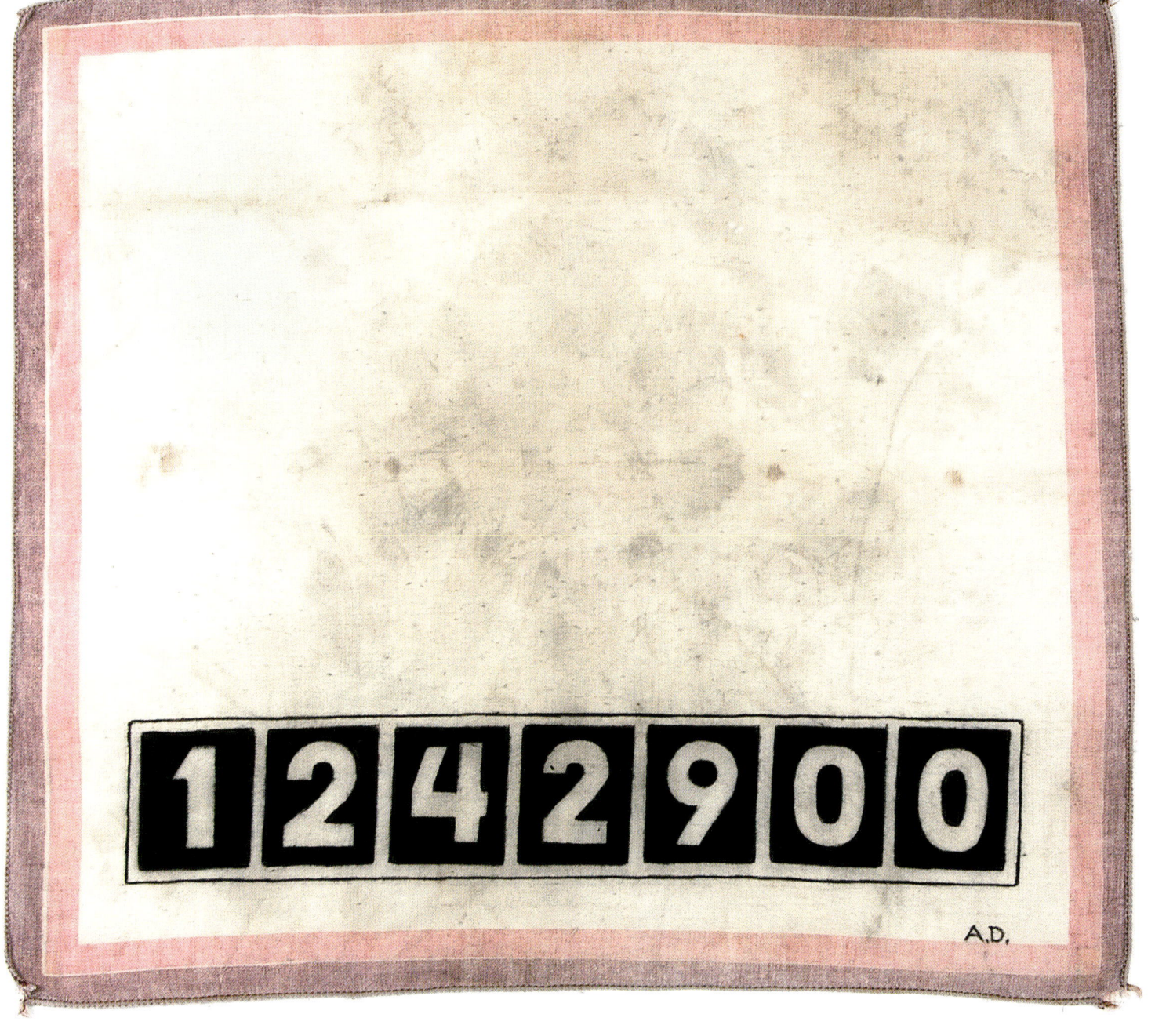

Sin título, 1997   *Untitled*, 1997
tinta sobre tela, 37.5 x 36.2 cm.   ink on fabric, 14.75 x 14.25 in.

Alexis Esquivel

n. 1968, reside en Cuba | b. 1968, resides in Cuba

La producción artística posterior a *Las metáforas del templo* (1993), exposición que marcó un hito en el arte cubano, se caracterizó no sólo por la jerarquización del métier artistico y el aumento en la complejidad de la metáfora, sino también se expandió hacia zonas temáticas que eran "intocables" desde décadas anteriores.

A través de exposiciones visuales como *Queloides I* (1997) y *Queloides II* (1999), '98 cien años después (1998–2000), *Ni músicos ni deportistas*, y *El ocultamiento de las almas* (1997), se generó una reflexión acerca de prácticas racistas presentes en las ideologías cotidianas, en el canon histórico al uso y bajo las tensiones socioeconómicas surgidas en el "Período Especial." Esta corriente no reivindicaba un "arte afrocubano", como la vanguardia anti-académica de la década de 1930, ni le interesaba crear mitologías como Wifredo Lam en la década de 1940. No acuñaba un estilo visual específico, ni tenía intenciones de representar a sectores marginados.

En las obras de Alexis Esquivel, así como en las de curadores y críticos, la atención se enfoca en conflictos vivos no debatidos públicamente y en el cuestionamiento de los estereotipos culturales sobre el hombre y la mujer negros circulantes en la historia nacional y la industria turística. Aunque conocen el impacto positivo de las medidas legales y prácticas tomadas por el gobierno cubano contra la discriminación racial, los artistas escuchan el pulso de la calle (como el *rap* cubano). Su actitud desmitificadora, similar a la de artistas afroamericanos como Robert Colescott, Kara Walker y Kerry Kearns Marshall, se inserta en el cuestionamiento de la "negritud" protagonizado por intelectuales cubanos negros desde el siglo XIX.

Esquivel es creador de lienzos, *performances* y esculturas de tono paródico, en las cuales subvierte la división pactada entre la historia y las creencias populares y erosiona los pedestales imaginarios de los héroes de la patria (desde el cacique indígena Hatuey hasta José Martí y Che Guevara). En obras previas como *Black Power, Cuatro maneras de alisar el cabello* y *Pianissimo Concerto*, Esquivel había abordado referencias a personalidades y fenómenos vinculados al "problema negro" tanto en Cuba como en Estados Unidos. Pero en *Autopsia* incluye evidencias fotográficas de un evento histórico: la matanza racial ocurrida en Cuba en 1912. Bajo la Ley Morúa, que excluía los partidos raciales del espectro político cubano, el Partido de los Independientes de Color (PIC), dirigido por Evaristo Estenoz y Pedro Ivonet, fue declarado ilegal. A la protesta del mismo sucedió la violenta represión del ejército del presidente Gómez. Más de 4,000 personas negras, incluidos los líderes del PIC, fueron detenidas y ejecutadas.

La imagen de la autopsia de Estenoz fue captada como testimonio "real" de su muerte a manos del ejército. Este documento,

Cuban art produced after the landmark 1993 exhibition, *Las metáforas del templo* (Metaphors of the Temple) was not only defined by an increasingly sophisticated artistic métier and a greater density of metaphor; it also expanded its scope to include subjects that had, in previous decades, been taboo.

Exhibitions such as *Queloides* (Keloids) I (1997) and II (1999), *'98 cien años después* ('98 One Hundred Years Later, 1998–2000), *Ni músicos ni deportistas* (Neither Musicians nor Athletes, 1997), and *El ocultamiento de las almas* (The Hiding of the Souls, 1997) anticipated the current analysis about social inequalities and racist practices inherent in the ideologies of day-to-day life. These exhibitions reflected on the canon of history and on the socioeconomic tensions that emerged during the "Special Period." Unlike the anti-academic avant-garde of the 1930s, this current of thought did not strive to vindicate an Afro-Cuban art, and it was not interested in mythologizing, as Wifredo Lam did in the 1940s. It neither coined a particular visual style nor attempted to represent marginalized segments of the population.

In the works of Alexis Esquivel and several other artists (as well as curators and critics), attention is focused on vital conflicts that are not publicly discussed, and on questioning the cultural stereotypes about black men and women that circulate in both Cuban national history and the tourist industry. While acknowledging the positive impact of the legal and practical measures taken by the Cuban government against racial discrimination, these artists also take the pulse of the streets—Cuban rap music, for example—and their demythologizing attitude, similar to that of African-American artists like Robert Colescott, Kara Walker, and Kerry James Marshall, continues the discussion of *negritude* conducted by black Cuban intellectuals since the 19th century.

Esquivel creates canvases, performances, and sculptures infused with parody, in which he subverts the division between history and popular beliefs. He erodes the imaginary pedestals of national heroes, from the indigenous chief Hatuey to José Martí and Che Guevara. In previous pieces like *Black Power, Cuatro maneras de alisar el cabello* (Four Ways of Relaxing Hair), and *Pianissimo Concerto*, Esquivel had referred to personalities and phenomena linked to the "black problem" both in Cuba and in the United States. But in *Autopsia* (Autopsy), he includes photographic evidence of an historical event: the racial slaughter that took place in Cuba in 1912. Under the Morúa Law, which excluded racial parties from the political arena, the Independent Colored Party (PIC), led by Evaristo Estenoz and Pedro Ivonet, was declared illegal. The ensuing protest was violently repressed by the army of President Gómez.

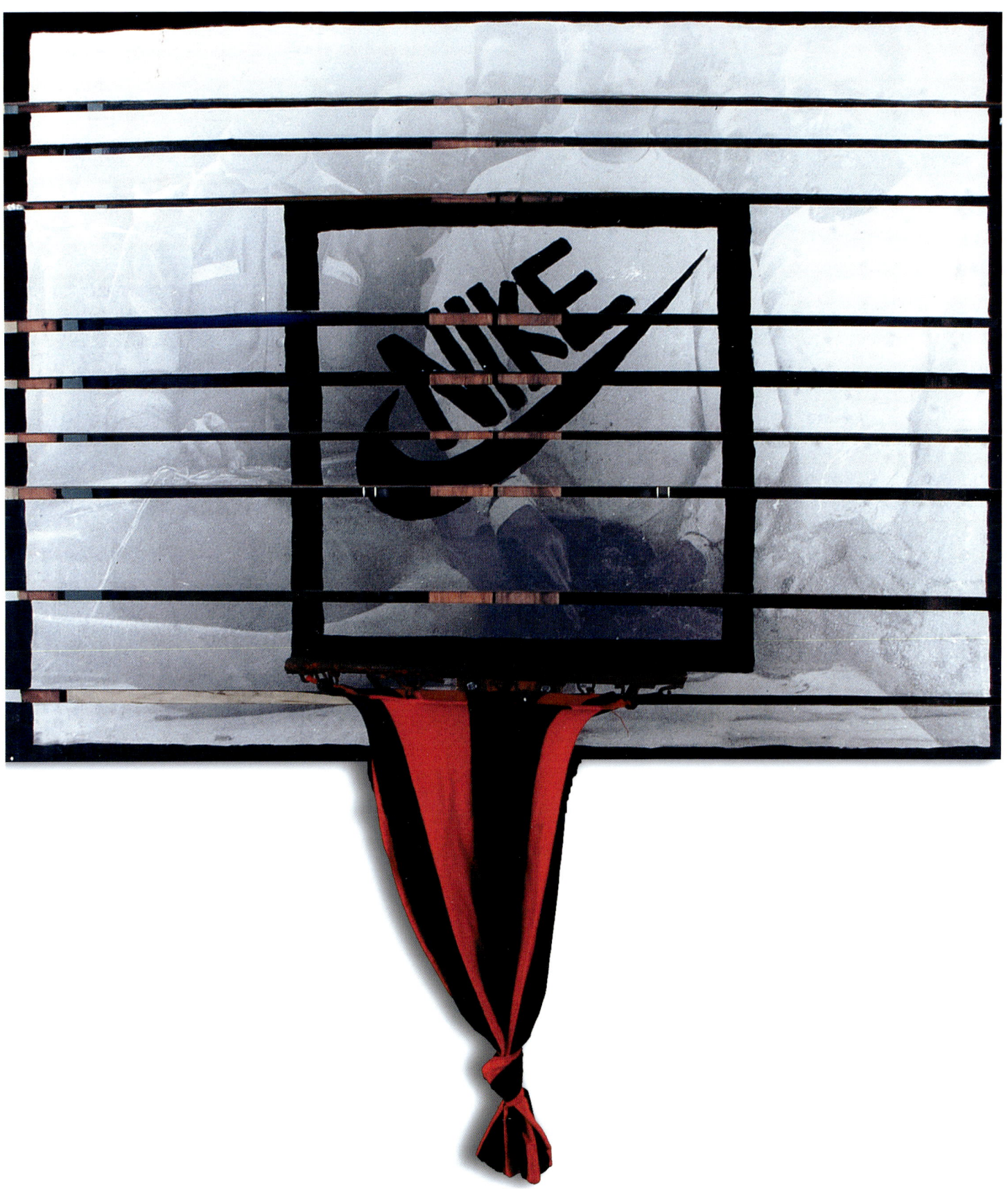

Autopsia, 1998
tela, madera, metal, impresión fotográfica, 200 x 150 cm.

Autopsy, 1998
fabric, wood, metal, photographic print, 78.75 x 59 in.

que da nombre a la pieza, fue impreso sobre un tablero de básquetbol: símbolo del deporte y uno de los canales sociales más visibles para el reconocimiento de la población negra. La cesta, o *net*, ha sido cosida con tejido rojo y negro de Lycra, material presente en el vestuario de mujeres procedentes de clases humildes y de "jineteras". En la Santería, los colores rojo y negro expresan cromáticamente a Eleggua, *orisha* que abre y cierra los caminos y permanece detrás de las puertas de las casas. En este caso, la cesta está cerrada, impidiendo así la consecución de todo juego efectivo.

Autopsia ha sido construida como un *collage* sin costuras donde la imagen "histórica" dialoga con signos culturales de la actualidad. Esquivel manifiesta interés en erosionar la presunta objetividad de la fotografía, técnica de reproducción vinculada desde el siglo XIX a la clasificación de poblaciones no europeas y del delincuente. Colocada en un nuevo contexto interpretativo y temporal, la autopsia practicada al cadáver exánime de Evaristo Estenoz, líder de una frustrada emancipación racial en la Cuba republicana, se extiende al cuerpo social de la nación cubana.

Autopsia, 1998

Procedencia: Colección del artista.

Exposiciones: *II Salón de Arte Cubano Contemporáneo*, Centro de Desarrollo de las Artes Visuales, La Habana, 1998.

Referencias: Cat. citado, p. 50. Ribeaux, Ariel, "Ni Músicos ni Deportistas", *ArteCubano* 3/2000, pp. 52–59.

More than 4,000 black Cubans, including PIC leaders, were detained and killed.

The image of Estenoz's autopsy was offered as "real" proof of his death at the hands of the army. This evidence, which lends its name to the piece, is printed on a basketball backboard—a symbol of sports, one of the most visible ways for Cuba's black population to achieve recognition. The basket, or net, is made of red and black Lycra, a ubiquitous material in the wardrobe of lower-class women and *jineteras* (female prostitutes, or "sex jockeys"). In Santería, the colors red and black evoke Eleggua, the *orisha* (deity) who opens and closes pathways and doors, and who is traditionally placed behind the front door of the house. Here, the basket is knotted shut, blocking any possibility of playing the game.

Autopsia has been created as a seamless collage, in which the historical image interacts with present-day cultural signs. Esquivel is interested in eroding the presumed objectivity of photography—a technology of reproduction linked, since the 19th century, to the classification of both non-European populations and criminals. Placed in a new interpretive context, the autopsy performed on the lifeless body of Evaristo Estenoz—leader of a frustrated racial emancipation movement in republican Cuba—extends to the social body of the Cuban nation.

Autopsy, 1998

Provenance: Collection of the artist.

Exhibitions: *II Salon of Contemporary Cuban Art*, Center for the Development of the Visual Arts, Havana, 1998.

References: Cited catalogue, p. 50. Ribeaux, Ariel, "Ni Músicos ni Deportistas" (Neither Musicians Nor Athletes), *ArteCubano* 3/2000, pp. 52–59.

Carlos Alberto Estévez Carasa

n. 1969, reside en Cuba y los Estados Unidos | b. 1969, resides in Cuba and the United States

La dinámica operativa en la producción visual cubana entre las décadas de 1930–60 del siglo XX, estaba centrada en la producción de imágenes que expresaran reivindicaciones de temas nacionales mediante la revisión de las tendencias vanguardistas. Bajo el canon fijado por las metrópolis del arte, primero París, luego Nueva York, la modernidad cubana apareció como una adaptación "secundaria"de las fuentes "originales". Sin embargo, a partir de la importante exposición de 1981 Volumen I y con las generaciones posteriores, el arte cubano actual ha desafiado la condición "periférica"y sus complejos de inferioridad, al producir un arte contemporáneo que no se excusa en las fáciles trincheras de lo "nacional", y asume sin timidez su inevitable circulación a través de los circuitos globales de arte. A este proceso también ha contribuido el activo desplazamiento de los artistas fuera de Cuba, ya sea en condición migratoria o mediante el nomadismo institucionalizado por bienales internacionales, residencias, talleres y becas. Fuera de la fácil comodidad organizativa en tendencias o grupos, las artes visuales cubanas constituyen hoy un archipiélago de muchas islas. Las denominaciones genéricas de "kitsch", "arte postmoderno"o "contestatario", útiles en etapas anteriores para detectar similitudes entre los procesos artísticos fuera y dentro de Cuba, han estallado bajo la presencia de personalidades de fuerte acento individual que desbordan toda clasificación.

Carlos Estévez es ciertamente una de ellas. Rastreado inicialmente como discípulo de Elso Padilla por el uso de materiales naturales y por las representaciones "primitivas" de lo humano, ha desarrollado una mitología personal de sello antropológico y coherencia propia. Sus fuentes de referencia no se encuentran en la crónica costumbrista, la parodia cínica hacia los rituales de la Historia o el compromiso evidente con culturas subalternas, sino en la fusión de "la antropología, la literatura existencialista, los cultos sincréticos, la ontología, los códigos medievales, las culturas populares, la religión, el saber resumido en las enciclopedias, la filosofía de Kant, Nieztsche, las creencias orientales y el neokantismo de Ernst Cassirer" (Pino, 1995, 33).

Las visiones de Estévez transcienden la experiencia cotidiana, como si la quiebra de toda utopía en el horizonte futuro lo hubiese conducido a crear un reino de creencias y sabiduría anclado en los sólidos bastiones de la historia, la cultura y los mitos universales. No estamos, sin embargo, frente a un neomedievalista que se apropia de íconos o figuraciones con un propósito decorativo, sino de un artista cuya obra, rica en sustancia, está concebida como puente entre la filosofía y la poesía. De ahí proviene no sólo la ritualidad del proceso de creación y elaboración de las piezas, sino también la inclusión de referencias al arte cristiano, a la escultura barroca, a rosas náuticas y cartas geográficas, a textos sagrados y a imágenes de animales y de órganos del cuerpo humano.

Between the 1930s and the 1960s, the dynamics of visual art production in Cuba focused on the creation of images that would vindicate Cuban subjects through a reworking of avant-garde trends. Within the canon established in the art capitals of Paris and then New York, Cuban modernism appeared as a "secondary" adaptation of the "original" sources. But with the pivotal 1981 exhibition *Volumen I* and the generations of artists that followed, contemporary Cuban art has overcome its "peripheral" condition and its inferiority complex, producing a modern art that does not limit itself to the easy recourse of the "national." Cuban art now circulates unabashedly through the global contemporary art world. The active diaspora of artists from Cuba—as émigrés or via the nomadism institutionalized by international biennials, residences, workshops, and scholarships— has contributed to this process. Shaken out of an undemanding, comfortable pigeonholing into groups or trends, Cuban visual arts are nowadays an archipelago of many islands. Generic categories of "kitsch," "postmodern," or "rebellious" art, which in the past were useful in discussing similarities between artistic processes inside and outside Cuba, have since exploded under the pressure of strong personalities who defy any attempt at classification.

Carlos Estévez is certainly one of those personalities. Initially considered a disciple of the artist Elso Padilla because of his use of natural materials and a preference for iconic representations of humanity, Estévez has developed a coherent personal mythology, anthropological in flavor. His sources are not the 19th-century *costumbrista* chronicles of everyday Cuban life and customs, or the cynical parody of History's rituals, or a commitment to defending minority cultures. Instead, it is a fusion of "anthropology, existentialist literature, syncretic cults, ontology, medieval codes, popular cultures, religion, the knowledge summarized in encyclopedias, the philosophy of Kant and Nietzsche, Asian spiritual beliefs, and Ernst Cassirer's Neo-Kantism" (Pino, 1995, 33).

Estévez's visions transcend everyday experience, as if the bankruptcy of future utopias had forced him to create a realm of beliefs and knowledge anchored in the solid bastions of universal history, culture, and myth. We are not, however, confronted with a neo-medievalist who appropriates icons for decorative purposes, but an artist whose work is rich in substance, conceived as a bridge between philosophy and poetry. This aspect of his art gives rise not only to the ritual nature of the pieces' creation, but to their references to Christian art, Baroque sculpture, compass roses and navigational charts, sacred texts, and images of animals and the human body.

If, in the polychrome sculpture *A través del universo* (Across the Universe, 1992, Farber Collection), a Christlike figure prepares to

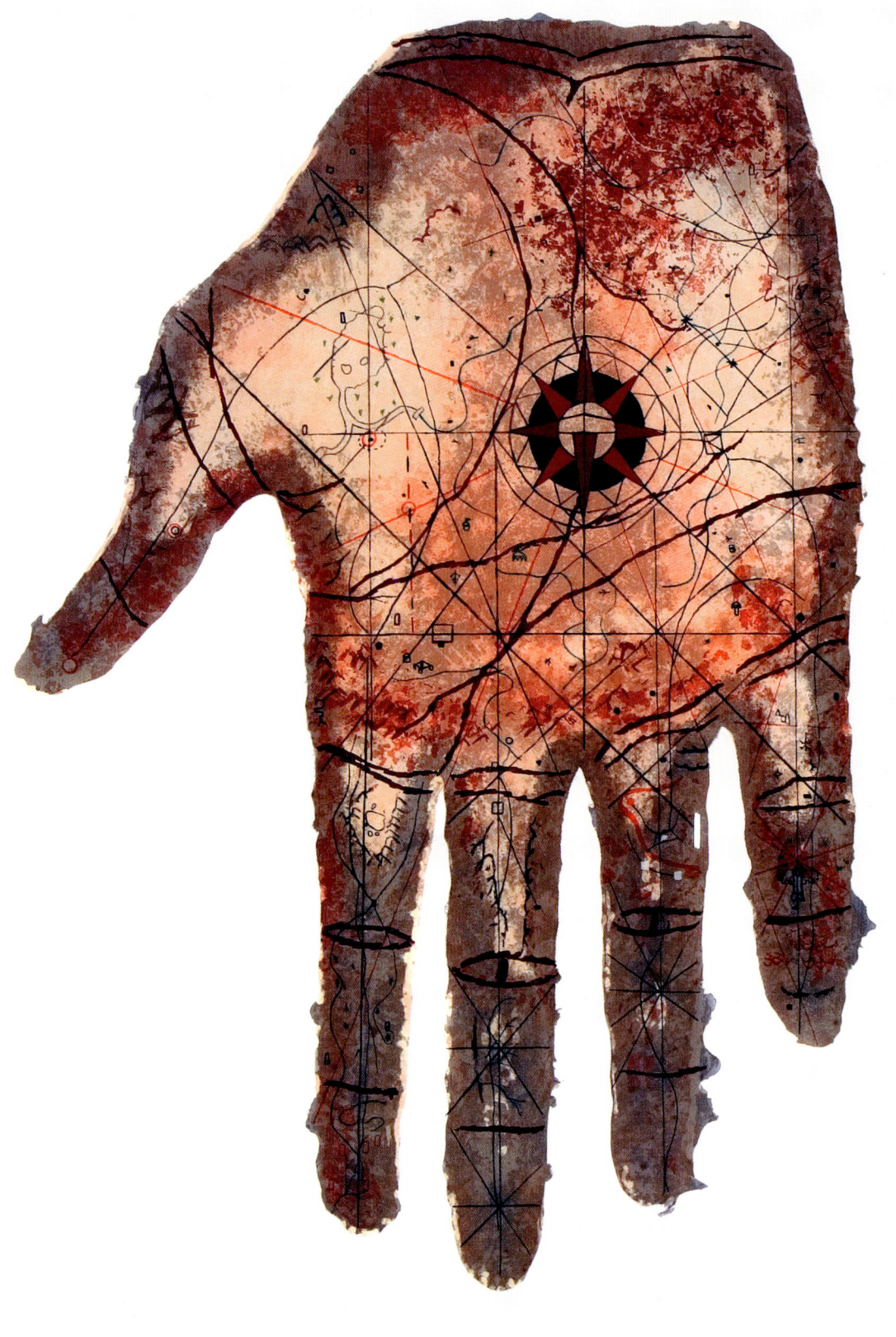

El mundo en que vivimos, 1996
acuarela, 98.5 x 71.1 cm.

The World We Live In, 1996
watercolor, 38.75 x 28 in.

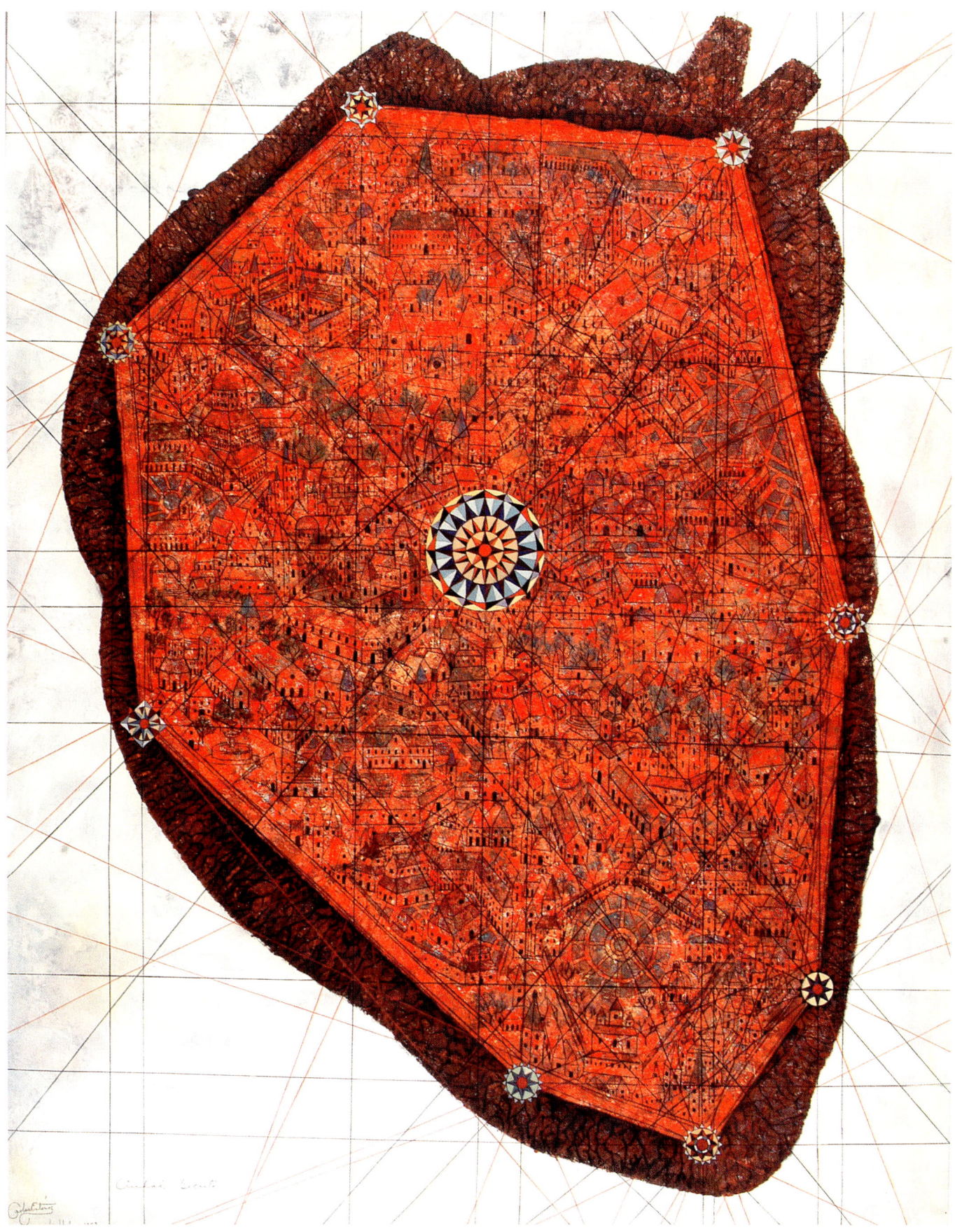

Ciudad secreta, 2003   *Secret City*, 2003
óleo sobre lienzo, 200 x 160 cm.   oil on canvas, 78.75 x 63 in.

Si en la escultura policromada *A través del universo* (1992, Colección Farber), un hombre similar a Cristo se apresta a volar en busca de la libertad o el conocimiento, en *La Verdadera Historia Universal* (1995, MNBA) se desafía el concepto lineal de la historia al situar literalmente al espectador frente a un teatro de títeres de madera, del cual puede excluir o sumar héroes, figuras históricas e incluso villanos. A partir de la exposición *El destino es tuyo* en 1995, en los dibujos y lienzos de Carlos se han mezclado imágenes de animales, partes del cuerpo humano y esquemas mecánicos con las apretadas líneas de la cartografía, a través de transparencias que recuerdan los tratados del esoterismo, la alquimia, la acupuntura o los códices anatómicos de da Vinci. "Mi preocupación ha sido elaborar imágenes que sean a la vez instrumentos de reflexión, metáforas en torno a cuestiones existenciales del hombre, por ejemplo, su poder, su debilidad, su esencia y misión en el universo" (Pino 1995, 34).

Una de esas iluminaciones reflexivas es *El mundo en que vivimos* (1996), imagen posteriormente reproducida sobre una banderola de 5 metros de altura. La mano, apéndice relacionado con el trabajo y la oración pero también con la agresividad y el castigo, ha sido transmutada en metáfora del universo. Las líneas inscritas sobre la piel son ahora rutas de una extensa geografía que debemos cruzar sin más auxilio que una rosa náutica, guiados por el conocimiento y la sabiduría común. En *Ciudad Secreta*, el artista parece describir una especie de isla-ciudad antigua, rodeada de fuertes murallas y callejones medievales. Para facilitar la orientación del caminante, las rosas náuticas han sido colocadas en las posibles puertas de acceso, indicando las vías de entrada y salida del recinto amurallado. Pero en este curioso plano urbano no encontraremos nombres de calles, ni descubriremos el movimiento incesante de las multitudes. Lo que Carlos describe con hermosa analogía es simplemente el corazón humano, cuya silueta sintética cierra el contorno de la imagen. Sobre el mismo se inscriben todas las experiencias posibles—esquemas de animales y aparatos mecánicos que se han integrado a la naturaleza compleja del hombre, realizados mediante un dibujo sutil e intrincado. El corazón es el reino íntimo de cada persona; para algunos se descorrerá lentamente en el transcurso de la vida y para otros será eternamente secreto.

El mundo en que vivimos, 1996

Procedencia: Colección del artista.

Exposiciones: *Mundo Soñado, Joven Plástica Cubana*, Casa de América, Palacio de Linares, Madrid, España, 1996. V Bienal de La Habana, La Habana, 1998.

Referencias: Catálogo citado.

Ciudad secreta, 2003

Procedencia: Colección del artista.

Exposiciones: *Ciudad Secreta*, Casa de México, VIII Bienal de La Habana, La Habana, 2003.

Referencias: Catálogo citado.

A través del universo, 1992

Procedencia: Colección del artista.

Exposiciones: Creada para su graduación en el Instituto Superior de Arte (ISA), 1992; *A través del universo*, Centro de Desarrollo de las Artes Visuales, La Habana, 1992.

fly off in search of freedom or knowledge, in *La Verdadera Historia Universal* (The True History of the World, 1995, MNBA) the linear concept of history is subverted by placing the viewer literally in front of a wooden puppet theatre where he can eliminate or add heroes, historical figures, and villains. Since the 1995 exhibition *El destino es tuyo* (Destiny is in Your Hands), Estévez's drawings and canvases have combined images of animals, human anatomy, and mechanical blueprints within the fixed grids of cartography. He does this by means of transparencies that recall treatises of esotericism, alchemy, acupuncture, or da Vinci's anatomical codices. "My main concern has been to create images that are at the same time thinking tools," he has stated, "metaphors of man's existential questions— for instance, his power, his weakness, his essence, and his mission in the universe" (Pino, 1995, 34).

One of these thoughtful illuminations is *El mundo en que vivimos* (The World We Live In), an image that was later reproduced on a five-meter high banner. The hand—appendage connected with work and prayer, but also with aggression and punishment—has been transmuted into a metaphor of the universe. The lines inscribed on the skin are the routes of an extensive geography that must be traversed with only the aid of a compass rose, guided by knowledge and common wisdom. In *Ciudad Secreta* (Secret City), the artist apparently describes an ancient island-city, surrounded by strong walls and medieval alleys. To help the traveler find his or her way, compass roses have been placed on the possible access doors, indicating the ways in and out of the walled citadel. But in this curious urban map we cannot find street names, nor do we glimpse the incessant toil of the multitudes. What Estévez describes with a beautiful analogy is simply the human heart, whose shape outlines and encloses the image. On it, all possible experiences are inscribed—drawings of animals and mechanical devices that have been integrated into the complexity of human nature, all executed in a subtle, intricate lines. The heart is the intimate realm of every person; for some it will slowly disclose itself in the course of their lives, and for some it will eternally remain secret.

The World We Live In, 1996

Provenance: Artist's collection.

Exhibitions: *Mundo Soñado, Joven Plástica Cubana* (Dream World, New Cuban Visual Arts), Casa de América, Palacio de Linares, Madrid, Spain, 1996. Fifth Havana Biennial, Havana, 1998.

References: Cited catalogue.

Secret City, 2003

Provenance: Artist's collection.

Exhibitions: *Ciudad Secreta* (Secret City), Casa de México, Eighth Havana Biennial, Havana, 2003.

References: Cited catalogue.

Across the Universe, 1992

Provenance: Artist's collection.

Exhibitions: Created for graduation from the Instituto Superior de Arte (ISA), 1992; *A través del universo*, Centro de Desarrollo de las Artes Visuales, La Habana, 1992.

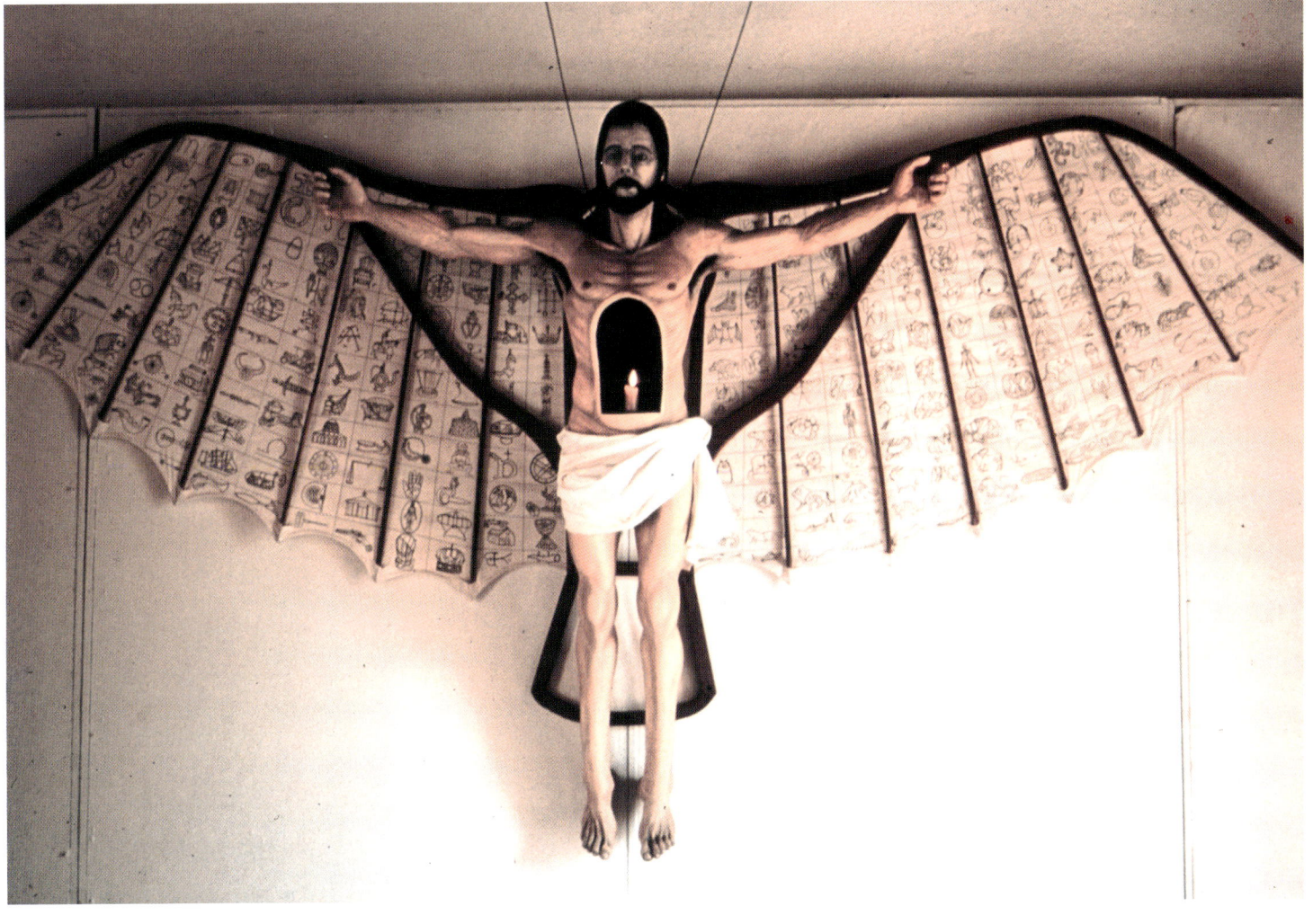

A través del universo, 1992
madera, tela, vela y ojos de cristal, 200 x 400 x 30 cm.

Across the Universe, 1992
wood, fabric, candle, glass eyes, 78.74 x 157.48 x 11.81 in.

Roberto Fabelo

n. 1951, reside en Cuba | b. 1951, resides in Cuba

Roberto Fabelo es uno de los integrantes de "la generación de la esperanza cierta" cuya obra se renovó en contacto con el ambiente creativo de la década de 1980. Grabador e ilustrador de numerosos libros (los de Gabriel García Márquez, entre ellos), y ensamblador y creador de instalaciones, Fabelo fue premiado en 1984 en la Primera Bienal de La Habana por la pieza *Fragmentos vitales*, que consiste en dibujos sobre papel Kraft rasgado pegados directamente a la pared. A partir de ese momento, su obra adquiere mayor reconocimiento entre la comunidad artística cubana e internacional.

Sus figuras de autoridad parecen localizarse en la tradición artística occidental: "...en dos grandes maestros españoles, Velázquez y Goya" (Montero, 2001, 224), así como en El Bosco y la pintura flamenca. A diferencia de creadores del patio como Rubén Alpízar o Reinerio Tamayo, que parodian y subvierten las referencias al canon europeo, en Fabelo actúa una fuerte conciencia moderna anclada a la trinidad del estilo, la autoría y la originalidad—nociones reintroducidas en el arte cubano en el último decenio con la recuperación del paradigma estético y los géneros tradicionales de la pintura.

Fabelo inició la realización de acuarelas en 1988 de modo secundario, pero ha alcanzado un espacio definido en su creación. Con el dominio progresivo de la técnica y la expansión de los formatos, el artista es ahora demiurgo (o creador divino) de un mundo propio que mezcla el humor ácido de Jonathan Swift, las criaturas nocturnas del Moulin Rouge inmortalizado por Toulouse-Lautrec y la pintura barroca española. De esas corrientes interculturales surge una comedia humana emplazada en un espacio teatral.

Fabelo yuxtapone la descripción naturalista de los personajes y su ubicación compacta sobre un sofá o tras las cortinas de tramoya. La mano hábil describe cada personaje mediante un gesto o actitud definitoria, y lo dota de una vestimenta acorde a su psicología. La apariencia realista de esos seres hace pensar en el artista como un cazador de rostros, agazapado tras las esquinas de La Habana. Pero esa humanidad impura, genéticamente contaminada de animales y frutas tropicales, dioses, sirenas tímidas y cabezas emplumadas, es producto fiel de su imaginación. Enclaustrados en torno a un sofá o reunidos junto a la tramoya de un teatro vacío, los personajes esperan sobrecogidos un acontecimiento que nunca sucederá. Apenas se miran, no hablan entre sí e incluso los perros comparten la mirada torva de sus dueños. Los desnudos jugosos, rubensianos, no despiertan lascivia o competencia sino refuerzan la extrañeza de la situación.

Sin título, 1998
Procedencia: Virginia Miller Gallery.

Roberto Fabelo is a member of "the generation of sure hope" whose art was reinvigorated by the creative environment of the 1980s. A printmaker, illustrator of many books (including those of Colombian novelist Gabriel García Márquez), and a creator of assemblages and installations, Fabelo received an award at the First Havana Biennial for *Fragmentos vitales* (Vital Fragments, 1984), a piece consisting of drawings done on irregularly cut Kraft paper and glued directly to the wall. Since then, his work has attained broader recognition from the art community in Cuba and abroad. The artist's influences are rooted in European art history: "two great Spanish masters, Velázquez and Goya"(Montero, 2001, 224), as well as Hieronymus Bosch and other Flemish painters. In contrast to compatriots like Rubén Alpízar or Reinerio Tamayo, who parody and subvert all references to the European canon, Fabelo's emphatically modern consciousness is anchored in the trinity of style, authorship, and originality—notions that were reintroduced into contemporary Cuban art in the last decade by a revived interest in aesthetics and in traditional painting genres.

Fabelo started doing watercolors in 1988 as a minor pursuit, but they have since assumed a more definite place in his artistic practice. With his increasing mastery of watercolor technique and exploration of larger formats, he has become the demiurge, or divine creator, of a world all his own. In it, he mixes Jonathan Swift's acid humor, nocturnal denizens of the Moulin Rouge as immortalized by Toulouse-Lautrec, and the style of Spanish Baroque painting. Those cultural cross-currents give rise to a human comedy played out in a theatrical space.

Fabelo juxtaposes the naturalistic depiction of characters with their staged and compact placement on a sofa or behind theatrical curtains. His deft hand captures each character in a defining gesture or attitude, and clothes him or her in a way that reveals the individual's own psychology. The realistic appearance of those beings suggests that the artist is like a hunter of faces, stalking his prey in the corners of Havana. But this humanity—genetically tainted by tropical animals and fruits, deities, shy mermaids, feathered heads—is a faithful reflection of his imagination. Clustered on a sofa or gathered around props in an empty theater, his characters wait in awe for an event that will never happen. They seldom look at or talk to each other, and even the dogs share the same baleful glare as their owners. The juicy, Rubenesque nudes do not inspire lust or competition, but only add to the strangeness of the situation.

Untitled, 1998
Provenance: Virginia Miller Gallery.

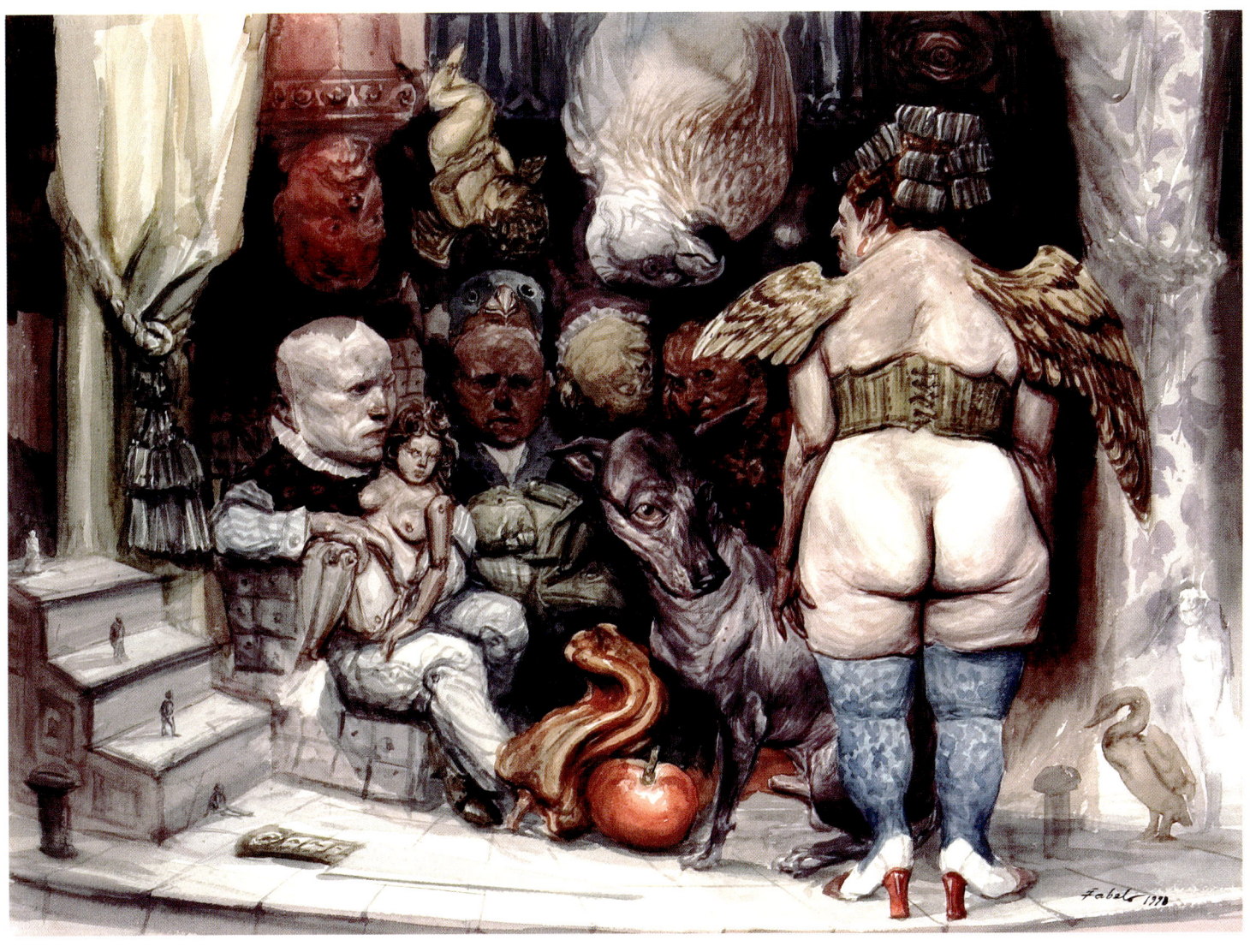

Sin título, 1998
acuarela sobre papel, 54.6 x 73.7 cm.

Untitled, 1998
watercolor on paper, 21.5 x 29.5 in.

José Manuel Fors

n. 1956, reside en Cuba y España | b. 1956, resides in Cuba and Spain

Aunque José Manuel Fors ha sido calificado como fotógrafo, o "artista del lente", su creación pertenece al ámbito de la post-fotografía. Con la apropiación de imágenes ajenas, artistas norteamericanos como Sherrie Levine y Richard Prince cuestionaban el estatus "único" de la obra de arte. Para el artista cubano, la imagen "prestada" es instrumento para una íntima reflexión sobre el tiempo y la identidad personal.

Tras su participación en *Volumen I* (1981), exposición catalogada de "desafío" por la crítica sociológica y esquemática del momento (Tomás, 1981, 340), las primeras incursiones de Fors en la fotografía datan de 1982. En esas obras, el artista enfocaba artículos del entorno doméstico a la manera de *objets trouvés* y documentaba intervenciones relacionadas con la instalación *Hojarasca* de 1981. La recepción no fue exactamente calurosa: todavía a inicios de la década de 1980, la conciencia estética y la educación artística cubanas concebían el arte y la fotografía como entidades separadas. Si bien el arte se exponía en galerías, la fotografía pertenecía al ámbito de los periódicos y las ideologías colectivas, y era juzgada como expresión directa del entorno social.

Sin embargo, su exploración del campo "fotográfico" se insertaba en una línea *underground* del arte cubano del siglo XX: el cuestionamiento de la "verdad" fotográfica. Pese a la hegemonía de la foto "directa", existían precedentes históricos: los *collages* de Enrique Riverón, Carlos Enríquez y Marcelo Pogolotti en la década de 1930, la manipulación fotográfica mostrada en la exhibición *Fotomentira* de 1966, la pintura basada en fotos de Antonia Eiriz y Raúl Martínez, la documentación de acciones plásticas por Leandro Soto en 1980, y aun la formulación de discursos de carácter surrealista de Gory (Rogelio López Marín). Es la poética de Fors la que asume un rol relevante en la reevaluación de esta "tradición" y en el surgimiento posterior de nuevos enfoques post-fotográficos.

En 1985 aparece la esencial fuente nutricia del artista: el archivo fotográfico de Alberto José Fors (1885–1965), abuelo paterno y científico, considerado el padre de la silvicultura cubana por sus extensas investigaciones. A la increíble colección de su abuelo, Fors adicionó cartas, postales y objetos del entorno familiar, todos preservados con celo y disponibles como *ready-mades* para ser integrados a las obras. Se trata de un procedimiento creativo más cercano a la edición; el artista selecciona varias imágenes de este fondo y las vuelve a retratar. Las impresiones (copias) serán posteriormente agrupadas según estructuras visuales simples: cuadrículas, círculos, líneas que se intersecan. Aunque bidimensionales, estos ensamblajes complejos se proyectan hacia la escultura y las instalaciones.

Manos es una pieza excepcional dentro de la exquisita creación

Although José Manuel Fors has been cast as a photographer, or "artist of the lens," his creations belong to the genre of post-photography. By appropriating images from others, American artists such as Sherrie Levine and Richard Prince questioned the status of the art work as a "unique" phenomenon. For the Cuban artist, the "borrowed" image is an instrument for a personal reflection on time and individual identity.

After his participation in *Volumen I*, the groundbreaking 1981 exhibition that was labeled a "challenge" by the sociological and schematic criticism of the day (Tomás, 1981, 340), Fors's initial forays into photography took place in 1982. In those works, he treated household items as *objets trouvés*, and documented interventions related to his 1981 installation, *Hojarasca* (Fallen Leaves). He did not meet with an entirely warm reception; in the early 1980s, Cuban aesthetic consciousness and artistic education still conceived of art and photography as unrelated entities. Art was exhibited in galleries; photography belonged to the world of journalism and collective ideologies, and was considered a direct record of the social environment.

But Fors's exploration of the photographic field inserted itself into an "underground" current of 20th-century Cuban art: the questioning of photographic truth. Despite the hegemony of the "direct" photograph, historical precedents existed: the collages made by Enrique Riverón, Carlos Enriquez, and Marcelo Pogolotti in the 1930s; the photographic manipulations featured in the 1966 exhibition *Fotomentira* (Photolie); photo-based paintings of the 1960s by Antonia Eiriz and Raúl Martínez; the documentation of visual performances by Leandro Soto in 1980; and even the surrealist discourses by Gory (Rogelio López Marín). Fors's poetics played an important role in the re-evaluation of this "tradition," and in the later emergence of a new post-photographic approach.

In 1985, the artist's principal source of inspiration surfaced: the photographic archives of his paternal grandfather, Alberto José Fors (1885–1965), a scientist considered the father of Cuban forestry. Fors enriched his grandfather's astonishing collection with letters, postcards, and family heirlooms, all assiduously preserved and available for inclusion in his work as "ready-mades." The artist's creative process is similar to editing; he selects images from this trove and re-photographs them, then groups the reprints according to simple visual structures: grids, circles, intersecting lines. Though two-dimensional, these complex assemblages evolve toward sculpture and installation art.

Manos (Hands) is an exception among Fors's evocative works: detailed visions of the body and its parts generally don't appear in

del artista. En sus composiciones no aparecen visiones detalladas del cuerpo humano o sus partes. Las manos que se detallan en esta pieza proceden de las extremidades del propio artista. A diferencia de otros creadores que harían de ellas una suerte de autorretrato, a Fors no parece interesarle ese nivel de identificación personal. Las manos ocupan solamente un pequeño espacio de cada fragmento fotográfico, y han sido dispuestas a modo de mosaico, en una organización serial. Los recuadros han sido empastados a la manera de una imagen caleidoscópica sobre un eje central, lo cual provoca la integración de unos a otros como si se multiplicaran. Es quizás un paisaje humano, y a la vez un íntimo homenaje al oficio y la laboriosidad.

Manos, 1992

Procedencia: Panamerican Art Gallery.

Exposiciones: *Four Cuban Photographers*, Couturier Gallery, Los Ángeles, Estados Unidos, 2001. *Shifting Tides: Cuban Photography after the Revolution*, Los Angeles County Museum of Art, Los Ángeles, Estados Unidos, 2001, Grey Art Gallery, New York University, Nueva York, Estados Unidos, 2001, Museum of Contemporary Photography, Chicago, Estados Unidos, 2002.

Referencias: Catálogo, *Four Cuban Photographers*, p. 24. Wride, Tim B., ed., catálogo, *Shifting Tides: Cuban Photography after the Revolution*, pp. 98–99. Díaz, Desireé, "El Tiempo Restaurado", *ArteCubano* 2/2001, La Habana, portada y p. 21.

his art. The hands depicted in *Manos* are the artist's own. Other artists might treat such a work as a self-portrait, but Fors does not seem interested in that level of personal identification. The hands occupy only part of each photographic fragment; the pieces have been arranged in series, almost like a mosaic. The squares have been positioned in the manner of a kaleidoscopic image shifting around a central axis; they appear to merge into each other and multiply. It is perhaps a human landscape, and at the same time, an intimate homage to human labor, artistry, and zeal.

Hands, 1992

Provenance: Panamerican Art Gallery.

Exhibitions: *Four Cuban Photographers*, Couturier Gallery, Los Angeles, United States, 2001. *Shifting Tides: Cuban Photography after the Revolution*, Los Angeles County Museum of Art, Los Angeles, United States 2001, Grey Art Gallery, New York University, New York, United States, 2001, Museum of Contemporary Photography, Chicago, United States, 2002.

References: Catalogue, *Four Cuban Photographers*, p. 24. Wride, Tim B., ed., catalogue, *Shifting Tides: Cuban Photography after the Revolution*, pp. 98-99. Díaz, Desireé, *El Tiempo Restaurado* (Time Restored), ArteCubano 2/2001, Havana, cover and p. 21.

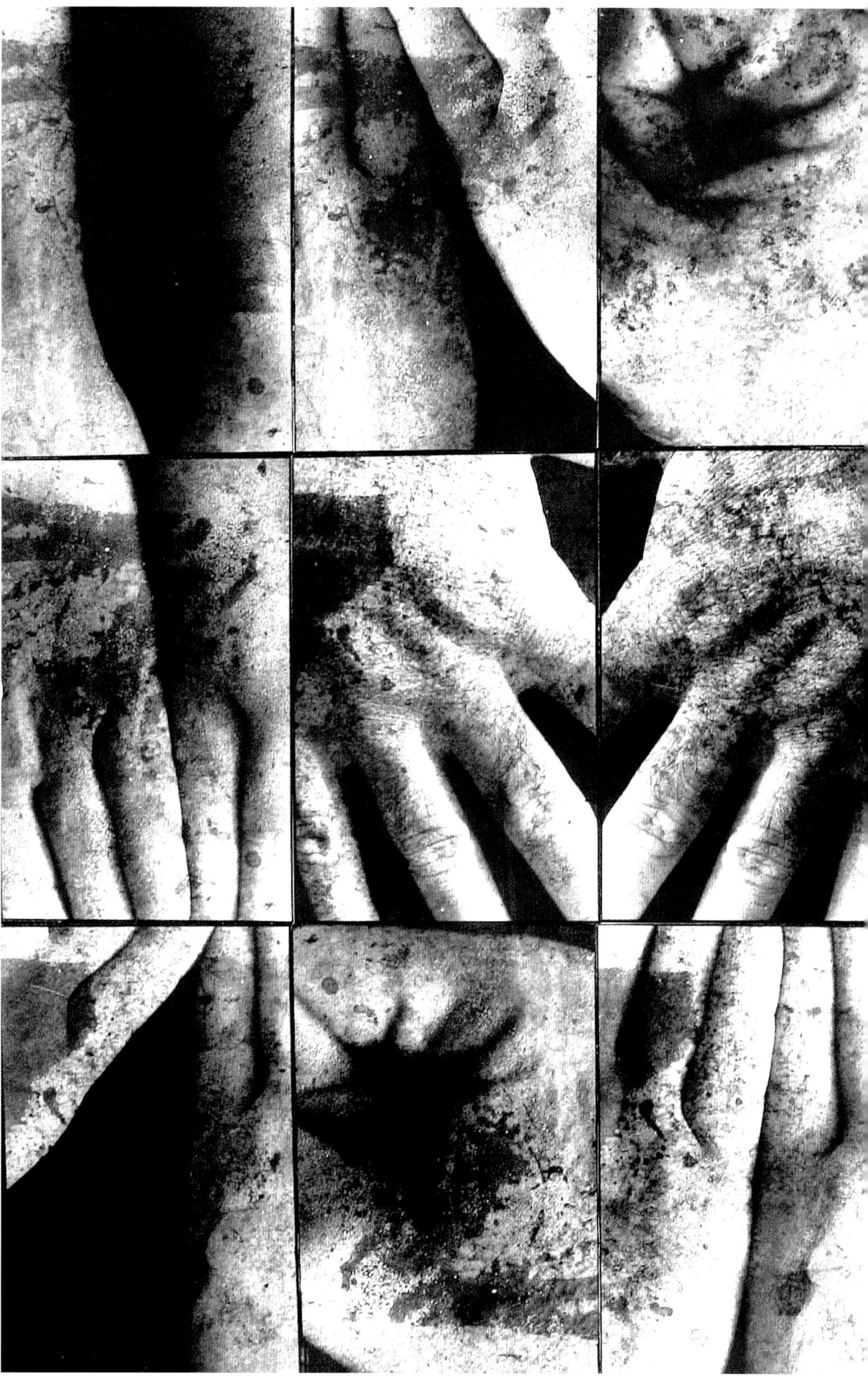

Manos, 1992
impresiones fotográficas, medidas generales 121.9 x 91.4 cm.

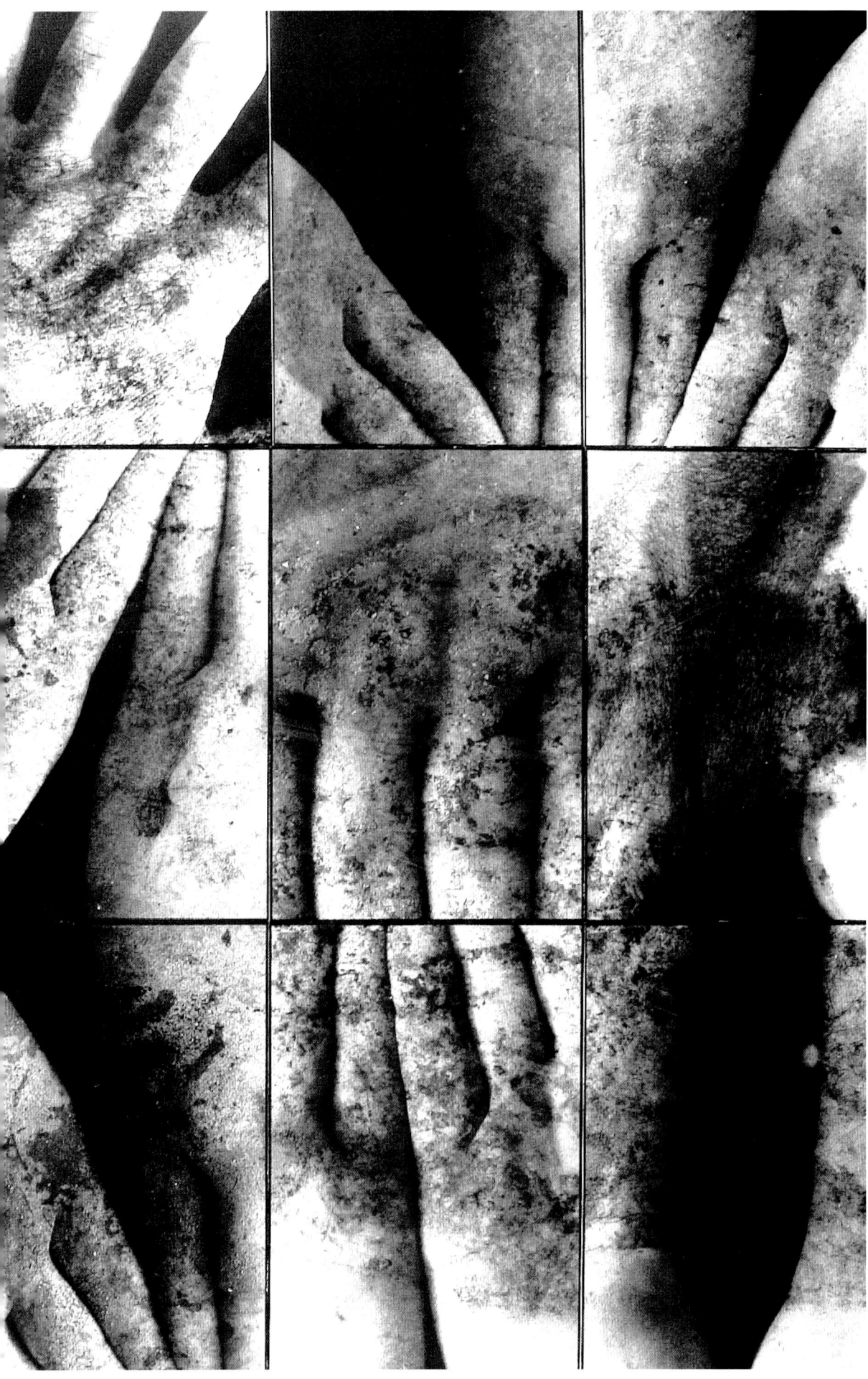

Hands, 1992
photographic prints, overall measurements 48 x 36 in.

José Franco

n. 1958, reside en Argentina | b. 1958, resides in Argentina

En 1910, el pintor francés Henri Rousseau (1844-1910), conocido como El Aduanero, realiza una de sus obras más memorables: *El Sueño*, hoy parte de la colección del Museo de Arte Moderno. Autor de piezas como *Los jugadores de fútbol* (1908, colección Philadelphia Museum of Art) y *La gitana dormida* (1897, MoMA), había recibido dos años atrás el homenaje de Pablo Picasso y otros artistas en un divertido banquete donde la vanguardia anti-académica descubría nuevos aliados en la lucha contra el arte "burgués". Antecedente del arte hoy denominado *naïve* u "outsider", la imaginación sin trabas del Aduanero se remontaba sobre los techos del París del Moulin Rouge (aún sin Nicole Kidman) para reflejar exuberantes selvas tropicales habitadas por tímidos leones, lánguidas mujeres de piel cobriza o despiadados huracanes que parecían proceder de las páginas de novelistas como Pierre Loti o Joseph Conrad. El humilde artista presentaba sus escenas como paisajes realistas observados durante el servicio militar en México. Sin embargo, sus fuentes visuales eran libros de grabados sobre países exóticos, e innumerables visitas de domingo al zoológico y los jardines botánicos de París. Como numerosos pintores de su época (y la nuestra), el artista se apropiaba de imágenes encontradas y las transformaba bajo una exaltada vena poética.

Ocho décadas después, un artista "tropical", José Franco, selecciona al Aduanero como interlocutor. En el contexto del arte de la década de 1980, Franco reivindicó, junto a Eduardo Rubén y Carlos A. García, el valor expresivo de la pintura. Sus imágenes abstractas amplificaban como camuflaje la corteza de plantas o detalles de la piel de animales, y se proyectaban hacia el espacio mediante la adición de elementos tridimensionales y objetos, en una frontera indeterminada entre arte y diseño. En *Conversación…* , París y La Habana cierran un circuito de comunicación artístico cultural abierto desde el siglo XVIII a través de traducciones y visitas, publicaciones y exposiciones que se intensificaron en el XX. La selección de Rousseau como objeto de apropiación está ligada a la postura reflexiva del arte cubano, dispuesto a canibalizar imágenes sacadas de la historia del arte, como objetos útiles para sus procesos culturales. Mediante la actitud irreverente de Franco hacia el concepto de autoría, Rousseau se ha convertido en co-autor de la obra y su firma aparece en el borde inferior derecho, como si un milagro de reencarnación temporal lo hubiese arrojado a las costas cubanas. Ahora su jungla es reelaborada desde el Caribe donde un teléfono camuflado—alta tecnología— permite la comunicación entre tiempos y culturas diversas.

Conversación 1910–1990, 1990

Procedencia: Colección del artista.

Referencias: Camnitzer, Luis, *New Art of Cuba*, 1994; reimpresión, Austin: University of Texas Press, 2003, ilust. p. 210.

In 1910, the French painter Henri Rousseau (1844–1910), known as *le Douanier* (the customs broker), created one of his more memorable pieces: *The Dream*, now in the collection of the Museum of Modern Art. The creator of such paintings as *The Football Players* (1908, Philadelphia Museum of Art) and *The Sleeping Gypsy* (1897, MoMA), Rousseau had been celebrated in 1908 by Pablo Picasso and other artists in a boisterous banquet, where the anti-academic avant-garde discovered new allies in their struggle against "bourgeois" art. A forerunner of the art known today as naïve or "outsider," *le Douanier* was blessed with a boundless imagination that soared beyond the roofs of the Moulin Rouge (still Nicole Kidman-less) to depict exuberant tropical forests inhabited by timid lions, languid copper-skinned women, or merciless hurricanes that seemed to have escaped from the pages of Pierre Loti and Joseph Conrad. The humble artist presented his paintings as realistic landscapes that he had observed during his military days in Mexico. However, his visual sources were in truth the engraved illustrations of books on exotic lands, as well as countless Sunday visits to the zoo and botanical gardens of Paris. Like many painters of his day (and ours), he appropriated found images and transformed them in an exalted, poetic vein.

Eight decades later, a "tropical" artist, José Franco, chose Rousseau as his interlocutor. In the context of 1980s art, Franco, together with Eduardo Rubén and Carlos A. García, set out to recover the expressive values of painting. Franco's abstract images enlarged the bark of plants or details of animal skins as a sort of camouflage. Projected spatially through the addition of three-dimensional elements and objects, they occupied an indeterminate frontier between art and design. In *Conversación…*, the avant-garde art movements of Paris and Havana close an artistic and cultural communications circuit that had been opened in the 1700s by translations, visits, publications, and exhibitions, and that grew more intense during the 20th century. The choice of Rousseau as the appropriated object is linked to the reflexive attitude of Cuban art, ready to cannibalize images snatched from art history as useful objects for its own cultural processes. By means of Franco's irreverent attitude toward the concept of authorship, Rousseau becomes a co-creator of the piece, and his signature appears in the lower left corner, as if a miraculous, temporary reincarnation had taken place, landing him on Cuban shores. Now his forest is re-elaborated from the Caribbean, where a camouflaged telephone—high technology—ensures communication between different eras and cultures.

Conversation 1910–1990, 1990

Provenance: Artist's collection.

References: Camnitzer, Luis, *New Art of Cuba*, 1994; reprint, Austin: University of Texas Press, 2003, illust. p. 210.

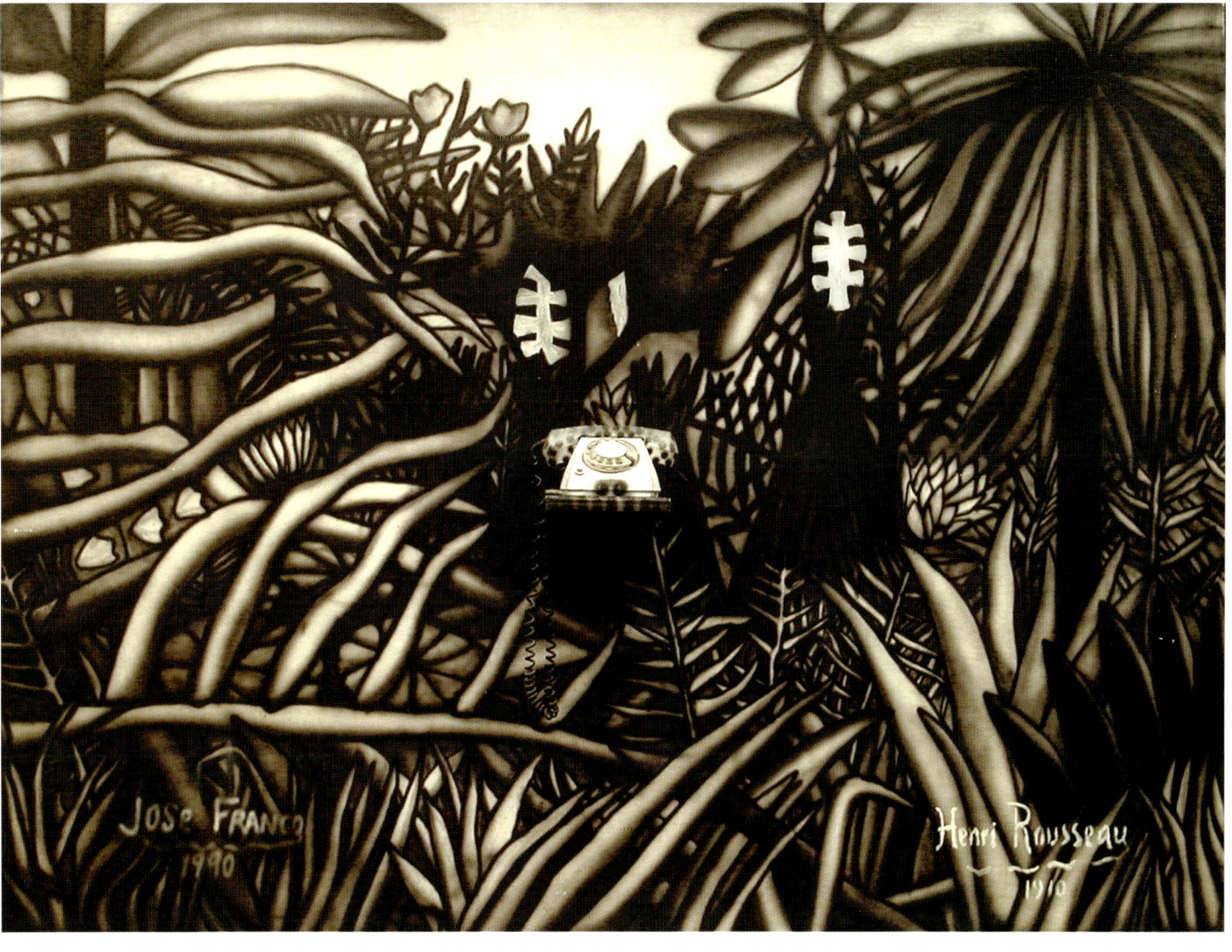

Conversación 1910–1990, 1990
óleo sobre lienzo, 150 x 200 cm.

Conversation 1910–1990, 1990
oil on canvas, 59.05 x 78.78 in.

Carlos Garaicoa Manso

n. 1967, reside en Cuba | b. 1967, resides in Cuba

Curador, junto a Esterio Segura, de la importante exposición *Las metáforas del templo* de 1993, Carlos Garaicoa ha desarrollado una obra excepcional en torno a la arquitectura, la ruina y la utopía. De su tema inicial, la ciudad de La Habana, se ha desplazado hacia Nueva York, Cuito Canavale, Valencia, Minneapolis y Venecia. Es uno de los artistas cubanos más conocidos a escala internacional y su creación ha sentado cátedra en la isla.

Rívoli o el lugar donde mana la sangre lleva el título de una pieza homónima de 1993-95, integrada por una fotografía del lugar y un proyecto arquitectónico. En visiones complementarias, la fotografía aportaba un *close-up* desapasionado del edificio—reducido a la fachada e inundado de desechos—mientras el dibujo recreaba una pirámide erigida sobre el techo, y un hilo de sangre brotando por la piel del inmueble. En texto escrito a mano, el presunto arquitecto o urbanista anunciaba el título del dibujo: *Proyecto Cruel*. Era la idea para un futuro *performance* durante el cual serían arrojados cubos de sangre sobre los restos del inmueble.

Durante el proyecto *Rívoli*, Garaicoa asumía la identidad ficticia de un arquitecto con la misión de restaurar y reformar edificios a punto de desplomarse. El desplazamiento de la autoría y la estructura fotografía-dibujo también aparecen en sus otros proyectos de la misma etapa, como *Acerca de la construcción de la verdadera torre de Babel* (1994–95), Primer sembrado de hongos alucinógenos en La Habana (1997) y Proyecto acerca del triunfo (1994-99). Las grandilocuentes soluciones contenidas en los planos se mostraban ineficaces, absurdas e incoherentes en términos prácticos. El propósito loable no lograba transformarse en hechos concretos, sino se reducía a buenas intenciones. La ruina se convertía en registro de la impotencia utópica.

"Es quizás *Rívoli…* una de las obras en que Garaicoa lleva a extremos la farsa de sus proyectos de saneamiento urbano" (Valdés 2000, 23). Transmitido por un autor ficticio, el mensaje del artista se desplazaba en varios sentidos. Edificios como la antigua joyería Rívoli, los protagonistas de los proyectos "imposibles", habían sido construidos mayormente en las primeras décadas de la República y se derrumbaban sin remedio bajo la indiferencia social. Como hiciera Piranesi con Roma, el gesto de Carlos congelaba los edificios mutilados en su trágica grandeza y los devolvía como símbolos de anomia social y pérdida de fe ante los meta-relatos de la emancipación social. La apropiación paródica del lenguaje proyectivo introducía una crítica demoledora a la figura del arquitecto moderno, forjado desde la Bauhaus en ideologías utópicas pero incapaz de proteger la piel histórica de la ciudad.

La tensión irónica entre el dibujo-proyecto y la representación fotográfica desactiva toda tentación nostálgica en la obra, un

Curator, with Esterio Segura, of the important 1993 exhibition *Las metáforas del templo* (Metaphors of the Temple), Carlos Garaicoa has created an exceptional body of work on the themes of architecture, ruins, and utopia. From his initial subject, the city of Havana, he has moved on to New York; Cuito Cuanavale, Angola; Valencia, Spain; Minneapolis, Minnesota, United States; and Venice, Italy. Garaicoa is among the best known Cuban artists internationally, and his work has achieved canonical status on the island.

Rívoli o el lugar donde mana la sangre (Rivoli, or the Place Where Blood Flows) was named after a piece of the same title made in 1993–95, transformed into a light-box photograph in 2002. The earlier work included a photograph of the location and an architectural rendering. In complementary visions, the photo offered a dispassionate close-up of the building—reduced to its façade and knee-deep in detritus—while the drawing depicted a pyramid built on the roof, and a rivulet of blood trailing down the building's surface. A handwritten text announced the drawing's title: *Proyecto Cruel* (Cruel Project). This was an idea for a future performance, in which buckets of blood were to be thrown over the ruins.

Throughout the *Rivoli* project, Garaicoa assumed the fictitious identity of an architect whose mission was to renovate and restore buildings on the point of collapse. The use of an imaginary creator and the photograph-drawing structure of the original piece also appear in his other projects of the time, such as *Acerca de la construcción de la verdadera torre de Babel* (On the Construction of the Real Tower of Babel, 1994–95), *Primer sembrado de hongos alucinógenos en La Habana* (First Cultivated Field of Psychedelic Mushrooms in Havana, 1997), and *Proyecto acerca del triunfo* (Project on Victory, 1994-99). The grandiloquent solutions laid out in those drawings were demonstrably ineffective, absurd, and incoherent in practical terms. Their laudable purpose could not be transmuted into concrete action; instead, it was reduced to good intentions. The ruins became a record of utopian impotence.

"*Rivoli…* is perhaps one of the works in which Garaicoa takes his farcical projects of urban sanitation" (Valdés, 2000, 23) to extremes. Conveyed by a fictitious creator, the artist's message reveals several meanings simultaneously. Buildings such as the old Rivoli jeweler's shop, protagonists of Garaicoa's "impossible" projects, had been built, for the most part, during the early 20th century—the first decades of the Cuban republic. By the 1990s, they were crumbling, inexorably, under the weight of time and social indifference. As Piranesi had once done with Rome, Garaicoa congealed the mutilated buildings in their tragic grandeur, turning them into symbols of social anomie and the loss of faith in the overarching narrative

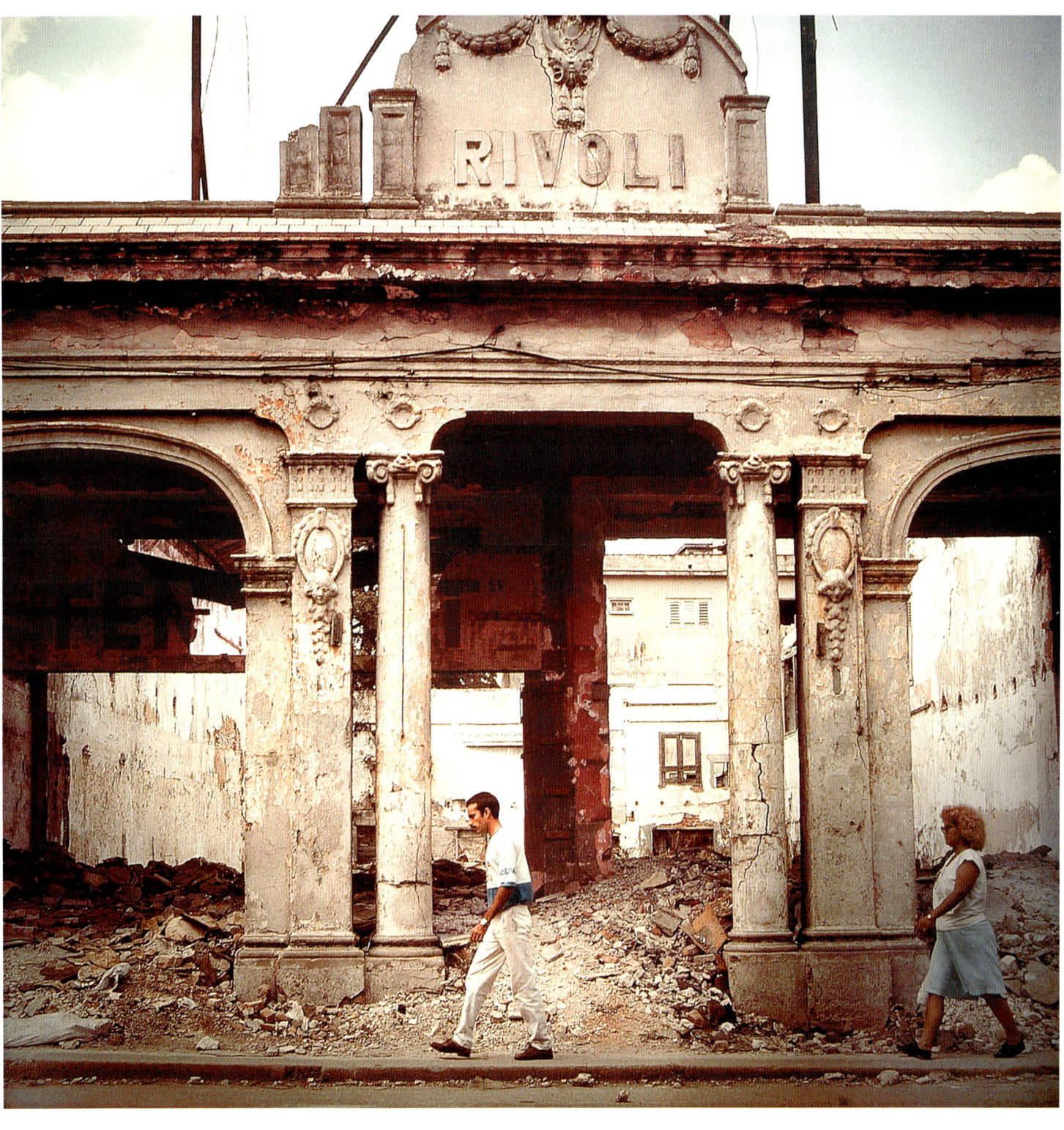

Rívoli o el lugar donde mana la sangre, 2002
fotografía a color en caja de luz, 50 x 50 cm.

Rivoli, or the Place Where Blood Flows, 2002
photographic print in light box, 19.62 x 19.62 in.

acento que Wim Wenders no supo evitar cuando representó una Habana "herida de sombras" en su film de 1998, *Buena Vista Social Club*.

Rívoli o el lugar donde mana la sangre, 2002

Procedencia: Galería Continua, Italia.

Referencias: Catálogo, *Carlos Garaicoa: la ruina, la utopía*, 2000, ilust. p. 23.

of social emancipation. His appropriation of design language was harshly critical of the modern architect as a cultural figure: infused by utopian ideologies since the Bauhaus era, but incapable of protecting the historical "skin" of the city. The ironic tension between the two elements—project drawing and photographic representation—prevented any lapse into nostalgia, as it does in the 2002 light-box work: a temptation that Wim Wenders was unable to avoid as he portrayed a Havana "pierced by shadows" in his 1998 film, *Buena Vista Social Club*.

Rivoli, or the Place Where Blood Flows, 2002

Provenance: Continua Gallery, Italy.

References: Catalogue, *Carlos Garaicoa: la ruina, la utopia* (Carlos Garaicoa: The Ruins, The Utopia), 2000, illust. p. 23.

Flavio Garciandía de Oraá

n. 1954, reside en Mecico | b. 1954, resides in Mexico

Lejos de constituir una revuelta meramente estética, las sucesivas oleadas del nuevo arte cubano, a partir de la exposición *Volumen I* de 1980, transformaron—no sin conflictos—los paradigmas institucionales y teóricos sobre las funciones y los espacios del arte en la sociedad cubana. Su contribución aún inexplorada a la economía creativa cubana se incrementa después de 1990: el arte se convierte en un producto exportable y con casi más penetración en los Estados Unidos que el legendario tabaco descubierto por Cristóbal Colón.

El asalto a la institución arte se extendió a las academias; era la estrategia para garantizar la continuidad de las nuevas actitudes culturales. La Facultad de Artes Plásticas del Instituto Superior de Arte (ISA), creado en 1976, se convirtió en el ojo del huracán.

La figura de Flavio Garciandía fue imprescindible en el ISA. Su enciclopédico conocimiento del arte, su crítica honesta frente a las obras de los estudiantes, la energía que aportaba a la renovación de los planes de estudio y el ejemplo de su propia obra le confirieron de modo espontáneo un profundo aire de autoridad entre alumnos y colegas que hoy es leyenda. Desde una tendencia foto-realista, a través de su intensa obra se rastrean las preocupaciones, poéticas y dinámicas del arte cubano, evidenciados en íconos como *Todo lo que necesitas es amor* (1975, MNBA), *Catálogo de Formas Malas* (1982), la serie basada en proverbios de 1984, y las instalaciones en el Castillo de la Real Fuerza (1989).

El arte de Garciandía implica la reconstrucción simbólica de Cuba como una fusión de espacios interculturales, sin las guetoizaciones étnico-históricas proclamadas por el multiculturalismo norteamericano en respuesta a la crisis del canon blanco europeo. Entre sus contribuciones imperecederas al arte cubano figuran: el énfasis en la visualidad de las culturas urbanas y el carácter inacabado (*work-in-progress*) de toda "identidad" (opuesto a las imágenes estereotipadas de una "cubanidad" rural), el reciclaje del *kitsch* (y no su muerte impuesta por decreto), el uso de los lenguajes postmodernos como vacuna contra el fatalismo conceptual de la dicotomía entre corriente dominante y periferia, y la potenciación del espíritu antropofágico y carroñero del artista cubano, para que se alimente de las vanguardias extranjeras para sus propios fines.

El nombre del viajero veneciano en el título enlaza *El segundo viaje…* con *El síndrome de Marco Polo*, pieza realizada en 1986. La mención es pretexto para una reflexión sobre los conceptos de lo local y lo universal, las relaciones interculturales y la capacidad "digestiva" o de asimilación de las comunidades artísticas del Tercer Mundo, sometidas por la debilidad de sus industrias culturales (no por falta de creatividad) a la subordinación y validación en los mercados del Primer Mundo.

Far from being merely an aesthetic revolt, the successive waves of new Cuban art after the 1981 *Volumen I* exhibition transformed—not without conflict—the institutional and theoretical paradigms about the function of art and its place in Cuban society. Their still-unexplored contribution to the Cuban creative economy increased after 1990: Cuban art became an exportable commodity, growing almost as popular in the United States as the legendary tobacco discovered by Christopher Columbus.

This assault on institutional art extended to the academies—a strategy that guaranteed the continuation of these new cultural attitudes. The Visual Arts Faculty at the Superior Institute of Art (ISA), founded in 1976, became the eye of the hurricane.

Flavio Garciandía was an indispensable figure in the ISA. His encyclopedic knowledge of art, his straightforward criticism of students' work, the energy he invested in redesigning the curriculum, and the example of his own art endowed him with a profound, if spontaneous, air of authority among students and colleagues alike. Beginning with his photorealist period, Garciandía's intense body of work reveals the concerns, poetics, and dynamics of Cuban art in general, in such icons as *Todo lo que necesitas es amor* (All You Need is Love, 1975, MNBA); *Catálogo de Formas Malas* (Catalogue of Bad Forms, 1982); his 1984 series based on proverbs; and the installations at Castillo de la Real Fuerza in Havana (1989).

Garciandía's art implies the symbolic reconstruction of Cuba as a fusion of intercultural spaces, without the ethnic-historical ghettoization proclaimed by North American multiculturalism in response to the crisis of the white European canon. Among his more lasting contributions to Cuban art are his emphasis on the visual elements of urban culture, and the unfinished, work-in-progress character of "identity" (as opposed to stereotyped images); the creative recycling of kitsch, rather than its death, imposed by official decree; the use of postmodern language as an antidote to the conceptual fatalism implied by mainstream/periphery dichotomy; and the empowerment of a scavenging, cannibalistic spirit—feeding freely on foreign avant-gardes for one's own purposes—among Cuban artists.

The name of the Venetian traveler in the title links this work, *El segundo viaje de Marco Polo* (The Second Voyage of Marco Polo) with *El síndrome de Marco Polo* (The Marco Polo Syndrome), a piece that Garciandía created in 1986. The reference is a pretext for reflection on the concepts of the local and the universal, on intercultural relationships, and on the "digestive" or cannibalistic capacity of Third World artistic communities—subjected, through the weakness of their cultural industries (not lack of creativity), to subjugation and validation in the art markets of the First World.

Originalmente exhibida junto a macetas de diseño "chino" y plantas vivas, la obra es una jungla tropical, un coctel de referencias visuales extraídas de los íconos políticos, las subculturas urbanas cubanas, el canon occidental y norteamericano del arte, mezclados de manera frenética y a alta intensidad de cocción. Esa carnavalización de motivos introduce una mirada emplazada desde Cuba, para observar las tradiciones culturales de manera distanciada. El estilo típico de Pollock, bandera de la libertad artística occidental durante la Guerra Fría, ha sido reciclado con humor en cálido y vibrante fondo. Las hoces y los martillos, símbolos del comunismo, han sido transformados en criaturas antropomórficas. El *glitter* o "polvo de nieve", herramienta expresiva del *kitsch* más ornamental, delinea a contraluz las siluetas agresivas de las plantas decorativas *Miami-style*, colocadas junto a las abstracciones suprematistas de Malevich. La obra de Flavio brinda una vista original a los trofeos que el viajero lleva a casa tras concluir su viaje por el mundo. En este caso, los *souvenirs* proceden de diversos momentos del arte, de fuentes "altas" y "bajas" de la cultura visual, del Este y el Oeste, procesados según la voluntad, utópica e irónica, de un artista cubano.

El Segundo Viaje de Marco Polo, 1992

Procedencia: Colección del artista.

Exposiciones: *Art from Latin America. La Cita Transcultural*, Museum of Contemporary Art, Sydney, Australia, 1993.

Referencias: Catálogo citado.

In its debut exhibition, *El Segundo Viaje…* was surrounded by live plants and flowerpots of "Chinese" design: a tropical jungle, a cocktail of visual references extracted from political icons, Cuba's urban subcultures, and the European and North American art canon, all frenetically mixed at a high temperature. This carnivalesque motif introduces a point of view firmly situated in Cuba, from which all other cultural traditions are observed at a distance. The style of Jackson Pollock—emblem of Western artistic freedom during the Cold War—has been recycled, with humor, into a warm, vibrant background. The hammers and sickles, symbols of communism, have been transformed into anthropomorphic creatures. That expressive tool of ornamental kitsch, glitter—known in Cuba as "snow dust"—delineates, against the light, the aggressive outlines of the Miami-style decorative plants, arranged side by side with Malevich's Suprematist abstractions. *El Segundo Viaje…* offers an original take on the trophies brought home by the traveler after a voyage around the world. In this case, the souvenirs come from different artistic movements—from sources of visual culture both "high" and "low," from the East as well as the West, processed according to the will, utopian and ironic, of a Cuban artist.

The Second Voyage of Marco Polo, 1992

Provenance: Artist's collection.

Exhibitions: *Art from Latin America. La Cita Transcultural* (Transcultural Rendezvous), Museum of Contemporary Art, Sydney, Australia, 1993.

References: Cited catalogue.

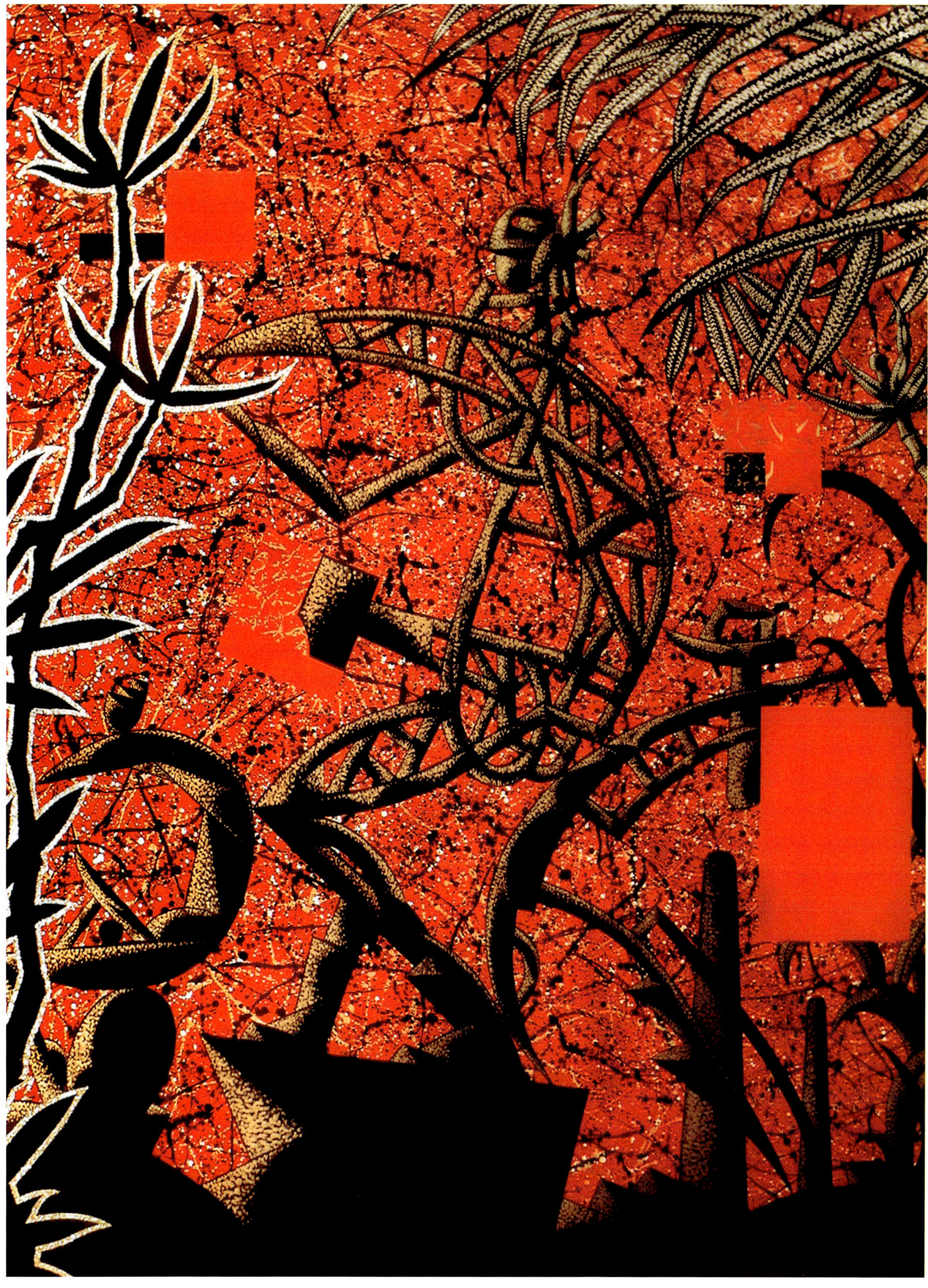

El Segundo Viaje de Marco Polo, 1992
óleo y *glitter* sobre lienzo, 230 x 180 cm.

The Second Voyage of Marco Polo, 1992
oil and glitter on canvas, 99 x 74 in.

Eduardo Hernández Santos

n. 1966, reside en Cuba | b. 1966, resides in Cuba

El reconocimiento del tema homoerótico en el arte cubano actual es un proceso relativamente reciente (Santana, 2000). La inexistencia de grupos sociales de existencia pública y comprometidos en develar las "otras" historias del arte cubano, así como el lento avance de los estudios culturales, han centrado en la literatura o las religiones afrocubanas las escasas investigaciones sobre este aspecto marginado pero inalienable de la cultura nacional.

Las imágenes *queer* producidas en los últimos años no reivindican de manera frontal los derechos de este sector de la población, ni exigen la diversidad sexual en las representaciones de la familia ofrecidas por los medios de comunicación. A diferencia de grupos activistas norteamericanos como ACT UP, estas obras proponen tácticas de resistencia y desmontaje de la norma heterosexual sobre el cuerpo, acuden al despliegue esteticista de los mitos tradicionales usados desde el arte para abordar estos temas y testimonian la violencia unilateral impuesta sobre la masculinidad por las ideologías falocráticas y patriarcales. (Las apuestas por una deconstrucción de signo lesbiano son frecuentes en la narrativas literarias; en las artes visuales permanecen casi invisibles.)

Desde 1992, Eduardo Hernández Santos es el artista cubano de más intensa creación en este sentido. Egresado del Instituto Superior de Arte (ISA) como grabador, Hernández se inicia en la fotografía bajo la influencia de la obra del artista *maudit* Robert Mapplethorpe, quien se apropia de numerosas imágenes del manierismo italiano y el academicismo del siglo XIX. Rápidamente Hernández asume un camino propio, alimentado por su sensibilidad individual y profundo conocimiento de la historia del arte, que lo conduce desde la imagen fotográfica única, tomada en estudio, hacia el collage y las interacciones entre fotografías y medios mixtos.

Este *collage*, expuesto en el evento de *La Huella Múltiple* (1999) con el estímulo de Belkis Ayón, pertenece a un conjunto de piezas realizadas desde 1994 en una técnica similar. El formato horizontal alargado de la pieza rememora los panoramas y paisajes del siglo XIX, ávidos en recoger los múltiples detalles de las ciudades o la irrupción de las nuevas tecnologías en el espacio rural. Sin embargo, esta pieza revela la construcción de un espacio urbano y ambiguo creado de manera meticulosa con imágenes cortadas de libros de arte: *palazzos* y cúpulas florentinas, edificios del barroco alemán, grabados flamencos y el rinoceronte de Durero, en mezcla con desnudos tomados por Eduardo y referentes de la arquitectura habanera (el Capitolio, la catedral del siglo XVIII, la Fuente de la India). Usualmente destinado a interferir la unicidad del espacio pictórico, las múltiples piezas del *collage* se integran sorprendentemente en un continuo visual que no corresponde a ciudad específica

The acknowledgement and tracing of homoerotic themes in contemporary Cuban art is a relatively new process (Santana, 2000). The few investigations into this marginalized but inalienable facet of Cuban national culture have focused on literature or Afro-Cuban religions. This is due to a lack of pressure by publicly recognized social groups committed to unveiling the "other" history of Cuban art, as well as the slow progress of cultural studies.

The queer images produced during the last few years do not strive overtly for a vindication of homosexual rights. Nor do they call for sexual diversity in mass-media representations of the family. Rather than the activism exemplified by North American groups like ACT UP, these works reflect a different range of tactics: resisting and deconstructing heterosexual body norms; utilizing an aestheticized, art-historicized presentation of traditional myths to accomplish these tasks; and denouncing the violence imposed on masculinity by phallocratic and patriarchal ideologies. (A lesbian perspective on textual deconstruction appears frequently in Cuban literary narratives; in the visual arts, however, it is practically nonexistent.)

Since 1992, Eduardo Hernández Santos has been the Cuban artist to focus most intensively in this field. Hernández graduated from the Superior Institute of Art (ISA) as a printmaker; his beginnings as a photographer were influenced by the work of artist *maudit* Robert Mapplethorpe, who appropriated numerous images from Italian Mannerism and 19th-century academicism. Hernández quickly developed his own style, nurtured by a singular sensibility and a profound knowledge of art history. From the unique, studio-produced photographic image, his work evolved toward collage and the interaction between photography and mixed media.

The collage *Lo que es...* was exhibited in *La Huella Múltiple* (The Multiple Imprint) in 1999, thanks to artist-curator Belkis Ayón, who praised it warmly. It belongs to a set of pieces made since 1994. The long horizontal format recalls the 19th-century panoramas and landscapes that avidly sought to document cities in a multiplicity of detail, or to record the irruption of new technologies in rural spaces. This piece, however, meticulously constructs an ambiguous urban space using images cut from art books: Florentine domes and palazzos, German baroque buildings, Flemish engravings, and Dürer's rhinoceros, mingled with nudes shot by Hernández himself. There are references to Havana architecture, including the Capitol, the 18th-century cathedral, and *La Fuente de la India*, the Fountain of the Indian Woman, a well-known landmark. Usually intended to disrupt the unity of the pictorial space, the multiple pieces of this collage surprisingly blend together in a visual continuum that corresponds to no identifiable city. This is not Alejo

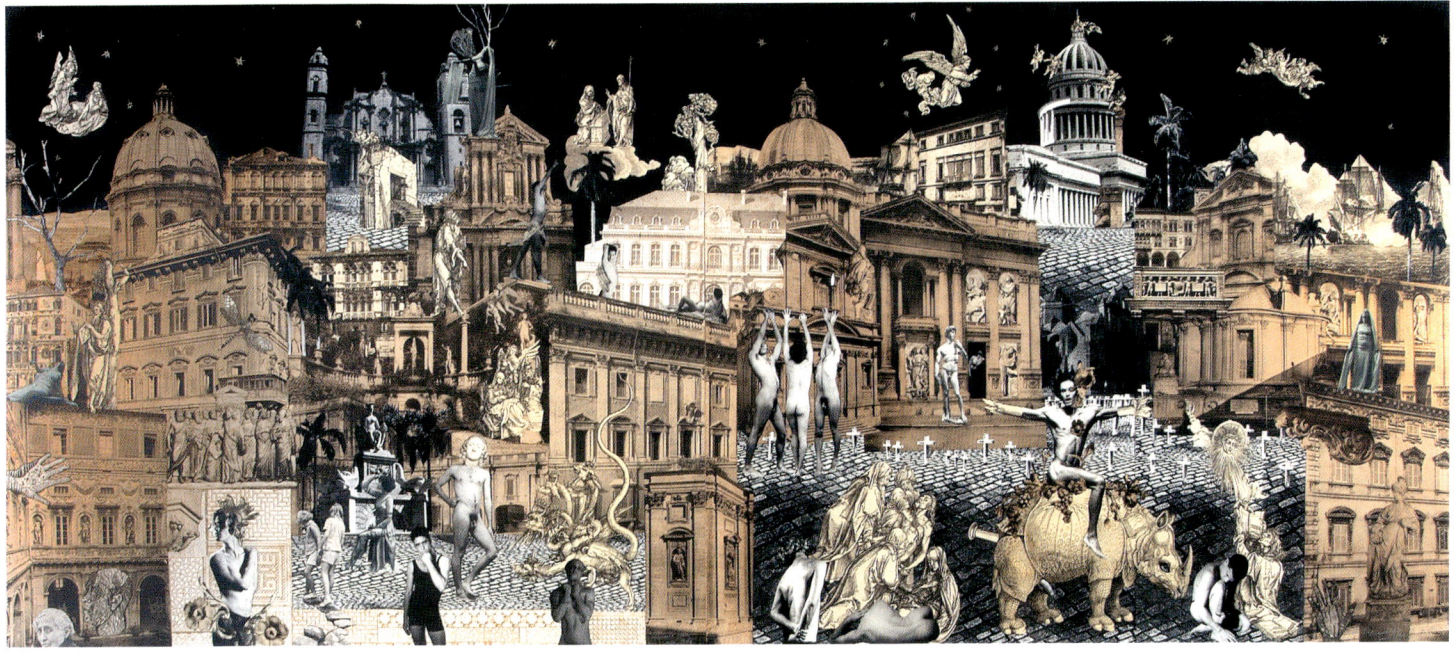

Lo que es, lo que no es y lo que es no siendo, 1999
collage, 91 x 212 cm.

What Is, What Is Not, and What Is Without Being, 1999
collage, 35.75 x 83.5 in.

alguna. Esta no es la "ciudad de las columnas" de Alejo Carpentier, ni el Vedado nocturno de Cabrera Infante, ni tampoco la evocación barroca de Severo Sarduy. Según los referentes estilísticos, podrían ser fragmentos o rincones de una metrópolis neoclásica, como La Habana cercana al Parque Central, espacios de Roma o incluso Buenos Aires.

A Eduardo, sin embargo, no le preocupa la identificación geográfica. Hemos llegado a una ciudad de ensueño donde el deseo recorre afiebrado las calles, a una plaza aún no conquistada por las huestes del cólera y del *SIDA*, animadas por la desconfianza y la razón clínica. El rinoceronte de Durero sodomizado, el descendimiento de Cristo junto a desnudos masculinos, las imágenes de cuerpos mortificados o transformados en Tres Gracias, San Sebastianes o íconos de belleza, son marcas de una urbe donde "no hay regulación pública, ni control sobre la intimidad. El cuerpo genérico, desatendido de sus marcas establecidas, yace víctima gozosa del placer y la pena, el deseo y el miedo" (Santana 2002).

Lo que es, lo que no es y lo que es no siendo, 1999
Procedencia: Colección del artista.
Exposiciones: *La Huella Múltiple*, Centro de Desarollo de las Artes Visuales, La Habana, 1999.

꿔

La obra de Eduardo Hernández, junto a René Peña, Marta María Pérez, Magdalena Campos, Cirenaica Morera, Elsa Mora, Abigaíl González, Alain Pino, integra un corpus post-fotográfico cuyos conceptos se apartan del canon de autoridad aún vigente en la década de 1980: la denominada fotografía "de la Revolución".

También nombrada fotografía "épica" en Cuba, las imágenes de Corrales, Korda, Agraz, Noval, Ernesto Fernández, Romero, y Salas en la década de 1960, documentaron el surgimiento de un nuevo protagonista histórico—el cuerpo proletario o campesino, armado y uniformado—y un espacio urbano jerarquizado: la plaza, el ágora donde las masas populares se identificaban con los líderes de la Revolución.

Las fotos de esa era recurrían a grandes tomas panorámicas o utilizaban lo que Henri Cartier-Bresson llamó el "instante decisivo" para resaltar rostros anónimos "típicos" y zonas corporales relacionadas con funciones militares o productivas. Los títulos eran genéricos y evitaban toda identificación individual. En una nación en perpetuo pie de guerra, la publicación de esas fotografías en los medios de prensa (*Revolución, Granma, Cuba Internacional*) invitaba al lector a identificarse con la imagen, como si estuviera ante un espejo.

Sin embargo, esta narrativa fotográfica no penetró en el espacio doméstico—también zona de conflicto entre la ideología nueva y la antigua—ni enfocó la ciudad como nodo de contradicciones sociales. Cerró puertas al uso expresivo de las ambigüedades semánticas y reiteró el criterio de la "verdad" fotográfica. La visión de los "vencidos"—miembros de la burguesía, profesionales y técnicos, así como practicantes de "conductas impropias" como *hippies*, travestis, homosexuales y sectores lumpen-proletarios—quedó "fuera de foco". La foto policial y la imagen (snapshot) tomada por aficionados son territorios aún inéditos donde se podrían rastrear esas presencias, ignoradas en el aliento coral del momento.

Carpentier's "City of Columns," nor Guillermo Cabrera Infante's nocturnal Vedado, nor Severo Sarduy's baroque evocations. Judging from the stylistic references, these could be fragments of a neoclassical metropolis such as the area of Havana close to Central Park, or some views of Rome, or even Buenos Aires.

But Hernández does not concern himself with any kind of geographical identification. We have arrived at a dream city, where desire feverishly prowls the streets. It is a place still unconquered by the cholera-ridden, AIDS-plagued hordes, gripped by mistrust and a clinical coldness. The sodomizing of Dürer's rhinoceros, Christ descending from the Cross surrounded by male nudes, the images of bodies tortured or transformed into the Three Graces, Saint Sebastians, and other icons of beauty are the marks of a city where "there is no public regulation, no control over intimacy. The generic body, unconcerned by established limits, lays as a joyous victim of pleasure and pain, desire and fear" (Santana, 2002).

What Is, What Is Not, and What Is Without Being, 1999
Provenance: Artist's collection.
Exhibitions: *La Huella Múltiple* (The Multiple Imprint), Center for the Development of the Visual Arts, Havana, 1999.

꿔

Along with René Peña, Marta María Pérez, María Magdalena Campos-Pons, Cirenaica Morera, Elsa Mora, Abigaíl González, and Alain Pino, Eduardo Hernández creates a post-photographic body of work whose concepts stray from the authoritative canon that was still in place in the 1980s: the so-called photography "of the Revolution."

Also known in Cuba as "epic" photography, the images shot in the 1960s by Corrales, Korda, Agraz, Noval, Ernesto Fernández, Romero, and Salas documented the birth of a new historical protagonist—the proletarian and peasant body, armed and uniformed—as well as an urban space made hierarchical: the revolutionary square, the place where the masses identified with the leaders of the Revolution. Photographs from that era featured broad panoramic views, or used what Henri Cartier-Bresson termed "the decisive moment" to highlight "typical" anonymous faces or parts of the body related to military or productive functions. The titles were generic and avoided personal identification. For a nation on a perpetual wartime footing, publication of those photographs in such newspapers as *Revolución*, *Granma*, and *Cuba Internacional* invited the reader to identify with the image as if looking in a mirror.

But this photographic narrative did not enter the intimacy of domestic spaces—also contested territory between old and new ideologies—nor did it focus on the city as a node of social contradictions. It closed its doors to the expressive use of semantic ambiguities, and reinforced the idea of a straightforward photographic "truth." What was called the "view of the defeated"—members of the bourgeoisie, professionals, technical specialists, as well as practitioners of "improper conduct" such as hippies, transvestites, homosexuals, and the lumpenproletariat—remained out of camera range. In Cuba, the police mug shot and the amateur snapshot are still uncharted territories where those presences, ignored in the collective inspiration of that long-ago moment, may someday be traced.

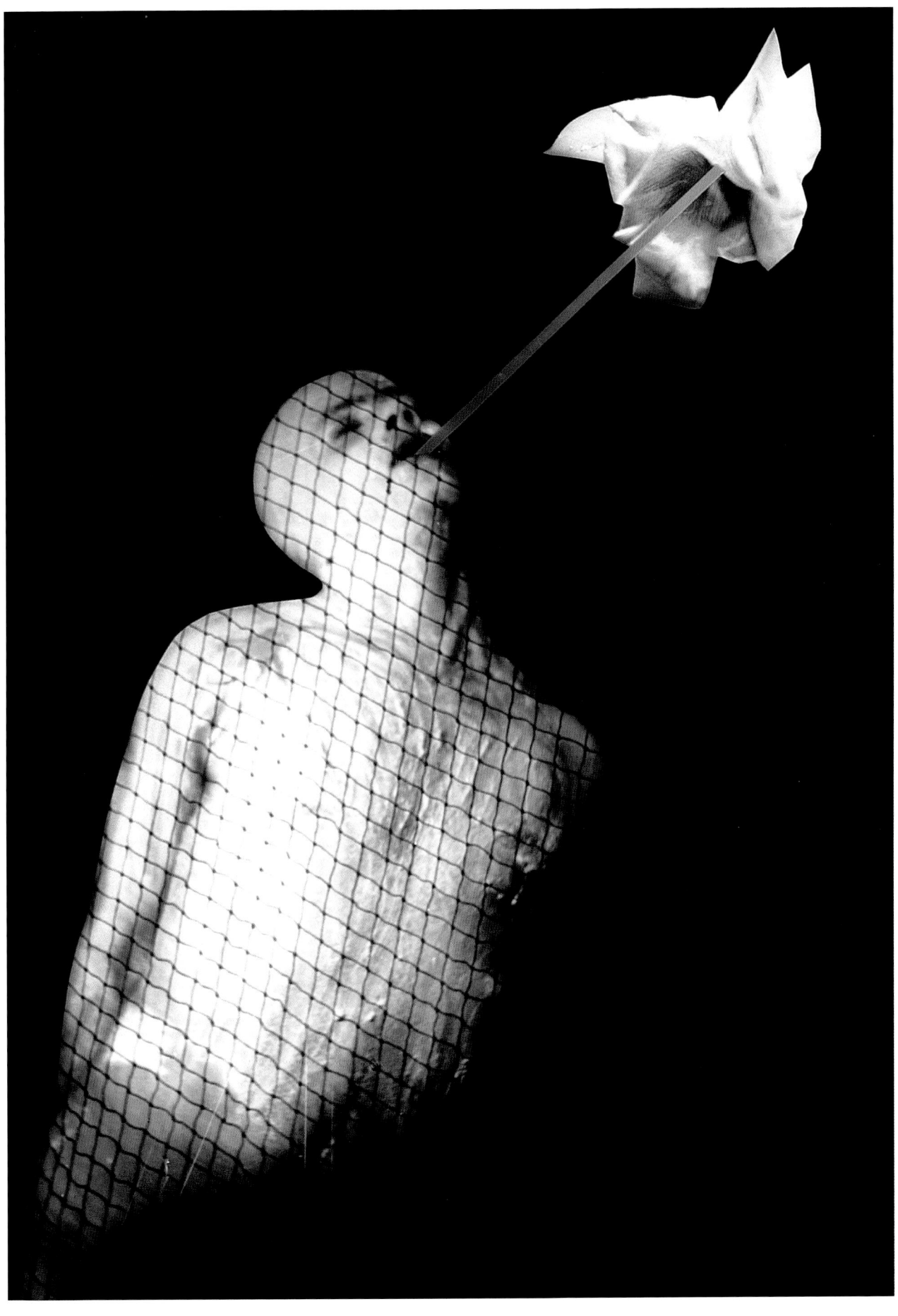

Corpus Fragile, 1997
fotografía y *collage*, 55.9 x 50.8 cm.

Corpus Fragile, 1997
photography and collage, 22 x 20 in.

Corpus Fragile expone el cuerpo masculino como escenario de una guerra sin término entre las normas sociales y el deseo de trascenderlas, entre los himnos amplificados de la historia y la música *sotto voce* de las micro-historias privadas. El dispositivo fotográfico renuncia al espacio "exterior" y se concentra en la puesta en escena de un no-espacio, de una dimensión completamente simbólica. En largas sesiones de estudio con modelos no profesionales, Eduardo se apropia de la metodología de la pintura académica del siglo XIX e inicios del XX, y transforma a su antojo el cuerpo vivo en un molde infinito de posibilidades plásticas, pero no enmascara el carácter ficcional de su manipulación. Si en la obra de Robert Longo el vestuario delata las referencias sociales de los sujetos, en *Corpus…* el cuerpo es presentado sin más armas que su propia desnudez.

Sobre la imagen premeditada y el negativo perfecto, Eduardo aplica diversos materiales—vidrio fragmentado, fórceps, fragmentos de textiles y raíces vegetales, planchas metálicas, cuerdas, o flores recortadas—y los coloca en armonía con las poses de la imagen impresa anteriormente obtenida. Contorsionado o sometido, amarrado, abierto en canal o penetrado por remaches, el cuerpo masculino evidencia la "debilidad" de su construcción social y denuncia las fuerzas externas que lo educan y desintegran. De los desnudos ambiguos de Servando Cabrera Moreno en la década de 1960 al *Corpus Fragile* de Hernández, emerge la crónica de un "cuerpo cubano" en busca de su emancipación e invisibilidad ante las clasificaciones intrusas del poder normalizador.

Corpus Fragile, 1997

Procedencia: Panamerican Art Gallery.

Exposiciones: *Cuando los cuerpos se confiesan*, Galería L, La Habana, 1998. *Corpus Fragile*, Galería La Casona, La Habana, 2002.

Corpus Fragile exposes the male body as the battlefield in an endless war between social norms and the desire to transcend them, between the amplified hymns of history and the *sotto voce* music of private micro-histories. The camera forsakes the "exterior" space and concentrates on a *mise-en-scène* set in a non-space of completely symbolic dimension. In long studio sessions with nonprofessional models, Hernández appropriates the methods of academic painting in the 19th and early 20th centuries, capriciously transforming the living body into a mold of infinite visual possibilities without masking the fictional character of his manipulations. Whereas in Robert Longo's work, the subject's social status is revealed by his garments, in *Corpus…* the body is presented with no armor but its own nakedness.

On top of the premeditated image and the perfect negative, Hernández applies a variety of materials: glass shards, forceps, fragments of fabrics and plant roots, metal plates, pieces of string, or cut flowers, arranged to complement the previously printed image. Contorted or subjugated, tied up, split open, or pierced by spikes, the male body attests to the "weakness" of its social construction, and denounces the external forces that both educate and disintegrate it. From Servando Cabrera Moreno's ambiguous nudes of the 1960s to Hernández's *Corpus Fragile*, we can trace the emerging chronicle of a "Cuban body," in search of its own emancipation and invisibility before the intrusive classifications of a standardizing, normalizing power.

Corpus Fragile, 1997

Provenance: Panamerican Art Gallery, Dallas.

Exhibitions: *Cuando los cuerpos se confiesan* (When Bodies Confess), L Gallery, Havana, 1998. *Corpus Fragile*, La Casona Gallery, Havana, 2002.

Kcho (Alexis Leyva Machado)

n. 1970, reside en Cuba | b. 1970, resides in Cuba

Hijo de un carpintero y una maestra de Artes Visuales, quien le enseñó con rigor sus primeras nociones de dibujo, Kcho obtuvo su título en Pintura y Dibujo de la Escuela Nacional de Arte (ENA), fundada en 1961. En 1991, fue incluido en la importante exposición *Los Hijos de Guillermo Tell*, junto a destacados creadores de la generación de la década de 1980 como José Bedia, Flavio Garciandía, Gustavo Acosta, Glexis Novoa, Tomás Esson y Marta María Pérez.

La isla de mis sueños es un testimonio de las urgencias expresivas de Kcho en el año de su graduación. Con obsesión descriptiva, los grabadores holandeses y franceses del siglo *XVIII* incluían en sus planos cartográficos todos los detalles geográficos de Cuba, sus montañas y ensenadas. El joven artista asume otro camino, mucho más arriesgado: más que describir a Cuba, quiere simbolizarla. Y así fusiona la condición insular del país con las angustias de su propia época en una metáfora deslumbrante de múltiples capas: la isla ha dejado de ser tierra firme y se ha transformado en un salvavidas: una goma de camión similar a las utilizadas por los balseros cubanos en el peligroso derivar hacia las costas de la Florida. Pero en la Cuba de 1990, no sólo son los balseros los que sienten la fragilidad de su destino. La Unión Soviética se ha evaporado y en el Mar Caribe, escorada y con las luces apagadas, una nación entera intenta sobrevivir, y espera.

El título de la pieza, expresión de un deseo insatisfecho o la enunciación de un concepto, ha sido caligrafiado en la zona inferior de la imagen para facilitar la observación y la lectura simultáneas. El dibujo, suelto y firme, configura las texturas de los materiales naturales involucrados, pero no respeta la convención bidimensional del género. Para Kcho, el espacio vacío es un banco de pruebas que envuelve y da sentido a sus ideas tridimensionales. Más que dibujar, esculpe sobre el papel. Como extrapolaciones de su frase "el dibujo es el soporte de la idea", estas piezas funcionan como dibujos autónomos, pero son al mismo tiempo proyectos posibles para piezas escultóricas. Son las marcas de un proceso de pensamiento y la posibilidad de su utopía. A partir de Kcho, se inicia para el arte cubano actual (y sus coleccionistas) la valorización del dibujo como artefacto proyectivo.

Aunque algunos críticos relacionaron a Kcho con Juan Francisco Elso, uno de los pioneros de *Volumen I*, o con Arte Povera, por las referencias e inclusión de materiales naturales, la imagen *low-tech* ofrecida por el artista se insertaba con derecho propio en las búsquedas post-conceptuales del arte de la década de 1990. Escultores como Alejandro Aguilera o Alexis Somoza investigaban la connotación "ideológica" de los materiales escultóricos clásicos y la aplicaban al

The son of a carpenter and a visual arts teacher who rigorously taught him his first notions about drawing, Kcho obtained his degree in Painting and Drawing at the National School of Art (ENA), founded in 1961. In 1991, he was included in the influential exhibition *Los Hijos de Guillermo Tell* (The Sons of William Tell), among such prestigious artists of the 1980s generation as José Bedia, Flavio Garciandía, Gustavo Acosta, Glexis Novoa, Tomás Esson, and Marta María Pérez.

La Isla de mis sueños (Island of My Dreams) reflects Kcho's expressive concerns early in his career. With obsessive descriptiveness, Dutch and French engravers of the 18th century recorded in navigational charts every detail of Cuba's geographical features, noting each mountain and cove. The young artist took a much riskier route; rather than describing Cuba, he wanted to symbolize it. And so he fuses the country's insular condition with the vicissitudes of his own time into a multilayered metaphor, in which the island has ceased to be *terra firma* and is transformed into a lifesaving device: a truck tire, similar to those used by Cuban rafters in their hazardous journeys toward the coast of Florida. But in 1990, it is not only the rafters who feel the precariousness of their own destinies. The Soviet Union has evaporated, and in the midst of the Caribbean Sea, heeled over with no lights, an entire nation struggles to survive, and waits.

The title of the work—almost nostalgic—has been laid out in calligraphy in the lower area of the print, and the viewer's eye reads it while taking in the work itself. The effortless but firm line of Kcho's drawing brings out the textures of the natural materials he uses, without bowing to the two-dimensionality of conventional drawing. For Kcho, a blank space is merely a workbench that surrounds and directs his three-dimensional concepts. More than just drawing, he sculpts on paper. As extrapolations of his phrase, "the drawing is the foundation of the idea," these works stand on their own as autonomous drawings; at the same time, they are studies for possible sculptural works. They are the marks of a thought process, and of the possibility of the artist's own utopia. Starting with Kcho, an appreciation for drawings as the artifacts of larger projects gained currency in contemporary Cuban art (and among its collectors).

Although some critics have likened Kcho's work to the work of Juan Francisco Elso (one of the pioneers of *Volumen I*) or to Arte Povera, the artist's low-tech approach fit in effortlessly with the post-Conceptual explorations of 1990s art. Sculptors like Alejandro Aguilera and Alexis Somoza investigated the "ideological" connotations of classic sculpting materials, deconstructing the official depictions of patriotic symbols and historic figures. Kcho took the

desmontaje de las versiones oficiales de símbolos patrios y figuras históricas. Kcho dilataba aún más el *expanded field* de la escultura con la inclusión protagónica de la naturaleza en estado "puro" y técnicas artesanales de producción. "Las obras trabajadas con gajos y fibras de la naturaleza cubana caían en el campo de una escultura de gran formato pero a la vez ligera y transparente. La representación tan desenfadada como precaria de una signística de la isla, así como de emblemas de la nacionalidad, no dejaban de parodiar las retóricas diseminadas desde la ortodoxia bajo la supuesta salvaguarda de los valores del proyecto social cubano..." (Noceda, 2001, 31).

Sin embargo, las búsquedas del artista apuntaban hacia connotaciones más profundas en la identidad sociocultural del cubano. Desde *La Jungla* (1943) de Wifredo Lam, la representación del paisaje insular no sufría una transformación tan radical. Lam había convertido la naturaleza cubana en mito, superando las limitaciones de un criollismo positivista de piel blanca. Medio siglo después, con Kcho, el campo cubano fue despojado de todo sentimentalismo. En *La isla de mis sueños*, la palma real—baluarte de la cubanidad para los poetas románticos del siglo XIX—se ha convertido en símbolo erecto de la soledad de la isla.

La isla de mis sueños, 1990

Procedencia: Colección privada.

Exposiciones: 100 *Artistas con AVAM, Subasta Extraordinaria de Arte Contemporáneo*, 2003, Madrid, España.

Referencias: Catálogo, p. 51, no. 123.

Hacia el año 2001, Kcho ya es uno de los "pesos pesados" del arte cubano con obras en relevantes museos y colecciones del mundo. Su incesante producción de esculturas, dibujos, grabados e incluso joyas se canaliza a través de un repertorio estable de íconos: botes y balsas, remos y hélices, móviles, columnas infinitas, muelles, ensamblajes heteróclitos. La trayectoria del artista de Isla de Pinos parece desplazarse bajo el dictado exclusivo de necesidades expresivas internas, y sobre premisas que parece compartir con Amelia Peláez, artista cubana moderna del pasado siglo: "Avanzaba hacia el futuro, pero se remitía constantemente hacia su propio pasado, tomaba motivos o direcciones de trabajo no agotados y los incluía en la corriente dominante de trabajo de su obra. Esta podía convertirse entonces en una espiral abarcadora o desviarse en un arabesco momentáneo, para luego retornar, enriquecida, a su cauce mayor..." (Vázquez, 1996, 13).

El artefacto representado en *La conquista del espacio…* es una obra canónica de la arquitectura de vanguardia del siglo XX: el *Monumento a la III Internacional*. Diseñada entre 1919 y 1920 por el artista soviético Vladimir Tatlin en homenaje a la Internacional Comunista, debía ser instalada en San Petersburgo y contenía espacios para diversas funciones administrativas. Concebida en acero y más alta que la torre Eiffel, las realidades tecnológicas de la Rusia de Lenin impidieron su construcción, y se convirtió en símbolo del fracaso de las utopías arquitectónicas y sociales.

El primer encuentro "cercano" entre Kcho y Tatlin había ocurrido nueve años atrás, cuando el cubano creaba *A los ojos de la historia*, expuesta en el Museo Nacional. Una torre espiral construida

expanded field of sculpture a step further with his emphasis on nature in its "pure" state, and with the use of artisanal production techniques. "The works fashioned with branches and fibers taken from Cuban nature fall into the category of grand format sculpture, yet are light and transparent at the same time. The representation, as nonchalant as it is precarious, of a semiotics of the island, as well as of emblems of nationality, parodies the rhetoric used by the orthodox hierarchy to supposedly safeguard the values of the Cuban social project..." (Noceda, 2001, 31).

But the artist's quest pointed toward deeper connotations in the Cuban sociocultural identity. Representation of the insular landscape had not undergone such a radical transformation since Wifredo Lam's *The Jungle* (1943). Lam had turned Cuban nature into a myth, overcoming the limitations of a positivist, white-skinned criollism. Half a century later, with Kcho, the Cuban countryside was stripped of all sentimentality. In *Island of My Dreams*, the royal palm—the natural standard bearer of *cubanidad*, the Cuban essence, for the romantic poets of the 19th century—has become a vertical symbol of the island's solitude.

Island of My Dreams, 1990

Provenance: Private collection.

Exhibitions: 100 *Artistas con AVAM, Subasta Extraordinaria de Arte Contemporáneo* (100 Artists with AVAM: Extraordinary Auction of Contemporary Art), 2003, Madrid, Spain.

References: Cited catalogue, p. 51, item 123.

By 2001, Kcho was already a champion in the "heavyweight division" of Cuban artists, with works exhibited in important museums and collections worldwide. His incessant production of sculptures, drawings, engravings, and even jewelry traverses a steady repertory of imagery: boats and rafts, oars and propellers, mobiles, infinite columns, docks, unorthodox assemblages. The artistic career of this Isle of Pines native seems to be driven exclusively by his inner need for expression, on principles that he apparently shares with Amelia Peláez, a modern Cuban artist from the past century: "She moved towards the future, but constantly looked for references in her own past; time and again, she would take up motifs or approaches she had not exhausted, and include them in the dominant direction of her work, which could then turn into an all-encompassing spiral, or veer off in a sort of momentary arabesque, only to return afterwards, enriched, to its primary course…" (Vázquez, 1996, 13).

The artifact represented in *La conquista del espacio…* is an icon of 20th-century avant-garde architecture: the *Monument to the Third International*. Designed between 1919 and 1920 by Soviet artist Vladimir Tatlin in homage to the Communist International, it was to be erected in Saint Petersburg, where it was intended to house an array of administrative offices. It was conceived as a steel structure taller than the Eiffel Tower, but the technological realities of Leninist Russia frustrated its construction, and in the end it became a symbol of the failure of architectural as well as social utopias.

The first "close encounter" between Kcho and Tatlin had occurred nine years before, when Kcho was working on *A los ojos*

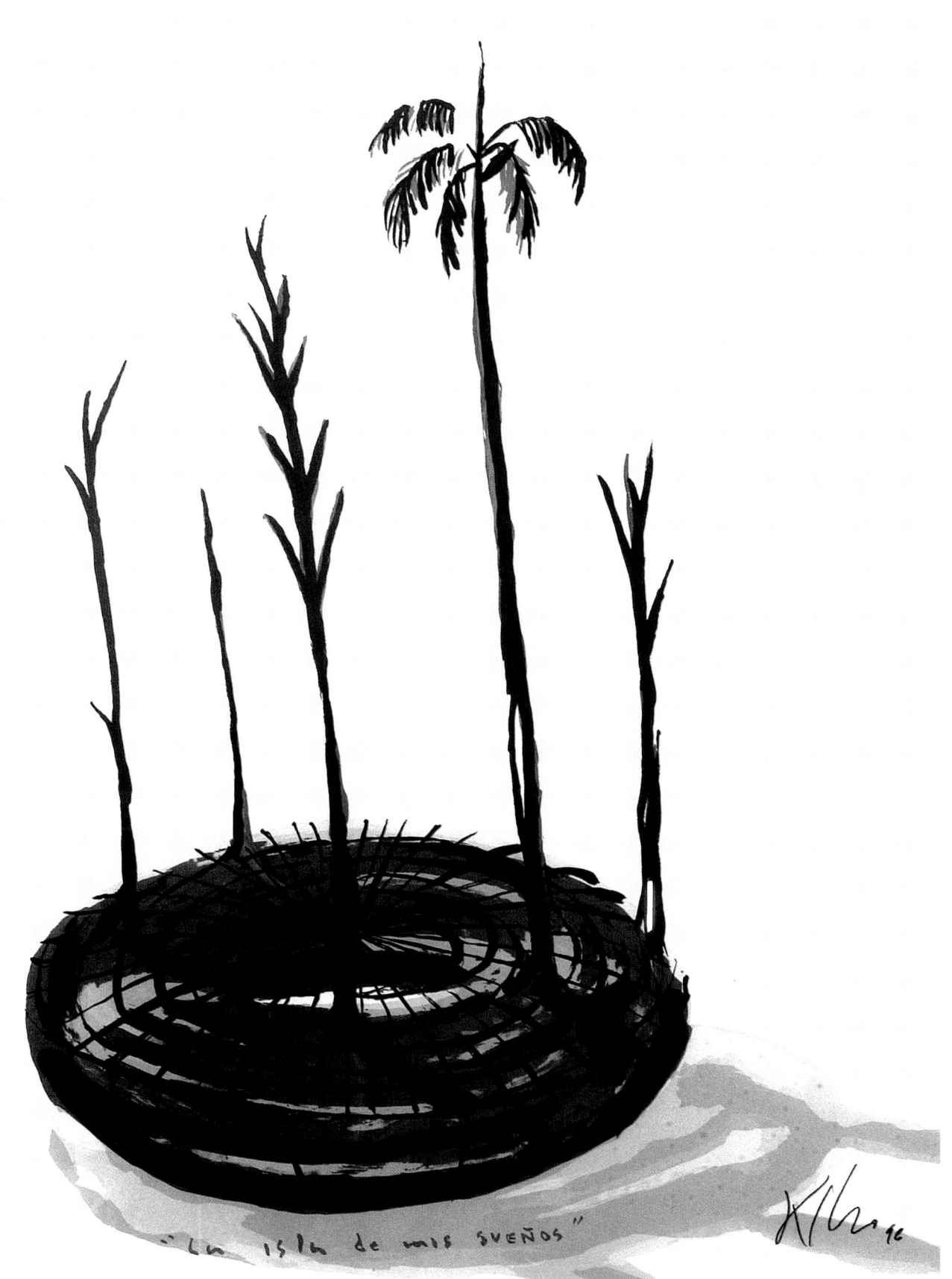

La isla de mis sueños, 1990
serigrafía sobre cartulina, 70 x 50 cm

Island of My Dreams, 1990
silkscreen on cardboard, 27.5 x 19.5 in.

de fibras vegetales, tenía un aspecto inestable, fláccido, y en su cumbre poseía... un colador de café de factura campesina. "Es un símbolo de la utopía socialista que no funciona", comentaba el artista en *Flash Art*. "Fue algo así como: vamos a hacer café con esa espiral. ¡Hay que hacer algo con ella!" (Budney, 1997, 6).

La interpretación irónica, perfectamente consciente, reflejaba un agudo desajuste social. "Eran los años de una fluida emigración de los principales artistas plásticos hacia México, Miami y España... Para muchos se había decretado la muerte de todas las utopías" (Acosta, 2001, 7).

Sin embargo, la obra del diseñador ruso dejó marcas profundas en los conceptos escultóricos de Kcho (Llanes, 1995, 6), quien retornaría a ella una y otra vez posteriormente. En la Bienal de Valencia de 2001 exhibió estructuras similares a *A los ojos de la historia* y a fines de ese año, las torres de Tatlin se fundían a los mitos tercermundistas del cubano Wifredo Lam en la muestra *La Jungla* en el Museo Nacional.

Para construir obras como *Regatas* (1994), Kcho había reciclado madera encontrada a orillas del mar; ahora reutilizaba las obras de Tatlin y Lam como materia prima para ese proceso.

Peculiar *remix* de la torre de Tatlin, *La conquista del espacio...* resume el ciclo temático iniciado con *A los ojos de la historia*. El papel de gran formato ha sido convertido en bloc de notas. El artista—a la manera de un monólogo interior—acentúa el carácter inacabado de la obra: propone soluciones técnicas, detalla mecanismos y apunta frases sueltas, tal como hiciera Leonardo da Vinci para las máquinas voladoras que ostentan sus códices. En un milagro técnico indescifrable para expertos de la NASA, el fracasado *Monumento a la III Internacional* ha sido transformado en una nave espacial, un vehículo orbital capaz de volar gracias a los paneles solares añadidos por el artista. La utopía traicionada, así como la pesantez arquitectónica, han levitado a pesar de los desafíos de una tecnología incoherente. Y por la imaginativa creación de Kcho, ensamblador de artefactos imposibles, el penetrante aroma del café cubano invadirá los inmensos espacios siderales.

La conquista del espacio a los ojos de la historia, 2001

Procedencia: Colección privada.

Exposiciones: *En el mar no hay nada escrito*, Fundación Museo del Ron, La Habana, 2002. *El Huracán*, Museu Brasileiro da Escultura, Sao Paulo, Brasil, 2002.

Referencias: Catálogos citados.

de la historia (In the Eyes of History), which was exhibited at the Museo Nacional de Bellas Artes (MNBA) in Havana. A spiral tower assembled from twigs and plant fibers, it has an unstable, flimsy look, and is topped by . . . a rustic coffee strainer, Cuban country-style. "It's a symbol of the socialist utopia that does not work," said Kcho in *Flash Art*. "It was something like: let's make coffee with that spiral. It has to be good for something!" (Budney, 1997, 6). This ironic take on the subject, absolutely purposeful, mirrored an extreme social imbalance. "Those were the years of nonstop migration of the most important visual artists in Cuba towards Mexico, Miami, and Spain . . . For many, the death of all utopias had been decreed" (Acosta, 2001, 7).

Nevertheless, the work of the Russian designer left a deep mark on Kcho's sculptural conceptions (Llanes, 1995, 6), and he revisited it repeatedly as time went by. At the Valencia Biennial in 1995, he exhibited structures similar to *A los ojos de la historia*; by the end of that year, Tatlin's towers had fused with Wifredo Lam's Third World myths in Kcho's exhibition, *La Jungla* (The Jungle) at the Museo Nacional. To make his sculptures, Kcho had recycled driftwood found near the seashore, as in *Regatas* (Regattas, 1994); now, he used the works of Tatlin and Lam as raw material for this process.

A peculiar remix of Tatlin's tower, *La conquista del espacio...* caps off the thematic cycle initiated in *A los ojos de la historia*. The large-format paper has been turned into a notebook. In a stream-of-consciousness-like flow, the artist accentuates the unfinished character of the piece: he proposes technical solutions, details mechanisms, and annotates unconnected phrases, in the manner of the flying machine plans found in the codices of Leonardo da Vinci. In a technological miracle that would puzzle NASA experts, the failed *Monument to the Third International* has been transformed into a spaceship, an orbital vehicle capable of flying thanks to solar panels added by the artist. The betrayed utopia, as well as the massive architectural weight, are made to levitate despite the challenges of an incoherent technology. And thanks to the imaginative creativity of Kcho, assembler of impossible artifacts, the heady aroma of Cuban coffee will invade the vast immensity of astral space.

The Conquest of Space in the Eyes of History, 2001

Provenance: Private collection.

Exhibitions: *En el Mar no hay nada escrito* (There is Nothing Written on the Sea), Foundation Museo del Ron, Havana, 2002. *El Huracán* (The Hurricane), Brazilian Sculpture Museum, Sao Paulo, Brazil, 2002.

References: Cited catalogues.

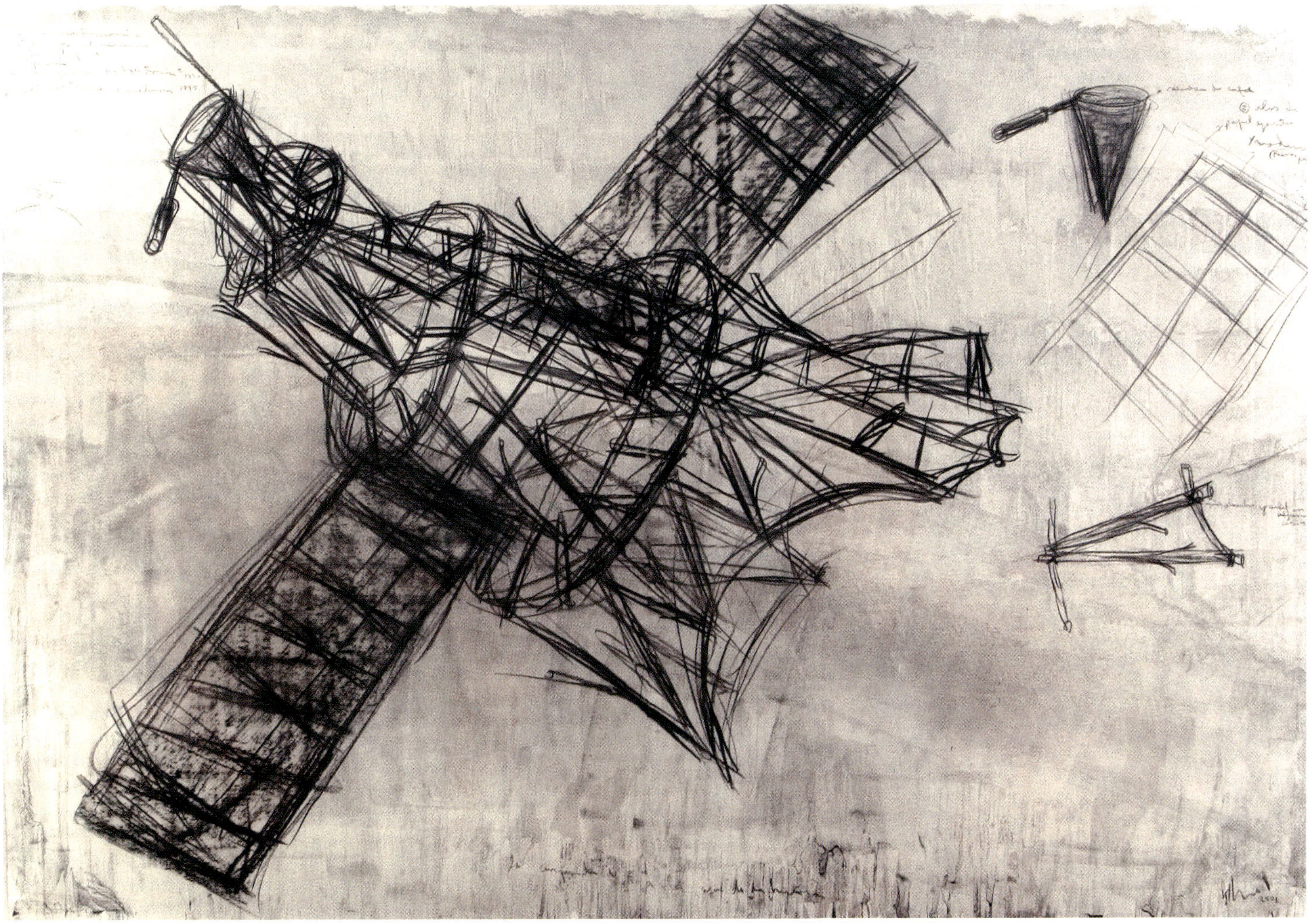

La conquista del espacio a los ojos de la historia, 2001
creyón sobre cartulina, 156 x 202 cm.

The Conquest of Space in the Eyes of History, 2001
crayon on cardboard, 61.42 x 79.53 in.

Armando Mariño

n. 1968, reside en España | b. 1968, resides in Spain

A partir de la exposición individual *Des-colon-izando el entorno* (Centro Wifredo Lam, 1996), la creación de Mariño asume de manera singular la práctica de la parodia y el pastiche. De las pinturas costumbristas del español Víctor Landaluze, Pedro Álvarez extrajo las figuras del *ireme* o diablito abakuá, y lo puso a "actuar" junto a signos culturales de la República y de la actualidad. En cambio, Mariño creó su propio personaje: un negro fornido, vestido apenas con un pantalón corto, que representaba no sólo la condición mestiza del artista sino también un concepto que los estudios multiculturales han denominado "el otro", en oposición al canon occidental del arte y la cultura. (Ese concepto, claro está, incluye a los artistas cubanos y a otros del Tercer Mundo.)

El negro de Mariño no se desplazaba por las calles de La Habana sino que exploraba cuadros canónicos de la historia del arte occidental, fetiches socialmente aceptados de prestigio y consagración por museos, academias y críticos de arte. Mediante instalaciones, esculturas, dibujos y lienzos creados con la técnica del *tableau vivant* o de la pintura narrativa académica, Mariño creaba un espacio ficcional—estilo Woody Allen en *La Rosa Púrpura del Cairo*—del cual el negro entraba y salía sin dificultades, a la vez que se relacionaba de manera "incorrecta" con obras y personajes de la tradición artística. Era una aproximación sarcástica hacia el arte como espacio de poder y exclusión.

A través de cuadros independientes, como en una historieta o novela gráfica, el personaje adoptaba actitudes irreverentes, casi bizarras. Re-utilizaba el urinario de Marcel Duchamp, templo de la tradición analítica del arte moderno, para realizar sus necesidades fisiológicas, o depositaba ahí las pelotas de básquetbol sacadas de obras de Jeff Koons. Se introducía en la bañera de Marat para exigir los derechos de libertad, igualdad, fraternidad, o se disponía a volar como Ícaro (si permanecerá en el aire o caerá se deja a la imaginación del espectador).

"Mediante la canibalización de imágenes, estilos, técnicas, referencias y material heredado—explicaba el artista— he tratado de hacer visible los estereotipos y conceptos erróneos que subyacen en ciertas narrativas y discursos que Occidente practica, y su relación con ese 'otro' excluido" (Mariño, 2006). Con grandes dosis de humor, bajo el cual yace una sentida reverencia, Mariño no proponía una demolición estilo talibán de los paradigmas del arte occidental, sino una puesta en solfa de su pretendida universalidad.

La Patera anuncia un sensible cambio en la trayectoria del artista, un punto de tránsito a otros territorios expresivos. En este pastel—proyecto para una instalación exhibida en la VIII Bienal de La Habana en 2003—ha desaparecido el personaje del negro y

Beginning with his solo exhibition, *Des-colon-izando el entorno* (De-colon-izing the Environment, Wifredo Lam Center, 1996), Mariño's art has revealed a unique take on the practice of parody and pastiche. Pedro Álvarez extracted the *ireme*, or Abakuá imp, from the *costumbrista* paintings of 19th-century artist Víctor Landaluze, making this figure a "star" among current cultural symbols; but Mariño created his own character, a well-built black man clothed only in short pants. This figure represents not only the artist's own racially mixed identity, but the concept known in cultural studies circles as "the other:" a cultural opposite, beyond the bounds of Western art and civilization. (That concept, of course, includes Cuban and other Third World artists.)

Instead of walking the streets of Havana, Mariño's black man explores the canon of Western pictorial art, examining these works as socially accepted markers of status and prestige, consecrated by museums, academies, and art critics. Through installations, sculptures, drawings, and paintings inspired by the *tableau vivant* and narrative academic painting, Mariño creates a fictional space—à la Woody Allen in *The Purple Rose of Cairo*—in which his character comes and goes without any difficulty, while relating in an "incorrect" manner to works in the Western artistic canon. It is a sarcastic approach to art as a space of power and exclusion.

Using each painting as an independent frame, in the style of a comic strip or graphic novel, Mariño places his character in a series of odd situations, in which the figure adopts irreverent, almost bizarre attitudes. He uses Marcel Duchamp's urinal—a temple of the analytical tradition of modern art—to satisfy a physiological necessity, or fills it with basketballs swiped from a Jeff Koons work. He climbs into Marat's bathtub to demand the rights of liberty, equality, and fraternity, or prepares to take flight like Icarus. (Whether he stays aloft or falls is left to the imagination of the viewer.)

"'By cannibalizing images, styles, techniques, references, and inherited material'—explained the artist—'I have tried to make visible the stereotypes and erroneous concepts that underlie certain narratives and discourses practiced by the Western world, and their relationship to the excluded 'other'" (Mariño, 2006). With substantial doses of humor that mask a sincere reverence, Mariño does not propose a Taliban-style demolition of the paradigms of Western art, but a questioning of their assumed universality.

La Patera (The Raft) signaled a change in the artist's direction, a transit point to different territories of expression.

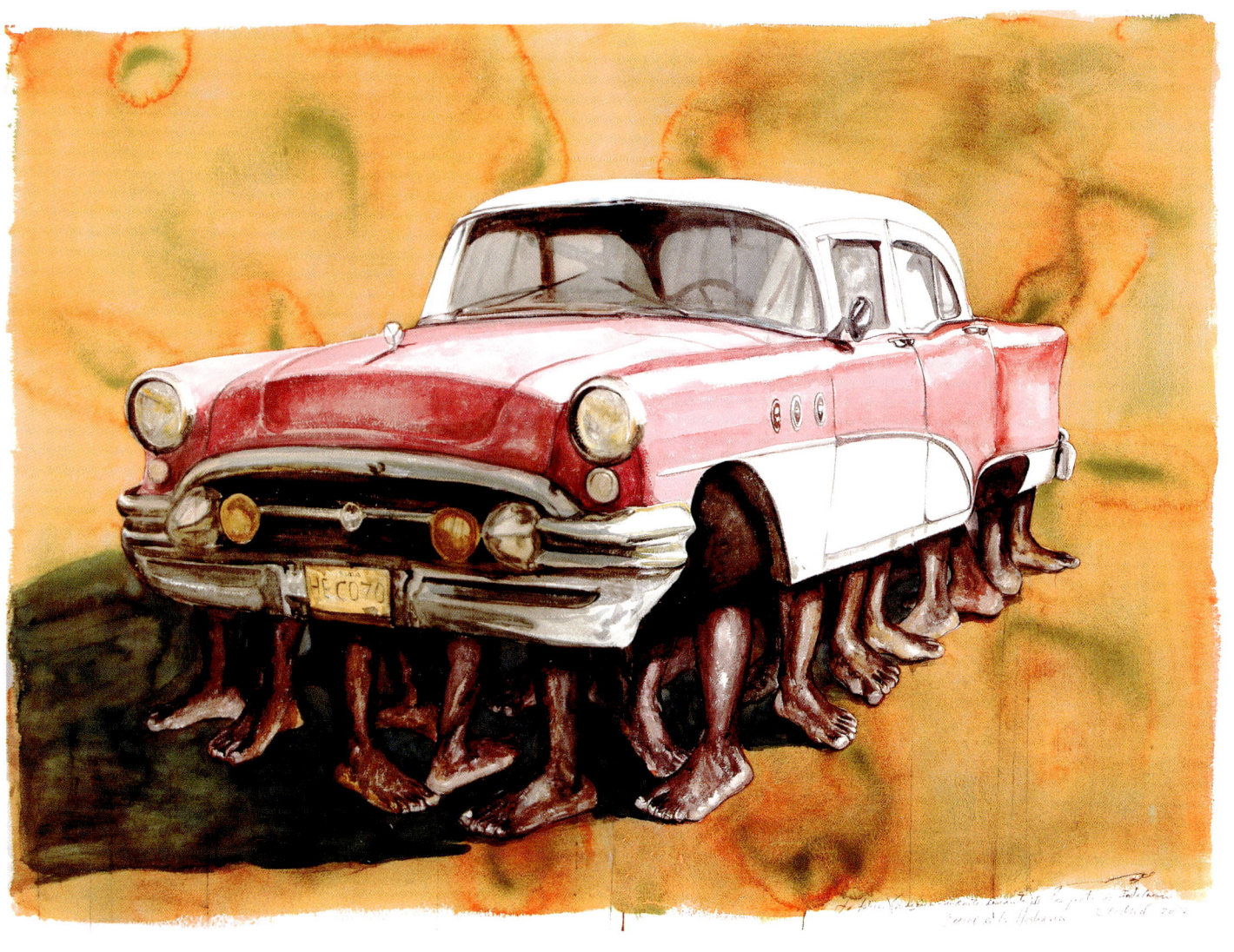

La patera, 2002   *The Raft,* 2002
acuarela sobre papel, 152.4 x 205.7 cm.   watercolor on paper, 60 x 81 in.

también el escenario internacional de sus aventuras. Ahora la mirada del artista parece volver de manera tangencial a la isla. La palabra "patera" es usada en España, lugar de residencia del artista, para identificar las estrechas barcas de "balseros" que desde el norte de África cruzan el Mediterráneo en peligrosas travesías hasta desembarcar en las costas de Andalucía o Canarias.

Pero Mariño no alude a ese ininterrumpido D-Day de sur a norte, con sus implicaciones sociales y políticas para la Europa comunitaria. Sobre los numerosos fragmentos de piernas—todas masculinas—se ha ensamblado un casco de automóvil Oldsmobile, una tecnología norteamericana aún viva en Cuba a fuerza de reciclaje y cariño. Los carros americanos, llamados "almendrones" en el argot popular, no sólo funcionan como taxis locales sino también transportan numerosas personas desde las provincias orientales hasta La Habana. ¿Es la unión imposible de la estructura industrial y los cuerpos un comentario sobre la incesante creatividad e improvisación de los cubanos, animados pero desorganizados debido a la escasez material constante? El casco del auto americano, símbolo de prestigio social y de la ausencia de renovación tecnológica, tendrá que depender del movimiento lento y desorganizado de esos pies en una versión frustrada del verdadero progreso: toda aceleración es imposible. La imagen de Mariño deja espacio a la ambigüedad, y se suma a las numerosas obras de arte que, desde el Futurismo italiano a inicios del siglo XX, hicieron del automóvil un canto a los tiempos modernos.

La patera, 2002

Procedencia: Colección del artista.

Exposiciones: VIII Bienal de La Habana, Fortaleza la Cabaña, La Habana, 2003.

Referencias: *Armando Mariño, VII Bienal de La Habana*, Madrid, España, 2003, ilust. en plegable. Catálogo del VIII Bienal de La Habana, Centro Wifredo Lam, La Habana, 2003 ilust. p. 152. Herzberg, Julia P. "Octava Bienal de La Habana", *ArtNexus* no.52, Miami, Estados Unidos, 2004.

In this pastel—a sketch for an installation exhibited in the Eighth Havana Biennial in 2003—the character of the black man has disappeared, and so has the international stage of his adventures. The artist's gaze now seems to return to the island in a tangential way. The word *patera* is used in Spain, where Mariño lives, to identify the narrow rafts of balseros who, coming from North Africa, perilously cross the Mediterranean Sea to reach the coast of Andalusia or the Canary Islands.

But Mariño is not alluding to this uninterrupted D-Day from south to north, with its social and political implications for the European community. Atop the numerous legs—all male—is the body of a vintage Oldsmobile car, old American technology kept alive in Cuba by the twin forces of love and recycling. These big American jalopies (called *almendrones* in popular slang) not only work locally as taxicabs, but also transport many people from the eastern provinces to Havana. Is the impossible conjunction of mechanical structure and human bodies a commentary on the unceasing, improvisatory creativity of Cubans, actively enthusiastic but disorganized due to constant material shortages? The body of the American car, symbol of both social prestige and the absence of Cuban technological renewal, will have to depend on the slow and disorganized movement of those feet, in a frustrated version of true progress: acceleration is impossible. Mariño's image leaves room for ambiguity as it joins the many works of art that, since the Italian Futurist movement of the early 20th century, have made the automobile a paean to modern times.

The Raft, 2002

Provenance: Artist's collection.

Exhibitions: Eighth Havana Biennial, Havana, 2003.

References: Brochure, *Armando Mariño, VIII Bienal de La Habana*, Madrid, Spain, 2003, illust. Catalogue, Eighth Havana Biennial, Wifredo Lam Center, Havana, 2003, illust. p. 152. Herzberg, Julia P. "Octava Bienal de La Habana," *ArtNexus*, No. 52, Miami, United States, 2004.

Ana Mendieta

1948 – 1985, residió en los Estados Unidos | 1948 – 1985, resided in the United States

La llegada de Ana a Cuba en enero de 1980—dieciocho años después de su salida durante la "Operación Pedro Pan"—estuvo precedida por un evento político: la reunión sostenida en 1978 por el gobierno cubano y un grupo representativo de los "emigrantes cubanos en el exterior". A consecuencia de ese diálogo inaudito, se cambiaron las regulaciones estadounidenses y cubanas a fin de permitir los viajes familiares a Cuba de cubanos en los Estados Unidos.

Ana asistió a la reunión de 1978 como parte de un grupo de jóvenes agrupados en la Brigada Antonio Maceo y la revista *Areíto*. La artista regresó a Cuba en numerosas ocasiones y su presencia desempeñó una función catalítica en un momento definitorio para el diseño de las nuevas coordenadas del arte: la emergencia de la generación de *Volumen I* en los años ochenta. "Tuvo especial interacción con José Bedia, Ricardo Brey y Juan Francisco Elso... El trabajo de Ana, aunque procedente del nuevo *performance* y el arte feminista de los años setenta, se fundamentaba en la misma perspectiva de aquellos jóvenes, al introducir elementos de religiosidad afrocubana. Ella, cuya obra ya estaba claramente definida, ejerció influencia artística sobre ellos, y a la vez recibió una fuerte influencia cultural" (Mosquera, 2003, 267). El encuentro fue tan provechoso como energético. Procedentes de meridianos culturales aparentemente distintos, artistas de la isla y una cubana de la diáspora superaban tanto las definiciones panfletarias de la identidad nacional como las manipulaciones folklóricas *Made in Hollywood*. Las imágenes estereotipadas de las maracas, la tumbadora, la palma, el colorido gallo y el *Latin lover* eran sustituidas por una concepción fluida que interiorizaba los componentes religiosos (africanos) de la cultura popular y los resignificaba mediante el instrumental del arte contemporáneo.

Además de las *Esculturas rupestres* (1981) que talló en las Escaleras de Jaruco y la playa de Varadero, su presencia menuda también dejó una huella personal. Sus vínculos renovados con Cuba la convirtieron en promotora del "deshielo" cultural con Estados Unidos. Gracias a su entusiasmo, críticos y artistas como Rudolf Baranik, Lucy Lippard y Carl Andre visitaron la isla, surgieron programas de intercambio de artistas cubanos hacia universidades norteamericanas y obras de Keith Haring, Barbara Kruger, Hans Haacke, Faith Ringold, Carl Andre, May Stevens y Mel Edwards, entre otros, fueron donadas a las colecciones de instituciones culturales.

Ana asignó una tarea sanadora, tanto a nivel personal como al simbólico, a las intervenciones efímeras que escenificaba y fotografiaba: siluetas incisas en la tierra, marcas ancestrales en la arena o en árboles, y manipulaciones de energías elementales como el agua o el fuego. Esa obsesiva búsqueda de la unión ritual con la naturaleza,

Ana Mendieta's arrival in Cuba in January of 1980—eighteen years after her departure during "Operation Pedro Pan"—was preceded by a political event: a meeting held in 1978 by the Cuban government and a group representing the so-called "community of Cuban emigrants abroad." As a consequence of that unprecedented dialogue, U.S. and Cuban regulations were changed to permit Cubans living in the United States to travel to the island.

Mendieta attended the 1978 meeting as part of a youth group gathered around the Antonio Maceo Brigade and *Areíto* magazine. She returned to Cuba on numerous occasions, and her presence served as a catalyst at a crucial moment in defining the direction of Cuban art: the emergence of the *Volumen I* generation in the early 1980s. "She had a special interaction with José Bedia, Ricardo Brey, and Juan Francisco Elso... Ana's work, although coming from the new performance and feminist art of the 1970s, shared the same perspective with those young artists, with the introduction of elements of Afro-Cuban religiosity. She, whose work was already so clearly defined, was an artistic influence for them, and at the same time she received a strong cultural influence" (Mosquera, 2003, 267). It was an encounter as fruitful as it was energetic. Coming from apparently different cultural backgrounds, the artists from the island and a Cuban from the diaspora rose above all demagogic definitions of national identity as well as quaint, "Made in Hollywood" cultural formulations. Stereotypical images of maracas, drums, palm trees, colorful roosters, and Latin lovers were replaced by a fluid conception that internalized the (African) religious components of popular culture and resignified them through contemporary art.

Beyond the *Esculturas rupestres* (Rupestrian Sculptures) that she carved at Escaleras de Jaruco and Varadero Beach in 1981, the presence of this petite woman left a personal imprint as well. Her renewed links with the island made Mendieta a promoter of the cultural "thawing" between Cuba and the United States. Thanks to her enthusiasm, critics and artists such as Rudolf Baranik, Lucy Lippard, and Carl Andre visited the island, exchange programs between Cuban artists and American universities were created, and works by Keith Haring, Barbara Kruger, Hans Haacke, Faith Ringold, Carl Andre, May Stevens, and Mel Edwards, among others, were donated to the collections of Cuban cultural institutions.

Mendieta assigned a healing role, at both the personal and symbolic level, to the ephemeral interventions that she staged and photographed: silhouettes traced on the ground, ancestral marks made on sand or trees, and manipulations of the elemental energies of water and fire. The obsessive search for a ritual union with nature,

lograda mediante una verdadera sobriedad de medios, buscaba compensar los daños sicológicos en su biografía: el trauma del desarraigo provocado por el exilio en su etapa adolescente. En los Estados Unidos, Ana había sido una isla cubana en un contexto ajeno. Yacer o marcar su presencia fantasmal sobre la tierra implicaba, sobre todo, el reencuentro con un país de cuyo centro había sido extirpada por la Historia, con una nación cubana aún exasperada que segregaba con recelo a emigrantes y católicos, santeros y homosexuales, librepensadores y utopistas como practicantes de "conductas impropias". Para el arte de la isla, que apenas se despojaba de los traumas causados por la burocratización cultural de corte estalinista (el "Quinquenio Gris"), su gesto fue insólito e imprescindible. Y ha logrado una resonancia profunda en artistas de generaciones posteriores como Marta María Pérez, Magdalena Campos, Tania Bruguera, Sandra Ramos, DUPP, y el grupo Enema.

Sin título (de la serie "Sandwoman"), 1983
Procedencia: Galerie Lelong, Nueva York.

achieved through a true austerity of means, attempted to compensate for the psychological damage sustained in her personal biography: the trauma of the rootlessness created by her exile when she was little more than a teenager. In the United States, Mendieta herself had been a Cuban island, isolated in the sea of an alien culture. To lie down and imprint her ghostly presence on the ground implied, above all, her reunion with a country from whose center she had been extirpated by History; a mutual embrace with a Cuban nation that still segregated with equal distrust exiles and Catholics, Santeros and homosexuals, freethinkers and utopians, branding them all as practitioners of "improper behavior." For Cuban art, which was just getting over the traumas caused by cultural bureaucratization (the five-year "Gray Period"), Mendieta's performance work was unprecedented and indispensable. It has resonated deeply with artists of later generations, such as Marta María Pérez, María Magdalena Campos-Pons, Tania Bruguera, Sandra Ramos, DUPP, and the Enema group.

Untitled (from the "Sandwoman" series), 1983
Provenance: Galerie Lelong, New York.

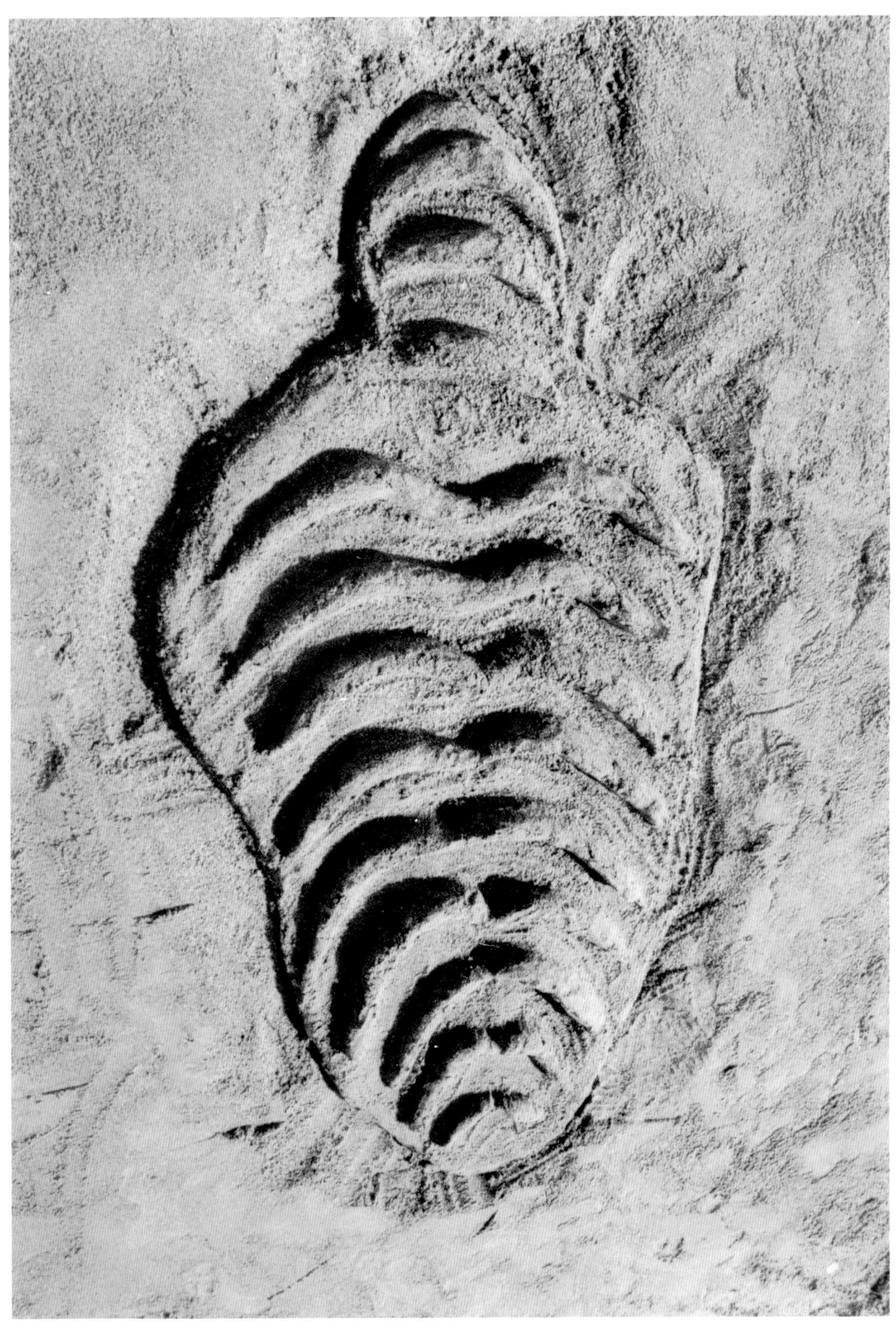

Sin título (de la serie "Sandwoman"), 1983
impresión sobre gelatina de plata hecha por la artista, 20.3 x 25.4 cm.
Firmado en dorso: "From Sandwoman Series, 1983"

Untitled (from the "Sandwoman" series), 1983
gelatin silver print made by the artist, 8 x 10 in.
Signed on reverse: "From Sandwoman Series, 1983"

Manuel Mendive Hoyo

n. 1944, reside en Cuba | b. 1944, resides in Cuba

Las coordenadas cognoscitivas para comprender la obra de Manuel Mendive están unidas al inmenso corpus sociocultural de la diáspora africana asentada en América Latina como resultado de la trata de esclavos impulsada por la economía de plantación desde el siglo XVII. Las cosmovisiones religiosas introducidas en el continente por mujeres y hombres de diversas naciones africanas se adaptaron a los nuevos contextos sociales y naturales, y mediante prácticas de resistencia simbólicas han logrado incorporarse en el imaginario social de las sociedades contemporáneas. Tal es el caso de la Regla de Ocha, o Santería, procedente de las culturas yorubas, que han encontrado en Cuba y Brasil dos de sus focos de mayor irradiación.

La obra del artista cubano está unida indisolublemente a su condición de santero, de leal practicante de una religión que desde la década de 1990 ha dejado de ser refugio exclusivo de negros y mulatos pobres para asumir rasgos multirraciales y multiclasistas. Para una sociedad contemporánea laica y materialista que contempla bajo sospecha los extremismos religiosos, la creación de Mendive se podría convertir en un espectáculo exótico o folklórico. Sus claves interpretativas, sin embargo, no radican en la mirada del turista, ávido por comprar souvenirs que testimonien su visita por el mundo, sino en la coherencia entre visión y medios expresivos, en la intensidad de sus búsquedas y compromisos éticos.

Graduado de la escuela de arte San Alejandro en 1963, la producción artística de Mendive surgió en el contexto de las polémicas culturales entre los partidarios del realismo socialista y los defensores de una "herejía" cubana y socialista. Igual importancia cobró la disonancia entre la tolerancia y estímulo a las tradiciones culturales africanas y el rechazo simultáneo a sus religiones como creencias "atrasadas", supuestamente condenadas a morir durante la construcción (inmediata) de un hombre nuevo, ateo y cientificista. Rodeado por las propuestas deslumbrantes de artistas como Raúl Martínez, Servando Cabrera, Antonia Eiriz y Ángel Acosta León, la ruta emprendida por Mendive, fiel a su origen y contexto familiar, exploraba una dimensión mágica, opuesta al aliento épico del momento. "Viví en un barrio marginal llamado Luyanó, en La Habana", confesó el artista; "...mi familia conocía bien la antigua religión de los yorubas" (Britto, 2001, 10). Ante la utopía social, que concebía la URSS como su diseño más acabado, Mendive proponía una cosmovisión donde hombres y dioses se daban la mano sin exclusiones—primero en tablas talladas y policromadas, posteriormente en lienzos y *performances* sobre cuerpos de bailarines.

No estamos ante un artista primitivo, sino ante un creador entrenado en las técnicas occidentales del arte que ha seleccionado una iconografía, un tipo de factura específica como vehículo más

The background necessary to understand Manuel Mendive's work concerns the enormous sociocultural impact of the African diaspora, which came to Latin America as a result of the slave trade, and was, from the 17th century, driven by the plantation economy. The religious worldviews brought by people from African nations were quickly adapted to new social and environmental conditions. Through strategies of symbolic resistance, these beliefs have made themselves felt in the collective imaginations of contemporary societies. This is the case with the Rule of Ocha, or Santería, a religion of Yoruba origin that flourished in Cuba and Brazil.

Mendive's art cannot be separated from his identity as a Santero. He is a loyal practitioner of a religion that, in 1990s Cuba, ceased to be regarded solely as a refuge for poor blacks and mulattoes and assumed a multiracial, multiclass character. In a secular, materialistic, modern society that views all religious extremism with suspicion, Mendive's art has gained acceptance in the guise of folklore or exotic spectacle. The key to its interpretation, however, does not lie in the sensibility of the tourist, who eagerly snaps up souvenirs as proof of voyages round the world. Instead, it lies in the unity between the artist's vision and his means of expression, in the intensity of his search and his ethical commitment.

After he graduated from the San Alejandro art school in 1963, Mendive's artistic production was forged in the cultural polemic between the partisans of Socialist Realism and the supporters of a Cuban socialist "heresy" that wanted no part of it. Equally influential was the sociocultural tug-of-war between the tolerance and even encouragement of African cultural traditions and the simultaneous rejection of African religions as "backward" beliefs supposedly doomed by the (immediate) advent of the Cuban "new man," with his atheistic and scientific cast of mind. Surrounded by the impressive creative achievements of such artists as Raúl Martínez, Servando Cabrera, Antonia Eiriz, and Ángel Acosta León, among others, Mendive remained faithful to his origins and family context. In stark contrast to the epic aspirations of the moment, he explored a magical dimension. "I lived in a marginal neighborhood, Luyanó, in Havana," he recalled. "My family was very familiar with the ancient Yoruba religion" (Britto, 2001, 10). To Cuba's social utopians, who conceived the U.S.S.R. as the ultimate model, Mendive offered an opposing worldview in which human beings and deities exist hand in hand without exception—first in carved, polychrome wood, later in paintings, performances and designs on dancers' bodies.

Mendive is not a naïve artist, but a creator trained in Western art techniques who has chosen an iconography, a particular style,

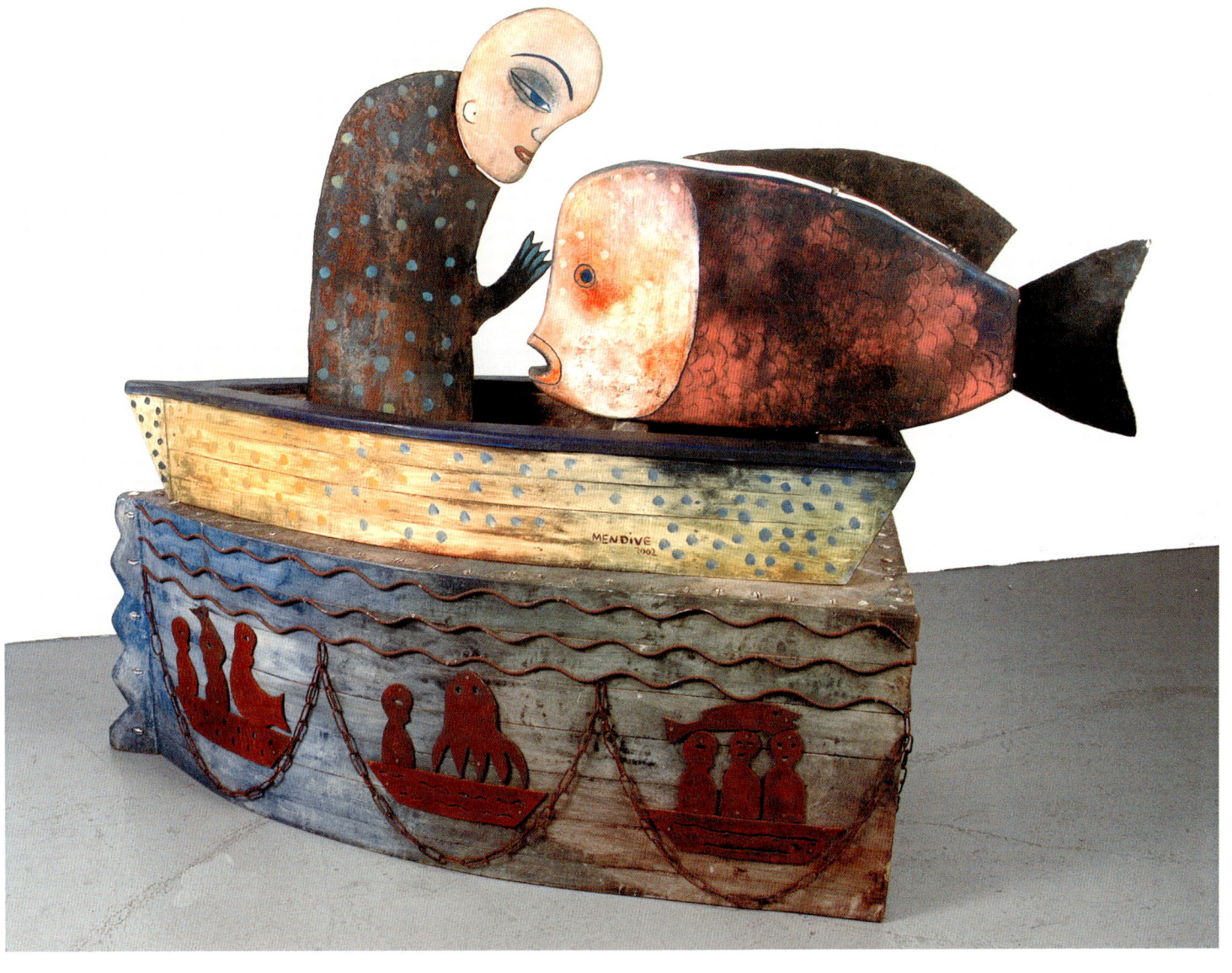

Los hijos del agua, conversando con un pez, 2001
escultura, acrílico, madera y metal, 165.1 x 152.4 x 54.6 cm.

The Sons of Water, Talking to a Fish, 2001
sculpture, acrylic, wood and metal, 65 x 60 x 21.5 in.

adecuado para la narración de sus historias. Cita como influencias "la pintura de Giotto, que es mi gran pintor, y Fra Angélico. Son mis pintores, que siempre me han ayudado" (Britto, 2001, 11). La inclusión de la escultura como una de las vertientes creativas de Mendive retorna a partir de su muestra *Para el ojo que mira* (1987) y se intensifica en los últimos años, con el uso de la fundición en bronce y el corte de chapas metálicas, la integración de materiales diversos (caracoles, ex votos, textiles) y la proyección espacial de carácter autosuficiente.

En *Los hijos del agua…* el artista vuelve a un tema visual previamente materializado en el bronce *Mujer y pez* (2000): la convivencia sin fisuras de los hombres y los animales, gracias a las esencias conceptuales de la santería: animista, panteísta y con una intensa proyección ecológica. No encontraremos aquí la persistente reverencia que el pescador Santiago ofrece al pez de *El viejo y el mar* en el transcurso de su tenaz batalla, sino un tejido artístico que reivindica el pensamiento mágico inscrito en los actos cotidianos, en los que el hombre, el pez y los seres que habitan en el mar comparten generosamente las fuentes de la creación y el favor de los *orishas* divinos.

Los hijos del agua, conversando con un pez, 2001

Procedencia: Galería La Casona.

Exposiciones: *Mendive: Shangó y la Vida*, Centro Cultural Sa Nostra, Palma de Mallorca, España, 2001; Centro de Arte Juan Ismael, Cabildo de Fuerteventura, Islas Canarias, España, 2002; Sala La Recova, Santa Cruz de Tenerife, Islas Canarias, España, 2002; Museo Nacional de Bellas Artes, Havana, 2003. Feria de Arco, Pabellón Galeria La Casona, Madrid, España, 2005.

Referencias: Catálogo, *Mendive: Shangó y la Vida*, p. 88, listada como número 12.

as the vehicle best suited to tell his stories. He cites as influences "the paintings of Giotto, who is my favorite master, and of Fra Angelico. They are my painters, the ones who have always helped me" (Britto, 2001, 11). Sculpture resurfaced as one of Mendive's creative outlets in his 1987 exhibition, *Para el ojo que mira* (For the Gazing Eye), becoming more frequent in recent years. This is reflected in his use of bronze castings and cut sheet-metal, the integration of diverse materials such as shells, votive offerings, textiles, and the creation of self-contained installations and spatial projections.

In *Los hijos del agua…*, the artist returns to a theme previously explored in his bronze *Mujer y pez* (Woman and Fish, 2000): the seamless coexistence of people and animals, in accordance with the conceptual essence of Santería—animistic, polytheistic, and instilled with an intense affinity for nature. This is not the persistent reverence that the fisherman Santiago offers to the fish in Hemingway's *The Old Man and The Sea*, but an artistic universe that vindicates the infusion of magical thinking into everyday life—where man, fish, and all beings that live in the sea share, with generosity, the sources of creation and the favor of the divine *orishas*.

The Sons of Water, Talking to a Fish, 2001

Provenance: La Casona Gallery, Havana.

Exhibitions: *Mendive: Shangó y la Vida* (Mendive: Shangó and Life), Sa Nostra Culture Center, Palma de Mallorca, Spain, 2001; Juan Ismael Art Center, Cabildo de Fuerteventura, Canary Islands, Spain, 2002; Sala La Recova, Santa Cruz de Tenerife, Canary Islands, Spain, 2002; Museo Nacional de Bellas Artes, Havana, 2003. Arco Fair, La Casona Gallery Pavilion, Madrid, Spain, 2005.

References: Catalogue, *Mendive: Shangó y la Vida*, p. 88, listed as number 12.

Ibrahim Miranda Ramos

n. 1969, reside en Cuba | b. 1969, resides in Cuba

Cuando Ibrahim Miranda se graduó del Instituto Superior del Arte (ISA) en 1993, ya sus obras habían participado en importantes exposiciones como *Kuba O.K.* en Alemania, *Nacido en Cuba* en Venezuela y México, y la IV Bienal de la Habana, todas puntos de reflexión y nuevas orientaciones en el arte cubano. Junto a Belkis Ayón, Abel Barroso y Sandra Ramos, Miranda se comprometió profundamente en el cambio conceptual y formal del grabado, que lo condujo—más allá de su propia obra—a la co-producción de *La Huella Múltiple*, exposición que marcó un hito en el arte cubano. Pese a la intensa transformación de la escena artística ocurrida durante la década de 1980, el grabado permaneció enclaustrado en los propósitos decorativos y el repertorio iconográfico con que venía practicándose previamente. Las técnicas se expandieron con la introducción de la serigrafía, practicada por Aldo Menéndez y el taller René Portocarrero, pero los artistas utilizaron el medio de manera secundaria frente a la presencia de instalaciones, *performances* y lienzos.

Miranda y el resto de los artistas innovadores renunciaron a las utopías populistas implícitas en el medio desde las vanguardias de inicios de siglo (el grabado como medio de difusión asequible al consumo masivo) y doblegaron las técnicas conocidas bajo una voluntad expresiva integrada a la renovación de los paradigmas estéticos. Más que hacer arte y reproducirlo mediante grabados, fueron absorbidos por las nuevas reflexiones acerca de la insularidad y las migraciones. El medio comenzó a reflejar no sólo los demonios del artista, sino también una auto-conciencia sobre los instrumentos expresivos del grabado y los tabúes profesionales en su práctica.

Los sujetos tradicionales del grabado, como los motivos decorativos y la iconografía, fueron suplantados por revelaciones religiosas y visiones cosmológicas, así como por la apropiación paródica de soportes relacionados con los signos urbanos, las figuras históricas y elementos del *kitsch*.

Mi renuncia pertenece a una serie inicial de xilografías, o grabados en madera, en los cuales Ibrahim introduce una particular visión creativa, calificada de algún modo como neo-expresionista. A diferencia de los artistas alemanes de *Der Brucke* (El Puente), cuyo interés fundamental es la reflexión del mundo objetivo a través del prisma de la subjetividad, en Miranda toda imagen del mundo exterior ha sido radicalmente suprimida. Su creación se convierte en instrumento de una especie de auto-análisis freudiano, en escenario de choque entre símbolos y fuerzas oscuras que emergen de la pesadilla y el sueño. Mitos del arte occidental—Ícaro, el rapto de Europa el jardín del Edén—son mezclados con imágenes extraídas de estampas religiosas o mapas de la isla, sin

When Ibrahim Miranda graduated from the Superior Institute of Art (ISA) in 1993, his works had already been shown in such important exhibitions as *Kuba O.K.* in Germany, *Nacido en Cuba* (Born in Cuba) in Venezuela and Mexico, and the Fourth Havana Biennial—all of which were opportunities for reflection and for the emergence new directions in Cuban art. Together with Belkis Ayón, Abel Barroso, and Sandra Ramos, Miranda was deeply engaged in the conceptual and formal re-examination of engraving, which led him—beyond the scope of his own work—to co-produce the 1996 debut exhibition of *La Huella Múltiple* (The Multiple Imprint). Despite the intense transformation of the art scene that took place during the 1980s, the print as a medium remained cloistered in its previous decorative purposes and iconography. There was an expansion in technique with the introduction of serigraphy through Aldo Menéndez and the René Portocarrero Workshop, but emerging artists made only minor use of the medium, giving preference instead to installation, performance, and painting.

Miranda and other innovative artists renounced the populist utopias implicit in the medium since the avant-garde movements of the early 1900s, which saw prints as a form of mass media, affordable for wide consumption. Instead, Cuban artists of this generation reshaped printmaking techniques as part of the overall rethinking of aesthetic paradigms that took place in the early 1990s. More than simply making art and reproducing it through prints, they were absorbed by the new ideas about insularity and migration. The medium began to reflect not only the artists' own demons, but a self-awareness about the expressive tools of printmaking, and the professional taboos associated with its practice. Traditional print subjects, such as decorative motifs, were supplanted by religious revelations and cosmological visions, and the parodic appropriation of popular urban signifiers, historical figures, and elements of kitsch.

Mi renuncia (My Renunciation) belongs to an initial series of xylographs, or wood engravings, in which Miranda revealed a personal creative vision that has been classified, to a certain degree, as neo-Expressionist. Unlike the German artists of *Der Brucke* (The Bridge), whose main interest was to reflect the objective world through the prism of subjectivity, in Miranda all images of the exterior world have been radically suppressed. His art has become an instrument for a kind of Freudian self-analysis, a stage for the clash between symbols and dark forces brought to the fore in dreams and nightmares. Miranda resorts to myths of Western art—Icarus, the kidnapping of Europa, the Garden of Eden—mixing them with images taken from religious prints or maps of the island in a

evidenciar costuras en su *bricolage*. Mientras Abel Barroso somete el grabado en matriz de madera a la crítica de su "reproducibilidad" técnica (Barroso vs. Walter Benjamin), Ibrahim, con pericia de orfebre, extrae todas las sutilezas posibles de la plancha, como si hubiese regresado a los tiempos de Gutenberg y Durero. En el uso de esta técnica también lo proceden artistas del patio: Carmelo González, Armando Posse, Antonio Canet, y Carlos Díaz Gámez. Pero en Miranda el soporte y la imagen forman una unión indisoluble. El predominio de una línea enfática, así como el rechazo de toda referencia volumétrica, producen una obra incómoda y agresiva que habla del repliegue del sujeto a la libertad exasperada de los sueños.

Mi renuncia, 1991

Procedencia: Colección del artista

Exposiciones: IV Bienal de la Habana, La Habana, 1991. *Arte Cubano Actual*, Centro Cultural/Arte Contemporáneo A.C., Fundación Cultural Televisa A.C., México, D.F., México, 1992. *La ronda cubana*, Van Reekum Museum, Appeldorn, Holanda, 1992. *Yo no soy una isla*, Galería Habana, La Habana, 1993. *Noche insular: Jardines invisibles*, Galería Nina Menocal. México D.F., México, 1993. 1er. Premio, X Bienal de San Juan del Grabado Latinoamericano y del Caribe, San Juan, Puerto Rico, 1993.

Referencias: Catálogo, IV Bienal de La Habana, 1991, p. 121, listada como número 7.

seamless *bricolage*. While Abel Barroso subjects wood engraving to the critique of its technical ease of reproduction (Barroso versus Walter Benjamin), Miranda squeezes, with the skill of a goldsmith, all the possible subtleties from the matrix, as if he had returned to the times of Gutenberg and Dürer. He has been preceded in the use of this technique by some of his compatriots, such as Carmelo González, Armando Posse, Antonio Canet, and Carlos Díaz Gámez. But in Miranda, medium and image form an indissoluble union. The predominance of an emphatic line, and the rejection of any suggestion of volume, result in an uncomfortable, aggressive style, which speaks of the submission of the subject to the exasperated freedom of dreams.

My Renunciation, 1991

Provenance: Artist's collection.

Exhibitions: Fourth Havana Biennial, Havana, 1991. *Arte Cubano Actual* (Contemporary Cuban Art), Centro Cultural/Arte Contemporáneo, A.C., Fundación Cultural Televisa A.C., Mexico City, 1992. *La ronda cubana* (The Cuban Beat), Van Reekum Museum, Appeldorn, Holland, 1992. *Yo no soy una isla* (I am not an Island), Galería Habana, Havana, 1993. *Noche insular: Jardines invisibles* (Insular Night: Invisible Gardens), Galería Nina Menocal, Mexico City, 1993. First prize, Tenth San Juan Biennial of Latin American and Caribbean Printing, San Juan, Puerto Rico, 1993.

References: Catalogue, Fourth Havana Biennial, 1991, p. 121, listed as number 7.

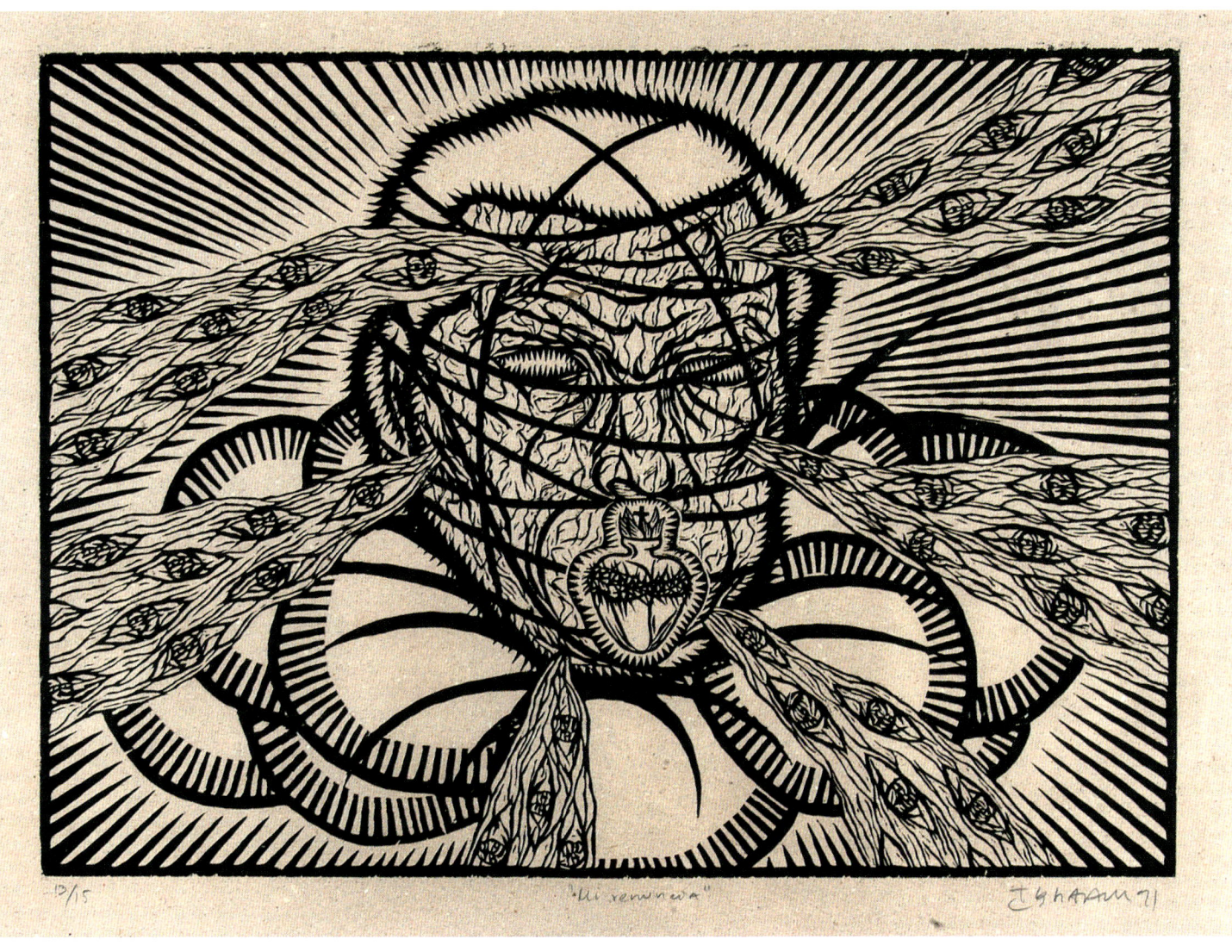

Mi renuncia, 1991
xilografía sobre papel, 55.2 x 69.8 cm.

My Renunciation, 1991
woodcut print on paper, 21.5 x 31 in.

Elsa Mora

n. 1971, reside en los Estados Unidos | b. 1971, resides in the United States

A diferencia de la obra de las escritoras cubanas de la década de 1960, invisible bajo los paradigmas "épicos" de la historia literaria post-revolucionaria (Yáñez, 2000, 123), la creación visual producida por mujeres en Cuba contemporánea ha recibido amplia repercusión en medios masivos y exposiciones, así como en catálogos y libros publicados sobre el tema. Esa reflexión abarca desde la presencia de la "mujer pintada"—la mujer como objeto y sujeto simultáneos del arte—en la iconografía nacional (de Juan, 1972, 38), los discursos visuales de las creadoras (Castellanos, 1998, 18) hasta una versión "otra" de la visualidad cubana expandida por los discursos de género, raza y grupos sociales. Las artistas interiorizan así no sólo las ideologías igualitarias promovidas por el estado, que proporciona acceso gratuito a la educación artística, sino también incorporan una cuota de espacio ganada—con esfuerzo propio—dentro del "poder interpretativo" que circula en la sociedad civil cubana.

La obra de Elsa Mora ha resonado con perfil propio en la producción artística de la última década. A semejanza de varias compatriotas (María Magdalena Campos-Pons, Belkis Ayón, Gertrudis Rivalta, Marta María Pérez Bravo, Alicia Leal, Aymeé García), Mora no se alinea junto a un activismo crítico hacia las ideologías patriarcales presentes en el tejido social, ni reivindica su "diferencia" frente al discurso artístico creado por hombres. Su obra fluye serenamente a través de cauces propios: "...ha ido tocando técnicas y lenguajes, materiales y soportes bien diversos. Es un afán de superación constante. Elsa sigue las líneas de lo que se le sugiere, y lo hace con desenfado y naturalidad" (Fuentes, 1998, 11).

Inicialmente, la obra de Elsa se caracterizaba por piezas de pequeño formato, el ensamblaje de materiales y elementos disímiles, la pátina del tiempo y la complementariedad de títulos y textos dentro de la pieza. Luego introdujo una práctica fotográfica que asumía el cuerpo como soporte, símbolo de su propio género y del ser humano. La impresión en papel fotográfico dio paso a la técnica digital, ya puesta en práctica por varios creadores de la isla. Mora sometió la misma a una voluntad dramática contenida, de la cual emerge la serie *Perda do Sentido*. Su motivo de inspiración fue el suicidio en 1999 de Belkis Ayón, artista cubana y amiga con la cual expuso en Nueva York apenas un año antes de su muerte. Bajo el impacto de una pérdida aún inexplicable que estremeció la comunidad artística en la isla, el rostro de Mora se convierte ante la cámara en signo mudo de la tragedia. El título de la obra colocado sobre la frente refiere el carácter absurdo de la decisión, el vacío de propósitos en que se hunde el suicida. Su rostro maquillado de negro, con ojos bien abiertos como los de Belkis, interpelan fijamente al espectador, lo convierten en testigo incómodo de un gesto de duda.

In contrast to the work of Cuban female writers of the 1960s, invisible under the "epic" paradigms of post-Revolutionary literary history (Yáñez, 2000, 123), visual art by women in contemporary Cuba has been broadly reflected in the mass media and in exhibitions, as well as in catalogues and books. This reflection includes the presence of what has been called the "painted woman"—woman as both object and subject of art—in Cuban national iconography (de Juan, 1972, 38), as well as the visual discourses of women artists (Castellanos, 1998, 18) and a "different" version of the Cuban visual imagination expanded by the discourses of gender, race, and social groups. In this way, female artists internalized not only the egalitarian ideologies promoted by the state, which grants free access to artistic education, but also a certain amount of access—earned by their own efforts—to the "interpretive power" that circulates within Cuban culture and society.

Elsa Mora's works have earned their own niche in the artistic production of the last decade. Like some of her female compatriots (María Magdalena Campos-Pons, Belkis Ayón, Gertrudis Rivalta, Marta María Pérez Bravo, Alicia Leal, Aymeé García), Mora does not align herself with an activism that criticizes the patriarchal ideologies present in the social fabric, nor does she vindicate her "difference" from the artistic discourse created by men. Her work flows serenely, following its own course. "She has experimented with very diverse techniques and languages, materials and media. In a constant drive towards self-realization, Elsa follows wherever the inspiration takes her, and she does it with ease and spontaneity" (Fuentes, 1998, 11).

Mora's work was initially defined by small-format pieces; the assemblage of dissimilar materials and elements; an aged patina; and the use of texts within her pieces as complements to their titles. She later embarked on a photographic phase that utilized the body as a surface, a symbol of her own gender in particular and of human beings in general. The use of photographic prints gave way to digital techniques, already put into practice by several artists on the island. Mora subjected the medium to a self-contained but dramatic treatment, embodied in the series *Perda do Sentido*. It was inspired by the suicide in 1999 of Belkis Ayón, a Cuban artist and friend of Mora's, with whom she had done a joint exhibition in New York barely a year before Ayón's death. Absorbing the impact of a still-unexplainable loss, which shook the Cuban artistic community, Mora presents herself to the camera, her face transformed into a silent symbol of the tragedy. The piece's title, scratched on her forehead, refers to the absurdity of the decision, the emptiness of purpose into which the suicide sinks. Covered in black makeup,

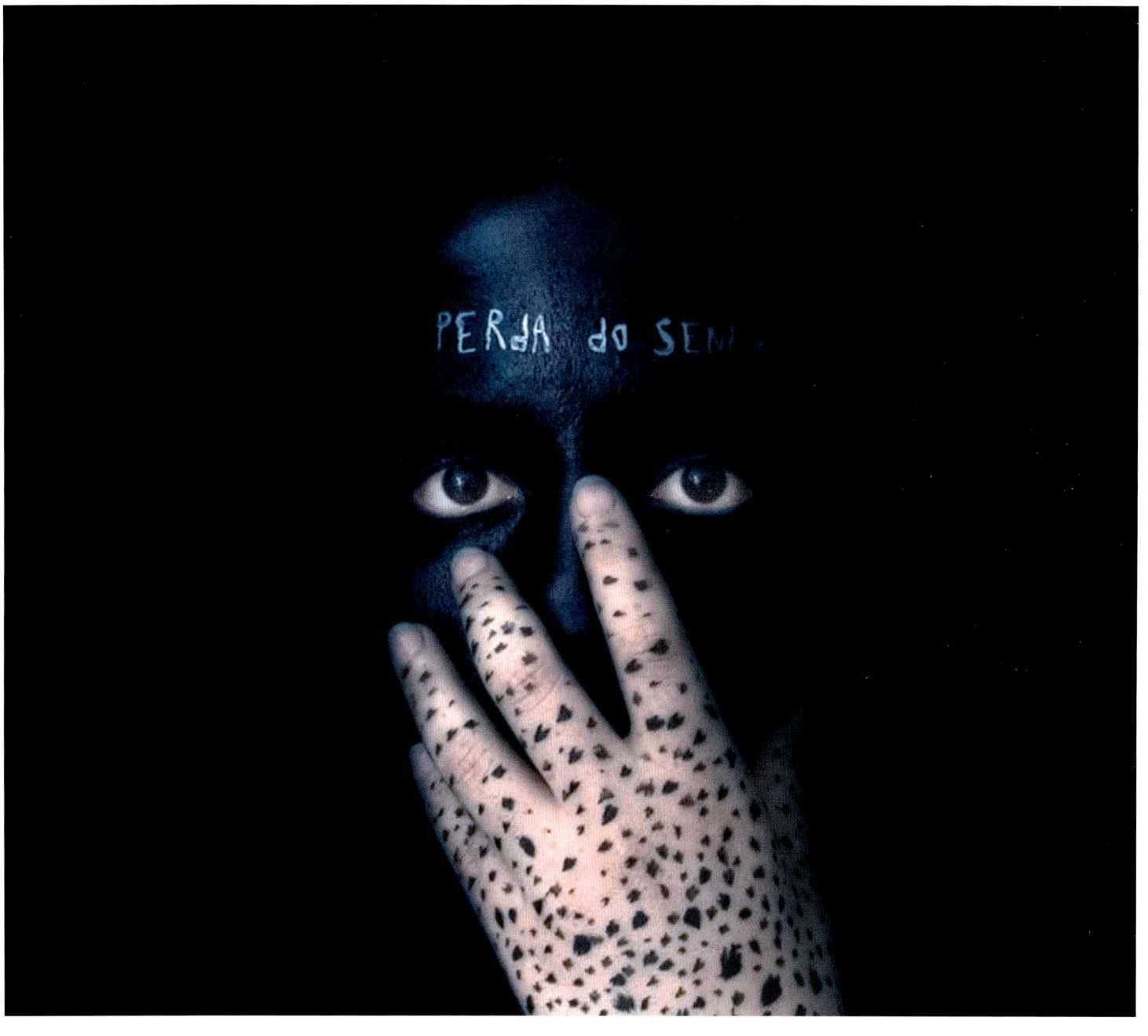

Perda do sentido, 2001   *Loss of Sense*, 2001
impresión digital, 40 x 40 cm.   digital print, 15.75 x 15.75 in.

La mano—con manchas de leopardo relativas a la religión abakuá estudiada por Ayón— acalla el lamento o expresión de la boca, signo de una tragedia personal que la artista fallecida sufrió sin compartirla con nadie más.

Perda do sentido, 2001

Procedencia: Colección de la artista.

Exposiciones: *Cuban Women Photographers: Photography by Elsa Mora, Cirenaica Moreira and Marta María Pérez Bravo*, The Fraser Gallery, Washington DC, Estados Unidos, 2004. *Fotocopiaste*, Casa de Las Américas, La Habana, 2000. *Vulnerable*, Phyllis Kind Gallery, Nueva York, Estados Unidos, 2001. *Passionately Cuban: Nine Artists from Havana*, University Art Museum, State University of New York, Albany, Estados Unidos, 2001. Galería José Sacramento, Aveiro, Portugal, 2006.

with eyes wide open like Ayón's, her face questions the viewer, transforming him or her into an uncomfortable witness of a doubting gesture. The hand—covered in leopard spots alluding to the Abakuá religion, which Ayón had been studying—muzzles the mouth's lament, symbol of a personal tragedy that the departed artist suffered silently, sharing it with no one.

Loss of Sense, 2001

Provenance: Artist's collection.

Exhibitions: *Cuban Women Photographers: Photography by Elsa Mora, Cirenaica Moreira and Marta María Pérez Bravo*, The Fraser Gallery, Washington D.C., United States, 2004. *Fotocopiaste*, Casa de Las Américas, Havana, 2000. *Vulnerable*, Phyllis Kind Gallery. New York, United States, 2001. *Passionately Cuban: Nine Artists from Havana*, University Art Museum, State University of New York, Albany, United States, 2001. José Sacramento Gallery, Aveiro, Portugal, 2006.

Glexis Novoa Vián

n. 1964, reside en los Estados Unidos | b. 1964, resides in the United States

El arte cubano de la década de 1980 ofreció una contribución inaudita a las relaciones entre cultura y sociedad en las "democracias populares" (conocidas en Occidente como naciones comunistas). Mientras la burocracia cultural en la URSS había impuesto un arte "para el pueblo", opuesto a la experimentación, en Cuba se desarrolló un arte de agudo contenido social y estética contemporánea. Sus creadores eran hijos de proletarios y campesinos, educados en centros del sistema estatal. Autoconscientes como "pueblo", esos artistas rechazaron las imágenes paternalistas del realismo socialista y reclamaron un espectador crítico de un alto nivel educativo facilitado por el estado. Sus temas buceaban en las contradicciones sociales, la distancia entre ideal y realidad, así como la burocratización del pensamiento.

La actitud irreverente del nuevo arte cubano imponía su marca en la historia cultural reciente. En la década de 1960, las autoridades clamaron por un arte "dentro de la Revolución", pero en 1971 instauraron los paradigmas pro-soviéticos en el terreno del arte, la estética y la economía (Alonso, 1995, 38). Un sector de la generación del 80 propuso un arte crítico: "desde la Revolución" pero sin pedir permiso. Diversas coordenadas sociales catalizaron la inédita postura: el proceso de "rectificación de tendencias negativas", el rescate ideológico del Che Guevara, la *perestroika* de Gorbachov, el regreso de los combatientes cubanos de Angola, la "causa número Uno" (el proceso del general Arnaldo Ochoa y otros militares en 1989) y el posterior desplome del Muro de Berlín. Sin las presiones de un mercado inexistente, las obras de arte se convirtieron en espacios para la discusión de temas sociales, ausentes de los medios masivos. A propósito de una canción del trovador Carlos Varela, vocero musical del momento, a los artistas que siguieron esa nueva dirección se les denominó "Los Hijos de Guillermo Tell" (Mosquera, 1990, 42).

Hacia finales de década, la creación de Glexis comprende grabados, *performances* y la participación en varios colectivos, y se inserta de manera natural en esta tendencia. Como un caballo de Troya, *De la etapa práctica* estaba calibrada contra la retórica vacua del lenguaje político, sus rituales y su estética. Como parte de una instalación de aliento monumental, parodia las retóricas visuales utilizadas para los actos masivos, donde efigies de mártires o figuras históricas, banderas, textos o eslóganes tomados de discursos se elevan ante el público sobre altas plataformas de madera. Novoa absorbe ese "estilo" comunicativo y lo devuelve como un lenguaje propio, interiorizado. La pieza mezcla códigos visuales del *manga* japonés, la publicidad, la propaganda nazi de los congresos de Nuremberg, y la estética del realismo socialista soviético. Las letras-íconos han

Cuban art in the 1980s made an unprecedented contribution to the relationship between culture and society in the "popular democracies" [known in the West as Communist nations]. While the cultural bureaucracies in the U.S.S.R. had imposed an "art for the people" opposed to experimentation, Cuba developed an art of incisive social content and contemporary aesthetics. Its creators were the children of the proletariat and the peasants, educated in the state system. Conscious of being "the people," these artists rejected the paternalistic imagery of Socialist Realism. They claimed as their audience a critical viewership with a high level of education fostered by the state. The artists' themes were the social contradictions of Cuban culture, the distance between the ideal and reality, and the bureaucratization of thinking.

The irreverent attitude of this new Cuban art made its mark on recent cultural history. During the 1960s, the authorities clamored for an art "within the Revolution," but in 1971 they imposed pro-Soviet paradigms in the fields of art, aesthetics, and economics (Alonso, 1995). A group within the 1980s generation proposed a more consciously critical art: not "within the Revolution" but "from the Revolution," with no permission required. Diverse social currents converged as the catalyst for this unprecedented stance: the so-called "rectification of negative tendencies," the ideological revival of Che Guevara, Gorbachev's *perestroika*, the return of Cuban soldiers from Angola, "Case Number One" (the 1989 drug trial of General Arnaldo Ochoa and other military officers), and the fall of the Berlin Wall. Without the pressures of a then-nonexistent market, art became a space for discussing social issues that was absent from the mass media. Apropos of a song by troubadour Carlos Varela, musical spokesman of the time, the artists who pursued this new direction were called *Los Hijos de Guillermo Tell*—The Children of William Tell (Mosquera, 1990).

By the late 1980s, Glexis Novoa had created a body of work ranging from prints to performances, and had participated in several artists' groups. His art fit easily into the burgeoning movement. Like a Trojan horse, *De la Etapa Práctica* (On the Practical Stage) was calibrated against the empty rhetoric of political language, its rituals and aesthetics. It parodies the visual rhetoric used in mass demonstrations, where effigies of martyrs of the Revolution or historical figures, flags, and slogans are positioned before the audience on high wooden platforms. Novoa absorbs this style of communication and regurgitates it as a personal language, already internalized. The piece mixes visual codes from Japanese *manga*, advertising, Nazi propaganda from the Nuremberg rallies, and the aesthetics of Soviet Socialist Realism. The letter-icons have been

sido diseñadas por el propio artista, pero el carácter críptico e indeterminado de este seudo-alfabeto hace imposible toda comunicación efectiva con los receptores. En parodia de las tendencias abstractas, la pintura ha sido aplicada a la manera espontánea del expresionismo abstracto y en evidencia del carácter "artificial" del espacio pictórico.

De la etapa práctica, 1989

Procedencia: Colección del artista.

Exposiciones: *Patria o Muerte*, Castillo de la Real Fuerza, Museo Nacional de Bellas Artes, La Habana, 1989. *No Man is an Island: Young Cuban Art*, Museo Pori, Helsinki, Finlandia; Museo Mucsarnok, Budapest, Hungría; Palacio Palffy, Viena, Austria, 1990.

Referencias: Seppala, Marketta, ed., *No Man is an Island: Young Cuban Art*, Museo Pori, Helsinki, Finlandia, 1990. Camnitzer, Luis, *New Art of Cuba*, 1994; reimpresión, Austin: University of Texas Press, 2003, ilust. p. 235.

designed by the artist himself, but the cryptic, indeterminate character of this pseudo-alphabet makes all communication impossible. In a parody of the abstract movement, the paint has been applied in the spontaneous style of Abstract Expressionism, attesting to the "artificial" character of the pictorial space.

On the Practical Stage, 1989

Provenance: Artist's collection.

Exhibitions: *Patria o Muerte*, Museo Nacional de Bellas Artes, Havana, 1989. *No Man is an Island: Young Cuban Art*, Pori Museum, Helsinki, Finland; Mucsarnok Museum, Budapest, Hungary; Palffy Palace, Vienna, Austria, 1990.

References: Seppala, Marketta, ed., *No Man is an Island: Young Cuban Art*, May 1990, Pori Museum, Finland. Camnitzer, Luis, *New Art of Cuba*, 1994; reprint, Austin: University of Texas Press, 2003, illust. p. 235.

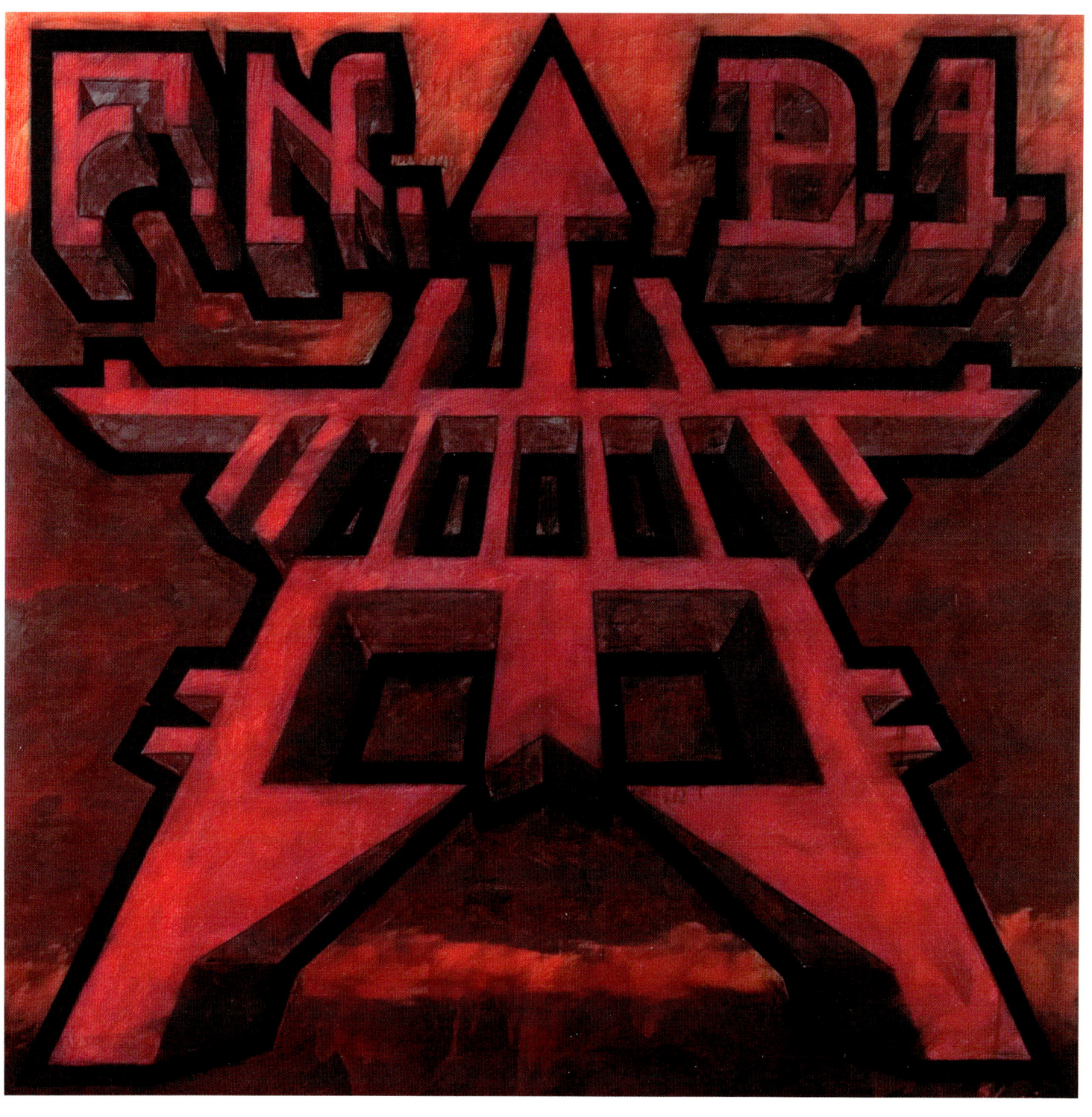

De la etapa práctica, 1989   *On the Practical Stage*, 1989
óleo sobre tela, 195 x 196.2 cm.   oil on canvas, 76.75 x 77.25 in.

René de Jesús Peña González

n. 1957, reside en Cubas | b. 1957, resides in Cuba

En septiembre de 1931, la revista *Social*, fundada por el humorista y publicista cubano Conrado Massaguer, publica una foto de Kid Chocolate, campeón mundial de los pesos ligeros. Agraciado como uno de los hombres más elegantes de su época, amigo de Carlos Gardel y estrella popular en Cuba, el Kid aparecía absolutamente desnudo y en pose, en la foto de estudio tomada por "Rembrandt", un fotógrafo cubano anónimo. Bajo el encanto de las *flappers* de la década anterior, las páginas de *Social* se habían convertido en testimonio de los cambiantes patrones de belleza, erotismo, desnudez y emancipación femenina. Pero la presencia de un hombre negro "en cueros", absolutamente consciente de su dignidad y atributos físicos, fue un hecho cultural inusitado que no encontraremos siquiera en las fotos que el norteamericano Walker Evans tomara en Cuba dos años después. La imagen del célebre boxeador cubano condensó el auge de la tendencia "afrocubana" en las artes, la literatura y el pensamiento social, a la vez que imponía una mirada descriptiva, clínica, como instrumento para "captar" la esencia de su "negritud" o diferencia.

Si bien los movimientos sociales y políticos cubanos de la década de 1930—la lucha por la soberanía nacional, la ruptura de la dependencia con los Estados Unidos, la emancipación femenina y la creación de las sociedades negras, los cuales culminaron en la Constitución progresista de 1940—modelaron una imagen proactiva, moderna, civilizada y trabajadora del hombre y la mujer negros, la publicidad turística y comercial en Cuba y los Estados Unidos enfatizaba el concepto del "buen salvaje", sensual y vago, "brujero" y carente de autoestima, y sólo capaz de ejercer tareas de escasa complejidad intelectual (como la zafra, el cortejo, el baile y la rumba). Aun en décadas posteriores, en las fantasías afrocubanas del famoso cabaret Tropicana o en las fotos de Marlon Brando tocando tumbadora en los bares del suburbio habanero de Marianao, las nociones de lo "afrocubano" se congelaban en el exotismo y la alienación frente al "otro".

Artistas contemporáneos como Alexis Esquivel, Pedro Álvarez y Douglas Perez han reciclado, mediante una narrativa de tiempos quebrados, eventos históricos o personajes relacionados con la presencia cultural e histórica del negro, extraídos de la literatura, la pintura colonial o la publicidad comercial.

A semejanza de la imagen de Kid Chocolate, las fotografías de Peña utilizan la soledad del estudio y el cuerpo desnudo como confines expresivos, pero se apartan de la urgencia afrocubana por definir "la negritud" y reivindican una dimensión crítica hacia los conceptos socialmente aceptados y connotaciones sexuales que gravitan sobre los cuerpos.

In September of 1931, *Social* magazine, founded by the Cuban humorist and publicist Conrado Massaguer, published a photo of the boxer Kid Chocolate, who later won the world featherweight title. Considered one of the most elegant men of his day, a friend of Argentinean tango sensation Carlos Gardel, and a popular star in Cuba, the Kid appeared posing nude in an artistic studio portrait by "Rembrandt"—an anonymous Cuban photographer. Under the influence of 1920s flappers, the pages of *Social* had become a testament to the ever-shifting tides of beauty, eroticism, nudity, and the emancipation of women. But the presence of a stark naked black man, completely conscious of his dignity and his physical attributes, was an unusual cultural event, unparalleled even by the pictures that the American photographer Walker Evans shot in Cuba two years later. The image of the Cuban boxer ignited intense interest in the Afro-Cuban trend in arts, literature, and social ideas; at the same time, it imposed a clinical gaze as a means of "capturing" the essence of his *negritude* or difference.

While the Cuban social and political movements of the 1930s—the struggle for national sovereignty, the end of dependence on the United States, the emancipation of women, and the creation of black improvement associations, all culminating in the progressive Cuban Constitution of 1940—modeled an image of black men and women that was proactive, modern, civilized, and industrious, tourist and commercial advertisements in both Cuba and the United States emphasized the concept of the *bon sauvage*: sensual and lazy, believing in voudou, lacking self-esteem, and capable only of performing tasks of minimal intellectual complexity (such as sugarcane cutting, courting, dancing, and playing rumba). Even in subsequent decades, in the Afro-Cuban fantasies showcased at the famed Tropicana night club, as well as in photos of Marlon Brando playing the bongos in the bars of Marianao (a Havana suburb), popular notions of the Afro-Cuban experience were frozen in a fascination with the exotic and a sense of alienation from the "other."

Trolling through literature, colonial paintings, and commercial advertisements, contemporary artists such as Alexis Esquivel, Pedro Álvarez, and Douglas Pérez have recycled historical events or characters related to the cultural and historical presence of black people—piecing together a jumbled, broken narrative that jumps through time. Like Kid Chocolate's iconic image, Peña's photographs use the solitude of the studio and the naked body as expressive boundaries. But they shun the Afro-Cuban urgency to define the condition of *negritude*. Instead, they attempt to formulate a critical response to the cultural concepts and sexual connotations that weigh on the human body.

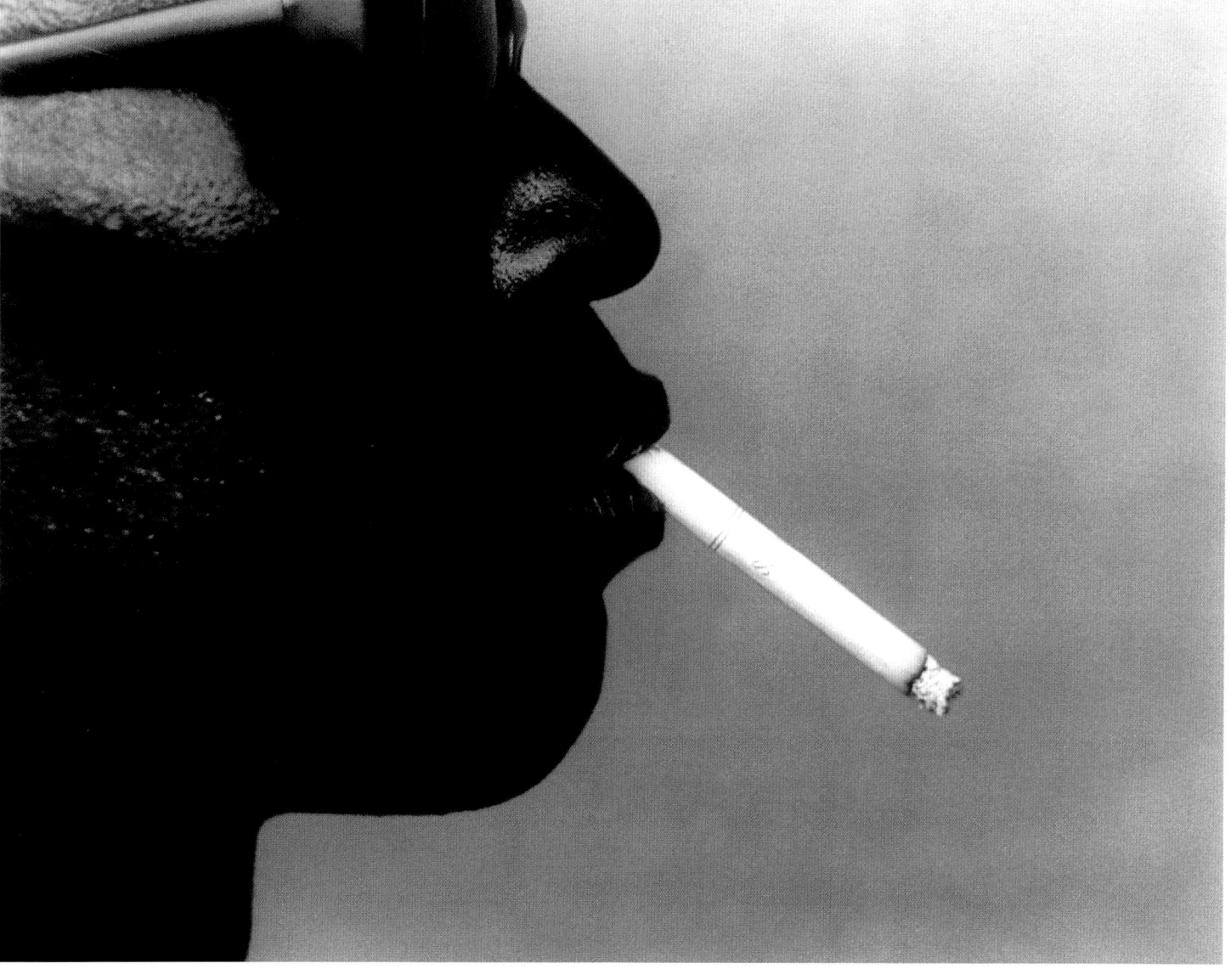

Cigarette, 1997 (de la serie "*White Things*")
impresión en gelatina de plata, 46.3 x 57.8 cm.

Cigarette, 1997 (from the series "White Things")
gelatin silver print, 18.25 x 22.75 in.

A través de varias series—"Muñeca mía", "Dakota Blue", "Rituales y Autorretratos" y "White Things"—el cuerpo anónimo del artista ofrece un *performance* ante el voyeurismo inevitable del espectador, escenificando o interactuando con elementos de valor dramatúrgico: muñecas blancas, ropa femenina, cuchillos y atributos religiosos, implementos deportivos. Es una acción desprovista de callejones sicoanalíticos; quien se expone no es el "yo" de Peña sino un "nosotros" que intenta desafiar y degradar las marcas socialmente impuestas sobre sí. "Por otra parte, la manipulación que hace Peña de su propia identidad racial y sexual conforma una manera crítica de asumir los paradigmas de representación en la sociedad cubana, con lo que logra también un efecto de carnavalización" (Molina, 1998).

En "White Things", Peña acude a una estética más austera que en obras anteriores. El montaje visual radica en la oposición entre elementos claros (ropa íntima, objetos cotidianos) contra zonas negras, en composiciones duras, fuertes, que frecuentemente parodian la fotografía policial o las imágenes del negro en la prensa de inicios del siglo XX. No se alude sin embargo a una oposición radical entre razas, ni es una crónica callejera. Las referencias se hunden en la práctica consciente de una ambigüedad de sentido donde el espectador colocará, sin remedio, sus propios prejuicios.

Cigarette, 1997 (de la serie "White Things")

Procedencia: Colección del artista.

Exposiciones: *From Man Made Material to White Things*, René Peña, Galería La Casona, La Habana, 2001–2002.

Referencias: Catálogo, *From Man Made…* , 2001, ilust. p. 7. Primer Premio, IV Bienal de Arte del Caribe, República Dominicana, 2002. Revista *Cariforum*, febrero 2002, ilust. p. 40.

Ropa interior de hombre negro, 1997 (de la serie "White Things")

Procedencia: Galería La Casona.

Exposiciones: *From Man Made Material to White Things*, René Peña, Galería La Casona, La Habana, 2001-2002.

Referencias: Catálogo, *From Man Made…* , 2001, ilust. portada.

In several of Peña's series—"Muñeca mía" (My Doll), "Dakota Blue," "Rituales y Autorretratos" (Rituals and Self-Portraits), and "White Things"—the anonymous body of the artist offers up a performance to the inevitable voyeurism of the viewer, dramatizing or interacting with theatrical elements: white dolls, women's clothing, knives, religious objects, sports equipment. It is a performance devoid of psychoanalytical twists; what is exposed is not Peña's self, but a collective "us" that strives to defy and denigrate any socially imposed stereotypes. "Moreover, Peña's manipulation of his own racial and gender identity takes a critical stance toward the paradigms of representation in Cuban society, achieving a carnivalesque effect as well" (Molina, 1998).

In "White Things," Peña resorts to a more austere aesthetic than that of his previous works. Here, visual impact is based on the opposition between white elements (underwear, everyday objects) and black, in striking compositions that often parody police mug shots or newspaper images of black people in the early 1900s. There is no allusion, however, to a radical opposition between racial groups, nor to any sort of street chronicle. Peña's references sink deep into a subconscious ambiguity of meaning, where the viewer will inevitably encounter his own prejudices.

Cigarette, 1997 (from the series "White Things")

Provenance: Artist's collection.

Exhibitions: *From Man Made Material to White Things*, René Peña, La Casona Gallery, Havana, 2001–2002.

References: Catalogue, *From Man Made…*, 2001, illust. p. 7. First Place, Fourth Biennial of Caribbean Art, Dominican Republic, 2002. *Cariforum* magazine, February 2002, illust. p. 40.

Black Man's Underwear, 1997 (from the series "White Things")

Provenance: La Casona Gallery.

Exhibitions: *From Man Made Material to White Things*, René Peña, La Casona Gallery, 2001-02, Havana.

References: Catalogue, *From Man Made…*, 2001, illust. on cover.

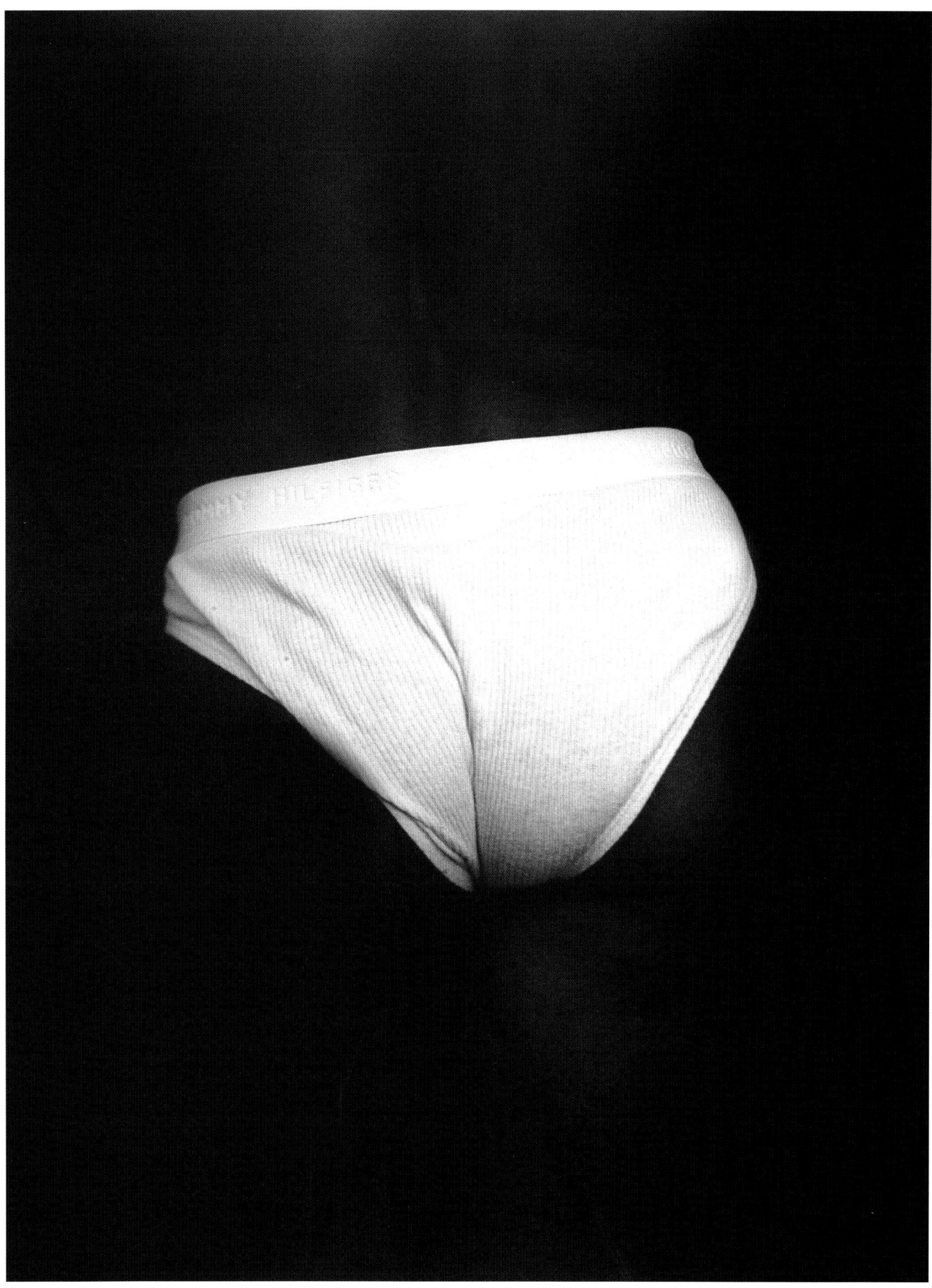

Ropa interior de hombre negro, 1997 (de la serie "White Things")
impresión en gelatina, 58.4 x 43.2 cm.

Black Man's Underwear, 1997 (from the series "White Things")
gelatin print, 23 x 17 in.

Marta María Pérez Bravo

n. 1959, reside en Mexico | b. 1959, resides in Mexico

La obra de Marta María Pérez se inscribe con originalidad en la historia de las representaciones femeninas en el arte cubano. En un campo dominado históricamente por la mirada masculina, la artista introduce su propio cuerpo mediante el uso simbólico de la fotografía "escenificada". Su relación con la imagen fotográfica comienza en 1983 cuando utiliza la fotografía para registrar intervenciones efímeras sobre espacios naturales. Su proceso de embarazo (con gemelas) en 1986 la llevó a crear las series *Concebir* (1985–1986) y *Memorias de nuestro bebé* (1987) con la estructura de un álbum fotográfico, soporte usualmente utilizado en Cuba para registrar la memoria familiar. En la tradición artística occidental, la maternidad era expresada por la unidad visual del niño y su madre, y descrita por el artista (generalmente masculino). Pérez se convertía en sujeto productor y motivo de las imágenes, aportando un acento distintivo al tema previamente tratado en *Postpartum Document* (1973–79) de Mary Kelly.

Si las imágenes de la prensa cubana post-revolucionaria documentaban la incorporación de la mujer a labores militares y productivas, o la eficacia de los sistemas de atención prenatal y natal, Marta María se concentraba en la épica "interna" del género femenino, en lo que constituía su diferencia irrenunciable. La fotografía era el recurso para "descubrir y atrapar con el lente los mecanismos invisibles del pensar religioso, mitológico, mágico" (Hernández, 2001, 1), aplicados a la maternidad. La imagen de su cuerpo, dilatado o marcado por estrías, sobre fondos neutros y en interacción con objetos como collares, cuchillos, muñecas o ladrillos, revela tradiciones y conceptos sobre la gestación asentados en la cultura popular y las religiones afrocubanas de la Santería y el Palo Monte.

Ya no hay corazón pertenece a la serie "Cultos Paralelos", iniciada desde 1990. Mediante la relación con objetos rituales y el uso contenido y grácil de su cuerpo como escenario, la artista metaforiza frases o elementos filosóficos procedentes de prácticas religiosas o creencias populares que conoce muy bien y admira. Pero no estamos ante una obra de arte religioso u objeto de culto, como los exvotos y los retablos flamencos del siglo XV. Mediante la imagen poética, Marta María, artista blanca y occidental, tiende un puente entre las convenciones del arte contemporáneo y los estratos espirituales de su contexto vital: la cultura cubana en toda su riqueza.

Ya no hay corazón, 1999 (de la serie "Cultos Paralelos")
Procedencia: Galería 106, Dallas.

Marta María Pérez's works make a distinct and original contribution to the history of female representation in Cuban art. In a field historically dominated by the male perspective, Pérez introduces her own body into the discourse through the use of staged photography. Her relationship with the photographic medium began in 1983, when she used it to record ephemeral interventions in natural spaces. In the mid-1980s, her own pregnancy (with twins) led her to create the series *Concebir* (Conceiving, 1985–1986), and *Memorias de nuestro bebé* (Memories of Our Baby, 1987). In both pieces, Pérez employed the structure of a photo album, which is widely used in Cuba to record family memories. In the Western artistic tradition, maternity has been expressed through the visual unity of the child and its mother as depicted by the artist (usually male). Pérez instead became both the subject and creator of these images, bringing a distinctive approach to a theme previously addressed in Mary Kelly's *Postpartum Document* (1973–79).

While images in the Cuban post-Revolutionary press documented the participation of women in the military and in economic production, and the efficacy of the systems of prenatal and newborn care, Pérez concentrated on the "internal" saga of the female experience. This is the source of her singularity in Cuban art. Photography was her way of "discovering and trapping, through the lens, the invisible mechanisms of religious, mythic, and magical thinking" (Hernández, 2001, 1) as they applied to maternity. The images of her body, distended or crossed by stretch marks, on neutral backgrounds and interacting with such objects as necklaces, knives, dolls, or bricks, reveal concepts and traditions about pregnancy based on popular culture and the Afro-Cuban religions Santería and Palo Monte.

Ya no hay corazón (No More Heart) is part of the series "Cultos Paralelos" ("Parallel Cults"), begun in 1990. Through interaction with ritual objects and the contained and graceful use of her own body, Pérez creates metaphors from various aspects of religious practices and folk beliefs that she knows well and admires. Here, though, we are not witnessing religious art or cultic objects, like *ex votos* or Flemish altarpieces of the 15th century. By means of the poetic image, Pérez—herself a white, Western artist—bridges the conventions of contemporary art and the spiritual strata of her own life context: Cuban culture in all its vitality and richness.

No More Heart, 1999 (from the series "Parallel Cults")
Provenance: 106 Gallery, Dallas.

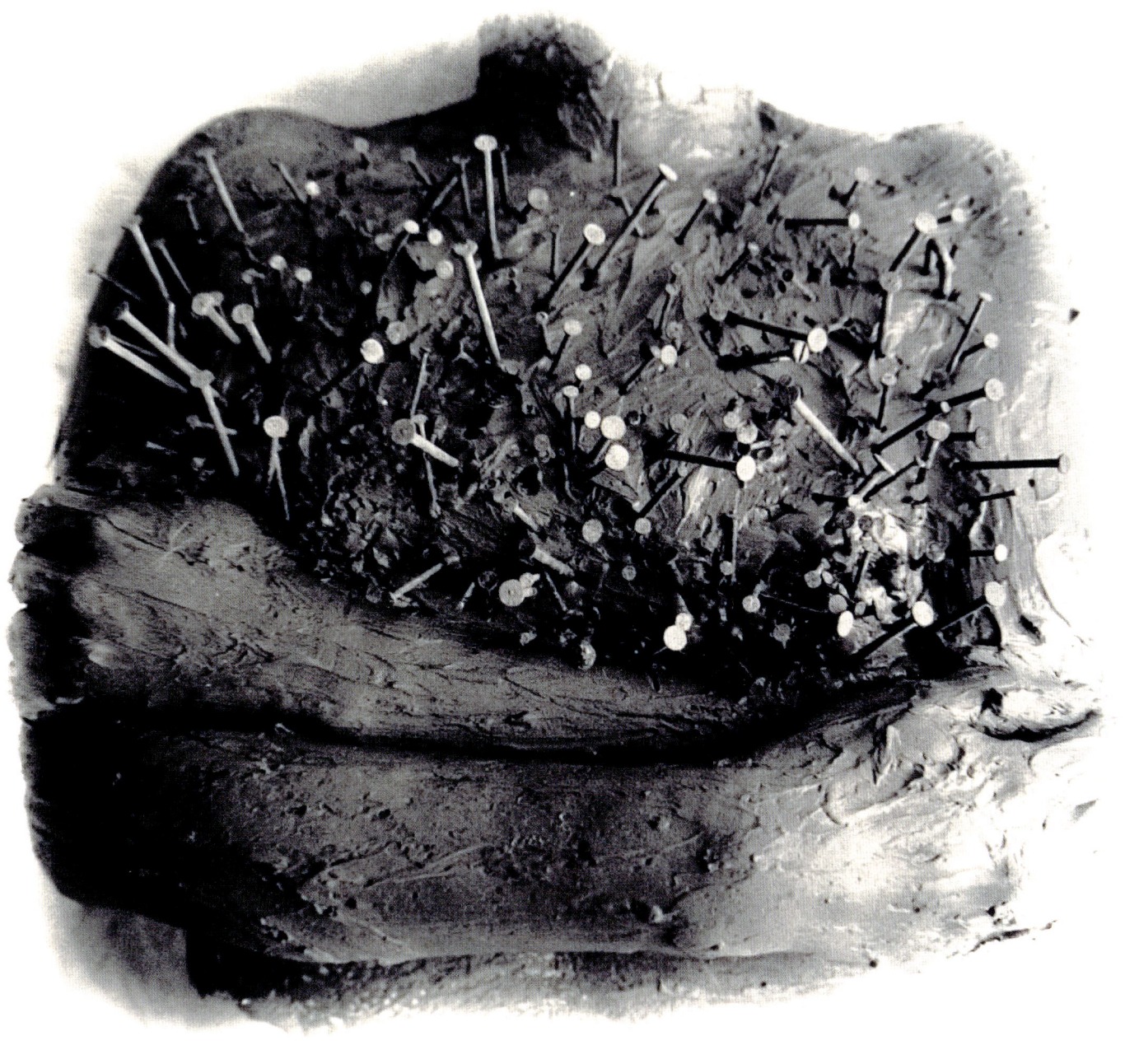

Ya no hay corazón, 1999 (de la serie "Cultos Paralelos")
impresión sobre gelatina de plata, 50.8 x 40.6 cm.

No More Heart, 1999 (from the series "Parallel Cults")
gelatin silver print, 20 x 16 in.

Manuel Piña Baldoquín

n. 1959, reside en Cuba y en Canadá | b. 1958, resides in Cuba and Canada

La generación de *Volumen I* emerge públicamente después de los sucesos del Mariel en 1980, cuando emigran intelectuales como Carlos Alfonzo y Reinaldo Arenas. Sin embargo, ese proceso migratorio y sus connotaciones no encontraron eco en las artes visuales. Durante esa época, el mundo del arte cubano estaba absorto en su propia evolución interna, en lo que fue una etapa de refundación bajo nuevos paradigmas vanguardistas. A ese proceso contribuyeron los frecuentes viajes de Ana Mendieta a la isla, dando impulso a una identidad artística anclada en el *locus* de la nación. La polarización oficial de la sociedad cubana (gusanos quienes parten, patriotas quienes permanecen) no favorecía ciertamente la reflexión artística sobre el suceso del Mariel en toda su complejidad.

En la década de 1990, el arte cubano y la isla se reencuentran. La caída de la URSS, antiguo paradigma del futuro, desplomó violentamente el puente económico y psicológico con Europa Oriental. La consiguiente crisis económica, la emigración a México de numerosos artistas, la legalización de las remesas financieras enviadas por la diáspora, el reavivamiento religioso, la explosión de la iniciativa privada, y la erosión cotidiana de la intolerancia social hicieron de Cuba una isla que flotaba sobre un tiempo suspendido.

La crisis de los balseros de 1994, inferior en dimensiones a la del Mariel, fue somatizada con más profundidad en la sensibilidad popular. La percepción de artistas como Kcho, Sandra Ramos, Abel Barroso y Tania Bruguera introdujo la imagen de Cuba como balsa, separada de tierra firme por la brecha insalvable de las aguas. Cada generación desentierra sus muertos: el verso de José Lezama Lima "porque nacer aquí es una fiesta innombrable" fue sustituido por "la maldita circunstancia/del agua por todas partes" de Virgilio Piñera. La fe en la utopía hizo agua y dio paso a lo opuesto; en la crítica de arte y los estudios demográficos penetraron los conceptos de diáspora, insularidad, y comunidad transnacional.

Aguas Baldías fue una de las quince imágenes tomadas por Manuel Piña en el Malecón, durante los años más críticos del Período Especial. Cinta marítima emplazada en el borde norte de La Habana, el Malecón fue transformado—bajo el impulso migratorio—en la frontera más visible entre la realidad y el deseo. Inspirado en el poema *La tierra baldía* de T.S. Eliot, el título de la serie parecía intuir la situación personal del artista en aquel momento: "Tomé esas fotografías entre 1992 y 1994, durante un período muy dramático en Cuba. Sentía que no tenía muchas opciones, ni en mi vida ni en mi trabajo" (Sanders, 2002, 3).

Mientras reporteros de prensa y cineastas documentaron los aspectos espectaculares de la crisis, Piña desarticuló la base documental de su serie mediante una actitud distanciada: no le interesaba

The *Volumen I* generation came into the public spotlight after the Mariel experience in 1980, when intellectuals such as Carlos Alfonzo and Reinaldo Arenas emigrated. This migratory process and its connotations, however, did not resonate in the visual arts. At the time, the Cuban art world was absorbed in its own evolution toward a new, avant-garde paradigm more focused on formal concerns. Ana Mendieta's frequent trips to Cuba contributed to this process, giving impetus to the notion of a Cuban artistic identity that was rooted in, and confined to, the island and its specific cultural development. The officially sanctioned polarization of Cuban society—into *gusanos* (worms) who departed and patriots who stayed—did not encourage artists to reflect on the Mariel event in all its complexity.

During the 1990s, however, Cuban art and the island reconciled. The fall of the U.S.S.R., erstwhile paradigm of the future, brought about the violent collapse of the economic and psychological ties to Eastern Europe. The ensuing economic crisis; the migration of many artists to Mexico; the legalization of the financial support sent by the diaspora; the revival of religion; the explosion of private initiative; and the day-by-day erosion of social prejudices made Cuba an island floating in suspended time.

Although smaller in comparison to the Mariel crisis, the *balsero*, or rafter, crisis of 1994 was internalized at a deeper cultural level. Artists such as Kcho, Sandra Ramos, Abel Barroso, and Tania Bruguera introduced the concept of Cuba as a raft, separated from terra firma by the insurmountable breach of the waters. Each generation disinters its own dead: José Lezama Lima's well-known phrase, "because to be born here is an unnamable feast," was succeeded by Virgilio Piñera's line, "the damned circumstance/of that water everywhere." Faith in utopia sank, giving way to its opposite; art criticism and demographic studies reflected emerging concepts of diaspora, insularity, and transnational community.

Aguas Baldías (Waters of the Waste Land) is a series of fifteen images that Manuel Piña photographed from the Malecón during the most critical years of the "Special Period." A waterfront promenade marking the northern limit of the city, the Malecón was transformed—under the migratory impulse—into the most visible border between reality and desire. Inspired by T. S. Eliot's *The Waste Land*, the series' title is an expression of the artist's own situation at the time. "I took those pictures between 1992 and 1994, during a very dramatic period in Cuba. I felt that I did not have many options left in my life nor in my work" (Sanders, 2002, 3).

While press reporters and moviemakers documented the spectacular aspects of the crisis, Piña disavowed the documentary basis

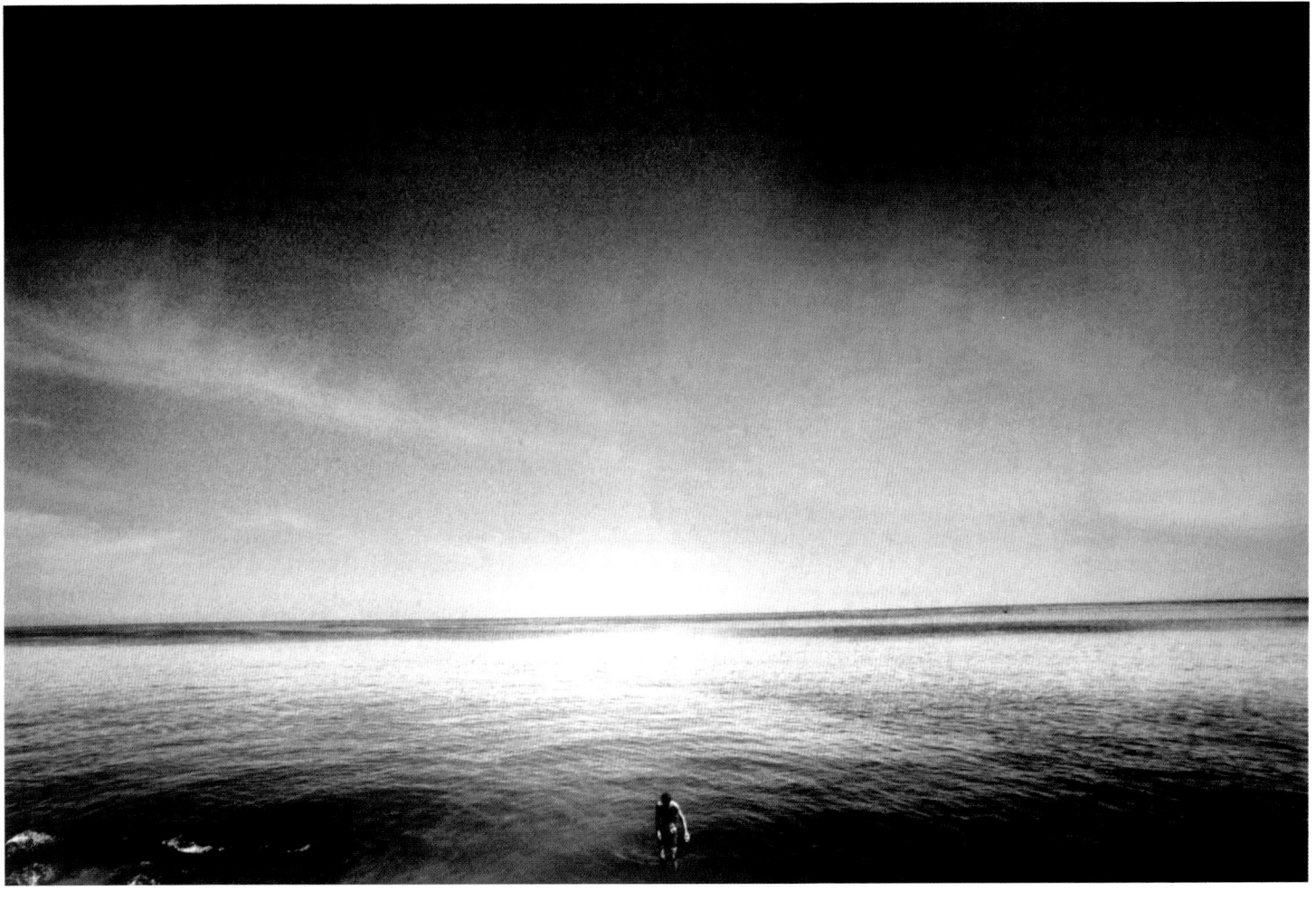

De la serie "Aguas Baldías", 1992–1994
impresión sobre gelatina de plata, 104.1 x 149.8 cm.

From the Series "Waters of the Waste Land," 1992–1994
gelatin silver print, 41 x 59 in.

la crónica social. Enfocar el Malecón con fracturas como tatuajes del tiempo, en su condición de horizonte insuperable o arrancada del posible viaje, le permitió revelar aspectos esenciales del "ser cubano", sobrecogido ante la inmensidad de los espacios que rodean la isla. La gama cromática sobria fue determinada por una urgencia interna y las carencia de filme."Tomé la serie en blanco y negro porque reflejaba mis sentimientos en ese momento, y las restricciones materiales... Sobreexpuse el rollo y después lo revelé de modo que el granulado fuese aún más dramático" (Sanders, 2002, 5). El resultado fue impactante, como si Ansel Adams hubiese tomado la caída de Berlín en 1945. La imagen del hombre sobrepasado por el mar no expresa una identificación romántica, sino extrema frustración frente a un límite infranqueable. El océano era la frontera claustrofóbica que cancelaba todo escape y a la vez, postergaba la esperanza.

De la serie "Aguas Baldías", 1992–1994,

Procedencia: Galería La Casona.

Exposiciones: V Bienal de La Habana, Centro Wifredo Lam, La Habana, 1994. *Die 5 Biennale von Havanna*, Ludwig Forum für Internationale Kunst, Aquisgrán, Alemania, 1994. Exposición de artistas cubanos invitados a la V Bienal de La Habana, Centro Wifredo Lam, La Habana, 1994. *La Mirada: Looking at Photography in Latin America Today*, Daros Latin American Collection, Zurich, Suiza, 2003.

Referencias: Catálogo, V Bienal de La Habana, Centro Wifredo Lam, La Habana, 1994, p. 134. Block, Holly, ed., *Art Cuba: The New Generation*, Harry N. Abrams, Nueva York, Estados Unidos, 2001, p. 118. Catálogo, *La Mirada: Looking at Photography in Latin America Today*, Daros Latin American Collection, Zurich, Suiza, 2003, p. 110.

of his series through a dispassionate attitude: he was not interested in social chronicles. His focus on the Malecón, with its cracks like tattoos left by time, its condition of insurmountable horizon, or as the starting point for a possible journey, allowed him to reveal an essential aspect of the Cuban soul: a certain awe for the vastness of the space surrounding the island. The restrained chromatic range was determined both by internal urgency and by lack of film. "I shot the series in black and white because it matched my feelings at that moment, and because of the scarcity of materials… I overexposed the roll and then developed it, so the grain would look more dramatic" (Sanders, 2002, 5). The results were stunning—as if Ansel Adams had shot the fall of Berlin in 1945. The images of humanity overpowered by the sea do not express a romantic identification, but rather extreme frustration in the face of an unbridgeable gulf. The ocean was the claustrophobic border that eliminated escape and, at the same time, deferred all hope.

From the Series "Waters of the Waste Land," 1992–1994

Provenance: La Casona Gallery, Havana.

Exhibitions: Fifth Havana Biennial, 1994, Havana. *Die 5 Biennale von Havanna*, Ludwig Forum für Internationale Kunst, 1994, Aachen, Germany. Exhibition of Cuban artists invited to the Fifth Havana Biennial, 1994, Wifredo Lam Center, Havana. *La Mirada: Looking at Photography in Latin America Today*, Daros Latin American Collection, Zurich, Switzerland, 2003.

References: Catalogue, Fifth Havana Biennial, Wifredo Lam Center, Havana, 1994, p. 134. Block, Holly, ed., *Art Cuba: The New Generation*, Harry N. Abrams, New York, United States, 2001, p. 118. Catalogue, *La Mirada: Looking at Photography in Latin America Today*, Daros Latin American Collection, Zurich, 2003, p. 110.

Ponjuán-René Francisco

Eduardo Ponjuán González (n. 1956, reside en Cuba) y René Francisco Rodríguez (n. 1960, reside en Cuba)
Eduardo Ponjuán González (b. 1956, resides in Cuba) and René Francisco Rodríguez (b. 1960, resides in Cuba)

En 1988, en el relajado ambiente de un bar de La Habana, dos estudiantes de Artes Plásticas del Instituto Superior del Arte (ISA) deciden formar un dúo creativo, sobre la base de una amistad ya establecida y conceptos semejantes ante el arte y la cultura. Nacía el binomio Ponjuán-René Francisco, cuya vida artística se prolongaría activamente durante una década.

En Cuba, los conceptos del trabajo colaborativo estaban en el aire. Numerosos libros de teoría y crítica de arte arribaban a la isla en manos amigas y luego circulaban como fotocopias entre alumnos y profesores de arte: las obras de Umberto Eco, Jean Baudrillard, Michel Foucault y Benjamín Buchloch; la revista *October* y *La Idea como Arte* de Gregory Battcock, entre otros, sin olvidar a Gerardo Mosquera (*Exploraciones en la Plástica Cubana*, 1983, El Diseño se Definió en Octubre, 1989), y a *Cultura y Marxismo: Problemas y Polémicas* (1986) de Desiderio Navarro, editor de la revista *Criterios*.

Las críticas conceptualistas contra el culto al estilo individual, la negación de la "autenticidad" de la factura y el rechazo a la función decorativa y pasiva del arte estimularon el surgimiento de colectivos artísticos de diversa duración y propósitos como expresión de una lógica cultural que no se detuvo en la siguiente década. Si la teoría aportaba las bases conceptuales, en las páginas de *Art in America* y *ArtNews* los artistas cubanos descubrían colectivos "extranjeros" como *Komar and Melamid* y *Group Material*, así como grupos activistas de la talla de *Grand Fury* y *General Idea* en los Estados Unidos.

Con *Artista Melodramático* (1989), las obras de Ponjuán y René Francisco se colocan en el punto de tensión entre lo "pintable" y lo "tolerable" para la sociedad cubana del momento. Referidas a personalidades públicas y eventos sociales, a los oficios y riesgos del artista y las contradicciones entre ideologías políticas y estéticas, las obras buscaban la comunicación con el público cubano sin que sus signos pudieran ser reducidos a la chatura expresiva usual en los panfletos políticos. A través del uso instrumental y revulsivo de los materiales pictóricos y escultóricos, y la apropiación de elementos del *kitsch* procedentes de la visualidad cotidiana y de imágenes de la historia del arte—irónicamente dirigidos hacia el propio arte y hacia los sistemas de representación ideológicos—los contenidos de sus obras se convertían en capas de significados que interactuaban dinámicamente entre sí y evitaban la lectura unívoca de los mismos.

Outside Cuba Inside fue creado en 1993 durante una estancia de los artistas en México. Realizado a la manera de una valla publicitaria, el tríptico no pretende narrar una historia; es más bien un cuadro-pregunta o tesis a decodificar por el espectador. De un lado, aparece una campesina soviética copiada de un cuadro de Malevich; del

In 1988, in the relaxed setting of a bar in Havana, two students at the Superior Institute of Art in Havana (ISA) decided to form a creative duo, based on an already well-established friendship and a similarity of ideas about art and culture. And so the Ponjuán-René Francisco collaboration, whose active artistic life would span a decade, was born.

In Cuba, the idea of collaborative work was already in the air. Books on contemporary art theory and criticism were carried to the island by friendly hands, to be photocopied and distributed among art students and teachers: works by Umberto Eco, Jean Baudrillard, Michel Foucault, and Benjamin Buchloh; *October* magazine, Gregory Battcock's *The Idea as Art*, and others. And let's not forget Gerardo Mosquera's *Exploraciones en la Plástica Cubana* (Explorations of Cuban Visual Arts, 1983) and *El Diseño se Definió en Octubre* (Design Was Defined in October, 1989), or *Cultura y Marxismo: Problemas y Polémicas* (Culture and Marxism: Problems and Polemics, 1986) by Desiderio Navarro, editor of the magazine *Criterios*.

Conceptualist critiques against the cult of individual style, the negation of "authenticity" in materials or process, the rejection of art as passive or merely decorative: these theoretical currents stimulated the emergence of artistic groups whose duration and purposes varied dramatically. In Cuba, artmaking collaboratives were an expression of a cultural logic still in full swing as the 1990s began. If theory provided the conceptual foundation, in the pages of *Art in America* and *Art News* Cuban artists discovered such "foreign" artmaking teams as Komar and Melamid and Group Material, as well as American activist groups like Grand Fury and General Idea.

With *Artista Melodramático* (Melodramatic Artist, 1989), Ponjuán and René Francisco placed their work on the borderline of what was considered "paintable" and "tolerable" for Cuban society at that moment. Making references to public personalities and social events, to professional artmaking and its risks, and to the contradictions between political and aesthetic ideologies, their work strived to communicate directly with the Cuban public. At the same time, they wanted to confound the impulse that would reduce their symbolism to the usual dull chatter of political pamphlets. Through the inventive use of pictorial and sculptural materials, and the appropriation of kitsch elements from both everyday images and art history—ironically directed toward art itself, and toward systems of ideological representation—the duo's work revealed itself in multiple layers of meaning that interacted dynamically with each other, making a single, unequivocal interpretation impossible.

Outside Cuba Inside was created in 1993 during a prolonged visit to Mexico by the artists. Laid out like a billboard, the triptych

otro, ante una flamante bandera norteamericana, la musculosa imagen de "Rosie the Riveter", que Norman Rockwell creó en 1943 para *The Saturday Evening Post* y que devino ícono popular de la mujer norteamericana y su contribución a la guerra. En una obra anterior del dúo, *Productivismo* (1992), el óleo había sido aplicado con una cuchara de albañil, en parodia del título y sus connotaciones; aquí, la textura de la superficie en las imágenes de los extremos fue lograda por la aplicación del óleo con una espátula, en un enfoque conceptual donde el trabajo pictórico se convierte en un contenido más.

Entre ambas imágenes, un cartel lumínico o digital establece dos dislocaciones espaciales—afuera y adentro, sobre y debajo la palabra "Cuba". La estructura del tríptico no establece puentes entre los textos y las figuras femeninas; es el espectador quien deberá efectuar el emparejamiento de sentidos. ¿Implican las nostálgicas representaciones de la visión "soviética" y la "americana" dos caminos alternativos para el destino de Cuba? ¿O se refieren a un conflicto presente en el artista cubano: abandonar toda actitud utópica y producir para el mercado de arte y sus prescripciones?

Outside Cuba Inside, 1993

Procedencia: Galería Nina Menocal, México D.F., México.

Exposiciones: *Arte y Confort, Ponjuán y René Francisco*, Galería Nina Menocal, México D.F., México, 1993.

Referencias: Scott Fox, Lorna, *Different Lies*, p. 4, ilust. p. 14, cat. citado.

makes no attempt to tell a story. Instead, it is a visual inquiry or thesis to be decoded by the viewer. On one side is a Soviet peasant woman copied from a painting by Malevich; on the other, the muscular image of Norman Rockwell's Rosie the Riveter sits before a rippling American flag. Created in 1943 for the *Saturday Evening Post*, Rockwell's image was a popular icon of American women and their contribution to the war effort. In the duo's earlier *Productivismo* (Productivism, 1992), the paint had been applied with a mason's tool, in a parody of the picture's title and its connotations. Here, the surface texture of the two side images was achieved by applying oil paint with a spatula, again conceptually converting the labor of artmaking into one more layer of meaning.

Between the two images, a digital sign creates a double spatial dislocation—"inside" and "outside," above and below the word "Cuba." The structure of the triptych makes no attempt to link the texts and the female figures; it's up to the viewer to match the meanings. Do the nostalgic representations of "Soviet" and "American" visions imply two alternative roads for Cuba's future? Or do they refer instead to a current dilemma that the Cuban artist faces: having to abandon all utopian attitudes and start producing for the art market and its decrees?

Outside Cuba Inside, 1993

Provenance: Nina Menocal Gallery, Mexico City, Mexico.

Exhibitions: *Arte y Confort, Ponjuán y René Francisco* (Art and Comfort, Ponjuán and René Francisco), Nina Menocal Gallery, Mexico City, Mexico, 1993.

References: Scott Fox, Lorna, "Different Lies," p. 4, illust. p. 14, cited catalogue.

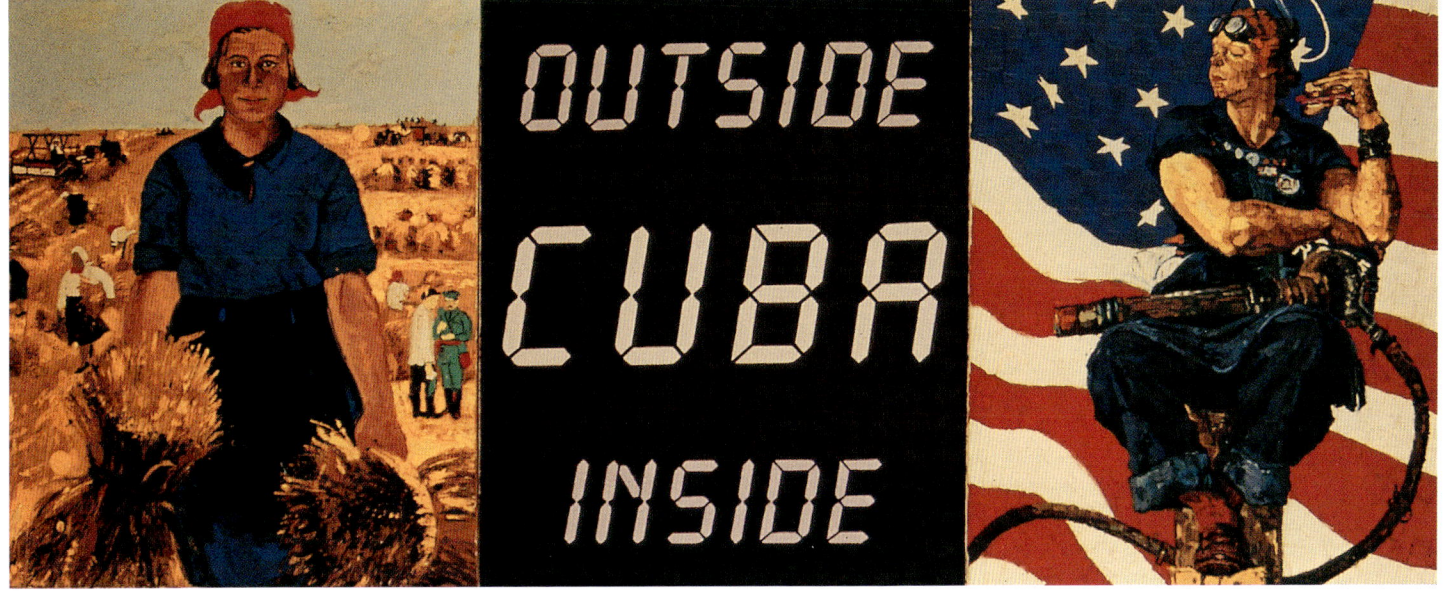

Outside Cuba Inside, 1993
óleo sobre lienzo, 120 x 305 cm.

Outside Cuba Inside, 1993
oil on canvas, 47 x 120 in.

Sandra Ramos Lorenzo

n. 1969, reside en Cuba | b. 1969, resides in Cuba

En la década de 1990, la pulsión del viaje se asienta en la cultura cubana. La ruptura del puente político-económico con la Unión Soviética y el campo socialista, devolvió la isla a la soledad del mar Caribe y la proximidad conflictiva de los Estados Unidos. Fue la época del "Período Especial", la emigración hacia México de gran parte de la intelectualidad joven que había protagonizado el renacimiento cubano, y en 1994, la "crisis de los balseros". Para el imaginario social, emigrar y vivir "afuera" dejó de ser una opción reservada a los "apátridas", y se convirtió en una actitud tolerada y necesaria en busca de las condiciones económicas y vitales que el país no podía garantizar. Ahora la Patria se transportaba en las suelas de los zapatos. La hegemonía de la isla como *locus* privado de la cubanidad se fracturó de manera profunda, y los cubanos reencarnaron la dinámica móvil implícita en su historia.

La imagen de la nación como la *terra firma* descrita en el verso de Martí, "de donde crece la palma", (Valentín Sanz Carta, Domingo Ramos, Tomás Sánchez) fue sustituida por la de cartas geográficas, en las cuales la isla rompía amarras y se transformaba en una embarcación o balsa neumática a la deriva. A través de grabados, instalaciones, objetos y dibujos, Sandra aportó una visión peculiar del fenómeno. Las calcografías realizadas alrededor de 1993 convirtieron su visión del trópico en una narrativa del desgarramiento de la familia, la amistad y la cultura a causa de la emigración, así como en un testimonio crítico sobre la genuflexión ante el extranjero y la mercantilización de los valores. Así surge una de sus obras más conocidas, *La maldita circunstancia del agua por todas partes*, en la que Sandra funde simbólicamente su cuerpo con la geografía de la isla, cercada por el perímetro ineludible del Malecón. La conversión poética del ser individual en fragmento aislado del mundo, desafiaba el mito de la isla infinita o utópica: José Martí cedía paso a Virgilio Piñera, cuyo verso se incorpora en el título de la pieza. Los grabados eran también escenario para el diálogo con símbolos de la cultura cubana precedente.

A partir de la exposición *Migraciones II*, que figuró en la V Bienal de La Habana (1994), la artista utiliza la maleta como pie forzado dentro del discurso migratorio. El objeto, esencial en todo viaje, fue convertido en expresión metafórica de "la ruptura, la escisión, el trauma de la distancia más allá de su dimensión física. La vivencia personal desata, en este caso, un caudal de sugerencias donde se mezclan recuerdos, ideales, cruentas realidades" (Álvarez, 1994, 135). Cubiertas por una figuración casi ingenua que transmitía la complejidad de los anhelos y las pérdidas del viajero, las maletas fueron sumergiéndose—literal y metafóricamente—y la narración parece trasladarse al fondo marino, como si hubieran

In the 1990s, a compulsion to escape its own borders took hold of Cuban culture. With the rupture of political and economic ties to the Soviet Union and the Communist bloc, the island drifted back into the solitude of the Caribbean Sea and conflictive proximity to the United States. It was the time of the so-called "Special Period," the exodus toward Mexico of a great part of the young intelligentsia that had created the Cuban Renaissance, and, in 1994, the "rafter crisis." In the social imagination, to emigrate and live "outside" stopped being an option reserved only for *apátridas*—those without a homeland—and became instead a tolerated, even necessary way of securing the economic and living conditions that the country could not furnish. Now the Motherland was carried on the soles of your shoes. The hegemony of the island as the exclusive locus of *cubanidad* was decisively shattered, and the dynamic mobility implicit in Cuban history was reincarnated in Cubans themselves.

The image of Cuba as the *terra firma* described by José Martí as "where the palm tree grows" (Valentín Sanz Carta, Domingo Ramos, Tomás Sánchez) had been replaced by navigational charts, with which the island broke its ties and was set adrift like a boat or a pneumatic raft. By means of prints, installations, sculptural objects, and drawings, Sandra Ramos contributed a peculiar vision to the phenomenon. The engravings made around 1993 transformed her vision of the tropics into a narrative of families, friendships, and a culture torn apart by migration, and were a critical testament to the servility toward foreigners and the commercialization of values. From this emerged one of her best known works, *La maldita circunstancia del agua por todas partes* (The Damned Circumstance of Water Everywhere), in which Ramos symbolically fused her body with the island's geography, fenced in by the inescapable perimeter of the Malecón. The poetic transformation of the individual self in an isolated fragment of the world defied the myth of the infinite or utopian island: José Martí's lines gave way to Virgilio Piñera's, incorporated into the title of Ramos's work.

With the exhibition *Migraciones II* (Migrations II), featured in the Fifth Havana Biennial (1994), the artist started using the suitcase as a recurring element in her discourse on migration. The object, essential to any journey, was turned into a metaphoric expression of "rupture, excision, the trauma of distance well beyond its physical dimension. Personal experience in this case bursts into a wealth of suggestions that mix memories, ideals, and cruel realities" (Álvarez, 1994, 135). Covered by almost naïve figures that transmitted the complexity of the yearnings and the losses experienced by the traveler, these suitcases then began to sink—literally and metaphorically—shifting the narrative to the sea bottom. In its dreamlike atmosphere

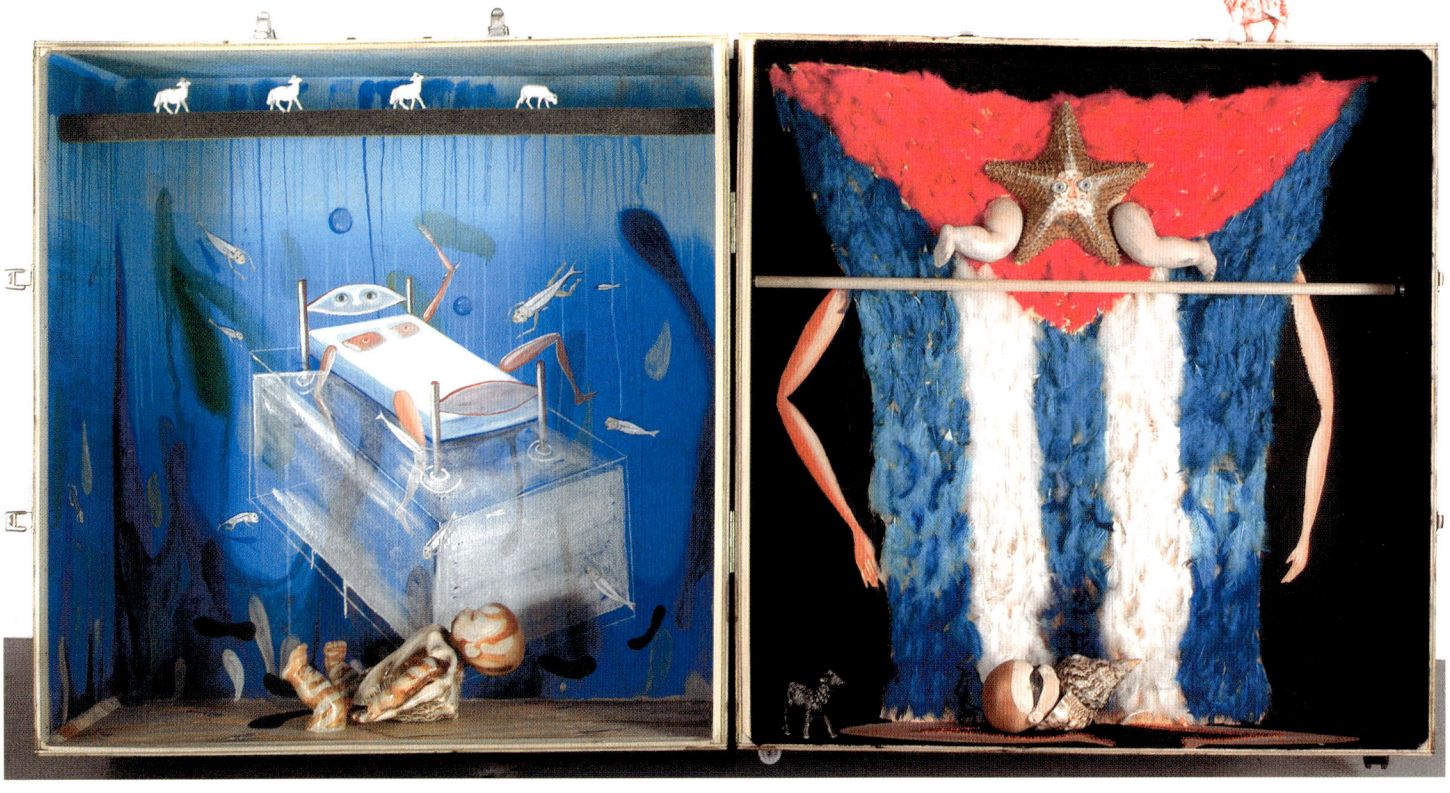

La Pesadilla, 1997
técnica mixta, 93.3 x 177.8 x 31 cm.

Nightmare, 1997
mixed media, 36.75 x 70 x 12.25 in.

tocado fondo. *La Pesadilla*, una de las maletas más impresionantes cuyo procedimiento de ensamblaje se enlaza a las cajas-*collage* de Joseph Cornell, está poseída por una atmósfera onírica. Ancha como una valija de Louis Vuitton, contiene imágenes del cordero místico, referencias al océano a través de niños-caracolas, y la estrella de la bandera cubana ha sido lograda con ingeniosidad mediante una verdadera estrella de mar pegada a ella. Pero el estandarte oficial ha sido confeccionado con plumas teñidas de aves, una especie de alas *ready-to-go* que Sandra aplicó en otras piezas de la misma época, a la manera de piezas ajustables para escapar mediante el vuelo de un ángel.

Metáfora del vuelo, de la crisis personal unida a la quiebra de valores, la historia sumergida mostrada por Sandra no hacía concesiones al panfleto político o a la denuncia de raíz sociológica, sino canalizaba con sugerente riqueza las angustias del contexto en el que fue creada.

La Pesadilla, 1997

Procedencia: Latin American Art Gallery Promo-Arte, Tokio.

Exposiciones: 1997 Inax Gallery, Sapporo, Japón. Space 21 Gallery, Tokio, Japón, 1998. Latin American Art Gallery Promo-Arte, Tokio, Japón, 1998. *CubartEx*, Museos Municipales de Arte de Hiroshima, Okinawa, Tokio, Kyoto y Fukushima, Japón. *Sandra Ramos 1989–2003*, Fuchu Art Museum, Tokio, Japón, 2003. Latin American Art Gallery Promo-Arte, Tokio, Japón, 2003.

Referencias: Catálogo, *Sandra Ramos 1989–2003*, Fuchu Art Museum, 2003, ilust. portada, ilust. p. 24.

and the procedure involved in its assembly, *La Pesadilla* (Nightmare), one of the most impressive of these suitcase works, alludes to the collage boxes of Joseph Cornell. Wide as a Louis Vuitton case, it contains images of the mystical Lamb; it makes reference to the ocean as well, in the conch-children resting at the bottom of the open case and in the use of an actual starfish to represent the star in the Cuban flag. The flag itself has been made from dyed feathers—a type of ready-to-go wings that Ramos added to other works of the same period, adjustable equipment that provides an escape akin to an angel's flight.

A metaphor of flight, of the personal crisis linked to the bankruptcy of values, the submerged story depicted by Ramos does not make any concessions to political pamphlets or to sociological critiques. Instead, it channels with suggestive richness the anguish of the context in which it was created.

Nightmare, 1997

Provenance: Latin American Art Gallery Promo-Arte, Tokyo.

Exhibitions: Inax Gallery, Sapporo, Japan, 1997. Space 21 Gallery, Tokyo, Japan, 1998. Latin American Art Gallery Promo-Arte, Tokyo, Japan, 1998. *CubartEx*, Municipal Art Museums of Hiroshima, Okinawa, Tokyo, Kyoto, and Fukushima, Japan, 1998. *Sandra Ramos 1989–2003*, Fuchu Art Museum, Tokyo, Japan, 2003. Latin American Art Gallery Promo-Arte, Tokyo, Japan, 2003.

References: Catalogue, *Sandra Ramos 1989–2003*, Fuchu Art Museum, 2003, illust. cover, illust. p. 24.

Fernando Rodríguez Falcón

n. 1970, reside en Cuba | b. 1970, resides in Cuba

Las esculturas, dibujos, lienzos y cortometrajes digitales de Fernando deconstruyen, con altas dosis de humor criollo, las etiquetas de primitivismo, color local e identidad popular con que frecuentemente ha sido catalogado el arte latinoamericano y cubano.

Sueño nupcial describe la boda entre el gobernante cubano Fidel Castro y la Virgen de la Caridad del Cobre, patrona religiosa de Cuba. El escenario de la alianza no es la tierra ni el cielo, sino la imaginación de Francisco de la Cal, un campesino de la Ciénaga de Zapata que sufre ceguera incurable desde 1963. De la Cal ha sido también pintor y escultor *naif* pero la discapacidad no le permite expresar su inagotable imaginación. Por ello, al encontrar a Fernando Rodríguez en 1991, le propone una tarea decisiva: traducir sus sueños en imágenes. El joven artista se convierte así en el médium que transforma ideas en realidad, en la mano precisa destinada a ejecutar la fabulación desenfrenada del "guajiro".

Para de la Cal, los novios representan los más altos poderes de Cuba. Como ferviente católico, el campesino rinde culto a la Virgen, declarada patrona de Cuba en 1916 por el papa Benedicto XV y adorada por marinos y viajeros. Como partidario de la Revolución, de la Cal recuerda con fervor y entusiasmo—antes de quedar ciego—los años iniciales de la misma. Por eso, las imágenes de héroes revolucionarios como Che y Fidel serán personajes recurrentes en sus obras.

El sueño es hilvanado a través de episodios, o cuadros de una historieta. Cada uno contiene una ceremonia a cumplir por los novios según las tradiciones campesinas seguidas por de la Cal. En cada escena, aparece como testigo (con espejuelos negros estilo Ray-Ban) y, en la zona inferior del cuadro, acostado y por supuesto, soñando. Como el campesino nunca recibió educación profesional en arte, Fernando concibe cada escena con una perspectiva temporal propia de los artistas *naif* y ha tallado los personajes con las herramientas toscas que se suponen fuente del arte popular.

Sin embargo, Francisco de la Cal no tiene certificado de nacimiento ni registro en la Seguridad Social. Es el hombre que nunca existió, un personaje de ficción como los heterónimos creados por el poeta portugués Fernando Pessoa. Este mecanismo de distanciamiento cargado de humor genera tensiones múltiples: entre el artista Fernando y su autorrepresentación en las obras como "traductor" de de la Cal, entre las evocaciones utópicas del campesino respecto a la revolución en sus años iniciales y las realidades actuales de Cuba. Rodríguez abre también una brecha entre lenguaje hablado (de la Cal transmite sus ideas por ese medio) y su concreción mediante imágenes, e ironiza sobre la "originalidad" del arte popular, promovido como ejemplo de las "auténticas raíces" del país.

Rodríguez's sculptures, drawings, canvases, and short digital films deconstruct—with a healthy serving of Cuban humor—the labels of primitivism, local color, and popular identity frequently imposed on Latin American and Cuban art.

Sueño nupcial (Nuptial Dream) depicts the wedding of Cuban leader Fidel Castro and La Virgen de la Caridad del Cobre (Our Lady of Charity of El Cobre), the patron saint of Cuba. The stage for this alliance is not heaven or earth, but the imagination of Francisco de la Cal, a farmer from the Ciénaga de Zapata marshlands who has suffered from incurable blindness since 1963. De la Cal had been a naïve painter and sculptor, but his handicap kept him from fully expressing his inexhaustible imagination; so, after meeting Fernando Rodríguez in 1991, he made the younger artist an unexpected proposition: to translate his dreams into images. Rodríguez became the medium who transformed ideas into reality, the hand destined to give expression to the unbridled fantasies of the rough-hewn country *guajiro* (rube), de la Cal.

For de la Cal, the wedding couple in *Sueño nupcial* represents the highest powers of Cuba. As a fervent Catholic, the peasant venerates Our Lady of Charity, who had been proclaimed patron saint of Cuba by Pope Benedict XV in 1916, and had long been worshiped by sailors and travelers. As a partisan of the Revolution, de la Cal remembers with fervor and enthusiasm its first years, before his blindness. For this reason, images of revolutionary heroes such as Che Guevara and Castro recur in his work.

The dream is related in episodes, or comic-strip frames. Each shows a ceremony to be performed by the bride and groom according to the country traditions familiar to de la Cal. In every scene, he appears as a witness—wearing Ray-Ban sunglasses—and, in the lower portion of the frame, lying asleep dreaming. As a country farmer, de la Cal never received professional art training; so Rodríguez conceived each scene in the flat perspective favored by many naïve artists, and carved the characters using crude tools as a folk artist is expected to do.

But Francisco de la Cal does not have a birth certificate or an identification card. He is the man who never existed—a fictional character, like those created by Portuguese poet Fernando Pessoa. This distancing mechanism, so full of humor, generates multiple tensions: between the artist Rodríguez and his role as de la Cal's "translator," as well as between the utopian evocations of the Revolution's early years as recalled by the marshland farmer and the realities of contemporary Cuba. Rodriguez opens a gap between spoken language—the medium by which de la Cal transmits his ideas—and its incarnation as images. He comments ironically on

La saga matrimonial contiene jugosas referencias biográficas y contextuales insertadas en su tejido expresivo. Los navegantes que la Virgen (también considerada patrona de los navegantes) saluda o despide son los tres marinos que descubren su imagen flotante en 1687 y desde entonces son representados a bordo de un bote. Ahora, en pleno año 1994, abandonan la isla durante la última "crisis" de los balseros. Los *graffiti* inscritos sobre el gastado muro de celebre café La Bodeguita del Medio son las firmas reales de Alexander Arrechea, Carlos Garaicoa, Esterio Segura y otros colegas de Fernando en el Instituto Superior de Arte (ISA). La unión soñada entre la Virgen y Fidel devela un fenómeno objetivo: en los años del Período Especial, cuando "todo lo sólido se desvaneció en el aire", ocurrió un incremento notable de la feligresía católica. Junto a los *orishas* afrocubanos, Cristo ocupó en la mente de los cubanos el exclusivo espacio antes reservado a Marx, Engels y Lenin.

Sueño nupcial, 1994

Procedencia: Colección del artista.

Exposiciones: V Bienal de La Habana, Palacio de la Artesanía, La Habana, 1994. *Die 5 Biennale von Havanna*, Ludwig Forum für Internationale Kunst, Aquisgrán, Alemania, 1994. Exposición de artistas cubanos invitados a la V Bienal de La Habana Centro Wifredo Lam, La Habana, 1994. *New Art from Cuba*, Whitechapel Art Gallery, Londres, Reino Unido, 1995; Tullie House Museum and Art Gallery, Carlisle, Cumbria, Reino Unido, 1995. *Adentro/Afuera, New Works from Cuba*, Walter Philips Gallery, Banff Centre for the Arts, Alberta, Canadá, 1996. *Cuba, Utopian Territories*, Helen and Belkin Morris Gallery, Vancouver, Canadá, 1997.

Referencias: Catálogo, V Bienal de La Habana, 1994, p. 301. Catálogo, Cuba, *Utopian Territories*, Vancouver, pp. 42–44. Camnitzer, Luis, *New Art of Cuba*, 1994; reimpresión, Austin: University of Texas Press, 2003, p.central a color.

❧

En el período transcurrido entre las exposiciones *De una experiencia colectiva* (Iturralde Gallery, Los Ángeles, Estados Unidos, 1999) y *Puramente formal* (Galería Habana, 2002), las obras de Fernando evolucionan bajo la necesidad consciente de alcanzar una síntesis formal, y lograr una expansión en los contenidos. El personaje de Francisco de la Cal no desaparece pero es sometido a un cambio de imagen y emerge como logotipo del ser humano. El paisaje campestre, ambiente de los sueños del campesino ciego, es sustituido por otros escenarios: objetos reales como sillas, mesas, sombrillas y el muro de la galería o museo. Las obras son construidas con nuevos materiales y un diseño minimalista en su ensamblaje, a partir de criterios de acumulación y secuencia.

En *Unir/Separar*, Fernando toma un objeto común, el *zipper*, y lo transforma en metáfora de conexión y aislamiento. Las pequeñas esculturas anónimas han sido dispuestas como dientes de cremallera, formando una línea grácil. El proyecto inicial para esta escultura seguía una aproximación más cautelosa: los "pequeños hombres" eran fijados a una franja de tela, y el cierre del *zipper* mantenía una proporción de tamaño respecto a éstos. En la versión final, Fernando asumió una vía más sintética e impactante. Los hombrecitos de madera se adhieren directamente al muro, y el cierre ha sido tallado en proporción sobredimensionada como señal de su rol ejecutivo.

the "originality" of folk art, promoted as an example of the "authentic roots" of the Cuban nation.

A wealth of biographical and contextual references are woven into the expressive texture of this wedding saga. The Virgin appears here in her role as patron saint of seafarers; the men in a boat to whom she waves, in salutation or farewell, are the three sailors who found her image floating in 1687, and who have been represented aboard a boat ever since. In 1994, when the piece was made, they could be seen as abandoning the island during the mass exodus of rafters to Miami. The graffiti inscribed on the worn walls of the famed café La Bodeguita del Medio in Old Havana (depicted in the third panel) are the actual signatures of Alexander Arrechea, Carlos Garaicoa, Esterio Segura, and other colleagues of Rodríguez's at the Superior Institute of Art (ISA).

The dream union between Our Lady and Fidel unveils a real phenomenon: in the years of the "Special Period," when, to paraphrase Karl Marx, "everything solid melted into the air," there was a noticeable upsurge in Catholic devotion. Together with the Afro-Cuban *orishas*, Christ occupied, in the minds of the Cuban people, the space that had been reserved exclusively for Marx, Engels, and Lenin.

Nuptial Dream, 1994

Provenance: Artist's collection.

Exhibitions: Fifth Havana Biennial, Havana, 1994. *Die 5 Biennale von Havanna*, Ludwig Forum für Internationale Kunst, Aachen, Germany, 1994. Exhibition of Cuban artists invited to the Fifth Havana Biennial, Havana, 1994. *New Art from Cuba*, Whitechapel Art Gallery, London, United Kingdom, 1995; Tullie House Museum and Art Gallery, Carlisle, Cumbria, United Kingdom, 1995. *Adentro/Afuera, New Works from Cuba*, Walter Banff Centre for the Arts, Alberta, Canada, 1996. *Cuba, Utopian Territories*, Helen and Belkin Morris Gallery, Vancouver, Canada, 1997.

References: Catalogue, Fifth Havana Biennial, 1994, p. 301. Catalogue, *Cuba, Utopian Territories*, Vancouver, pp. 42-44. Camnitzer, Luis, *New Art of Cuba*, 1994; reprint, Austin: University of Texas Press, 2003, central page, color.

❧

In the period between the exhibitions *De una experiencia colectiva* (On a Collective Experience, Iturralde Gallery, Los Angeles, United States, 1999) and *Puramente formal* (Purely Formal, Havana Gallery, 2002), Rodríguez's work evolved with the conscious need to achieve a formal synthesis and expansion of content. The Francisco de la Cal character did not disappear, but underwent a change of image, emerging as a logotype of the human being. The rural landscape that haunted the dreams of the blind farmer gave way to other scenarios: real objects such as chairs, tables, and the wall of the museum or gallery. Rodríguez's work is now built from new materials, and assumes a minimalist design in its assemblage, stemming from concepts of accumulation and sequence as organizing principles.

In *Unir/Separar* (Join/Separate), the artist takes an everyday object, the zipper, and transforms it into a metaphor for connection and isolation. The small, anonymous sculptures have been arranged like fastening teeth, forming a graceful line. Initial sketches for this sculpture followed a more conservative approach: the figures were

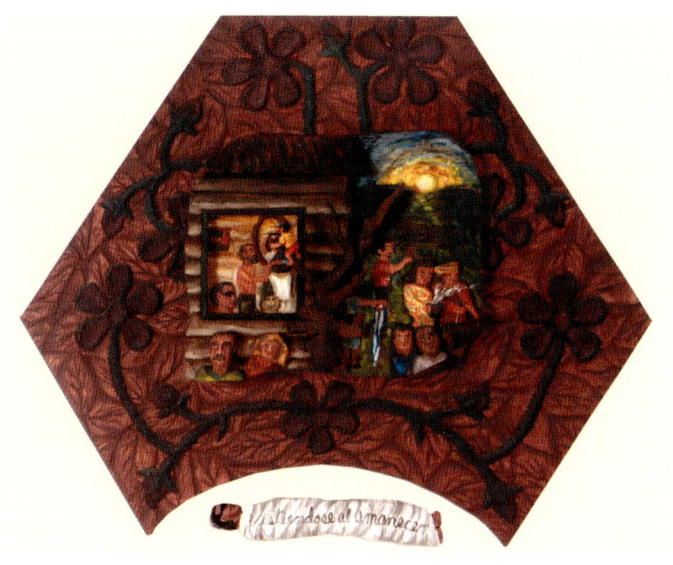

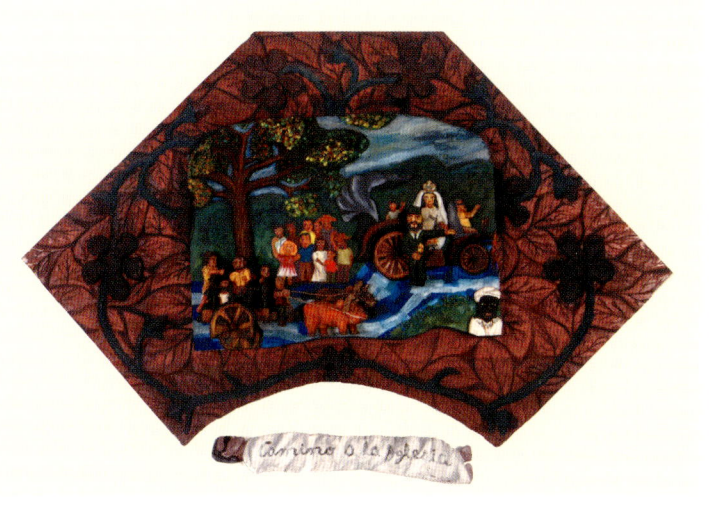

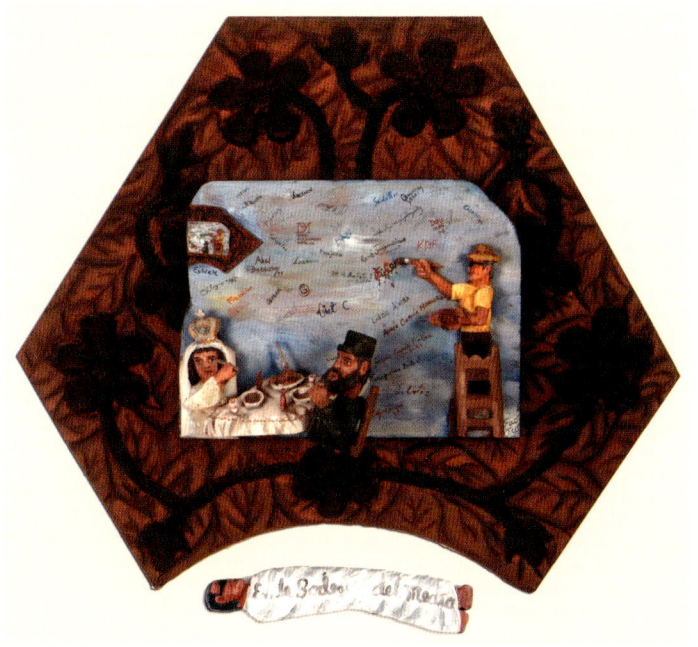

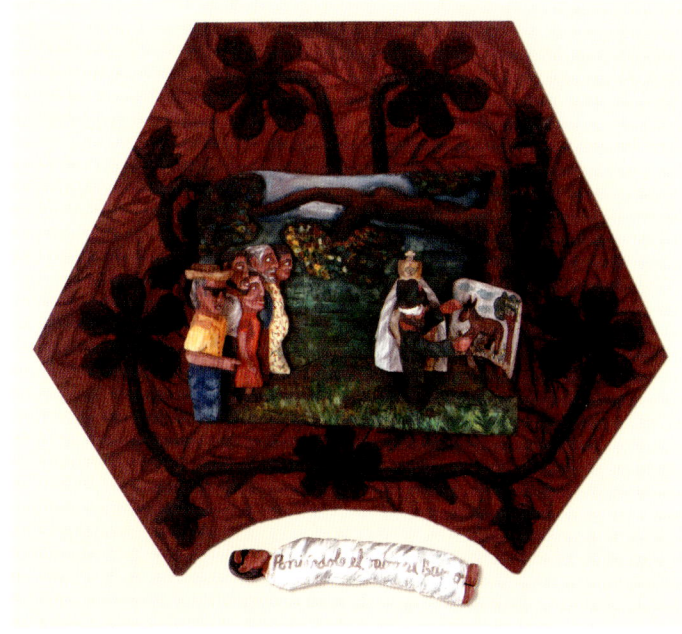

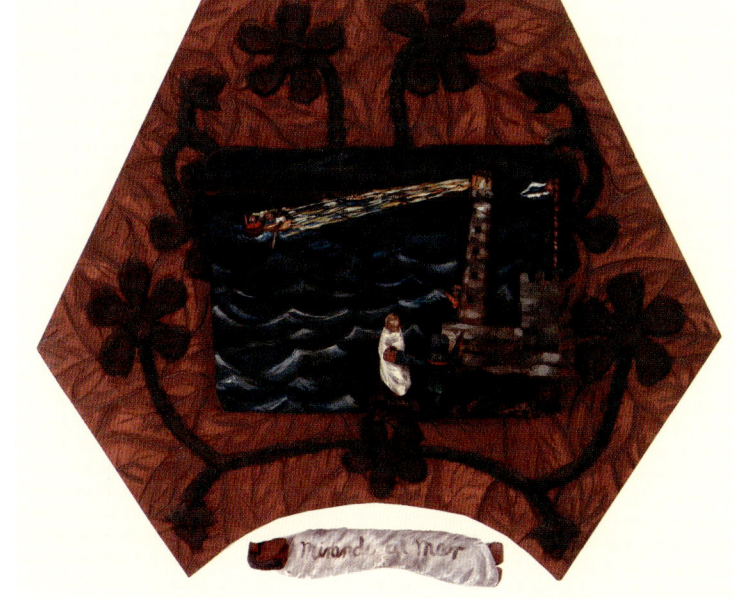

Sueño nupcial, 1994
madera tallada, pintura, cinco paneles, cada uno aprox. 70 x 80 cm.

Nuptial Dream, 1994
carved wood, paint, five panels, each approx. 27.5 x 31.5 in.

La pieza parece incluir al espectador, al sugerirle que debe manipular el cierre y ejercer un papel "divino" sobre los destinos del ser humano.

En la pieza, Fernando se ha desplazado desde una crónica local hacia el conflicto colectividad versus individualismo, y la tensión entre masa y soberanía personal. El camino recorrido entre *Sueño nupcial* y *Unir/Separar* expone las orientaciones actuales del arte cubano, empeñado en busca de mensajes más universales para un público situado más allá de las fronteras del país.

Unir/Separar, 2004

Procedencia: Colección del artista.

Exposiciones: *Sebashku-Juntos-Tillsammans*, II Bienal de Tirana, Tirana, Albania, 2003; Museo de Arte Contemporáneo de Upsala, Suecia, 2004.

affixed to a ribbon, and the fastener size was proportionate to theirs. In the final version, Rodríguez's solution is both more synthetic and striking. The little wooden figures are affixed directly to the wall; the fastener has been carved in exaggerated proportions to signify its executive role. The piece seems to include the viewer, suggesting that he should manipulate the fastener, exerting a "divine" role over human destiny.

In this work, Rodríguez has progressed from the specific local chronicles of Cuban life to explore the universal conflict of collectivity versus individualism and the tension between the mass and personal freedom. The road traveled between *Sueño nupcial* and *Unir/Separar* illustrates current tendencies in Cuban art, and its search for more universal messages destined for an audience beyond the country's borders.

Join/Separate, 2004

Provenance: Artist's Collection.

Exhibitions: *Sebashku-Juntos-Tillsammans*, II Tirana Biennial, Tirana, Albania, 2003; Museum of Contemporary Art, Uppsala, Sweden, 2004.

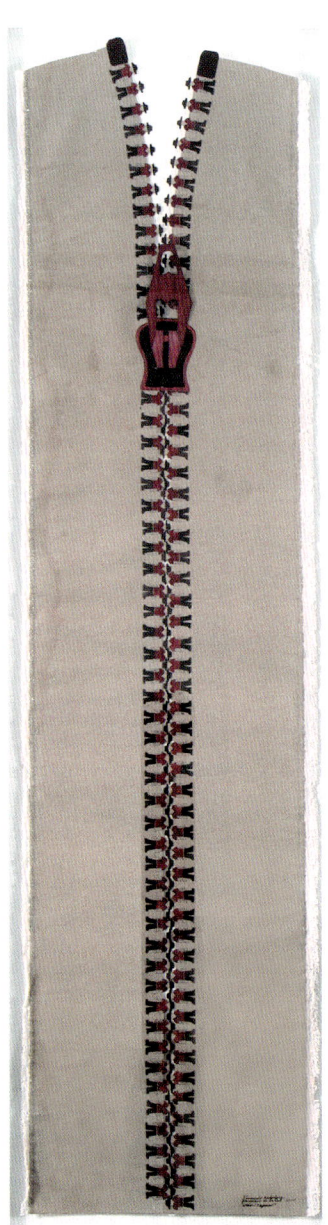

Fernando Rodríguez Falcón, *Estudio para Unir/Separar* (Study for Join/Separate), 2004

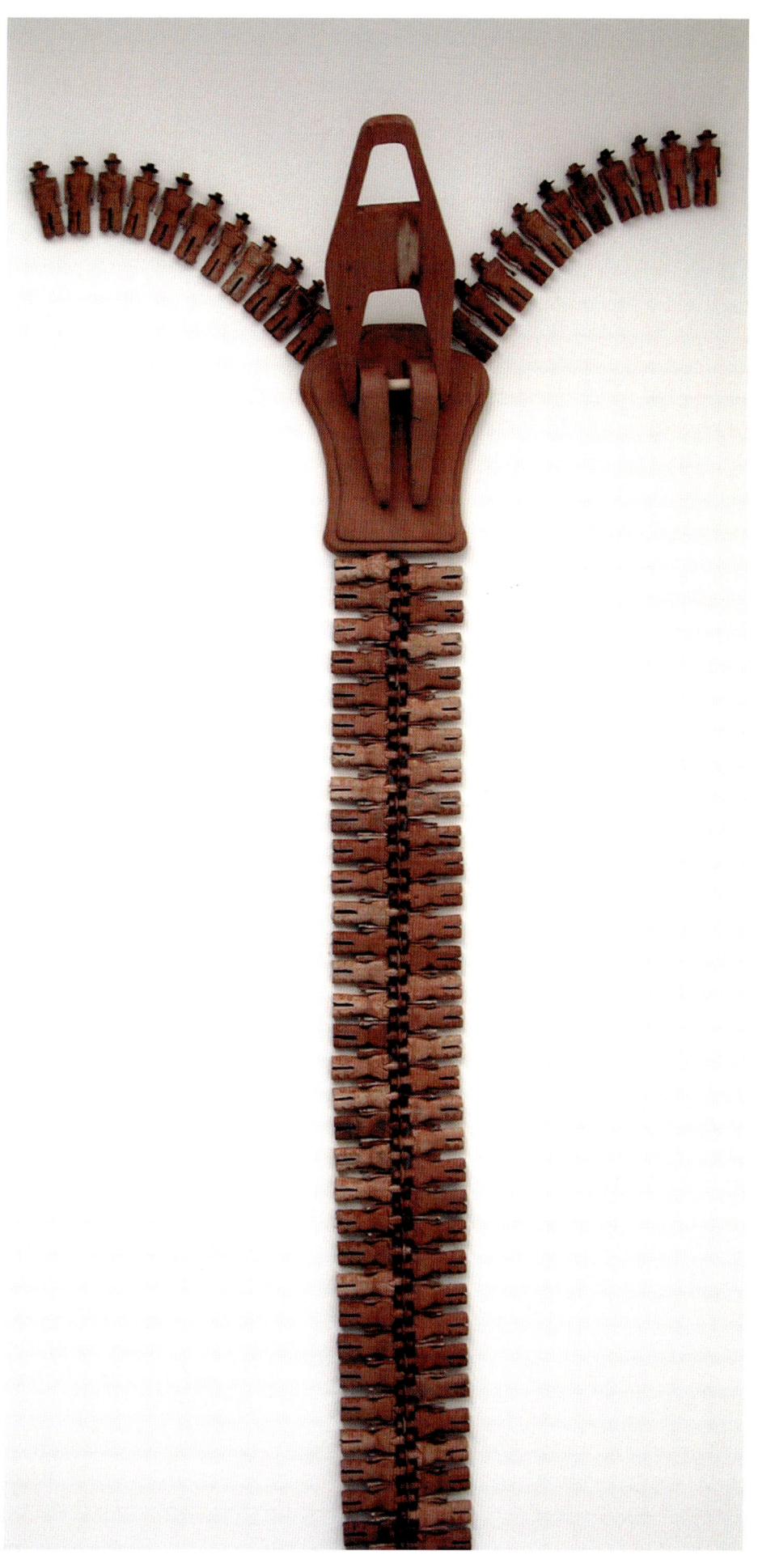

Unir/Separar, 2004   *Join/Separate*, 2004
madera, 300 cm. de largo   wood, 188 in. in length

Lázaro Saavedra González

n. 1964, reside en Cuba | b. 1964, resides in Cuba

Estampa de perímetro ovalado o rectangular, e impresa en colores estridentes con medios industriales, el Sagrado Corazón constituía uno de los íconos más populares en un país católico que también adoraba a dioses africanos sincretizados como santos cristianos. La imagen representaba un hombre joven, de mirada dulce y ademanes suaves, que sostenía un corazón coronado de espinas frente al espectador.

Con el transcurso del tiempo, la imaginería del Sagrado Corazón se hizo patrimonio íntimo de los cubanos, aun cuando los años de ateísmo oficial descolgaron las imágenes de las paredes domésticas. Luego, cuando se declaró el "Período Especial" y cada cena magra parecía ser la última posible, las fotos de Lenin desaparecieron y las iglesias rebosaron de jóvenes feligreses. Juan Pablo II y su Papamóvil desembarcaron en La Habana y el Sagrado Corazón se levantó como un *Magnificat* visual en la Plaza de la Revolución y ante las cámaras de CNN.

No resulta insólito entonces que Lazaro Saveedra también haya "marcado" esta imagen para su personal interpretación. Artista conceptual "a la cubana", ex integrante del grupo Puré, participante en los proyectos Pilón y ENEMA, diseñador de *Detector de ideologías* y *Altar a San Joseph Beuys*, Saveedra es uno de los creadores que en la década de 1980 transformaron la obra de arte en reflexión aguda y honesta sobre la realidad cotidiana.

En esa década, las artes visuales asumieron las funciones de espacios públicos de debate social. Las metodologías de producción artística enseñadas en las academias forzaban tradicionalmente al estudiante a "elevarse" sobre sus contextos sociales para adoptar la *lingua franca* del arte "culto". Como estudiante del Instituto Superior de Arte (ISA), con profesores como Flavio Garciandía, Consuelo Castañeda, Osvaldo Sánchez y Lupe Álvarez, Lázaro aprendió exactamente el proceso contrario: a fabricar arte desde su sustrato social. Con su carácter analítico, la inclusión auto-referencial del proceso de génesis, el uso de historietas, textos, chistes de actualidad y objetos de uso común, la parodia de estilos y períodos artísticos, la sátira y la autocrítica, sus obras son crónicas vivas de la conciencia social y los conflictos del sector intelectual en la Cuba de los últimos veinte años.

Saveedra se ha apropiado con frecuencia de las representaciones estereotipadas de personajes históricos como Carlos Marx, así como de íconos de fuerte carga popular como Elpidio Valdés (personaje de la tira cómica cubana). En *El Sagrado Corazón* el artista reproduce la imagen de Jesús según las estampas, y añade (con un guiño al espectador) un acento contracultural o *hippie* mediante la barba y el pelo largos. La bandera cubana ocupa el

Oval or rectangular in shape, industrially printed in garish color, the Sacred Heart was one of the most popular icons in a Catholic land that also revered African deities in the guise of Christian saints. It invariably depicted a young man with a gentle expression and eyes full of tenderness, offering a heart crowned in thorns.

Over time, the imagery of the Sacred Heart became an intimate part of Cuba's contemporary cultural heritage, even when the long years of official atheism removed it from household walls. Then, when the "Special Period" arrived, and each meager meal seemed as if it might be the last, the images of Lenin disappeared and the churches filled with young parishioners. John Paul II and his Popemobile landed in Havana, and the Sacred Heart was raised in a visual *Magnificat* over Revolution Square, before the cameras of CNN.

It is not surprising, then, for Lázaro Saavedra to mark this image for personal interpretation. A conceptual artist *a la cubana*, a former member of the Puré (Purée) group, a participant in the Pilón and ENEMA projects, designer of *Detector de ideologías* (Ideology Detector, 1988) and *Altar a San Joseph Beuys* (Altar to Saint Joseph Beuys, 1989), Saavedra is one of those creators who in the 1980s transformed works of art into incisive and honest reflections on everyday Cuban reality.

In the 1980s, the visual arts assumed the function of a public space for social debate. Until then, the methodologies of art production taught in the academies had forced students to "rise above" their particular social contexts and adopt the lingua franca of "refined" art. Under teachers at the Superior Institute of Art (ISA) such as Flavio Garciandía, Consuelo Castañeda, Osvaldo Sánchez, and Lupe Álvarez, Saavedra learned the exact opposite process: to make art from his own socio-economic circumstances. His work is distinguished by its analytical nature; self-referential allusions to the creative process; the use of comics, texts, jokes about current events, and everyday objects; parodies of artistic styles and periods; and satire and self-criticism. These characteristics turn Saavedra's art into a living chronicle of social consciousness, tracing the conflicts of the Cuban intelligentsia during the past twenty years.

Saavedra has frequently appropriated stereotypical representations of historical persons such as Karl Marx, as well as influential popular icons such as Elpidio Valdés (a character in Cuban comics). In *El Sagrado Corazón*, he reproduces the image of Jesus as it appears in popular prints, adding (with a wink to the viewer) a countercultural "hippie" accent with the full beard and overlong hair. The Cuban flag takes over the flaming heart while the skeletal hands and haggard face of this tropical Jesus reveal the extreme frugality of his life: it is the decade of the "Special Period."

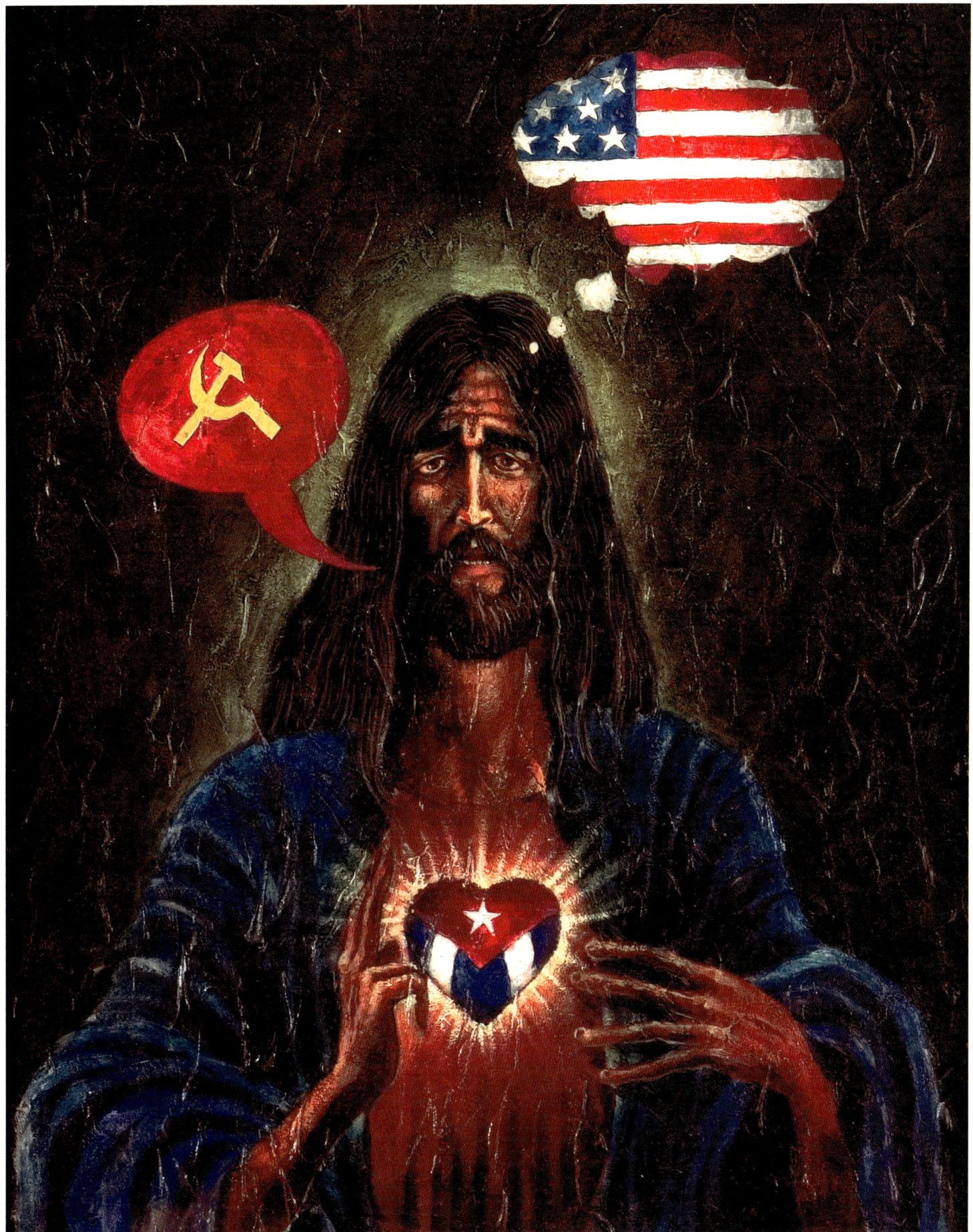

El Sagrado Corazón, 1995
acrílico sobre cartulina, 40.6 x 33 cm.

The Sacred Heart, 1995
acrylic on cardboard, 16 x 13 in.

corazón flamígero, y las manos delgadas y el rostro enjuto de este Jesús tropical indican la frugalidad de su vida: es la década del "Período Especial".

Aplicando las convenciones lingüísticas de la tira cómica a una imagen religiosa, se evidencia la distancia entre hablar y pensar. Como indica el globo, en público el profeta se alinea con la Unión Soviética y el comunismo, pero en realidad está pensando en los Estados Unidos y la economía de mercado. La imagen modificada de Cristo actúa como un personaje literario, con el cual Lázaro fustiga la doble moral, la simulación y el oportunismo social de sus compatriotas. Sin embargo, no nos flagela con fingido puritanismo. Detrás del Cristo que erige máscaras para el consumo público se esconde también el rostro sangrante del artista.

El Sagrado Corazón, 1995

Procedencia: Colección del artista.

Exposiciones: *Una de cada clase*, Fundación Ludwig de Cuba, CENCREM, La Habana, 1995. *Mundo soñado. Joven Plástica Cubana*, Casa de América, Madrid, España, 1996.

Referencias: Mosquera, Gerardo, "La Isla Infinita, Introducción al Nuevo Arte Cubano" en *Arte contemporáneo de Cuba: Ironía y sobrevivencia en la Isla utopía*, Arizona State University Art Museum, Delano Greenidge Editions, Nueva York, 1999, pp. 31–37.

By applying the linguistic conventions of comics to a religious image, the distance between thought and speech is made clear. As his speech balloon attests, the prophet publicly aligns himself with the Soviet Union and Communism, but he is really thinking about the United States and a market economy. Saavedra treats this modified image of Christ as a literary character, using him to castigate the double morality, dissimulations, and social opportunism of his compatriots. He is not, however, lashing out with false puritanism. Behind the Christ that creates masks for public consumption hides the bleeding face of the artist himself.

The Sacred Heart, 1995

Provenance: Artist's collection.

Exhibitions: *Una de cada clase* (One of Each Kind), Ludwig Foundation of Cuba, CENCREM, Havana, 1995. *Mundo soñado. Joven Plástica Cubana* (Dream World. Young Cuban Artists), Casa de América, Madrid, Spain, 1996.

References: Mosquera, Gerardo, "La Isla Infinita, Introducción al Nuevo Arte Cubano" (The Limitless Island: An Introduction to the New Cuban Art) in *Arte contemporáneo de Cuba: Ironía y sobrevivencia en la Isla Utopía* (Cuban Contemporary Art: Irony and Survival in the Island of Utopia), Arizona State University Art Museum, Delano Greenidge Editions, New York, 1999, pp. 31-37.

Tomás Sánchez Requero

n. 1948, reside en Costa Rica | b. 1948, resides in Costa Rica

Más cercanos a la escuela pictórica del río Hudson que a la vanguardia tecnológica, los paisajes imaginarios de Tomás no exhiben de manera evidente las marcas contestatarias, irónicas, postmodernas o *kitsch* impuestas por académicos norteamericanos sobre las recientes producciones artísticas de la Isla. A través de sus obras hemos arribado a un espacio utópico donde la angustia y la política, inevitables desarreglos de nuestro tiempo, han sido maravillosamente excomulgadas.

Alumno de Antonia Eiriz en la Escuela Nacional de Arte (ENA), desde su graduación en 1971 Sánchez practica una figuración expresionista donde el ambiente de pueblos rurales, enclaves tradicionales de lo criollo, son transmutados en una visión desgarrada de la existencia y las miserias del ser humano. En 1974, el contacto con el movimiento hiperrealista norteamericano, la obra de Andrew Wyeth y el realismo ruso de Levitán y Shishkin lo compulsan a iniciar la creación de paisajes bajo presupuestos realistas. Su propuesta lo sumó a las creaciones de Flavio Garciandía, Eduardo Rubén, Gory (Rogelio López Marín), Nélida López y Aldo Menéndez, agrupados en una visión hiperrealista cálida y optimista que sirvió como tránsito hacia las innovaciones formales y conceptuales que posteriormente emergieron en el arte cubano.

Galardonado en 1980 con el XIX Premio Internacional de Dibujo Joan Miró, que genera atención en Cuba sobre su obra, Tomás participó en el "acto fundacional" de *Volumen I*, exposición trascendental de 1981 que dejo su marca en el arte posterior. Hacia 1982, cuando el Ministerio de Cultura celebra el I Salón de Paisaje, las imágenes de Sánchez fueron recibidas—junto a obras de Bedia, Fors, el Grupo Hexágono Gustavo Acosta, entre otras—como la renovación de un género.

Matizada por maneras personales de sentir el mundo, su obra había logrado crear un realismo no lastrado por fórmulas académicas, "con el cual crear la ilusión de espacio tridimensional, y una atmósfera que evoque emociones interiores, subjetivas, en el que la contemple: un realismo subjetivo, es decir, la realidad pasada por mí como sujeto" (Hernández, 1985, 38). Además de su producción expresionista, el artista definía dos líneas paisajísticas en las obras de la década de 1980: una vertiente barroca o tenebrista marcada por los basureros, de evidente denuncia ecológica, y otra calificada como un "paisaje de síntesis"—islas, orillas, inundaciones.

Sobre todo, Sánchez jerarquizaba el elemento líquido, fluyente, inconmensurable del archipiélago: las grandes extensiones de territorio invadidas por el agua de los ciclones tropicales, el encuentro del mar y el río, las orillas en lontananza, las islas más allá del horizonte, y la amplitud de los espacios naturales, modelados

Closer to the paintings of the Hudson River School than to the technological avant-garde, Tomás Sánchez's imaginary landscapes do not bear the labels of rebellion, irony, postmodernism, or kitsch imposed by American academics on the recent artistic fruits of the island. Through Sánchez's work we arrive at a utopian space where anguish and politics, the unavoidable disorders of our times, have been miraculously excommunicated.

A student of Antonia Eiriz at the National School of Art (ENA), since his graduation in 1971 Sánchez has pursued an expressionist figurative style, in which the ambience of Cuba's traditional rural hamlets is transmuted into a gritty vision of existence and the miseries of the human condition. In 1974, his discovery of the American hyperrealist movement, the work of Andrew Wyeth, and the Russian realism of Levitan and Shishkin drove him to create landscapes reflecting a realist aesthetic. Within this framework, he joined artists such as Flavio Garciandía, Eduardo Rubén, Gory (Rogelio López Marín), Nélida López, and Aldo Menéndez, whose warm, optimistic vision of hyperrealism served as a bridge toward the formal and conceptual innovations that later emerged in Cuban art.

After receiving the 19th International Joan Miró Drawing Award in 1980, Sánchez participated in the "founding act" of *Volumen I* (Volume One), the influential 1981 exhibition which laid the foundation for the art that followed. By 1982, when the Ministry of Culture organized the first Landscape Salon, Sánchez's images were perceived—along with the works of Bedia, Fors, Grupo Hexágono (Hexagon Group), and Gustavo Acosta, among others—as the revitalization of a genre.

Enriched by a personal world view, Sánchez's works embodied a realism unburdened by formulaic academicism, "with which I could create the illusion of three-dimensional space, and an atmosphere that would induce intimate, subjective emotions in the viewer: a subjective realism, in other words, reality filtered by my individuality" (Hernández, 1985, 38). His landscapes of the early 1980s reflect two other approaches as well: a baroque, somber style, as in his depictions of garbage dumps, and what has been defined as a "landscape of synthesis"—islands, shores, and floods. Above all, Sánchez emphasized the archipelago's immeasurable liquid element: the vastness of territories flooded by tropical hurricanes, the confluence of the rivers and the sea, the islands beyond the horizon, and the immensity of natural spaces, depicted from an elevated point of view that facilitates sensory and contemplative immersion.

In January 1985, when the Museo Nacional de Bellas Artes in Havana exhibited more than a hundred of his engravings, drawings,

desde un punto de vista elevado que facilitaba la inmersión sensorial y contemplativa.

Cuando el Museo Nacional de Bellas Artes exponía en enero de 1985 más de un centenar de grabados, dibujos y pinturas realizados desde 1970 a 1984, la obra de Tomás recibía un definitivo espaldarazo. Pero propuestas creativas como la de Sánchez fueron colocadas implícitamente entre signos de interrogación por las dinámicas culturales de fines de los ochenta. El arte del momento cuestionaba el estilo, la factura meticulosa y las miradas contemplativas inherentes en su obra, en pos de un trabajo grupal, una concepción racionalista o una pincelada desgarrada. Las actitudes críticas estaban destinadas no sólo hacia los estereotipos y fallas en la utopía social, sino simultáneamente hacia la destrucción de géneros "inútiles" como el paisaje, el retrato y la pintura histórica.

La década posterior convirtió la obra de Tomás en legado y canon. Caracterizadas por el retorno a la técnica y el oficio, la renuncia al espíritu utópico de renovación social en favor de la disonancia ambigua, la fractura de los tiempos históricos en pos de su yuxtaposición, y el rescate de los géneros tradicionales bajo la omnipresente presión del mercado de arte, las obras de Sánchez fueron percibidas como un "paisaje después de la batalla", en el que los paradigmas estéticos de estilo, autoría, y maestría se erigían como colosos. La práctica del paisaje retornó multiplicada, por la mano de imitadores y discípulos por control remoto. Más allá de esta circunstancia, inevitable en los que brillan con luz propia, la comunidad artística reconoce su valía y espera un rencuentro público en La Habana.

Nocturno, 1993
Procedencia: Colección privada.

and paintings, Sánchez received definitive recognition. But creative endeavors such as his were implicitly placed in question by the cultural dynamics of the late 1980s. The art of that moment challenged the style, the impeccable craftsmanship, and the contemplative point of view inherent in Sánchez's work, favoring instead group collaboration, a conceptual approach, or an assertive brushstroke. This critical attitude was directed not only toward stereotypes and defects in the social utopia, but also toward the destruction of "useless" genres.

The following decade transformed Sánchez's work into a legacy and a canon. In a time characterized by the return to technique and craft, renunciation of the utopian spirit of social renewal in favor of ambiguous dissonance, the fracturing and juxtaposition of historical eras, and the rescue of traditional genres under the ever-present pressure of the art market, Sánchez's oeuvre was perceived as a "landscape after the battle," in which the aesthetic paradigms of style, authorship, and skill stood tall. The practice of landscape painting revived, multiplied by the hands of imitators and long-distance disciples. Despite these circumstances, inevitable for all those who shine with their own light, the island's artistic community recognizes Sánchez's worth and awaits a public re-encounter in Havana.

Nocturne, 1993
Provenance: Private collection.

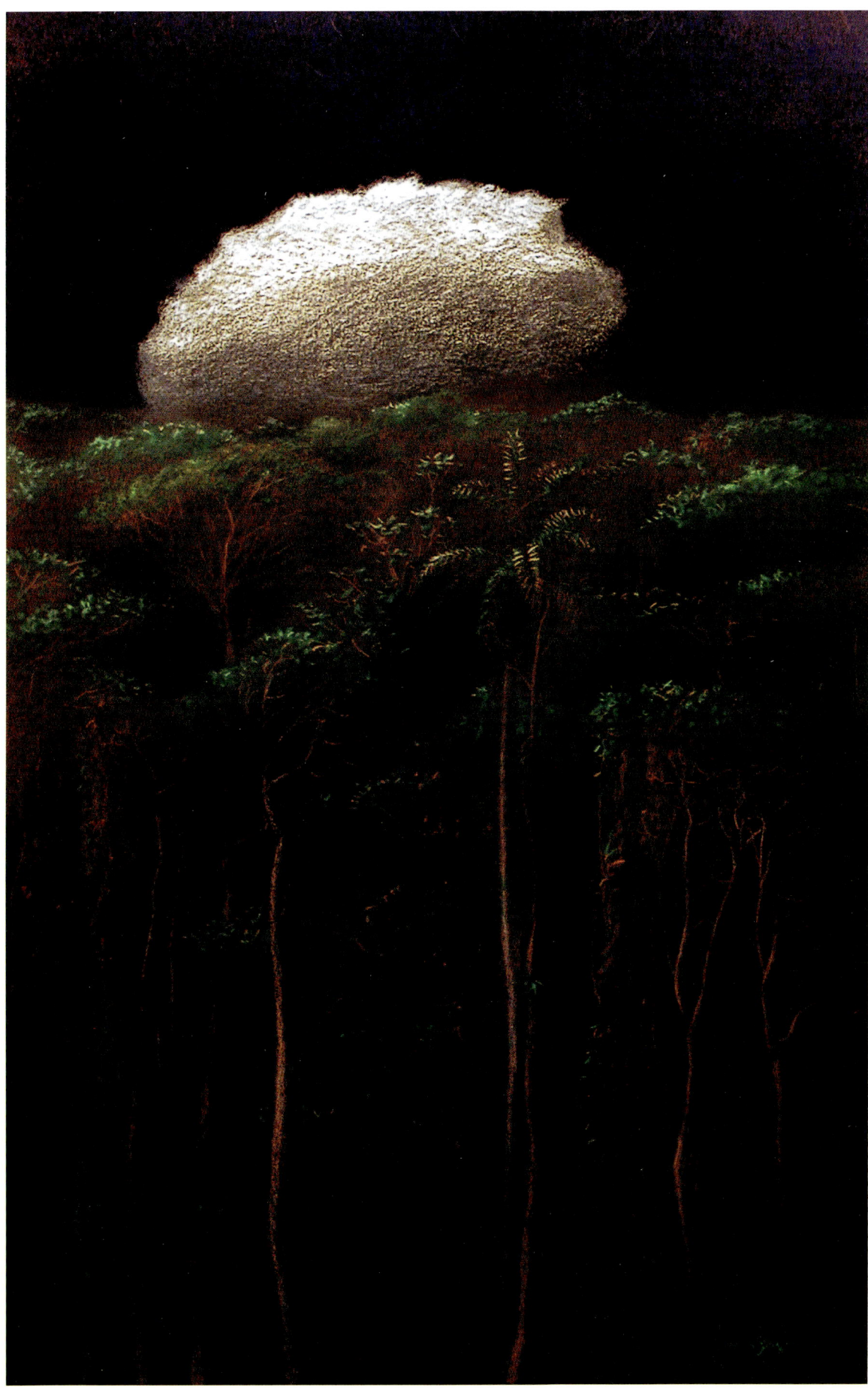

Nocturno, 1993   *Nocturne,* 1993
técnica mixta en papel sobre lienzo, 50 x 31.1 cm.   mixed media on paper over canvas, 19 x 12.25 in.

José Esterio Segura Mora

n. 1970, reside en Cuba | b. 1970, resides in Cuba

Cuando el cineasta cubano Tomás Gutiérrez Alea decide incluir en el filme *Fresa y Chocolate* (1994) las obras de Esterio Segura como piezas del entramado dramatúrgico, ya el joven artista había participado en la influyente exposición *Las metáforas del templo* (1993), junto a Carlos Garaicoa, como co-curador y exponente. En 1994, Segura se gradúa de Escultura del Instituto Superior de Arte (ISA). Ante el desaliento social y la intensa emigración de gran parte de la generación anterior, el arte cubano se sacudía los impulsos utópicos del final del decenio y fundaba una nueva etapa, bajo la hegemonía de la ambigüedad estética, la revalorización de la buena factura como Caballo de Troya, y una relación más destilada hacia las fuentes populares de motivos y materiales.

En Segura ocurre el promiscuo intercambio entre los signos de la política y la religión, el emplazamiento paródico de la historia nacional como mito selectivo y el reciclaje de elementos extraídos de la historia del arte, bajo un poderoso impulso carnavalesco que amenaza con fundir todas las jerarquías, todos los protocolos. *Santo…* no es un estudio preliminar de la escultura del mismo nombre finalmente realizada ese mismo año, sino uno de los numerosos dibujos que Segura produce de manera paralela a su concreción escultórica. El dominio de la espectacularidad, el manejo sensual de los cuerpos y la sutil línea descriptiva modelan ante el espectador los ritos de la contemplación estética tradicional, deudora en este caso de la imaginería barroca contrarreformista, de Caravaggio y de los escultores españoles del Siglo de Oro.

El concepto propuesto rechaza la retórica narrativa presente en los proyectos de plazas públicas y absorbe las practicas anti-trascendentalistas de gran parte del arte contemporáneo. Este San Sebastián de pasaporte europeo que ha sido sorprendido por la feroz esgrima de los machetes cubanos—instrumento de trabajo transmutado en arma de guerra ante el dominio español—es la expresión adolorida de una cultura de resistencia viva.

Santo de paseo por el trópico, 1991
Procedencia: Colección del artista.

When Cuban film director Tomás Gutiérrez Alea decided to include Esterio Segura's paintings as a plot device in his 1994 film, *Strawberry and Chocolate*, the young artist had already participated in the influential exhibition *Las metáforas del templo* (Metaphors of the Temple, 1993), as both exhibiting artist and, with Carlos Garaicoa, co-curator. Segura graduated with a degree in sculpture from the Superior Institute of Art (ISA) in 1994. Faced with a discouraging social climate and the frenzied departure of much of the previous generation, Cuban art freed itself from the utopian impulses of the end of the 1980s and embarked on a new era, characterized by aesthetic ambiguity, the deployment of fine craftsmanship as a Trojan horse, and a more refined approach to popular culture as a source of motifs and materials.

Segura's work embodies a promiscuous exchange between the symbols of religion and politics, a parodic questioning of national history as selective myth, and the recycling of elements taken from art history—all encompassed by a powerful, carnivalesque impulse that threatens to fuse all hierarchies and protocols. *Santo…* is not a preliminary study for the final sculpture of the same name created that year, but one of many drawings that Segura completed as parallels to the sculpture project. His mastery of spectacle, his sensual rendering of the body, and the subtlety of his descriptive line evoke the rites of traditional aesthetic contemplation, in this case indebted to the imagery of the counter-Reformation, to Caravaggio, and to the Baroque sculptors of the Spanish Golden Age.

As depicted here, Segura's proposed project rejects the narrative rhetoric of official projects intended for the public square, and absorbs the anti-transcendentalist practices of a great deal of contemporary art. This St. Sebastian, European in conception and caught unaware by the ferocious hacking of Cuban machetes—tools transmuted into weapons of war against Spanish domination—is the pained expression of a culture of living resistance.

Saint Touring the Tropics, 1991
Provenance: Artist's collection.

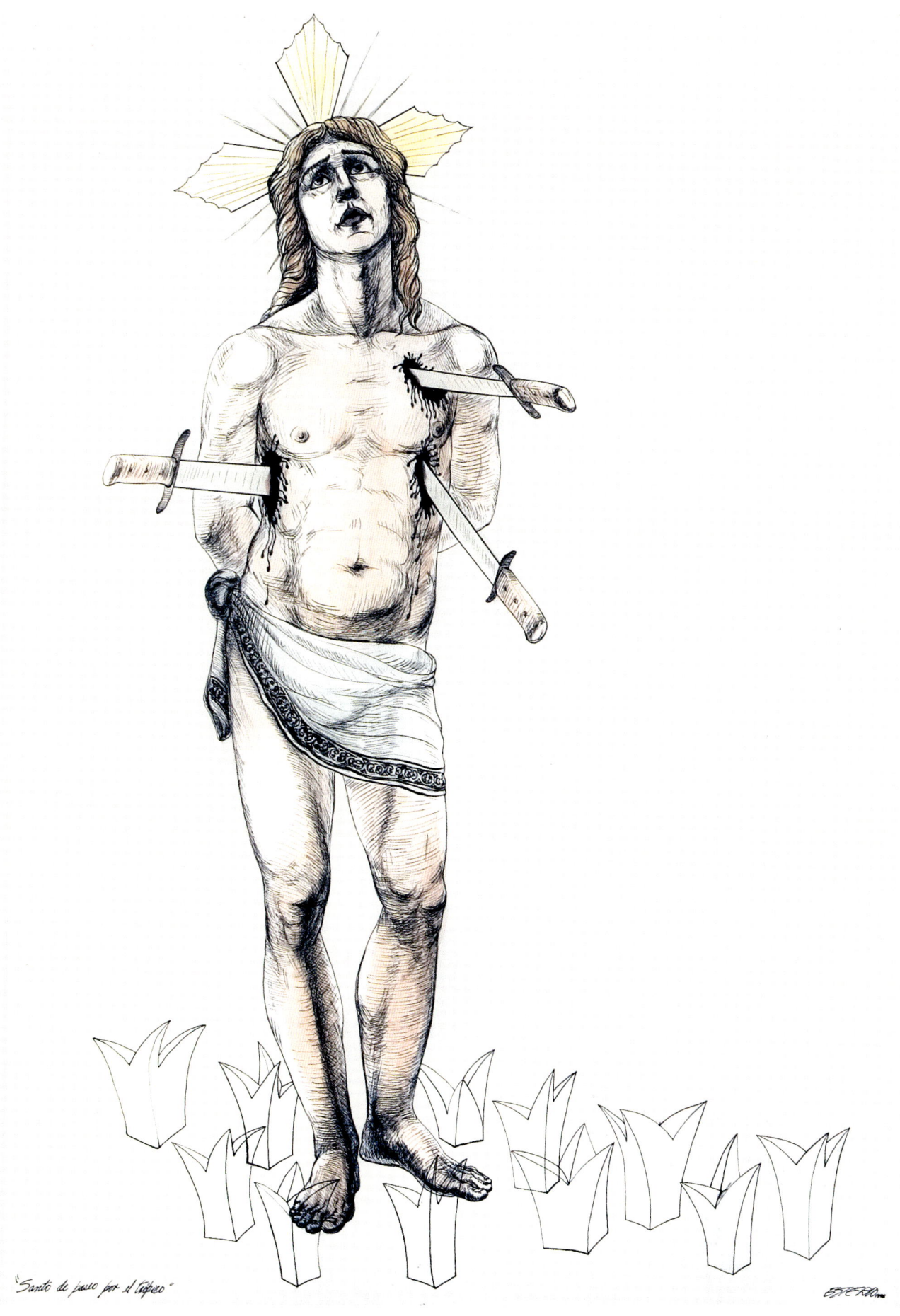

"Santo de paseo por el trópico"

Santo de paseo por el trópico, 1991   *Saint Touring the Tropics*, 1991
tinta sobre cartulina, 101.6 x 76.2 cm.   ink on cardboard, 40 x 30 in.

Tonel (Antonio Eligio Fernández Rodríguez)

TONEL (ANTONIO ELIGIO FERNÁNDEZ RODRÍGUEZ)

n. 1958, reside en Cuba y Canadá | b. 1958, resides in Cuba and Canada

A inicios de la década de 1980, la publicación de "caricaturas" de Tonel en revistas humorísticas conllevó su clasificación errónea como artista "del humor". Sin embargo, a partir de la muestra *Yo lo que quiero es ser feliz* (1989), su obra se separa definitivamente del circuito editorial para fluir a través de recursos diversos—dibujos, esculturas, instalaciones, grabados—donde materializa su particular visión del ser humano y la sociedad. También historiador del arte y autor de textos imprescindibles sobre el arte cubano contemporáneo, Tonel contribuyó a reinstaurar la vertiente conceptual y reflexiva del humor en el arte cubano, notable en la obra de Rafael Fornés, Chago (Santiago Armada, Carlucho (Carlos Villar), Alberto Morales Ajubel, Manuel (Manuel Hernández Valdéz), Osmani Simanca, Félix Ronda y Reinerio Tamayo, entre otros. A través de los años, ha promovido intensamente esa tendencia en sus exposiciones y proyectos editoriales.

La creación de Tonel se ha nutrido de la tira cómica contracultural de los años 60, incluyendo la obra de R. Crumb; de artistas como Saul Steinberg, Philip Guston y Peter Saul; de las tautologías lingüísticas del arte conceptual de los años 70 y del arte "nueva imagen" de los 80. Sus imágenes no persiguen la proyección masiva de la historieta norteamericana heroica, estilo Marvel Comics, ni la dimensión narrativa del *manga* japonés. Están dirigidas a un público que acepte como cómplice su dimensión mordaz del ser humano, la detallada exploración de las funciones corporales y el concepto anti-romántico de la sexualidad y las afinidades sentimentales: es *Sex and the City* bajo los calores y sudores del trópico, y sin tarjetas de crédito. El artista produce una obra "que sin ser caricatura o ilustración, conserva rasgos expresivos de estas manifestaciones, colocadas en zonas siempre marginadas por la alta cultura, al tiempo que utiliza estos modelos de comunicación en función de una obra autónoma, de un profundo rigor intelectual" (Montes de Oca, 2000, 12).

La interacción de hombres y animales no es un tema frecuente en el arte cubano menos aún la presencia de ratas. Tonel está consciente de las connotaciones culturales del mamífero—asociado desde los antiguos griegos con la enfermedad y la pestilencia, las plagas y lo decadente, la codicia y lo demoníaco—y contribuye de manera original a una iconografía transcultural donde encontramos obras de artistas como Van Gogh (*Dos Ratas*, 1884) o los aguafuertes del novelista alemán Günter Grass. En este caso, más que convertir a las ratas en testigos incómodos de la modernidad urbana, o hacerlas protagonistas de un final apocalíptico estilo Terminator, el artista cubano presenta un caso límite de hambre voraz, un descenso a los infiernos.

In the early 1980s, the publication of Tonel's "caricatures" in humor magazines led to his being erroneously classified as a humorist. Nevertheless, with the 1989 exhibition *Yo lo que quiero es ser feliz* (All I Want is to Be Happy), his art parted ways with the publishing circuit and started flowing through a variety of media—drawings, sculptures, installations, prints—that expressed his vision of human beings and society. In addition to being an art historian and the author of indispensable texts on contemporary Cuban art, Tonel has contributed to a revival of thought-provoking conceptual humor in Cuban art, as seen in the work of Rafael Fornés, Chago (Santiago Armada), Carlucho (Carlos Villar), Alberto Morales Ajubel, Manuel (Manuel Hernández Valdéz), Osmani Simanca, Félix Ronda, and Reinerio Tamayo, among others. Over the years, he has intensely promoted this artistic direction through exhibitions and publications.

Tonel's own creations draw inspiration from the countercultural comics of the 1960s, including the work of R. Crumb; from artists like Saul Steinberg, Philip Guston, and Peter Saul; the tautologies of 1970s conceptual art, as well as from the international "new image" art of the 1980s. His works do not attempt the mass projection of American superheroes à la Marvel Comics, or the narrative dimension of Japanese *manga*; instead, they address a viewer who can accept complicity in Tonel's caustic vision of humanity, his detailed exploration of bodily functions, and his anti-romantic concept of sexuality and sentiment: *Sex and the City* minus the credit cards, sweating in the tropical heat. The artist has created works that "without being caricatures or illustrations, retain some expressive resources from those manifestations marginalized by high culture; and at the same time uses those communication models for the sake of an autonomous body of work, rigorously intellectual" (Montes de Oca, 2000, 12).

The interaction of people and animals is not a frequent subject in Cuban art; rats, even less so. Tonel keeps in mind the cultural connotations of that mammal—associated since the ancient Greeks with sickness and pestilence, plague and decadence, greed and the demonic—and makes an original contribution to a cross-cultural iconography that includes works by such artists such as Vincent van Gogh (*Two Rats*, 1884) and the aquatints of the German novelist Günter Grass. In this case, instead of turning rats into discomfited witnesses to urban modernity, or leaders of an apocalyptic, Terminator-style end, Tonel chooses to present an extreme case of voracious hunger, a descent into hell.

The human being who opens his mouth to crush and gulp down the animal's head, in a desperate gesture, is a schematic representation of the artist himself, whose likeness has been captured

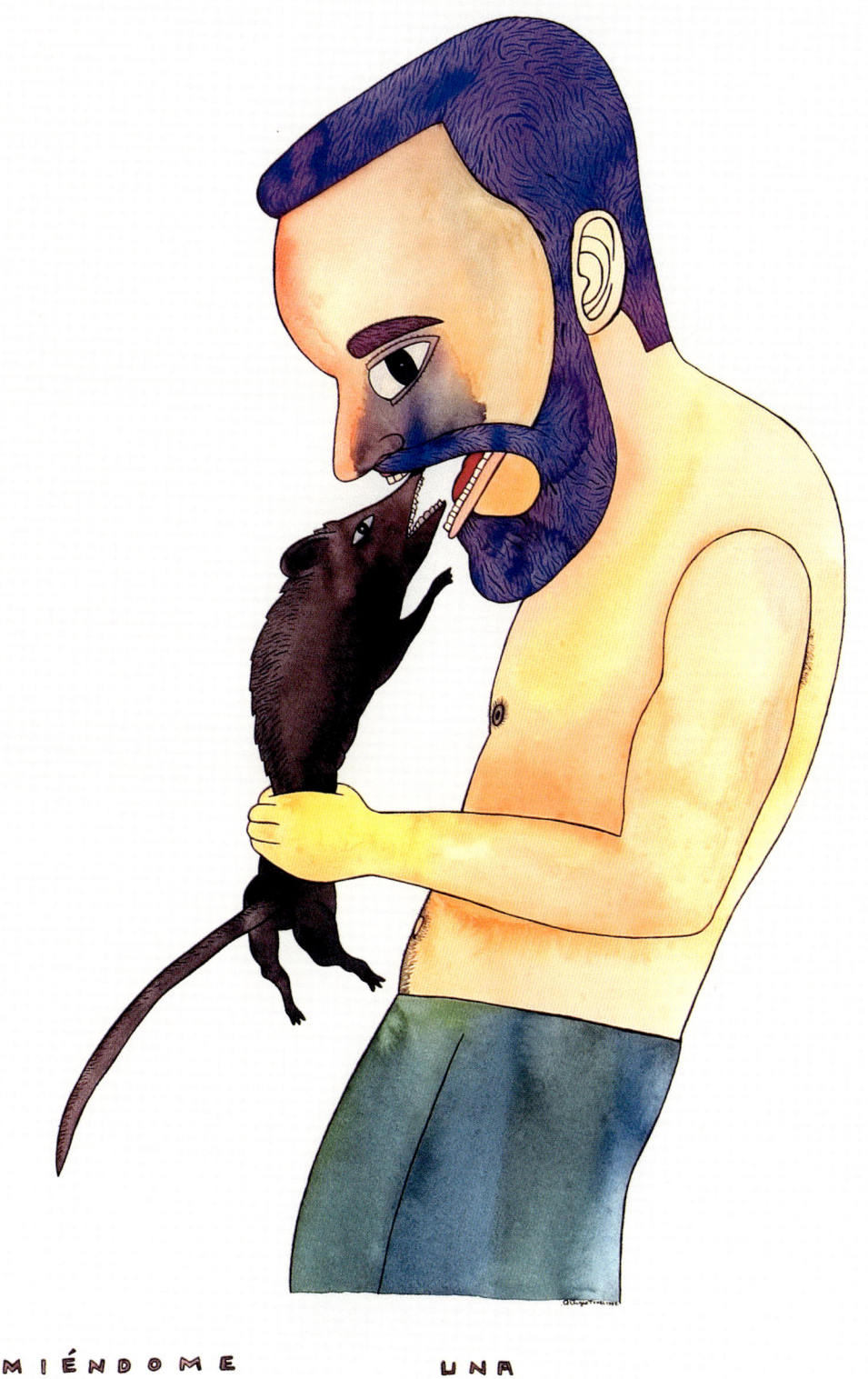

C O M I É N D O M E   U N A   R A T A

Autorretrato comiéndome una rata, 1997
acuarela y medios mixtos sobre papel, 65 x 50 cm.

Self-Portrait Eating a Rat, 1997
watercolor and mixed media on paper, 25.5 x 19.63 in.

El humano que abre su boca para quebrar y engullir la cabeza del animal, en un gesto vital desesperado, es una representación esquemática del propio artista, presente como su autorretrato en numerosos dibujos y esculturas. Es una imagen descarnada de sí mismo que ha sido creada con el único concurso de la línea, solución más funcional para expresar la idea sin caer en las lágrimas del melodrama. Ratificada por la obvia reiteración del título, la extraña situación destila una crónica desmesurada y grotesca de la carestía y el desamparo, y convierte la imagen del artista en símbolo de la humanidad sometida a la degradación física y moral.

Autorretrato comiéndome una rata, 1997

Procedencia: Colección del artista.

Exposiciones: *Autorretrato como intelectual orgánico* (Homenaje a Gramsci), Or Gallery, Vancouver, Canadá, 1997. *Utopian Territories, New Art from Cuba*, Belkin Gallery, Universidad de Columbia Británica, Vancouver, Canadá. 1997. *Hello, Cuba!*, Mary Brogan Museum of Arts and Sciences, Tallahassee, Florida, Estados Unidos, 2001.

Referencias: Valdés, Eugenio, Catálogo, *Utopian Territories, New Art from Cuba*, Vancouver, Canadá, 1997. Block, Holly, ed., *Art Cuba: The New Generation*, Nueva York: Harry N. Abrams, 2001.

Esta pieza es una de las obras cardinales que Tonel dedica al tema de la imagen insular del país, en un ciclo iniciado desde 1989 y que se trenza con otras zonas de su creación. De instalaciones como *Bloqueo* (1989), *Mucho color* (1992), *País deseado* (1994)—expuesta en la Bienal de São Paulo de ese mismo año—y *Mundo soñado* (1995, MNBA) emerge "una carga de significaciones contradictorias que acompañan a conceptos como patria y nación" (Montes de Oca, 2000, 21). En una actitud común a otros artistas como Sandra Ramos, Kcho, Ibrahim Miranda, Osvaldo Yero, la representación de la Isla no apunta a motivos de exaltación patriótica, ni reivindica el aislamiento frente al mundo. Más bien, esta recurrencia al mapa geográfico traduce una "crítica de la insularidad", entendida como límite y frontera, como muro natural que nos separa de tierra firme y genera tensiones profundas en el individuo, la familia y la nación.

Autorretrato… es un dibujo de excepcionales dimensiones, y en un rasgo ya característico de su obra la línea desempeña un rol fundamental. No se trata sin embargo de una ilustración magnificada, sino el protagonismo del dibujo más esencial como la herramienta expresiva por excelencia. A través de éste, el artista efectúa una transformación material: su cabeza, como un mascarón de proa, se ha fundido en barco, en un pequeño *Titanic* que obedece sólo a su propia ruta, sometido a los vaivenes del viento y las tormentas. El cuerpo del artista es el espacio donde lo meramente testimonial trasciende y se convierte en metáfora.

En el dibujo *Hemingway, su técnica* (1989), Tonel había utilizado la cabeza sumergida del escritor norteamericano, flotando apenas unos centímetros sobre la línea del mar, como referencia a su técnica literaria del "iceberg". En *Autorretrato…*, la cabeza-barco ha descendido hasta el fondo del océano, y permanece soportada por los arrecifes: pirámides rocosas, ya incluidas por su carácter de monumento funerario en el dibujo *La isla en peso (como los egipcios)*, (1992, Colección Ludwig Forum, Aquisgrán). La isla de Cuba, a

in numerous drawings and sculptures. It is a stark self-portrait, created with no more than a simple line—a functional solution that expresses the idea without falling into tear-stained melodrama. Sanctioned by the obvious reiteration of the title, the strange situation distills an excessive, grotesque chronicle of scarcity and helplessness, and transforms the image of the artist into a symbol of humanity enduring physical and moral degradation.

Self-Portrait Eating a Rat, 1997

Provenance: Artist's collection.

Exhibitions: *Autorretrato como intelectual organico (Homenaje a Gramsci)* [Self-Portrait as an Organic Intellectual (Homage to Gramsci)], solo show, Or Gallery, Vancouver, Canada, 1997. *Utopian Territories, New Art from Cuba*, Belkin Gallery, University of British Columbia, Vancouver, Canada, 1997. *Hello Cuba!*, Mary Brogan Museum of Arts and Sciences, 2001 Tallahassee, Florida, USA.

References: Valdés, Eugenio, Catalogue, *Utopian Territories, New Art of Cuba*, Vancouver, Canada, 1997. Block, Holly, ed., *Art Cuba: The New Generation*, New York: Harry N. Abrams, 2001.

This is one of the essential pieces that Tonel dedicates to the subject of Cuba and its insular self-image. It belongs to a cycle of work, begun in 1989, that has since intertwined with other aspects of his oeuvre. Installations such as *Bloqueo* (Blockade, 1989), *Mucho color* (A Lot of Color, 1992), *País deseado* (Desired Country, 1994)—exhibited in that year's São Paulo Biennial—and *Mundo soñado* (Dreamworld, 1995, MNBA) have engendered "a profusion of contradictory meanings surrounding such concepts as homeland and nation" (Montes de Oca, 2000, 21). In an attitude common to such artists as Sandra Ramos, Kcho, Ibrahim Miranda, and Osvaldo Yero, representation of the island does not reflect a theme of exalted patriotism, nor does it vindicate its isolation from the world. This reference to the geographical map seems to translate into a "critique of insularity," understood as a limit and a border—a natural wall that separates Cuba from the mainland and generates deep tensions in the individual, the family, and the nation.

Autorretrato… is a drawing of exceptionally large dimensions, measuring almost five feet by eight. In a way that has become characteristic of Tonel's work, line plays a fundamental role. It is not, however, a matter of magnified illustration, but of drawing as the quintessential protagonist, the expressive tool par excellence. By such means, the artist effects a transmutation of matter: his head becomes a figurehead, a boat, a small Titanic that follows its own solitary route, rocked by winds and storms. The artist's body becomes a space in which the merely testimonial transcends itself to become metaphor.

In his 1989 drawing *Hemingway, su técnica* (Hemingway, His Technique), Tonel had used the submerged head of the American writer, peeking just a few centimeters above the water line, as a reference to his literary technique of the "iceberg." In *Autorretrato…*, however, the boat-head has sunk to the bottom of the ocean and it is supported by reefs: rocky pyramids, previously depicted as funerary monuments in his drawing *La isla en peso (como los egipcios)* (The Whole Island (Like the Egyptians), 1992, Ludwig Forum collection, Aächen). The terrain of Cuba, called a "cork island" by

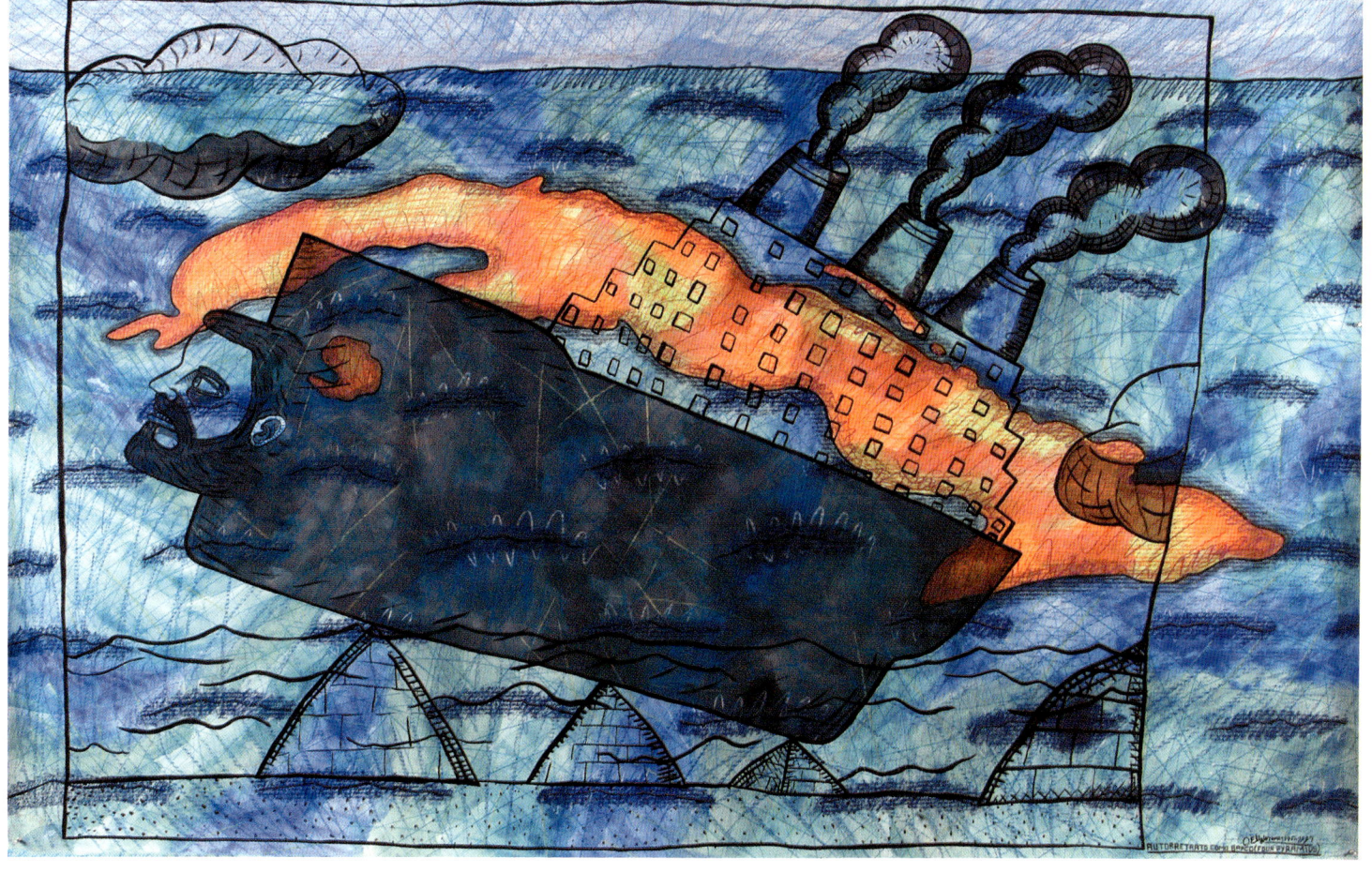

Autorretrato como barco (Cuatro pirámides), 1995–1997
técnica mixta sobre papel, 152 x 241 cm.

Self-Portrait as a Boat (Four Pyramids), 1995–1997
mixed media on paper, 60 x 95 in.

la cual la geografía denominó "isla de corcho" por sus cíclicos movimientos ascendentes y descendentes en el océano, aquí desafía su naturaleza flotante y se sumerge cansada sobre la cubierta del barco. Las transparencias entre el largo archipiélago y la nave sugieren la fusión de ambos, como si los destinos del artista y la nación se hubiesen unido trágicamente bajo las cálidas aguas del mar. Ajenos a las turbulencias de la superficie y la Historia, el hombre y su isla reposan con los ojos abiertos sobre el lecho marino, sostenidos por los arrecifes-pirámides. Se han convertido quizás en una nueva Atlántida, en los restos de una civilización a redescubrir en el futuro.

Autorretrato como barco (Cuatro pirámides), 1995–1997

Procedencia: Colección del artista.

Exposiciones: *Uno de cada clase*, Fundación Ludwig, CENCREM, Convento Santa Clara, La Habana. *Autorretrato como intelectual orgánico (Homenaje a Gramsci)*, Or Gallery, Vancouver, Canadá, 1997. *Arte Cubano Más Allá del Papel*, Centro Cultural Conde Duque, Madrid, España, 1999.

Referencias: Catálogos citados.

En las obras de Tonel, el cuerpo humano (cubano) parece tomar conciencia de sus olores y fluidos, con una intensidad sensorial más envolvente que *Piss Christ* (1989) de Andres Serrano. El interés del creador cubano no es deconstruir las narrativas históricas, como algunos de sus compatriotas, sino es un explorador visceral que penetra en terrenos tabúes para el arte y emplaza su punto de vista desde la cotidianeidad intrascendente, en la anti-épica de la transpiración y el sexo, la promiscuidad de la carne, las evacuaciones rutinarias de todos los días, las frases sin sentido, y las pequeñas miserias diarias. Los personajes de sus historias nos seducen o repelen por su absoluta carencia de pudor; parecen vivir frente a nosotros como ante las cámaras de *Big Brother*, y nos hacen partícipes de sus desdichas y contrasentidos con absoluta tranquilidad y sin huella alguna de dramatismo.

A diferencia de artistas contemporáneos que congelan instantes de su vida mediante la inclusión de objetos reales, Tonel recurre a la misma herramienta antigua que utilizaron los artistas de Lascaux y Altamira: la línea simple desprovista de todo arabesco decorativo. Se trata de una huella esencial que traza límites sobre el papel y se proyecta hacia el espacio tridimensional mediante dibujos de esculturas e instalaciones. El artista demuestra así la integridad y complejidad de un pensamiento conceptual, un pozo inagotable del cual va "extrayendo" obras, las que después se realizan en diversos formatos a medida que lo satisfacen las soluciones técnicas alcanzadas.

El antecedente de *La silla* es el dibujo *El vómito es cultura* (1990, Colección Jurgen Harten). En esta última, "un hábil juego de palabras anunciaba la inagotable y grávida resaca que alivia al ser restituyendo transitoriamente sus vacíos" (Valdés, 2000, 30). La banal escena, sufrida por todo mortal común en alguna que otra noche ligera, era protagonizada por la imagen del artista, una vez más su autorretrato, que pasa de rostro en rostro como una máscara. Semidesnudo, el personaje se apoya en la pared para soportar el empuje brutal de los desechos, sobre los que flotará como un Mesías.

geographers because of its cyclical movement of oceanic ascent and descent, here defies its floating nature and sinks exhausted to the boat's deck. The transparencies between the long archipelago and the ship suggest their fusion, as if the destinies of the artist and his nation had tragically become one under the warm waters of the sea. Oblivious to the turbulence of History roiling the ocean surface, the man and his island rest with open eyes on the sea bottom, supported by the pyramid-reefs. Perhaps they have been transformed into a new Atlantis, the ruins of a civilization to be discovered again in the future.

Self-Portrait as a Boat (Four Pyramids)], 1995–1997

Provenance: Artist's collection.

Exhibitions: *Uno de cada clase* (One of Each), Ludwig Foundation, CENCREM, Santa Clara Convent, Havana, 1995. *Autorretrato como intelectual orgánico* (*Homenaje a Gramsci*) [Self-Portrait as an Organic Intellectual (Homage to Gramsci)], solo show, Or Gallery, Vancouver, Canada, 1997. *Arte Cubano Más Allá del Papel* (Cuban Art Beyond Paper), Centro Cultural Conde Duque, Madrid España, 1999.

References: Cited catalogues.

In Tonel's works the human (Cuban) body seems to become conscious of its own odors and fluids, with a sensory intensity even more compelling than Andres Serrano's *Piss Christ* (1989). Unlike some of his compatriots, Tonel is not interested in deconstructing historical narratives. He is a visceral explorer who ventures into territories that are taboo in art, setting his gaze on inconsequential, everyday moments: the anti-epic of respiration and sex, promiscuities of the flesh, the daily routine evacuations, senseless phrases, and insignificant miseries. The characters in his stories seduce or repel us through their absolute lack of modesty; they seem to live right before us as before the cameras of Big Brother. They impel us to share in their misfortunes and contradictions with absolute calmness, without the slightest trace of drama.

Unlike some contemporary artists, who freeze instants of their lives by incorporating real objects into their works, Tonel employs the same tool used by the archaic artists of Lascaux and Altamira: the line, free of decorative arabesque. It is an essential trace that defines the boundaries, the limitations, of the paper, and projects itself into three-dimensional space through sketches of sculptures and installations. In this fashion, Tonel demonstrates the integrity and complexity of his conceptual thought, an inexhaustible well from which he "extracts" his artworks, which are then fleshed out in various formats as he finds technical solutions that satisfy him.

A precursor of *La silla* (The Chair) is the drawing *El vómito es cultura* (Vomit is Culture, 1990, Jurgen Harten Collection). In that work, "a clever pun announced the inexhaustible and pregnant spew that will alleviate the man, temporarily restoring his insides" (Valdés, 2000, 30). In the center of this banal scene—which every common mortal has experienced, one night or another—is the image of the artist once again, his self-portrait passing from face to face like a mask. Half naked, the figure leans on the wall to ease the brutal push of his own regurgitation, over which he will float like a messiah.

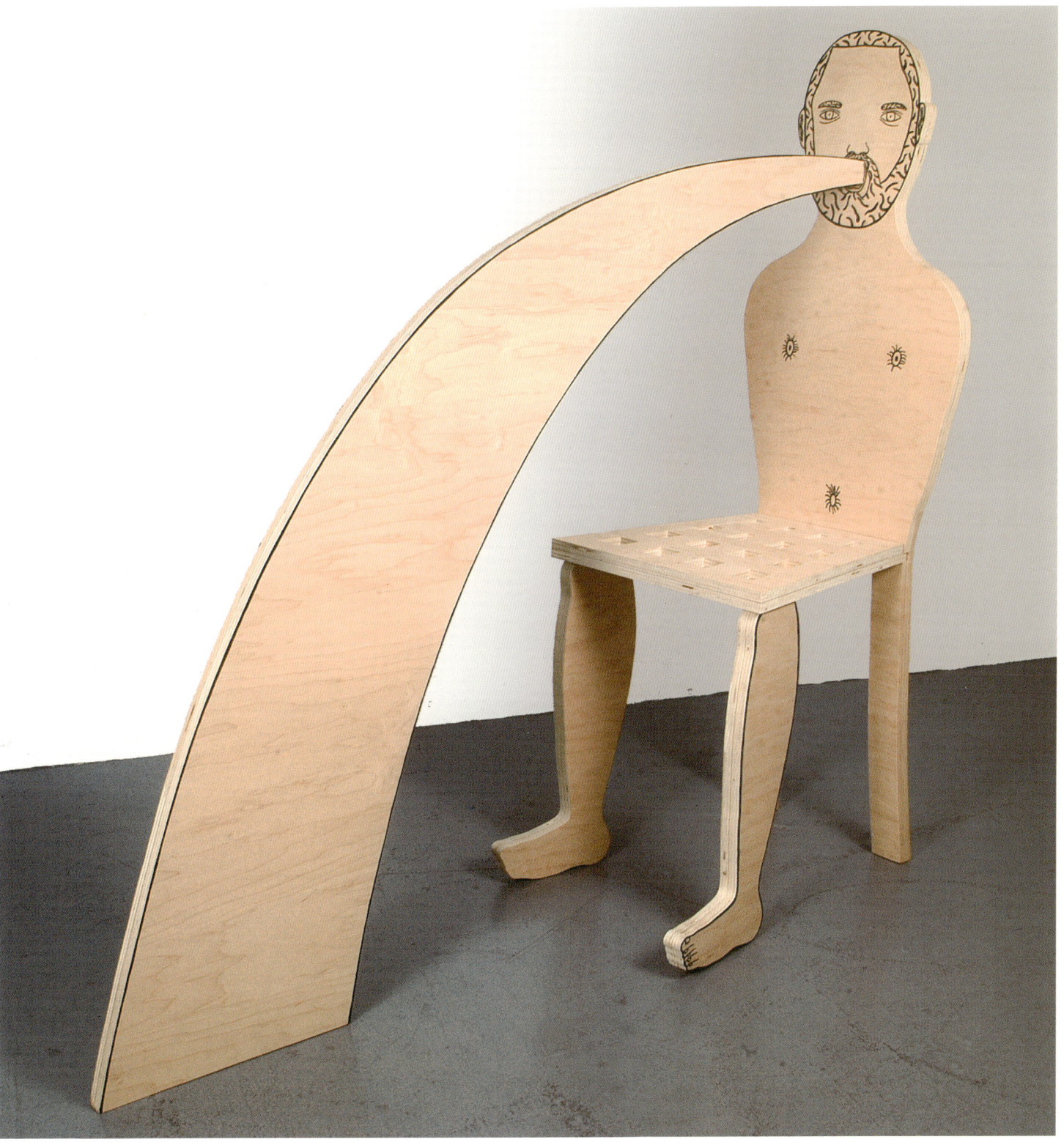

La silla, 1993–2000
madera y acrílico, 100 x 110 x 32 cm.

The Chair, 1993–2000
wood and acrylic, 39.38 x 43.25 x 12.5 in.

En la pieza escultórica, mientras de la boca emana un profuso arco hacia el piso, el cuerpo adquiere posición de sentado, como si fuera a servir de plataforma para un visitante aún desconocido. Recortada y ensamblada en madera reciclada—*plywood* para los cubanos—pertenece a una serie de esculturas de grandes dimensiones y semejante factura, cuyo destino es ser colgadas como relieves, o instaladas en la sala como objetos dispuestos a la interacción virtual o real con el espectador. (Otras obras de la serie incluyen *El Puente y Atalaya,* ambas de 1993.) El diseño de la silla enfatiza su origen "lineal" y al mismo tiempo denuncia el carácter imposible de su función. El asiento carece de brazos: el personaje es uno de los seres mutilados que pueblan el universo de Tonel, marcado por "brazos cortados, muñones, rostros sin ojos, penes tan largos como inútiles, torsos golpeados" (Montes de Oca, 2000, 18). Los victimarios de esta humanidad doliente, los ejecutores de tanta carne flagelada simplemente no existen. Los seres de Tonel son sus propias víctimas, han sido tatuados por la desidia y la frustración, la disyunción entre propósitos y métodos, la inconsecuencia y el desaliento. Para ellos no existen los manuales de autoayuda, ni las terapias contrarreloj. Parecen estar condenados, definitivamente, a vomitar una y otra vez sus propias frustraciones.

La silla, 1993–2000

Procedencia: Colección del artista.

Exposiciones: *Lecciones de Soledad,* Belkin Gallery, Universidad de Columbia Británica, Vancouver, Canadá, 2000; Art in General, Nueva York, Estados Unidos, 2001.

Referencias: Valdés, Eugenio, "*Solitude Laid Bare in the Garden of the Madhouse*" (La soledad descarnada en el jardín del manicomio), ensayo del catálogo citado, pág. 30.

In this corresponding sculpture, a profuse arch emanates from mouth to floor; but the body assumes a seated position, as if to serve as a platform for a visitor still unknown. Cut and assembled from recycled wood—what Cubans call "plywood"—it belongs to a series of large-format sculptures, made to be hung as wall reliefs or placed in space as if inviting interaction, virtual or real, with the viewer. (Other works in this series include *El Puente* (The Bridge), and *Atalaya* (Watchtower), both made in 1993.) The design of the chair emphasizes its "linear" origins, and at the same time emphasizes the implausibility of its function. The seat has no arms; the character depicted here is one of those mutilated beings that populate Tonel's universe, marked by "severed arms, stumps, eyeless faces, penises as long as they are useless, macerated torsos" (Montes de Oca, 2000, 18). The torturers of this ailing humanity, the executioners of so much flagellated flesh simply do not exist. Tonel's beings are victims of themselves alone; they bear the stigmas of their own apathy and frustration, of the disjunction between their purposes and their methods, their failure to act according to their beliefs, and their profound discouragement. For them there are no self-help manuals, no therapies against the clock. They seem definitively condemned to vomit their own frustrations over and over again.

The Chair, 1993–2000

Provenance: Artist's collection.

Exhibitions: *Lecciones de Soledad* (Lessons of Solitude), Belkin Gallery, Vancouver, Canada, 2000; Art in General, New York, United States, 2001.

References: Valdés, Eugenio, "Solitude Laid Bare in the Garden of the Madhouse," essay in cited catalogue, p. 30.

Rubén Torres Llorca

n. 1957, reside en los estados Unidos | b. 1957, resides in the United States

Egresado de la escuela de arte San Alejandro en 1976 y del Instituto Superior de Arte (ISA) en 1981, Rubén Torres Llorca expone—junto a José Bedia, Juan Francisco Elso, Ricardo Rodríguez Brey, José Manual Fors, Leandro Soto y Flavio Garciandía—en *Volumen I*, punto de giro respecto a una década marcada por el decorativismo, una concepción abstracta del sujeto popular y la imposición de paradigmas ideológicos en las artes visuales. La adopción por Torres Llorca del *pop* y de cierta nostalgia *camp* en obras como la serie *Cine del Hogar* (1983) y *Te llevo bajo la piel* (1986, MNBA) respondieron tanto a la iconosfera visual cubana, que integra la industria cultural norteamericana de la década de 1950, como a su contexto familiar de raíz humilde, en el barrio histórico de Regla. Impresionado durante su viaje a México en 1985 por la arquitectura barroca y la artesanía popular, Torres Llorca se orienta posteriormente hacia obras escultóricas de despliegue espacial, destinadas a una comunicación enfáticamente antropológica con el espectador.

El motivo central de *Nosotros…* es un verdadero documento histórico: una foto tomada en Cuba a Ana Mendieta, junto a la mayoría de los artistas que expusieron en *Volumen I*. El significado artístico y político del encuentro entre creadores cubanos de ambas orillas, empeñados en una renovación desde visiones personales y contemporáneas, se ha transformado en un mito aún cargado de proyecciones utópicas 25 años después. Sin embargo, el recuerdo posterior de Torres Llorca resalta aristas específicas alrededor de este episodio: "A principios de la década de 1980, ella (Ana Mendieta) trajo a Lucy Lippard y Rudolph Baranik. Éstos estuvieron absolutamente sorprendidos al comprobar que el arte de un país comunista no había caído en el pozo del realismo socialista y a su regreso a su país declararon que las obras parecían salidas de SoHo. Nos convertimos en el sueño de la izquierda americana" (Fontana, 2005).

La pieza de Llorca es un ajuste de cuentas consigo mismo y con su generación. El título evoca con sorna la pérdida de la inocencia y el paso implacable del tiempo, que separa a las personas y diluye los lazos y creencias antes compartidos. El carácter expositivo de la obra se enmascara bajo el aspecto de una pared interior o panel doméstico decorado por cenefas vegetales, un motivo *kitsch* utilizado en el interior de las casas como recurso decorativo. En el centro del mismo, aparece la foto tomada en la acera del Centro de Arte Internacional (hoy la Galería La Acacia) y a ambos lados, dos dispositivos eléctricos. Cada uno posee en su parte inferior carteles explicativos que establecen el lapso de tiempo que ha transcurrido entre el evento original, y el momento en que Llorca elaboró la pieza. Pero el cable que conduce la corriente eléctrica (energía) desde 1981 hacia 1987 no concluye en ninguna función concreta;

After graduating from the San Alejandro Art School in 1976 and the Superior Institute of Art (ISA) in 1981, Rubén Torres Llorca participated—along with José Bedia, Juan Francisco Elso, Ricardo Rodríguez Brey, José Manuel Fors, Leandro Soto, and Flavio Garciandía—in the influential exhibition *Volumen I* (Volume One). Its presentation represented a break with a decade marked by decorativeness, an abstract concept of the common man as a subject, and the imposition of ideological paradigms on the visual arts. As the 1980s progressed, Torres Llorca used pop art and a certain campy nostalgia in such works as the series *Cine del Hogar* (Home Movie Theater, 1983) and *Te llevo bajo la piel* (I've Got You Under My Skin, 1986, MNBA) The strategy was a response both to the Cuban visual iconosphere, which had absorbed the American cultural industry of the 1950s, and to his personal experience growing up in a family of modest means in the historic neighborhood of Regla. During his trip to Mexico in 1985, Torres Llorca was so impressed by the country's Baroque architecture and traditional arts and crafts that his later works focused on sculptures of vast spatial conception, intended as an emphatically anthropological communication with the viewer.

The central motif in *Nosotros…* is an authentic historical document: a picture of Ana Mendieta taken in Cuba, together with most of the artists who exhibited in *Volumen I*. The artistic and political meaning of this encounter between Cuban creators on both shores, engaged in an aesthetic renewal driven by personal visions, has been transformed into a myth still resonant with utopian projections 25 years later. Nonetheless, Torres Llorca's subsequent recollection highlights specific tangents to the episode: "In the early 1980s, she (Ana Mendieta) brought Lucy Lippard and Rudolph Baranik to the island. They were absolutely astonished to find that the art of a Communist country had not fallen into the pit of social realism, and upon returning to their country they said that the works seemed taken from SoHo. We became the dream of the American left" (Fontana, 2005).

Torres Llorca's piece is a settling of scores, with himself as well as with his whole generation. The title sarcastically evokes the loss of innocence and the implacable passage of time, which separates people and dilutes previously shared relationships and beliefs. The expositive character of this piece is masked by the appearance of an interior wall or panel in a home, embellished by a border of plant motifs—a kitsch decorative motif used in Cuban homes. In its center appears the picture, taken on a sidewalk near the International Art Center (now the home of La Acacia Gallery). This image is flanked by two electrical devices, above explanatory

es un circuito frustrado sin aplicación alguna. Torres Llorca quiere confesarnos que la comunicación—el impulso colectivo y transformativo que infundió a su generación— ha naufragado sin remedio. Con más desencanto que nostalgia, su pieza es una peculiar visión de "lo que el viento se llevó", un testimonio de las pérdidas y derrotas que la vida propina.

Nosotros los de entonces, ya no somos los mismos, 1987
Procedencia: Panamerican Art Gallery.

signs stating the amount of time elapsed between the original event and the moment when Torres Llorca created the piece. But the wire that conducts electricity (energy) in the period from 1981 to 1987 goes nowhere at all: it is a frustrated circuit, with no possible application. Torres Llorca is trying to convey that the communication—the collective, transformative impulse that infused his generation—is hopelessly wrecked. More disenchanted than nostalgic, his piece is a peculiar vision of things "gone with the wind," a testimony of the losses and failures brought about by life.

What we were then, we are no longer, 1987
Provenance: Panamerican Art Gallery.

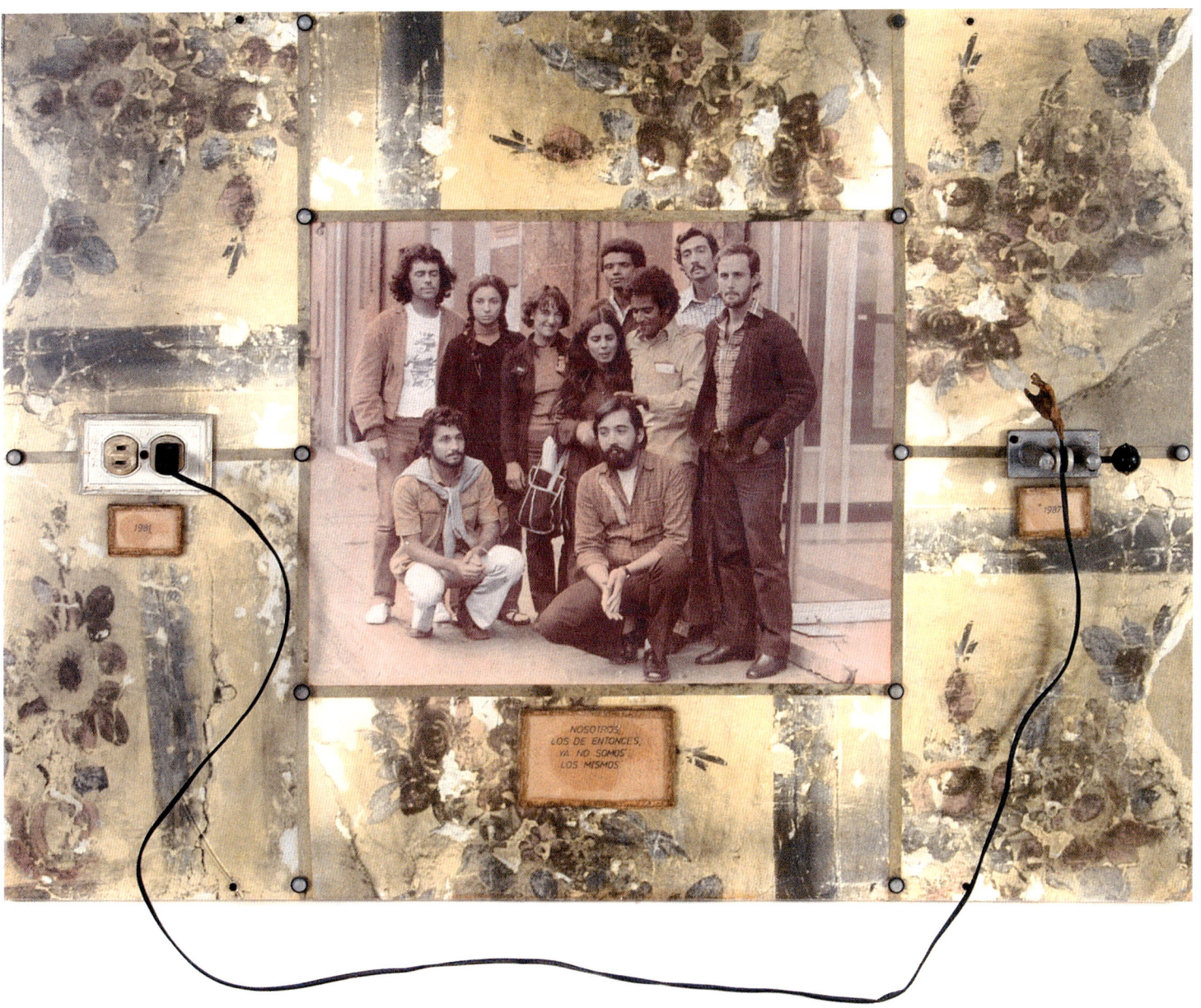

Nosotros, los de entonces, ya no somos los mismos, 1987
técnica mixta sobre cartulina, 76.2 x 101.6 cm.

What we were then, we are no longer, 1987
mixed media on cardboard, 30 x 40 in.

Sources Cited

Acosta, Rafael. 2001. "Tatlin, Lam, Kcho y la Nueva Jungla." In Exhibition Catalogue *Kcho: La Jungla*, 7. Havana: Museo Nacional de Bellas Artes.

Alonso Tejada, Aurelio. 1995. Marxismo y espacio de debate en la Revolución Cubana. *Temas* 3: 38.

Álvarez, Lupe. 1994. "Sandra Ramos". In Exhibition Catalogue *Quinta Bienal de la Habana, Arte-Sociedad-Reflexión*, 135. Madrid: Editorial Tabapress; Tenerife: Centro Atlántico de Arte Moderno.

Anselmi, Inés. 1999. Interview with Marcos Castillo y Alexandre Arrechea of Los Carpinteros. In Exhibition Catalogue *La dirección de la mirada: Neue Kunst aus Kuba, Art actuel de Cuba, Arte cubano contemporáneo*, 98. Zurich: Voldemeer; Vienna: SpringerWienNewYork.

Birbragher, Francine. 2003. Review of *Humberto Castro: The Paris Years*, Museum of Art, Fort Lauderdale, http://www.humbertocastro.com/.

Britto Jinorio, Orlando. 2001. Interview with Manuel Mendive. In Exhibition Catalogue *Mendive: Shangó y la Vida*, 10–11. Madrid and Palma de Mallorca: Centre de Cultura Sa Nostra.

Budney, Jen. 1997. "Kcho, no hay otro lugar como la casa." In *Flash Art* (May–June). Cited in Acosta, Rafael. "Tatlin, Lam, Kcho y la Nueva Jungla." In Exhibition Catalogue Kcho: La Jungla, 6. Havana: Museo Nacional de Bellas Artes, 2001.

Camnitzer, Luis. 2003. *New Art of Cuba*, 188, 267, 270, 274. Austin: University of Texas Press.

Castellanos, Lázara. 1998. Discursos de mujeres: una reflexión dentro de las artes visuales cubanas. *ArteCubano* 2: 18-23.

Castillo, Omar Pascual. 2003. "Algunas confesiones dicotómicas sobre José Bedia." In Exhibition Catalogue *José Bedia. Estremecimientos*, 21. Badajoz: Museo Extremeño e Iberoamericano de Arte Contemporáneo.

Castro Flores, Margarita. 1996. Religiones de origen africano en Cuba: un enfoque de género. *Temas* 5: 66.

Fontana, Lilia. 2005. Interview with Rubén Torres Llorca. In *Arte al Día On-line*. http://mexico.artealdia.com/content/view/full/37341

Fuentes, Elvis. 1998. De visita donde Elsa Mora. *La Gaceta de Cuba* 3: 11.

García Borrero, Juan A. 2006. Sobre el discurso audiovisual de la diáspora. *La Gaceta de Cuba* 3: 4.

Garzón, Valia. 1999. Interview with Tania Bruguera. In Exhibition Catalogue *Tania Bruguera: Aquí me corresponde*. Museo Nacional de Arte Moderno, Guatemala. Cited in Ribeaux, Ariel. Work in Progress: Tania Bruguera, lo que nos corresponde. *Heterogenesis* 28 (1999): 55.

Goodrow, Gerard. 1998. "Abrazando una esperanza." http://www.hartnet.org/artsinct/Azaceta.html

Hernández, Erena. 1985. Una magia que atrape. *Revolución y Cultura* 10: 38.

Hernández, Orlando. 1991. "Ruinas (invisibles) de Gustavo Acosta". In Exhibition Catalogue *Las sugestiones del límite* 4, Havana: Galería Habana.

———. 2001. "Mensajes ante un espejo roto." In Exhibition Catalogue *Marta María Pérez Bravo, Obra reciente* 1, Havana: Galería La Casona.

———. 2002. Ángel Delgado: espuma en la boca. *Bomb*, (December). http://www.art-havana.com/angel/writes/esp2002.asp

Hoptman, Laura. 2003. "Dibujo como trabajo." In Exhibition Catalogue *Los Carpinteros: Inventing the World/Inventar el mundo, la plaza, el agua, la casa*, 34. USF Contemporary Art Museum, Institute for Research in Arts, Museo Nacional de Bellas Artes. Tampa: USF Graphicstudio.

Juan, Adelaida de. 1996. La mujer pintada en Cuba. *Temas* 5: 38–45.

Llanes, Llilian. 1995. "Kcho." In *Atlántica Internacional, Revista de las Artes* 9: 46–54, Las Palmas de Gran Canaria, Spain. Cited in Acosta, Rafael. "Tatlin, Lam, Kcho y la Nueva Jungla." In Exhibition Catalogue *Kcho: La Jungla*, 7. Havana: Museo Nacional de Bellas Artes, 2001.

Lowinger, Rosa. 1999. The Object as Protagonist, an interview with Los Carpinteros. *Sculpture* 18/10, (1999): 24–31. Cited in Hoptman, Laura. "Dibujo como trabajo." In Exhibition Catalogue *Los Carpinteros: Inventing the World/Inventar el mundo, la plaza, el agua, la casa*, 38. USF Contemporary Art Museum, Institute for Research in Arts, Museo Nacional de Bellas Artes. Tampa: USF Graphicstudio, 2003.

Mariño, Armando. 2006. Dossier in e-mail message to Abelardo Mena, May 2006.

Matamoros, Corina. 2001. "Humberto Castro." In Catalogue *Museo Nacional de Bellas Artes: Colección de Arte Cubano*, 250. Havana: Museo Nacional de Bellas Artes, "Sa Nostra" Caja de Baleares, Ambit.

Mateo, David. 2000. "Volver sobre los sentidos." In Exhibition Catalogue *Siempre vuelvo: Colografías de Belkis Ayón: Exposición homenaje*, 5. Havana: Galería Habana.

Mena, Abelardo. 2006. E-mail interview with Abel Barroso, June 2006.

Molina, Juan A. 1998. "Marginación y carnaval: la imagen del negro en la fotografía cubana." In *Estudios Interdisciplinarios de América Latina y el Caribe*, Volume 9, No. 1 (January–June). http://www.tau.ac.il/eial/IX_1/molina.html

Montero, Hortensia. 2001. "Roberto Fabelo." In Catalogue *Museo Nacional de Bellas Artes: Colección de Arte Cubano*, 224. Havana: Museo Nacional de Bellas Artes, "Sa Nostra" Caja de Baleares, Ambit.

Montes de Oca, Dannys. 2000. "Cruce de caminos. Intersecciones de lo gráfico, lo conceptual y lo ambiental en la obra de Tonel." In Exhibition Catalogue *Tonel: Lessons of Solitude*, 12, 18, 21. Vancouver: Morris and Helen Belkin Art Gallery, University of British Columbia.

———. 2004. *Labores domésticas. Versiones para otra historia de la visualidad en Cuba. Género, raza y grupos sociales*. Havana: Centro de Desarrollo de las Artes Visuales.

Mosquera, Gerardo. 1984. "Persistencia del uso". In Catalogue *Museo Nacional de Bellas Artes*, Havana: Museo Nacional de Bellas Artes, unpaged.

———. 1987. "Identidad y cultura popular en el nuevo arte cubano." Cited in Camnitzer, Luis. *New Art of Cuba*. Austin: University of Texas Press, 2003, p. 341.

———. 1990. "The 14 Sons of William Tell." In Exhibition Catalogue *No Man is an Island. Young Cuban Art*, 42–49. Pori, Finland: Pori Art Museum.

———. 1996. Text for *Angel Delgado, 1242900 (Parte I)*, Solo exhibition and performance, Espacio Aglutinador, Havana, October 1996. Cited in *Espacio Aglutinador 1994–2004*, 24. Edited by Sandra Ceballos y René Quintana. The Hague: Prince Claus Fund for Culture y Development, 2005.

———. 1997. "The Infinite Island: Introduction to New Cuban Art," in Marilyn A. Zeitlin, ed., *Contemporary Art from Cuba: Irony and Survival on the Utopian Island*, 23. Tempe: Arizona State University Art Museum, 1999.

Noceda, José Manuel. 2001. "La Jungla de Kcho." In Exhibition Catalogue *Kcho: La Jungla*, 31. Havana: Museo Nacional de Bellas Artes, 2001.

Pinos-Santos, Carina. 1995. Viaje al centro del hombre, una travesía de Carlos Estévez. *Revolución y Cultura* 5: 33–34.

Sánchez, Suset. 2006. La historia como carambola. Interview with Pedro Álvarez. *Encuentro* (April 7, 2006). http://www.cubaencuentro.com/es/encuentro_en_la_red/entrevistas/historias_de_fondo/la_historia_como_carambola.

Sanders, Mark. 2001. "Manuel Piña." In Exhibition Catalogue Works: *Manuel Piña* 3–5, Mexico City: Galería Nina Menocal.

Tomás, Ángel. 1981. "Desafío en San Rafael." *El Caimán Barbudo*, Havana, March (1981): 7. Cited in Camnitzer, Luis. *New Art of Cuba*. Austin: University of Texas Press, 2003, p. 340.

Valdés, Eugenio. 1999. Interview with Tania Bruguera. In *Los Mapas del Deseo*, 157. Vienna: Ed. Folio Kunsthalle Wien.

———. 2000. "El espejo del deseo." In Exhibition Catalogue *Carlos Garaicoa: La ruina, la utopía*, 23, Bogotá: Luis Ángel Arango Library; New York: Bronx Museum of the Arts; Caracas: Alejandro Otero Museum.

———. 2000. "La soledad al desnudo en el jardín del manicomio." In Exhibition Catalogue *Tonel: Lessons of Solitude*, 30. Vancouver: Morris and Helen Belkin Art Gallery, University of British Columbia.

Vázquez, Ramón. 1996. Exhibition Catalogue *Amelia Peláez, Óleos, temperas y dibujos 1924–1967*, 13. Havana: Museo Nacional de Bellas Artes-Centro Wifredo Lam.

Wood, Yolanda. 2000. La aventura del silencio en Tania Bruguera. *ArteCubano* 3: 36–37.

———. 2000. "Belkis Ayón: La resurrección de los cuerpos marcados." In Exhibition Catalogue *Siempre vuelvo: Colografías de Belkis Ayón: Exposición homenaje*, 3. Havana: Galería Habana.

Yáñez, Mirta. 2000. *Cubanas a capítulo: selección de ensayos sobre mujeres cubanas y literatura*, 123. Santiago de Cuba: Editorial Oriente.

Zayas, Octavio. 1999. Interview with Tania Bruguera. In *Los Mapas del Deseo*, 150. Vienna: Ed. Folio Kunsthalle Wien.

Additional Bibliography

II Salón de Arte Cubano Contemporáneo. Exhibition Catalogue. Havana: Consejo Nacional de Artes Plásticas, Centro Wilfredo Lam, Centro Provincial de Artes Plásticas y Diseño, Fototeca de Cuba, Fondo Cubano de Bienes Culturales, Fundación Ludwig de Cuba, Museo Nacional de Bellas Artes, Unión Nacional de Escritores y Artistas de Cuba, 1998.

Álvarez, Lupe. "Storytelling in Cuba: The Tale and the Suspicion." In Exhibition Catalogue *While Cuba Waits: Art from the Nineties*. Santa Monica: Smart Art Press, 1999.

Aja Díaz, Antonio. "La emigración cubana entre dos siglos." *Temas* 26 (2001): 60–70.

Alonso Tejada, Aurelio. "Marxismo y espacio de debate en la Revolución Cubana." *Temas* 3 (1995): 34–44.

Amador Gómez-Quintero, Raysa E. and Mireya Pérez Bustillo. *The Female Body: Perspectives of Latin American Artists*. Westport, CT: Greenwood, 2002.

Ballester, Juan Pablo. "Soñar en cubano." *Lápiz* 142 (1998). http://www.fundacion.telefonica.com/at/atravesados/catalogo/atravesados/atravesados/04.html

Bell, L. "History of People Who Were Not Heroes: A Conversation With Maria Magdalena Campos-Pons." Interview. *Third Text* 43 (1998): 33–42.

Belkis Ayón: Desasosiego/Restlessness. Exhibition Catalogue. Los Angeles: Couturier Gallery, 1998.

Block, Holly, ed. *Art Cuba: The New Generation*. New York: Harry N. Abrams, 2001.

Blocker, Jane Marie. "The Unbaptized Earth: Ana Mendieta and the Performance of Exile." PhD diss., University of North Carolina at Chapel Hill, 1994.

Britto Jinorio, Orlando, ed. *Mendive: Shangó y la Vida*. Exhibition Catalogue. Madrid and Palma de Mallorca: Centre de Cultura Sa Nostra, 2001.

Bruguera, Tania. "The Burden of Guilt." In *Corpus Delicti: Performance Art of the Americas*, edited by Coco Fusco, 152–153. London and New York: Routledge, 2000.

Caballero, Rufo. "Bailarina en la oscuridad, una teleología de la resistencia en el entorno social y estético del cubano hoy." *Temas* 28 (2002): 36–43.

Camnitzer, Luis. *New Art of Cuba*. 1994; reprint, Austin: University of Texas Press, 2003.

Canning, Susan. "New York: Ana Mendieta: Whitney Museum of American Art." *Sculpture* 24.1 (2005): 73–74.

Caribe insular: exclusión, fragmentación y paraíso. Exhibition Catalogue. Badajoz: Museo Extremeño e Iberoamericano de Arte Contemporáneo; Madrid: Casa de América, 1998.

Carlos Garaicoa: La ruina, la utopía. Exhibition Catalogue. Texts by Eugenio Valdés. Bogotá: Biblioteca Luis Ángel Arango; New York: The Bronx Museum of the Arts; Caracas: Museo Alejandro Otero, 2000.

Los Carpinteros: Inventing the World/Inventar el mundo, la plaza, el agua, la casa. Exhibition Catalogue. Texts by Corina Matamoros, Laura Hoptman, and Lilian Tone. USF Contemporary Art Museum, Institute for Research in Arts, Museo Nacional de Bellas Artes. Tampa: USF Graphicstudio, 2003.

Carranza, Julio, Luis Gutiérrez and Pedro Monreal. *Cuba: La reestructuración de la economía. Una propuesta para el debate*. Havana: Editorial Ciencias Sociales, 1995.

Castellanos, Lázara. "Discursos de mujeres: una reflexión dentro de las artes visuales cubanas." *ArteCubano* 2 (1998): 18–23.

Ceballos, Sandra and René Quintana, eds. *Espacio Aglutinador 1994–2004*. Catalogue. The Hague: Prince Claus Fund for Culture and Development, 2005.

Cobas, Roberto, ed. *Museo Nacional de Bellas Artes: Colección de Arte Cubano*. Collection Catalogue. Barcelona: "Sa Nostra" Caja de Baleares, Ambit, 2001.

Crónicas americanas: Obras de José Bedia. Exhibition Catalogue. Mexico City: Museo de Arte Contemporáneo de Monterrey, 1997.

Cuba: la isla posible. Exhibition Catalogue. Curated by Iván de la Nuez, Juan Pablo Ballester and María Escalona. Centro de Cultura Contemporánea de Barcelona. Barcelona: Ediciones Destino, 1995.

Díaz Burgos, Juan Manuel, ed. *Cuba, 100 años de fotografía: antología de la fotografía cubana 1898-1998.* Texts by Juan Manuel Díaz Burgos, Mario Díaz Leyva, Paco Salinas. Translation by Carmen Galindo Albaladejo. Murcia: Mestizo A.C.; Fototeca de Cuba, 1998.

Díaz, Desireé. "La mirada de Ovidio: el tema de la emigración en el cine cubano de los 90." *Temas* 27 (2001): 37–52.

La dirección de la mirada: Neue Kunst aus Kuba, Art actuel de Cuba, Arte cubano contemporáneo. Exhibition Catalogue. Essays by Ines Anselmi, Jorge Ángel Pérez, Gerardo Mosquera, Abelardo Mena Chicuri, and Eugenio Valdés. Zurich: Voldemeer; Vienna: SpringerWienNewYork, 1999.

Duncan, Michael. "Tracing Mendieta." *Art in America* 87.4 (1999): 110–113, 154.

Fernández, Antonio Eligio (Tonel). "Alternative Humour and Comic Strips: Notes on the Cuban Case." In *The Unknown Face of Cuban Art*, edited by Laurie Short. Sunderland: Northern Centre for Contemporary Art, 1992.

———. "Cuban Art: The Key to the Gulf and How to Use It" and "Cuban Art: The Path of Humor." In *Memoria: Cuban Art of the 20th Century*. Los Angeles: California/International Arts Foundation, 2001.

———. "Culture and Society in the Work of Cuban Artists." In *Art Cuba: The New Generation*, edited by Holly Block. New York: Harry N. Abrams, 2001.

———. "Tree of Many Beaches: Cuban Art in Motion (1980–1990)." In *Contemporary Art from Cuba: Irony and Survival on the Utopian Island*, 39–66. New York: Delano Greenidge Editions, 1998.

Fuente, Alejandro de la. *Una nación para todos: raza, desigualdad y política en Cuba 1900–2000.* Madrid: Editorial Colibrí, 2000.

Fuentes-Pérez, Ileana, Graciella Cruz-Taura, and Ricardo Pau-Llosa, eds. *Outside Cuba: Contemporary Cuban Visual Artists / Fuera de Cuba: artistas cubanos contemporáneos.* Somerset, NJ: Office of Hispanic Arts, Rutgers University; and Miami: Research Institute for Cuban Studies, University of Miami, 1989.

García, Manuel. *Historia de un viaje. Artistas cubanos en Europa.* Exhibition Catalogue. Valencia: Ed. Generalitat Valenciana, 1997.

García, Rocío. *Rocío García 1986/2003.* La Casona Galería de Arte: Galería JM' Arts. Havana: Ediciones Pontón Caribe, 2005.

La gente en casa: Colección Contemporánea Museo Nacional. Exhibition Brochure. Text by Corina Matamoros. Havana: Museo Nacional de Bellas Artes, 2000.

Goldberg, RoseLee. *Performance: Live Art Since 1960.* New York: Harry N. Abrams, 1998.

González Mandri, Flora María. *Guarding Cultural Memory: Afro-Cuban Women in Literature and the Arts.* Charlottesville: University of Virginia Press, 2006.

Hernández, Orlando. "Ángel Delgado: espuma en la boca". *Bomb*, December 2002.

http://www.art-havana.com/angel/writes/esp2002.asp

———. "Mensajes ante un espejo roto". In Exhibition Catalogue *Marta María Pérez Bravo, Obra reciente*, Havana: Galería La Casona, 2001.

Howe, Linda S. *Cuban Writers and Artists after the Revolution: Transgression and Conformity.* Madison: University of Wisconsin Press, 2003.

Imágenes desde el silencio: colografías y matrices de Belkis Ayón. Exhibition Catalogue. Text by Rafael Acosta de Arriba. Havana: Museo Nacional de Bellas Artes, 2001.

Jacob, Mary Jane. "Ana Mendieta." In *Santeria Aesthetics in Contemporary Latin American Art*, edited by Arturo Lindsay. Washington, D.C.: Smithsonian Institution Press, 1995.

José A. Toirac. Mediaciones II. Exhibition Catalogue. Text by Meira Marrero. Havana: Galería Habana, 2002.

Juan, Adelaida de. "La mujer pintada en Cuba." *Temas* 5 (1996): 38–46.

Kcho: La Jungla. Exhibition Catalogue. Havana: Museo Nacional de Bellas Artes, 2001.

Kuba O.K.: aktuelle kunst aus Kuba = arte actual de Cuba. Exhibition Catalogue. Texts by Jurgen Harten et al. Städtische Kunsthalle Düsseldorf; Centro de Desarrollo de las Artes Visuales, Havana. Düsseldorf: Städtische Kunsthalle, 1990.

Kunst aus Kuba: Sammlung Ludwig/Art of Cuba: The Ludwig Collection. Herausgeber, Ludwig Forum für Internationalen Kunst, Peter und Irene Ludwig Stiftund, Museum Ludwig im Russischen Museum. Bad Breisig: Palace Editions, 2002.

Latin American Women Artists 1915–1995. Exhibition Catalogue. Texts by B. Rodríguez, E.J. Sullivan, and M.P. Mendiola. Milwaukee: Milwaukee Art Museum, 1995.

Lázaro Saavedra, el único animal que ríe. Exhibition Catalogue. Curated by Corina Matamoros. Havana: Museo Nacional de Bellas Artes, 2003.

León, Glenda. "Intervenciones performáticas epocales y abstraídas." *ArteCubano*, 2–3 (2003): 8–11.

Leyva, Irina. "María Martínez Cañas: Fredric Snitzer Gallery." *Art Nexus* 59 (2005): 170.

Made in Havana. Exhibition Catalogue. Texts by Charles Merewether and Gerardo Mosquera. Sydney: Art Gallery of New South Wales, 1989.

Maneras de inventarse una sonrisa. Exhibition Catalogue. Text by Caridad Blanco. Havana: Centro de Desarrollo de las Artes Visuales, 2003.

Marta María Pérez Bravo: Obra reciente. Exhibition Catalogue. Text by Orlando Hernández. Havana: Galería de Arte La Casona, 2001.

Martinez, Juan A. "Antonia Eiriz in Retrospect." In Exhibition Catalogue *Antonia Eiriz: Tribute to a Legend*, Museum of Art, Fort Lauderdale, 1995.

Martínez Heredia, Fernando. "Izquierda y marxismo en Cuba." *Temas* 3 (1995) 16–28.

Memoria: Cuban Art of the 20th Century. Texts by Dannys Montes de Oca et al. St. Leonards, Australia: Craftsman House, 2001.

La Mirada: Looking at Photography in Latin America Today. Exhibition Catalogue. Zurich: Daros Latin American Collection, 2002.

Molina, Juan A. "Desde que se fueron las putas." In Exhibition Catalogue *El voluble rostro de la realidad. Siete fotógrafos cubanos*. Havana: Fundación Ludwig de Cuba, 1996.

———. "Marginación y carnaval: la imagen del negro en la fotografía cubana." *Estudios Interdisciplinarios de América Latina y el Caribe*, Vol. 9, No. 1 (January-June 1998). http://www.tau.ac.il/eial/IX_1/molina.html

Montes de Oca, Dannys. *Labores domésticas. Versiones para otra historia de la visualidad en Cuba. Género, raza y grupos sociales.* Exhibition Catalogue. Havana: Centro de Desarrollo de las Artes Visuales, 2004.

———. *El oficio del arte.* Exhibition Catalogue. Primer Salón Nacional de Arte Cubano Contemporáneo. Havana: Centro de Desarrollo de las Artes Visuales, 1995.

Monzón, Lissette and Darys J. Vázquez. "El mercado del arte en los márgenes de la ideología y la realidad." *ArteCubano* 3 (2001): 8–15.

Mosquera, Gerardo. "¿Feminismo en Cuba?" *Revolución y Cultura* 6 (1990): 52–57.

———. "The Infinite Island: Introduction to New Cuban Art." In *Contemporary Art from Cuba: Irony and Survival on the Utopian Island*, edited by Marilyn A. Zeitlin, 23. Tempe: Arizona State University Art Museum, 1999.

———. "Persistencia del uso". Text for Museo Nacional de Bellas Artes catalogue, Havana, March 1984, unpaged.

———. "Tomás Sánchez miró al paisaje cubano." In *Exploraciones en la plástica cubana*. Havana: Letras Cubanas, 1983.

———. Text for *Ángel Delgado, 1242900 (Parte I)*, Solo exhibition and performance, Havana: Espacio Aglutinador, October 1996.

Moure, Gloria, ed. *Ana Mendieta.* Barcelona: Ediciones Poligrafía, 1996.

Murphy, Joseph M. *Santería: An African Religion in America.* Boston: Beacon Press, 1988.

New Art from Cuba. Exhibition Catalogue. London: Whitechapel Publications, 1995.

Noceda Fernández, José Manuel et al. *Kcho: La Jungla*, Turin: Hopeful Monster, 2002.

Nuez, Iván de la. "El destierro de Calibán. Diáspora de la cultura cubana de los noventa en Europa". *Encuentro* 4/5 (1997): 137–144.

———. "Un fragmento en las orillas del mundo." In Exhibition Catalogue *Cuba: la isla posible.* Barcelona: Ediciones Destino, 1995.

Pino-Santos, Carina. "Cartografía de Elsa Mora." In *Fin de milenio: nuevos artistas cubanos*, 58–62. Havana: Letras Cubanas, 2001.

———. "Y ahora, what can I hold you with?: migraciones, encuentros y otras historias de Sandra Ramos." *Revolución y Cultura* 6 (1994): 34–39.

Power, Kevin. "Cuba. One Story After Another." In Exhibition Catalogue *While Cuba Waits: Art from the Nineties*. Santa Monica: Smart Art Press, 1999.

———. *Pedro Álvarez.* Alicante: Universidad de Alicante, 1996. N.p.

René Francisco Rodríguez: Ajuste de cuentas. Exhibition Catalogue. Curated by Hortensia Montero. Havana: Museo Nacional de Bellas Artes, 2003.

Ribeaux, Ariel. "Work in Progress: Tania Bruguera, lo que nos corresponde." *Heterogenesis* 28 (1999): 50–55.

———. "Ni músicos ni deportistas." *ArteCubano* 3 (2000): 52–59.

Rivero, Maribel. "Menos talco para lo negro: expresiones de ascendencia africana en la cinematografía cubana." *La Gaceta de Cuba* 4 (2005): 15–19.

Santana, Andrés Isaac. *From Man Made Material to White Things: René Peña.* Exhibition Catalogue. Havana: Galería La Casona, 2002.

———. *Imágenes del desvío: La voz homoerótica en el arte cubano contemporáneo.* Santiago de Chile: J.C. Saez Ed., 2004.

Sandra Ramos: Naufragios. Exhibition Catalogue. Tokyo: Fuchu Art Museum, 2003.

Segre, Roberto. "Encrucijadas de la arquitectura en Cuba: realismo mágico, realismo socialista y realismo crítico." *Archivos de Arquitectura Antillana* 9 (1999): 56–76.

Seppälä, Marketta, ed. *No Man is an Island. Young Cuban Art.* Pori: Pori Art Museum, 1990.

Siempre vuelvo: Colografías de Belkis Ayón: Exposición homenaje. Exhibition Catalogue. Essays by Yolanda Wood and David Mateo. Havana: Galería Habana, 2000.

Tonel: Lessons of Solitude. Exhibition Catalogue. Essays by Eugenio Valdés, Dannys Montes de Oca, Orlando Hernández, and David Mateo. Vancouver: Morris and Helen Belkin Art Gallery, University of British Columbia, 2000.

Utopian Territories: New Art from Cuba. Exhibition Catalogue. Essays by Scott Watson, Keith Wallace, Eugenio Valdés Figueroa, and Juan A. Molina. Vancouver: Morris and Helen Belkin Art Gallery, University of British Columbia, 1997.

Wood, Yolanda. "La aventura del silencio en Tania Bruguera." *ArteCubano* 3 (2000): 4–37.

Wride, Tim B., ed. *Shifting Tides: Cuban Photography after the Revolution.* Exhibition Catalogue. Los Angeles: Los Angeles County Museum of Art and Merrell, 2001.

Yáñez, Mirta. *Cubanas a capítulo: selección de ensayos sobre mujeres cubanas y literatura.* Santiago de Cuba: Editorial Oriente, 2000.

Zayas, Antonio. "Lecturas fragmentarias, sincréticas, promiscuas y superpuestas. Sobre la diferencia cubana en la plástica de los ochenta". In *Cuba siglo XX: modernidad y sincretismo.* Barcelona: Fundació "La Caixa", 1996.

Zeitlin, Marilyn. "Contemporary Art from Cuba: Irony and Survival on the Utopian Island." Arizona State University Art Museum, 1999. Essay in: http://asuartmuseum.asu.edu/cuba/essay.htm

Zurbano, Roberto. "El triángulo invisible del siglo XX cubano: raza, literatura, nación." *Temas* 46 (2006): 11–125.

Contribuidores | Contributors

Abelardo G. Mena Chicuri es curador de arte internacional contemporáneo en el Museo Nacional de Bellas Artes (MNBA) de La Habana, y fue antes curador de arte francés en el mismo. Recibió un Master en Artes en la Universidad de La Habana, y en estos momentos cursa estudios de doctorado en Historia del Arte en la Universidad Pablo de Olavide en Sevilla, España. Ex profesor del ISA (Instituto Superior de Arte), ha curado numerosas exposiciones, entre las cuales se encuentran *De Picasso a Keith Haring, Paisajes cubanos y europeos: siglos XV–XX* y *Grabados franceses, siglos XVI–XX*. Trabaja en estos momentos en una exposición sobre la representación de la mujer en el arte de fines del siglo XIX y principios del XX. En 1992, Mena fue uno de los fundadores del colectivo artístico alternativo Banco de Ideas Z. Ha escrito extensamente sobre el arte y los artistas contemporáneos de Cuba para catálogos, revistas y portales de Internet.

Magda González-Mora Alfonso es fundadora del Centro de Arte Contemporáneo Wifredo Lam de La Habana y fue miembro del equipo de curadores de la Bienal de La Habana hasta el 2000. Fue co-curadora de la primera Bienal de Johanesburgo, Sudáfrica, en 1995, así como de la Bienal de Dakar en 1992. Entre sus proyectos como curadora y crítica independiente se hallan *No Place*, una exposición itinerante del Instituto IFA en Berlín, Bonn y Stuttgart, 2002–03, *New Installations: Cuban Artists in Residence* en el museo The Mattress Factory, Pittsburgh, 2004, y *On the Margins of the Secret*, una instalación in *situ* en la Octava Bienal de La Habana. En estos momentos se encuentra trabajando junto a José Toirac, Lázaro Saavedra y Henry Eric en *Le plus sa change...*, un proyecto de video para el Instituto de Culturas Contemporáneas del Museo Real de Ontario, Toronto.

Kerry Oliver-Smith es la curadora de arte contemporáneo del Museo Harn, así como la curadora de *Cuba Avant-Garde: Contemporary Cuban Art from The Farber Collection*. Ella ha curado y organizado más de treinta y siete exposiciones, entre las cuales se encuentran *Allan Sekula: TITANIC's wake; Contemporary Photography from the Harn Museum Collection; City Streets: Photographs of Modern America; German Legacies: The Photography of Max Becher and Andrea Robbins; Sergio Vega: Modernismo Tropical; Insistent Memory: The Architecture of Time in Video Installation; Modern Czech Photography; Ephemeral Moments: Photography of André Kertész and Henri*

Abelardo G. Mena Chicuri is Curator of Contemporary International Art at the Museo Nacional de Bellas Artes (MNBA), Havana. The former Curator of French Art at the museum, he holds an M.A. from the University of Havana and is currently completing a Ph.D. in art history from the Universidad Pablo de Olavide in Seville, Spain. A former professor at the ISA (Instituto Superior de Arte), he has curated a number of exhibitions, including *From Picasso to Keith Haring; European and Cuban Landscapes: XV-XX Centuries;* and *French Engravings, XVI-XX Centuries*. He is currently developing an exhibition about representations of women in art from the late 19th century to the early 20th. In 1992, Mena co-founded the alternative art collective Banco de Ideas Z. He has written extensively about Cuban contemporary art and artists in catalogue essays, magazines, and on the Internet.

Magda González-Mora Alfonso is a founder of the Wifredo Lam Contemporary Art Center in Havana, and was a member of the Havana Biennial curatorial team through 2000. She co-curated the first Johannesburg Biennial in South Africa in 1995, and the Dakar Biennale in 1992. As an independent curator and critic, her projects have included *No Place*, a travelling exhibition at the IFA Institute in Berlin, Bonn, and Stuttgart, 2002–03; *New Installations: Cuban Artists in Residence* at the Mattress Factory, Pittsburgh, 2004; and *On the Margins of the Secret*, a site-specific installation at the Eighth Havana Biennial. She is currently working on *Le plus sa change...*, a video project with José Toirac, Lázaro Saavedra, and Henry Eric for the Institute of Contemporary Cultures at the Royal Ontario Museum, Toronto.

Kerry Oliver-Smith is Curator of Contemporary Art at the Harn Museum of Art and curator of the exhibition, *Cuba Avant-Garde: Contemporary Cuban Art from the Farber Collection*. She has curated and organized more than thirty-seven exhibitions, including *American Matrix; Allan Sekula: TITANIC's wake; City Streets: Photographs of Modern America; German Legacies: The Photography of Max Becher and Andrea Robbins; Sergio Vega: Modernismo Tropical; Insistent Memory: The Architecture of Time in Video Installation; Modern Czech Photography; Ephemeral Moments: Photography of André Kertész and Henri Cartier-Bresson;* and *RISK* Cinema, an annual alternative and experimental film and video exhibition at the Harn Museum. She has published several essays on artists and

Cartier-Bresson; así como *Pure Form: Ansel Adams and West Coast Precisionist Photographers*. Oliver-Smith supervisa la colección contemporanea y organiza las exposiciones de la colección en el Pabellón Mary Ann Harn Cofrin del Museo Harn. Ha publicado numerosos ensayos acerca de artistas y exposiciones, y en estos momentos trabaja en un proyecto artístico cuyos temas son la globalización y la Nueva Europa. Por añadidura, ella es la curadora de *RISK* Cinema, una exposición anual de filmes y videos alternativos y experimentales en el Museo Harn; fundó y dirigió el Florida Hippodrome State Theater, y trabaja en su doctorado sobre Estudios de Cine y Medios de Difusión en la Universidad de la Florida. Oliver-Smith nació en Argentina y creció en Latinoamérica.

exhibitions, and is currently working on an exhibition regarding European art and globalization. She has worked extensively in film and theater including work in the United States, England, and Spain, and is working on her Ph.D. in Film and Media Studies at the University of Florida. Oliver-Smith was born in Argentina and grew up in Latin America.

Photography Credits

Unless otherwise noted, all photographs are by José Rodríguez.

Pages 10, 109, 115, and 169: Millie Benson.

Page 14: © 2006 Artists Rights Society (ARS), New York / ADAGP, Paris, courtesy The Museum of Modern Art, New York / SCALA / Art Resource, NY.

Page 25: courtesy Tony Walsh Photography, Cincinnati, Ohio.

Pages 45, 47: Michael Hardgrove.

Pages 80–81: Carmen Castañeda.

Page 83: Humberto Castro.

Page 89: Arturo Cuenca Sigaretta.

Page 101: courtesy Carlos Estévez Carasa.

Page 131: © The Estate of Ana Mendieta Collection, courtesy Galerie Lelong, New York.

Page 163: by José A. Figueroa/Raúl Cordero, courtesy Cristina Vives, Havana.

For more about Cuban contemporary art and The Farber Collection, visit www.cuba-avantgarde.com.

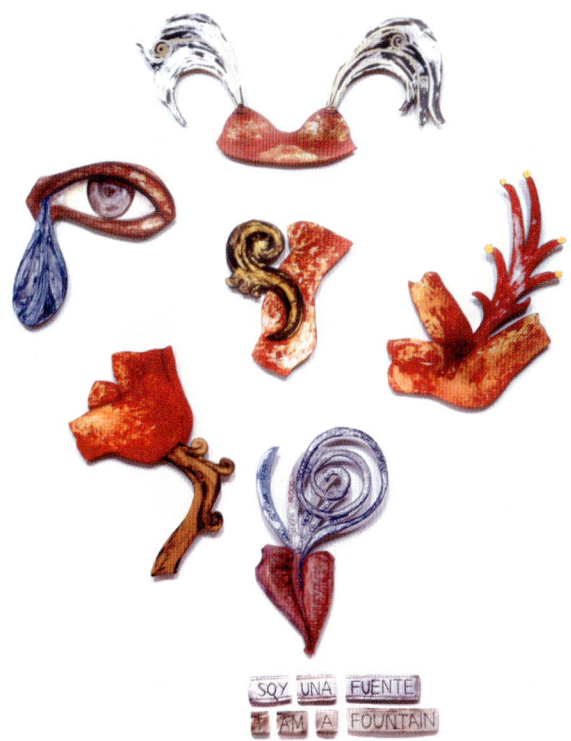

María Magdalena Campos-Pons, *Soy una fuente/I Am a Fountain*, 1990